suhrkamp taschenbuch
wissenschaft 1475

Dieser Band zu Hegels »Differenzschrift« und zur »Phänomenologie des Geistes« ist Teil eines dreibändigen Kommentars zu Hegels Hauptwerken. Es ist das Ziel dieser Kommentare, Hegels philosophisches Werk einem breiteren Lesepublikum zu erschließen. Sie wollen die selbständige Lektüre der meist sehr schwierigen Hegel-Texte nicht durch referierende Darstellung ersetzen, sondern sie gerade ermöglichen – durch textnahe Erläuterungen, systematische Begriffsklärungen und den Aufweis von inhaltlichen Querverbindungen im Riesengebäude des Hegelschen Werkes. Auch die philosophie- und wissenschaftsgeschichtlichen Zusammenhänge, in denen Hegels System entsteht und Struktur gewinnt, werden herausgestellt. Alle Autoren, die sich an diesem Projekt beteiligen, sind in der Hegelforschung und -interpretation durch eigene Beiträge bestens ausgewiesen, so daß ihre Kommentare beanspruchen dürfen, auch hier »auf dem neuesten Stand« zu sein. Vor allem aber soll Hegel selbst zu Wort kommen und dabei nicht nur gehört, sondern auch verstanden werden.

Ludwig Siep ist seit 1986 Professor für Philosophie (Schwerpunkt: Praktische Philosophie) an der Universität Münster. Publikationen u. a.: *Konkrete Ethik* (stw 1664) und *Hegels Erbe* (stw 1699, hg. zus. mit Christoph Halbig und Michael Quante).

Ludwig Siep
Der Weg der »Phänomenologie des Geistes«

Ein einführender Kommentar
zu Hegels »Differenzschrift« und zur
»Phänomenologie des Geistes«

Stellenkommentar unter Mitarbeit von
Hans-Christoph Schmidt am Busch und
Andreas Vieth

Suhrkamp

Hegels Philosophie
Kommentare zu den Hauptwerken
herausgegeben von
Herbert Schnädelbach
Band 1

Bibliografische Information der Deutschen Nationalbibliothek
Die Deutsche Nationalbibliothek verzeichnet diese Publikation
in der Deutschen Nationalbibliografie;
detaillierte bibliografische Daten sind im Internet über
http://dnb.d-nb.de abrufbar.

6. Auflage 2021

Erste Auflage 2000
suhrkamp taschenbuch wissenschaft 1475

Satz: jürgen ullrich typosatz, Nördlingen
Druck und Bindung: C. H. Beck, Nördlingen
Umschlag nach Entwürfen
von Willy Fleckhaus und Rolf Staudt
Printed in Germany
ISBN 978-3-518-29075-0

Inhalt

Vorwort

Die beiden hier kommentierten Texte sind die ersten von fünf Büchern, die Hegel zeit seines Lebens veröffentlicht hat.[1] Ihnen folgte die *Wissenschaft der Logik* in zwei Bänden (1812 und 1816), die *Enzyklopädie der philosophischen Wissenschaften im Grundrisse*, in drei ständig erweiterten Auflagen (1817, 1827 und 1830) sowie die *Grundlinien der Philosophie des Rechts* (1820). Heute gibt es keine Werkausgabe unter zwanzig Bänden mehr und die »endgültigen« Gesamtausgaben werden noch bedeutend umfangreicher sein.

»Große Literatur« sind von Hegels Büchern nur die *Phänomenologie* und mit Abstrichen die *Rechtsphilosophie*. Die übrigen Bücher sind harte Kost für philosophische Fachleute. Öffentlich wirksam waren trotz ihrer dubiosen Editionsprinzipien (einer Mischung aus Manuskriptfragmenten Hegels und Nachschriften von Hörern, beides aus den unterschiedlichsten Jahrgängen) auch einige der Berliner Vorlesungen, vor allem die zur Ästhetik, zur Religions- und zur Geschichtsphilosophie.

Am meisten die Phantasie und die Gedanken bedeutender und unbedeutender Leser angeregt hat sicher die *Phänomenologie des Geistes*. Karl Marx wurde durch sie zum Theoretiker; Kierkegaard, Sartre, Heidegger, Bloch und viele andere verdanken ihr Wesentliches. Man darf sich freilich fragen, wie viele der Hunderte von oft kryptischen Seiten diese großen Leser wirklich studiert haben. Aber produktives Mißverstehen setzt oft oberflächliche Lektüre voraus. Bei der *Phänomenologie* kostet alles, was über oberflächliches Lesen hinausgeht, ohnehin eine Reihe von Lebensjahren.

Der hier vorliegende einführende Kommentar geht von der Idee aus, daß auch die großen philosophischen Werke zur klassischen Bibliothek einer Kultur gehören. In diesem Kontext werden sie nicht nur von Philosophen, sondern von einem breiteren Lesepublikum studiert, in Deutschland von dem sprichwörtlichen »Goethe-Leser«. Kann es gelingen, einen für dieses Publikum zugänglichen – und über ihn den Zugang zum Werk verbreiternden – Kommentar zu schreiben? Bei keinem Werk ist das so schwierig

1 Zitate aus Hegels *Differenzschrift* und der *Phänomenologie des Geistes* beziehen sich auf die Ausgaben in TWA (Bde. 2 und 3).

wie bei der *Phänomenologie*. Nicht nur gehört sie in die Phase der kompliziertesten und spekulativsten Werke der Philosophiegeschichte – von Kants Kritiken über Fichtes und Schellings Systeme bis zu Hegel (schon Schopenhauer ist eine Klasse lesbarer). Allenfalls in den späten Dialogen Platons und in Aristoteles' Schriften zur theoretischen Philosophie (bekanntlich einer Sammlung von Notizen zu seinen Vorlesungen) hat diese Periode ein Pendant. In der *Phänomenologie* kommt erschwerend hinzu, daß praktisch keine Zeile ohne direkte oder indirekte Anspielung auf Dichter, Denker und historische Figuren der gesamten Geistesgeschichte geschrieben ist.

Das hat zwei Gründe: Zum einen, daß Hegel hier eine »Abrechnung« mit allen Irrtümern der Geistesgeschichte vornimmt, die freilich notwendige Irrtümer waren, um die Wahrheit zu finden. Daß diese Wahrheit seine eigene Philosophie darstellt, ist häufig als unüberbietbare Arroganz verstanden worden. Aber die begründete Zurückweisung der Positionen vorhergehender und zeitgenössischer Denker gehört seit Aristoteles zur normalen Aufgabe eines philosophischen Werkes mit systematischem Anspruch. Warum sollte man sonst eine neue These aufstellen, wenn man irgendeine der bekannten schon für ausreichend hielte?

Zweitens ist nach Hegel jeder anscheinend neue Gedanke nur eine – oft minimale, aber entscheidende – Fortentwicklung des bisherigen Denkens, ja der gesamten kulturellen Arbeit der Menschheitsgeschichte. »Ab ovo« neu anfangen zu wollen, kann einem nur aus Unkenntnis der eigenen Voraussetzungen in den Sinn kommen. Während bei den meisten Denkern und Dichtern aber erst die Interpreten die Einflüsse aufdecken, gehört dies nach Hegel zur unabdingbaren Pflicht des Autors selber. Daß sie diese Pflicht nicht sorgfältig wahrgenommen haben, hat er seinen eigenen Vorgängern, Kant und Fichte, heftig vorgeworfen. Allerdings zeigt die *Phänomenologie* auch, daß sich ganz ohne Vergessen der eigenen Vorgeschichte – mindestens bestimmter Aspekte – die Kultur bisher nicht voranbewegt hat (s. u. 253).

Aufgrund dieser Geschichtsbeladenheit ist die *Phänomenologie* eine unerschöpfliche Fundgrube für Kommentatoren. Aber die Aussicht, sie dem »Goethe-Leser« verständlich zu machen, erfordert einen Optimismus, den der Autor des vorliegenden Versuches nicht mehr, wie noch am Anfang der Arbeit, ungebrochen besitzt. Ganz ohne elementare philosophiegeschichtliche Kenntnisse, ohne »etwas Aristoteles«, »etwas Spinoza« und »etwas Kant« ist auch die Kommentarlektüre ein sehr hartes Brot. Trotzdem soll dies kein Kommentar für Hegel-Forscher oder »Idealismus-Experten« sein, auch wenn sie hoffentlich noch von der Lektüre profitieren. Er richtet sich an alle, die an der Philosophie und an ihren schwierigen klassischen Texten interessiert sind. Er versucht klarzumachen, daß Hegels Schriften keine Esoterik für Eingeweihte sind, sondern sachlich nachvollziehbare Beiträge zu Problemen der Philosophie und der allgemeinen Kultur, vor allem auch zum Verständnis unserer geistigen Herkunft.

Die *Phänomenologie* ist Hegels zweites Buch. Er hat sie am Ende seiner ersten Universitätskarriere, der Jenaer Dozententätigkeit (1801-1807), verfaßt. Am Anfang dieser Periode stand sein erstes Buch, die Programmschrift *Über die Differenz des Fichte'schen und Schelling'schen Systems der Philosophie*, mit der Hegel versuchte, sich in der philosophischen Landschaft seiner Zeit, wie man heute sagt, zu »positionieren« – und zugleich dafür zu werben, daß man dem in fortgeschrittenem Alter Habilitierten (kein jugendliches Wunderkind wie Schelling und kein »shooting star« wie der Autodidakt Fichte ein paar Jahre früher an derselben Universität) Gehör und Aufmerksamkeit schenken sollte. Heute braucht es dafür keine Gründe, aber das Studium der Erstlingsschrift ist zumindest historisch die beste Einführung in das Hegelsche Werk.

Die fachwissenschaftliche Forschung hat vor allem im letzten Drittel unseres Jahrhunderts eine gewaltige Anstrengung zur – oft minutiösen – Aufklärung der Denkentwicklung und wechselseitigen Beeinflussung der Denker und Dichter der wohl produktivsten Epoche des deutschen Geistes unternommen. Sie umfaßt inzwischen fast eine mittlere Fachbibliothek. Vieles davon bleibt dem größeren Publikum verborgen. Zumindest einige Linien, die von den Anfängen über die Erstlingsschrift bis zur ersten Druckfassung des Hegelschen Systems (eben der *Phänomenologie*) verlaufen, habe ich unter bedeutender Vereinfachung, aber hoffentlich nicht unzulässiger Simplifizierung in den ersten Kapiteln des folgenden Buches nachzuziehen versucht. Nicht jedem mag es das Verständnis der *Phänomenologie* erleichtern. Der etwas eiligere »Goethe-Leser« kann gleich mit dem *Phänomenologie*-Kapitel beginnen. Ohne etwas »hartnäckiges Bohren« wird er freilich weder Kommentar noch kommentierten Text verstehen.

Kommentare zu klassischen Texten gibt es in unterschiedlichen Graden der Ausführlichkeit und des Umfanges. Satz für Satz-Kommentare, wie sie vor allem für die Texte der griechischen Philosophie erarbeitet wurden, erreichen an Umfang oft das Vielfache der kommentierten Texte – wie etwa jüngst die Kommentare zu Aristoteles' *Politik* von Eckart Schütrumpf oder zu Platons *Philebos* von Dorothea Frede. Ein solcher Kommentar zu Hegels *Phänomenologie* müßte viele Bände umfassen. Der klassische Kommentar von Jean Hyppolite übertrifft an Umfang seinen kommentierten Text deutlich. Es gibt aber auch Kurzkommentare wie den neulich erschienenen von Frank-Peter Hansen (*Hegel*). Der hier vorgelegte soll vom Umfang her nicht entmutigen, aber doch eine gewisse Vollständigkeit besitzen. Er geht dem gesamten Text nach, konzentriert sich mehr auf die inhaltliche als auf die logisch-begriffliche Seite und will allzu große »Immanenz« vermeiden, ohne völlig fremde Gesichtspunkte an den Text heranzutragen. Weil er den Text als einen »klassischen«, vom Autor in dieser Form autorisierten und nahezu zwei Jahrhunderte lang auch so rezipierten verständlich machen will, interessieren ihn die Fragen einer ganz anderen Phänomenologie, die sich hinter dem gedruckten Text, in den Brüchen seiner Konstruktion oder in den Änderungen der Konzeption während des Schreibens verbirgt (vgl. zuletzt Schmitz, *Hegels Logik*, und Falke, *Begriffne Geschichte*), nur am Rande.

Legt der Leser Text und Kommentar nebeneinander und gibt nicht zu schnell auf, wird er hoffentlich einen der größten und rätselhaftesten »Würfe« der Denkgeschichte etwas besser aufschlüsseln können. Übrigens einen, der in vielen Problemen der Gegenwartsphilosophie (Rationalitätstheorie, Realismus-Debatte, Skeptizismus, Theorie des Geistes bzw. »philosophy of mind«, Leib-Seele-Problem, Handlungstheorie u.s.w.) erheblich weiter ist, als die meisten Kritiker des Hegelianismus ahnen. Das habe ich im folgenden Text bei Gelegenheit angedeutet, andere Autoren (Graeser, *Kommentar* und *Hegels Porträt*, Kettner, *Gewißheit*, MacIntyre, *On Faces and Skulls*, Pippin, *Idealism*, Pinkard, Taylor, *Hegel* etc.) haben es, vor allem für besondere Abschnitte des Textes, ausführlicher getan. Die Zahl derer, die von der Relevanz Hegels für die Probleme der Gegenwartsphilosophie überzeugt ist – auch jenseits der aus angelsächsischer Perspektive sogenannten »Kontinentalphilosophie« –, nimmt ohnehin ständig zu.

Meine erste Beschäftigung mit Hegel geht auf die Freiburger Antrittsvorlesung von Werner Marx zurück, die Hegels *Differenzschrift* zum Gegenstand hatte. Werner Marx hat seine eigene Kommentierung der *Phänomenologie* nicht über das Vernunftkapitel – das er mit Klaus Erich Kaehler zusammen bearbeitet hat – hinaus vollenden können. Der hier vorliegende Kommentar ist im Charakter zu verschieden, um als Fortsetzung der Arbeiten von Werner Marx gelten zu können. Der Erinnerung an ihn sollte er trotzdem dienen.

Für Ratschläge zum Inhalt danke ich Michael Quante, Christoph Schmidt am Busch und Andreas Vieth, für technische Hilfe außerdem Gabriele Santel, Arne Grießer, Johanna Macher, Monika Koop und Stephanie von Beverfoerde.

Münster, im August 1999 *Ludwig Siep*

1. Der Anspruch der »Phänomenologie des Geistes«

Hegels *Phänomenologie des Geistes* ist zugleich eines der dunkelsten und der wirkmächtigsten philosophischen Werke. Die *Differenz des Fichte'schen und Schelling'schen Systems der Philosophie*, in der Forschung kurz *Differenzschrift* genannt, ist dagegen fast nur in fachphilosophischen Kreisen bekannt. Hegel hat sie 1801 veröffentlicht, im Alter von 31 Jahren, zu Beginn seiner ersten Universitätslaufbahn in Jena. Vielfach ist sie als Parteinahme für seinen jüngeren Freund Schelling, der bereits in Jena lehrte, verstanden worden, so etwa von Fichte.[1] Aber Hegel deutet auch seine »Differenz« zu Schelling in dieser Schrift schon an.[2] In der Jenaer Zeit führt die Entwicklung beider Denker immer weiter auseinander.[3] Die Standortbestimmung, die Hegel in der Vorrede zur *Phänomenologie* vornimmt, enthält dann eine scharfe Kritik an der Schelling-Schule. Obwohl Hegel Schelling selber von dieser Kritik ausdrücklich ausnimmt,[4] ist das Buch auch als definitive Absetzung von Schelling verstanden worden.

Hegel bleibt aber in der *Phänomenologie* wesentlichen Intentionen seiner Vorgänger treu: mit Fichte teilt er die Auffassung, die philosophische Erkenntnis müsse mit dem Begreifen des Prinzips bzw. der Struktur von Subjektivität beginnen. Mit Schelling versucht er zugleich, den Dualismus von Geist und Natur zu überwinden. Es gibt in Wahrheit nichts »Ungeistiges«: Materie, Ausdehnung, Sinnlichkeit sind implizite, unreflektierte Formen des Geistes. Das bedeutet aber keinen gewöhnlichen, dem »Realismus« gegenüberstehenden »Idealismus«. Objekte (Dinge, Ereignisse, Sachverhalte) sind nicht abhängig vom menschlichen Bewußtsein – nicht einmal in dem »transzendentalen« Sinne Kants und Fichtes,

1 Fichte erwähnt in seinem Brief an Schelling vom 15. Januar 1802 Hegel als Parteigänger Schellings (vgl. Briefwechsel 5, 113).

2 Vgl. Düsing (Hg.), 186 f.

3 Vgl. Düsing, *Spekulation*.

4 Brief an Schelling vom 1. Mai 1807 (Briefe 1, 159-162). Schelling hat diese Erklärung mit etwas Skepsis akzeptiert (Briefe 1, 194), sich aber gegenüber Dritten ablehnend über die *Phänomenologie* geäußert. Vgl. die Einleitung von Wolfgang Bonsiepen in die PhG (1988), LVI f.

dem zufolge die Kategorien und Schemata, in denen Menschen die Welt erfassen, auf notwendige und unbewußte Funktionen des menschlichen Geistes zurückgehen. Vielmehr partizipiert nach Hegel der menschliche Geist an einer allgemeinen, Natur und Kultur bestimmenden »Logik«, die durch sein Denken »reflektiert« und durch sein Handeln zugleich aufgedeckt und (für den sozialen Bereich) etabliert werden kann. Der Prozeß, in dem die Ordnung der Wirklichkeit im Menschen zunehmend und immer differenzierter zum Bewußtsein kommt, ist seine Kulturgeschichte. Hegel benutzt freilich den modernen Begriff »Kultur« nicht, sondern spricht von Geschichte des Geistes oder der Religion, der für ihn umfassenden Form der menschlichen Weltauslegung. Darin eingeschlossen – und in bestimmten Perioden unterschiedlich »ausdifferenziert« – sind die Geschichten von Recht, Staat, Wirtschaft, Kunst, Wissenschaft etc.

Hegel mußte daher die Welt- und Kulturgeschichte in ganz anderer Weise in sein System einbeziehen als seine Vorgänger. Das geschieht zum ersten Mal umfassend in der *Phänomenologie*, und nicht zuletzt darum konnte sie eine derart breite Wirkung auf das »lesende Publikum« ausüben. Noch bis heute – das zeigen die Beispiele von Jürgen Habermas oder Francis Fukuyama – regt die *Phänomenologie* zu einer Deutung der Zeit, ihrer geschichtlichen Herkunft und möglicher zukünftiger Entwicklungen an.[5]

Hegel hat versucht, dem Geist der Zeit, der sich in den großen Umbrüchen der Epoche Napoleons und Goethes äußerte, zum »Bewußtsein« über sich selbst zu verhelfen. Er wollte dafür ein Kategoriensystem bereitstellen, das die Entwicklung der Moral ebenso wie der Kunst, der Staatsverfassungen wie der Naturwissenschaften verständlich machte. Aber Hegel ist kein bloßer Kulturphilosoph, der die Zeichen der Zeit deutet. Er will vielmehr den strengsten Anforderungen der Erkenntniskritik genügen, wie sie durch Kant und seine Schule formuliert worden waren. Und er will die gründlichsten philosophischen Skeptiker überzeugen, indem er sie mit ihren eigenen Methoden widerlegt. Die *Phänomenologie* will ein radikaler (»sich vollbringender«) Skeptizismus sein, der zur Selbstaufhebung des Skeptizismus in sein Gegenteil führt.[6]

5 Vgl. Habermas, *Komplexe Gesellschaften*, 23-75; Fukuyama, *Das Ende der Geschichte.*

6 Hegel hat sich mit dem Problem des Skeptizismus seit seiner Berner Zeit (»Positivitätsschrift«) beschäftigt (vgl. AA 1, 209). Seit Kant ist das Problem der Widerlegung

Dieses Gegenteil nennt Hegel »absolutes Wissen«, absolut sowohl dem Gewißheitsgrad wie den Inhalten nach – ein Anspruch, der ebensoviel Faszination wie Ablehnung, ja Spott zur Folge hatte.

»Absolutes Wissen« mußte natürlich in Konkurrenz zu religiösen Gewißheitsansprüchen treten. Die Themen »religiöses Bewußtsein«, »Glauben«, »Religion« nehmen in der *Phänomenologie* breiten Raum ein, und am Ende will Hegel den wahren Gehalt der gesamten Religionsgeschichte in philosophische Begriffe übersetzen. Hegels »Aufhebung« der Religion in die Philosophie, die er in seinen späteren Berliner Vorlesungen und Schriften breit und systematisch ausgeführt hat, löste erbitterte Kontroversen und eine Spaltung seiner eigenen Schule aus. Dabei geht es ihm, wie die *Phänomenologie* zeigt, um eine Versöhnung von Religion, Wissenschaft und Philosophie – gegen die banalen Mißverständnisse der Religion in einer oberflächlichen Aufklärung (s. u. 199). Die *Phänomenologie* ist auch der Versuch nachzuweisen, daß die wissenschaftliche und philosophische Erkenntnis der Neuzeit die religiöse Überzeugung bestätigt, daß sich in der Welt eine absolute (göttliche) Weisheit offenbart.

Hegel wendet sich damit gegen die religiösen und theologischen »Rückzugspositionen« der Zeit, die zwischen Wissen und Glauben eine strenge Trennung einführen und das Göttliche selber für unerkennbar, allenfalls der moralischen Überzeugung oder dem religiösen Gefühl für zugänglich halten – sei es in der Form der Kantischen Kritik oder der Theologie des Glaubens und des religiösen Gefühls bei Jacobi und Schleiermacher. Zwar hatte auch Kant die religiöse Annahme einer von Gott zweckmäßig eingerichteten Welt und einer göttlichen Vorsehung in der Geschichte nicht gänzlich zurückgewiesen. Er hatte ihr aber den Charakter wissenschaftlicher Erkenntnis abgesprochen. »Streng wissenschaftlich« war für Kant nur die »mechanische« Naturerkenntnis und die Analyse ihrer notwendigen Voraussetzungen in der menschlichen Vernunft.

Mit dieser Erklärungsart können wir indessen nach Kants *Kritik der teleologischen Urteilskraft* (Zweiter Teil der KU) nicht einmal die organischen Naturprodukte ganz verstehen. Ebensowenig können wir mit ihr einen systematischen Zusammenhang in unsere

des Skeptizismus ein beherrschendes Thema der Zeit. Vgl. dazu Fulda/Horstmann (Hg.), Meist, Skeptizismus, sowie jetzt Vieweg.

gesamte Naturerkenntnis – einschließlich der besonderen Gesetze der Physik und der Biologie – bringen. Die menschliche Vernunft muß aber nach einer solchen systematischen Einheit aller Erkenntnisse in einem »syllogistischen«, auf Prinzipien und Schlüsse aufgebauten Gesamtsystem suchen. Daher ist die Annahme eines zweckmäßigen, auf der Weisheit eines unendlichen Verstandes beruhenden Zusammenhanges der Natur versuchsweise nötig, wenn auch unbeweisbar. Da wir ferner über die Erklärung unseres moralischen Pflichtgefühls zu der – ebenfalls hypothetischen – Annahme eines allwissenden, allmächtigen und allgütigen Wesens kommen, sind wir gehalten, auch in der Geschichte nach Spuren eines vernünftigen Plans zu suchen.

Kant gibt der religiösen Überzeugung von der Weisheit der Schöpfung und der »Vorsehung« also einen vernünftigen Sinn, bestreitet ihr aber den Charakter der Wissenschaftlichkeit im Sinne der empirischen oder »logischen« Beweisbarkeit. Hegel will ihr diese Wissenschaftlichkeit in der Philosophie zurückgeben – allerdings, wie sich zeigen wird, um den Preis einer radikalen Entmythologisierung (wie wir es seit Rudolf Bultmann nennen würden) der religiösen Inhalte. Die moderne Wissenschaft der Natur und der Fortschritt der Vernunft im modernen »säkularisierten« Staat zeigen, wenn man sie nur nicht mißversteht, die zweckmäßige Einrichtung der Natur und der Geschichte.

Aber die Mißverständnisse dieser Wissenschaften ebenso wie die der »naiven« Auffassung der religiösen Wahrheiten sind überall verbreitet – in den Wissenschaften und ihrem »aufgeklärten« Selbstverständnis, in der Philosophie, der Literatur und der Theologie. Sie beruhen allenthalben auf Dualismen – zwischen sinnlich wahrnehmbarer Materie und verstehbaren Gesetzen, zwischen Anschauung und Begriff, zwischen Subjekt und Objekt, zwischen menschlichem und göttlichem Geist usw. Deren umfassende und vollständige Kritik ist Inhalt der *Phänomenologie des Geistes*. Was man eigentlich aus der modernen Wissenschaft lernen kann, ist für Hegel, daß die Welt nicht aus sinnlichen Dingen und geistigen Gesetzen besteht, sondern ein Prozeß ist, in dessen Ereignissen und Strukturen sich eine verständliche, auf Begriffe und Schlüsse zurückführbare Ordnung zeigt. Analoges gilt für die Entwicklung von Kulturen, insbesondere von Rechtsordnungen, aber auch von Kunst und Religion, in der Geschichte.

Es ist aber nicht alles in Natur und Geschichte vernünftig oder zweckmäßig. Es gibt Phänomene und Bereiche, in denen nur schwache Anzeichen von Ordnungen sichtbar sind – etwa die Arten der Lebewesen oder die Verästelungen der menschlichen Kultur und ihrer partikularen Traditionen.[7] Von diesen Randbereichen wird die Gesamtordnung nicht beeinträchtigt, im Gegenteil, sie erweist ihre Unberührtheit von den »überkomplexen« Mustern wie auch von den historischen Rückfällen und Seitenwegen.[8]

Wenn eine solche Ordnung vom Menschen teils erkannt – was die Natur angeht –, teils selber hervorgebracht wird (Kultur), muß das menschliche Denken und Handeln als Bewußtwerdung und Vollstreckung der universalen Vernunft verstanden werden. Manifestation und Selbstverwirklichung einer Ordnung ist für Hegel das Wesen des »Geistes«. Ob man ihn göttlich oder menschlich nennt, ist am Ende nur eine Frage der Perspektive: Schaut man »von unten«, vom Individuum einer bestimmten Kultur und Epoche, nach oben, auf die durch die Epochen und Völker offenbar werdende Gesamtordnung, dann sieht man sie gewissermaßen aus menschlicher Perspektive. Blickt man »von oben«, von der Gesamtordnung der Natur und Geschichte aus, die im Fortschritt der Kulturen und Wissenschaften – und damit immer durch einzelne Menschen – erkannt bzw. »offenbar« wird, dann nimmt man eine unendliche, religiös gesprochen »göttliche« Perspektive ein.

Man muß sich diesen Anspruch der Hegelschen Philosophie, der zuerst in der *Phänomenologie* in einer systematischen Form erhoben wird, vor Augen stellen, um die Idee und die Wirkung des Werkes zu verstehen. In der heutigen Kultur erscheint der Anspruch »absoluten Wissens« und des vollständigen Begreifens von Religion und Geschichte als unhaltbare Anmaßung. In der Philosophie teilt ihn praktisch niemand mehr. Das gegenwärtige Interesse an der *Phänomenologie* richtet sich meist auf viel »bescheidenere« Aspekte. Der Versuch einer Synthese von wissenschaftlicher und religiöser Welterkenntnis kennzeichnet aber die europäische Philosophie seit dem Entstehen des Christentums. Thomas von Aquin, Leibniz und Hegel sind vielleicht die bedeutendsten Schöpfer einer solchen Synthese.

Wenn man diese Einheit »Metaphysik« nennt, dann ist verständ-

7 Vgl. EPW (1830), §§ 368 u. 394.
8 Vgl. Henrich, *Zufall*.

lich, daß Hegel als Ende der Metaphysik verstanden wird.[9] Seit der zweiten Hälfte des 19. Jahrhunderts sind nämlich entscheidende Voraussetzungen einer solchen Synthese fragwürdig geworden: die empirischen Naturwissenschaften haben sich von der Vorstellung eines klaren, logischen Gesamtzusammenhanges der Natur entfernt. Die Chaosforschung und die modernen Konzeptionen der Kosmogenese haben dem Zufall ständig mehr Raum gegeben. Das gilt auch für die Erdgeschichte und die Evolution der lebendigen Natur. Meteoriteneinschläge oder die Verschiebungen der Kontinentalplatten können ebensowenig auf einen vernünftigen Plan oder Zweck zurückgeführt werden wie spontane Mutationen bzw. »Kopierfehler« beim Ablesen genetischer Information.

Das Aufkommen der verstehenden, auf Quellen basierenden und den »großen Entwürfen« gegenüber kritischen Geschichtswissenschaften hat für den Bereich der menschlichen Kultur zu einer noch weit stärkeren Tendenz zum »Unsystematischen«, bloß Erzählbaren, aber nicht mehr als Plan oder Vorsehung Begreifbaren geführt. Die politischen und moralischen Katastrophen unseres Jahrhunderts haben schließlich den Glauben an die Vernunft und ihren Fortschritt in der Geschichte schwer erschüttert. Zwar ist noch offen, wie weit die Versuche einer einheitlichen Theorie etwa in der Physik kommen. Auch halten wir zumeist an einer Fortschrittsidee etwa im Bereich des Rechtsfortschritts (Grundrechte, Demokratie, Gewaltenteilung) fest. Aber die Idee einer perfekt rationalen Gesamtordnung von Natur und Geschichte ist heute weniger glaubhaft als je zuvor in der europäischen Geschichte. Deshalb muß Hegels Systemidee vor allem in bezug auf die Geschichte heute als hybrid erscheinen.

In der *Phänomenologie* finden sich allerdings auch gegenläufige, »antimetaphysische« Strömungen, die Hegel für manche Interpreten zum Stammvater der Moderne machen. Niemand vor ihm hat die Historisierung aller religiösen, philosophischen und wissenschaftlichen Standpunkte so weit getrieben und die Genesis des

9 Man kann Hegel auch ganz »antimetaphysisch« deuten, wie dies T. Pinkard in seinem Buch über die *Phänomenologie* getan hat (*Hegel's Phenomenology*). Für Pinkard ist absolutes Wissen gerade der Verzicht auf alle metaphysisch (auch naturrechtlich) vorgegebenen Wahrheiten: »Absolute knowledge ... is the practice through which the modern community thinks about itself without attempting to posit any metaphysical ›other‹ or set of ›natural constraints‹ that would underwrite those practices.« (262). Vgl. dazu u. 268.

modernen, von allen traditionellen Bindungen freien Subjekts so systematisch dargestellt wie Hegel in der *Phänomenologie*.[10] Niemand hat auch vor der *Phänomenologie* die Bedeutung des Gemeinschaftslebens für die Weiterentwicklung der Begriffe möglicher Objekte und der Kriterien des Wahren und Guten so in den Vordergrund gestellt wie Hegel.[11] An diese These knüpfen antimetaphysische Lesarten an, die Hegel gelegentlich bis in die Nähe des Pragmatismus oder des späten Wittgenstein rücken.[12]

Auch wer einerseits in bezug auf eine allzu »moderne« Lesart der *Phänomenologie* skeptisch ist und andererseits ihre Systemansprüche nicht mehr akzeptieren kann, findet in ihr wichtige Anknüpfungspunkte zu Themen der Gegenwartsphilosophie. Das gilt für Hegels Programm der Überwindung der traditionellen Dualismen (Begriff-Gegenstand, Verstand-Sinnlichkeit, Form-Materie etc.),[13] seine ganzheitliche, »holistische« Auffassung von Theorien und Gegenstandsbereichen oder seine Einsichten in die Abhängigkeit von Sozial- und Wissenschaftsgeschichte.[14] Auch für das Verhältnis von Religion und Wissenschaft enthält die *Phänomenologie* interessante (»rationalistische«) Thesen.

Die eigentlichen Leistungen der Religion, die zum Fortschritt der menschlichen Kultur beigetragen haben, liegen für Hegel gerade in den Gedankensystemen, die in religiösen Lehren und Dogmatiken über Wesen und Tätigkeit Gottes entwickelt wurden – nicht primär in den Beiträgen zur Moralentwicklung wie bei

10 Vgl. Falke, *Begriffne Geschichte*, 9, 20. Falke akzentuiert in seinem Kommentar eine modernisierende Interpretation, ist sich aber darüber im klaren, daß Hegel schon in der *Phänomenologie* versucht, »die moderne Subjektivität, der ein substanzleeres Absolutes unvermittelt gegenübersteht, an eine tradierte Ordnung des Staates, der Religion, der Metaphysik« zurückzubinden (22). Eine analoge Genese und Rückbindung des modernen Selbst findet sich heute bei Charles Taylor, *Quellen des Selbst*.

11 Vgl. u. 215, 217, 247.

12 Für Robert Pippin ist Hegel ein Philosoph der Moderne, weil er die Kriterien der Gegenständlichkeit und der Wahrheit verstehe als »principles emerged as resolutions of an experienced and logical crisis in a community's self-understanding« (*Hegel, Modernity*, 168). Für Pippin ist die Dialektik dieses Prozesses aber weder von pragmatistischen noch von transzendentalen Diskurstheorien zu erfassen. Eine größere Nähe Hegels zum Pragmatismus sieht Brandom. Vgl. auch Anm. 9.

13 Es gibt in der modernen Ontologie und Erkenntnistheorie vergleichbare Interessen an einer Überwindung des Dualismus Subjekt-Gegenstand bzw. Begriff-Materie, etwa bei Putnam, 9, oder McDowell, 44 f. (Vgl. dazu u. 175 u. 83)

14 Vgl. Habermas, *Erkenntnis und Interesse*.

Lessing, Kant und den meisten Aufklärern. Auf einer bestimmten Abstraktionsebene betrachtet, sind diese gedanklichen Modelle und Schemata keine anderen als die, mit denen wir auch die Natur und die Strukturen des menschlichen Geistes erfassen. Der Fortschritt der Theologie hat, wie Hegel glaubt zeigen zu können, den der Naturwissenschaft nicht verhindert, sondern ermöglicht. Die Natur als ein sich selbst organisierendes System zu verstehen wäre nicht möglich gewesen ohne die Gedanken der Substanz, des Subjekts, der Zweckmäßigkeit, der Selbstdifferenzierung usw., die zuvor in der Gotteserkenntnis entwickelt worden waren.

Daß umgekehrt auch das Göttliche in Kategorien begriffen wurde, die in der Erkenntnis der Natur und des Menschen »erfolgreich« waren, ist unbestreitbar. Eine Verendlichung oder Vermenschlichung Gottes liegt darin nur, wenn Gott etwas von der Welt Getrenntes, »Anderes« sein soll. Die traditionelle religiöse Entgegensetzung von Diesseits und Jenseits, Endlichkeit und Unendlichkeit läßt sich für Hegel aber nicht halten. Wir erkennen die Natur, den Menschen und Gott nicht nur mit denselben Kategorien, sondern wir erkennen dabei auch dasselbe – nur auf verschiedenen Entwicklungs- oder Komplexitätsstufen. Der adäquate Begriff für dieses Selbe ist »Geist« – und das bedeutet, wie die christliche Dogmatik auf freilich noch bildhafte Weise (Schöpfung, Menschwerdung, Erlösung) zeigt, zu einem Anderen werden (»Sichanderswerden«) und darin sich selbst erkennen. Die Erkenntnis von Gesetzen in räumlich-materiellen Systemen ist davon ebenso eine Stufe (oder »Erscheinung«) wie die Erkenntnis der Entwicklung vernünftiger Moralen und Staatsverfassungen in den zeitlichen Gebilden der menschlichen Kultur, deren Gesamtzusammenhang wir »Geschichte« nennen.

Wie konnte Hegel annehmen, eine solche »Einheitsspekulation« angesichts der Standards der Kantischen Kritik und ihrer skeptischen Nachfolger und Gegner verteidigen zu können? Diese Frage beschäftigt die meisten modernen Interpreten der *Phänomenologie*. Daher sind die Schriften und Manuskripte der Jenaer Zeit vor der *Phänomenologie* zunehmend ins Interesse der Forschung gerückt. Hegel geht in ihnen, wie die *Differenzschrift* zeigt, aber nicht im Sinne einer immanenten Kant-Kritik vor. Er ist vielmehr, wie Fichte und Schelling, davon überzeugt, daß die Entwicklung der Philosophie und der »Bildung« (Moral, Recht, Kunst) über Kant hinaus geführt hat. Von einem neuen Entwicklungsstadium aus kann die Kantische Philosophie sowohl in ihrer Bedeutung wie in ihren Grenzen gesehen werden.

Hegel hat diese Entwicklung in der letzten Dekade des 18. Jahrhunderts gewissermaßen »am eigenen Leib« mitgemacht: in den Manuskripten seines Tübinger Theologie-Studiums (1788-1793) und seiner Zeit als Hauslehrer in Bern (1793-96) sieht man ihn als einen Anhänger der Kantischen Philosophie, vor allem der Moral- und Religionsphilosophie, der von der Fortentwicklung dieses Denkens eine Umwälzung (»Revolution«) auch der religiösen und politischen Verhältnisse in Deutschland erwartet.[15]

Zusammen mit seinen Tübinger Freunden Schelling und Hölderlin begibt er sich aber seit 1796/97 an den Versuch, die Kantische Philosophie mit ihrer Gegenströmung, dem Spinozismus und dem ästhetischen Platonismus, zu vereinigen.[16] Dafür sind Enttäuschungen über die Realisierung der Freiheitsideale in der Französischen Revolution ebenso ursächlich wie die Begegnung mit den Denkweisen der Empfindsamkeit und des ästhetischen Pantheismus von Hemsterhuis und Shaftesbury, Herder und Goethe.[17]

Hegel hat diese Bemühungen aber zunächst in seinen religionsphilosophischen Überlegungen zu Gehalt und historischer Rolle (zum »Geist«) des Christentums weiter verfolgt. Statt der Kantischen Grundbegriffe von Gesetz und Tat, sinnlicher und übersinnlicher Welt, Freiheit und Natur werden für ihn jetzt die Begriffe Liebe, Leben und – in den ersten Jenaer Jahren – »Geist« maßgeblich, in denen der Prozeß der »Entzweiung« und Wiedervereinigung von Getrennten faßbar wird (vgl. u. Kap. 2).

Mit dem Eintritt in die akademische Philosophie in Jena wendet sich Hegel einer systematischen Durchführung der Aufgabe einer Überwindung der Entzweiungen in der Kultur der Zeit, ja im neuzeitlichen Denken überhaupt zu. In seiner ersten Druckschrift und wenig später in großen Aufsätzen des mit Schelling herausgegebenen *Kritischen Journals der Philosophie* setzt er sich dazu mit den führenden Philosophen der Zeit, mit Kant und Fichte, Reinhold und Jacobi und schließlich auch mit dem Freund und Förderer Schelling auseinander.

15 Vgl. den Brief an Schelling, 16. April 1795 (Briefe 1, 23 f.).

16 Vgl. Henrich, *Hegel und Hölderlin und der Grund*; Düsing, *Ästhetischer Platonismus*; Jamme, *Ein ungelehrtes Buch*.

17 Vgl. Henrich, *Historische Voraussetzungen*; Pöggeler, *Philosophie*; Jamme/Schneider (Hg.), *Weg*.

In Vorlesungen der Jenaer Zeit entwickelt er dann ein eigenes System der Logik und Metaphysik, Natur- und Geistphilosophie, dessen Veröffentlichung er während mehrerer Jahre plant und ankündigt. Aber erst nach dem Ende seiner Jenaer Dozententätigkeit – herbeigeführt durch persönliche und politische Katastrophen (das Aufzehren des väterlichen Erbes, Napoleons Eroberung Preußens) – veröffentlicht Hegel im Jahre 1807 die *Phänomenologie des Geistes*. Sie ist nicht das ganze System, sondern zugleich die Einleitung wie der erste Teil,[18] der aber, unter geistphilosophischer Perspektive, auch schon Inhalte und Kategorien der anderen Teile enthält. Verglichen mit den späteren Veröffentlichungen, der *Wissenschaft der Logik* (WL I u. II), der *Enzyklopädie* (EPW (1830)) und der *Rechtsphilosophie* (GPR), hat die *Phänomenologie* noch immer die Gestalt eines genialen Frühwerks. Hegel selber notiert beim Beginn der Überarbeitung für eine Neuauflage kurz vor seinem Tode im Jahre 1831: »Eigenthümliche frühere Arbeit, nicht Umarbeiten.« (PhG (1988), 552)

18 Vgl. Hegels Selbstanzeige, PhG, 593.

2. Hegels philosophische Entwicklung bis zur »Differenzschrift«

Die *Differenzschrift* ist zwar Hegels erste Veröffentlichung,[1] aber nicht der Anfang seiner philosophischen Entwicklung. Aus dem Jahrzehnt vor ihrer Veröffentlichung gibt es eine Fülle Hegelscher Manuskripte, von denen die meisten erstmals 1900 durch den Dilthey-Schüler Hermann Nohl veröffentlicht wurden. Nohl gab seiner Veröffentlichung den Titel *Hegels Theologische Jugendschriften* (TJ), aber es handelt sich keineswegs um Studien zur Theologie im Sinne der Fachwissenschaft einer Konfession, sondern um philosophische Theologie und Religionsphilosophie, aber auch um Moral-, Sozial- und Geschichtsphilosophie. Auch als Schüler des Tübinger Stiftes (1788-1793), das wirklich Theologen ausbildete, stand Hegel primär unter der Wirkung der philosophischen »Revolution« durch die Schriften Kants und der politischen Revolution in Frankreich. Gegen Ende seiner Berner Hauslehrer-Zeit (1793-96), vor allem aber während seines Aufenthaltes (ebenfalls als Hauslehrer) in Frankfurt (1797-1800) werden der Spinozismus, der Neuplatonismus und die Versuche der spekulativen Kant-Schüler (Fichte, Hölderlin, Schelling, Sinclair, Zwilling, Novalis) für Hegel bedeutsam. Die moralischen und gesellschaftstheoretischen Interessen werden zurückgedrängt durch den Versuch, ein eigenes philosophisches System zu entwerfen. Aus den letzten Frankfurter Monaten liegt ein knappes, als *Systemfragment* bekanntes Manuskript dazu vor (vgl. TWA 1, 219-228). Als Hegel 1801 Dozent an der Universität Jena wird, versucht er diese Systemkonzeption in Auseinandersetzung mit den dominierenden Denkern seiner Zeit, mit Kant und Fichte, Reinhold und Jacobi und zunehmend auch mit Schelling, darzulegen. Außer seiner Erstveröffentlichung dienen ihm dazu auch die umfangreichen Abhandlungen in der gemeinsam mit Schelling, (bis 1803) herausgegebenen Zeitschrift, dem *Kritischen Journal der Philosophie*.

Die Entwicklung Hegels in der letzten Dekade des 18. Jahrhunderts ist in jüngster Zeit ausgiebig erforscht worden.[2] Hier sollen

1 Sieht man von der anonym veröffentlichten Flugschrift zur Kritik der Berner Oligarchie ab (sog. *Cart-Schrift*), in: TWA 1, 255-267.

2 Vgl. u. a. Henrich, *Hegel im Kontext*; Jamme, *Ein ungelehrtes Buch*; Kondylis.

nur die Grundzüge skizziert werden. Hegel versteht sich in den frühen neunziger Jahren als Schüler Kants, der die Konsequenzen vor allem der Kantischen Moralphilosophie und der moralischen Gotteslehre für die Theologie und die politische Philosophie zu ziehen sucht. Er erhofft sich dadurch eine geistige »Revolution« in Deutschland, die der Erneuerung der Gesellschaftsordnung vorauszugehen hätte.

Was ihn dabei vor allem beeindruckt, ist Kants sogenannte »Postulatenlehre«, die dieser vor allem in seiner *Kritik der praktischen Vernunft* (KpV) von 1788 entwickelt hatte. In ihr hatte Kant die Inhalte der alten Metaphysik, die Lehre von der Unsterblichkeit der Seele und der Existenz eines gerechten, am Ende der Zeiten lohnenden und strafenden Gottes, die er in der theoretischen Philosophie als dogmatisch und unbeweisbar kritisiert hatte, als berechtigte Annahmen zur Erklärung unseres moralischen Bewußtseins »rehabilitiert«.

Zwar ist das unbezweifelbare moralische Bewußtsein der »Pflicht«, nur nach Grundsätzen zu handeln, die alle Vernunftwesen sich selber als ein Gesetz geben könnten, von Annahmen über einen lohnenden und strafenden Gott unabhängig. Vor allem die Verpflichtung, nur nach diesem Gebot (dem »Kategorischen Imperativ«) zu handeln, darf gar nicht von Hoffnungen oder Befürchtungen göttlicher Gerechtigkeit abhängen. Aber der Mensch als ein Wesen, das in einer von ihm nicht beherrschbaren Welt lebt, könnte auf die Dauer nicht moralisch handeln, wenn er von einer »teuflischen« oder gleichgültigen Naturordnung ausginge. Er muß annehmen, daß das gute Handeln im Endeffekt auch gute Wirkungen für das menschliche Glücksstreben hat. Ein solches umfassendes Gut der gerechten Verteilung des Glücks muß Gegenstand seines Handelns sein, auch wenn er für sich selber nur die moralische »Glückswürdigkeit« erstreben darf. Wenn er dies annimmt, muß er aber auch zugleich ein Wesen annehmen, das die Übereinstimmung von Moral und Glückseligkeit, moralischer und natürlicher Weltordnung garantieren kann. Und er muß auch eine nicht auf die Zeit dieses irdischen Lebens beschränkte Person bzw. Seele annehmen, die sich um (unendliche) Annäherung an moralische Vollkommenheit bemüht.

Was Hegel, wie seine Mitstudenten im Tübinger theologischen Stift, Hölderlin und Schelling, an dieser Lehre fasziniert, ist die Tatsache, daß die Inhalte der Religion und Metaphysik praktisch zu

»Stützannahmen« für das Handeln des autonomen Individuums werden. Die moralischen Gebote, und indirekt damit auch die rechtlichen Pflichten, die im Prinzip nicht unmoralisch sein dürfen, sind nicht mehr deshalb gültig, weil Gott, die Kirche oder der Landesherr sie verkünden, sondern weil sie dem Individuum als richtig und notwendig einleuchten. Aber vor dieser Prüfung der »Vernünftigkeit« der Inhalte von Moral, Recht und Religion halten viele der traditionellen Gebote und auch die Grundwahrheiten der christlichen Religion stand. Was nicht standhält, ist eine Kirche, deren Mitglieder auf Belehrung über Gut und Böse sowie die Vermittlung von Gnaden für unwürdige Sünder angewiesen sind; und ein mit solchen Kirchen »unter einer Decke spielender« Staat, der seine Herrschaft auf die Angewiesenheit der Untertanen auf Führung gründet.[3] Deshalb erwartet Hegel von der Ausbreitung einer Moral und Religion der Autonomie politische Konsequenzen.

In der Tat hat auch die Revolution in Frankreich sich auf eine verwandelte Religion gestützt. Freilich eine, die die Vernunft selbst vergöttlichte und deren Kult sich an die antiken Staatsreligionen mit ihren »politischen« Göttern und Festen anlehnte. Schon Rousseau hatte ja Zweifel daran, ob sich eine universalistische Jenseitsreligion wie das Christentum mit dem Enthusiasmus für eine Republik vereinbaren lasse.[4] Auch Hegels Vorstellungen einer das »Herz« freier Bürger ergreifenden Volksreligion nimmt Elemente der antiken, vor allem griechischen Religion zum Vorbild. Aber er geht zumeist davon aus, daß das Christentum zu einer solchen Religion tauglich ist. Jedenfalls gilt das für die Lehre und den »Geist« Jesu, während schon in der Urkirche die Anfänge der Herrschaft von Lehrautorität und moralischer Bevormundung sichtbar sind.[5] Dieser »Umschlag« im Christentum interessiert Hegel auch im Zusammenhang mit Studien zum Untergang der antiken Welt, wie sie der große englische Geschichtsphilosoph der Aufklärung – Edward Gibbon – vorgelegt hatte.[6]

Während Hegel – nach dem Verlassen des Tübinger Stiftes als Hauslehrer in Bern – den Umschlag des Christentums von einer Volksreligion mit »Kantischen« Inhalten zu einer »positiven«,

3 Vgl. Brief an Schelling, 16. April 1895 (Briefe 1, 24).
4 *Gesellschaftsvertrag*, Buch 4, Kap. 8.
5 Vgl. Fujita, 49.
6 Vgl. Gibbon.

autonomiefeindlichen Religion der Gesetze, Dogmen und Autoritäten untersucht, beginnt in der deutschen Philosophie eine Bewegung des »mit Kant über Kant hinaus«.[7] Fichte publiziert 1794 in Jena seine *Grundlage der gesamten Wissenschaftslehre*, die die bei Kant unüberbrückbaren Gegensätze der endlichen Vernunft und der Transzendentalphilosophie (Begriff und Anschauung, theoretische und praktische Vernunft) als Resultate der Selbstbegrenzung einer spontanen Subjektivität zu erklären sucht.

Schon Fichte nimmt dabei in den Kantischen Ansatz einer Philosophie der Subjektivität Elemente der Gegenposition einer Philosophie der Substanz auf, wie Spinoza sie entwickelt hatte. Für Spinoza mußte die Philosophie von dem einzig wahrhaft Realen ausgehen, d. h. von dem, was durch sich selbst notwendig existiert und begriffen werden kann. Dieser einzigen Substanz kommen alle beschränkten Seinsweisen und Bestimmungen (Denken und Ausdehnung, Raum und Zeit, Wille und Verstand) als Eigenschaften (Attribute) oder deren Modifikationen zu.

Für Fichte ist die *causa sui* des Spinoza dagegen das Subjekt bzw. Ich, das spontan zu sich selbst kommt, seiner Existenz unmittelbar gewiß ist und nur innerhalb seines Bewußtseins und durch dessen Eigentätigkeiten die begrifflichen Schemata einer »Welt« hervorbringt. Im menschlichen Bewußtsein ist die reine Gewißheit der Selbsttätigkeit freilich immer verbunden mit einer Unterscheidung zwischen Spontaneität einerseits und Nicht-Spontaneität, Gegebensein, Schranke andererseits. Es kann sich eine absolute, spontane Produktion von Selbst *und* Gegenstand nur als unerreichbaren Ursprung und als Ziel seines Autonomiestrebens denken.

Solche Versuche, den Gedanken eines absoluten Einheitsgrundes von Welt und Denken mit der Kantischen Kritik des endlichen Bewußtseins zu vereinbaren, beschäftigten auch Hegels Freunde Schelling und Hölderlin. Schelling versuchte zunächst den Ansatz Fichtes weiterzuentwickeln und dessen Nähe zu Spinoza herauszuarbeiten.[8] Deutlicher als Fichte faßte er das Selbstbewußtsein als Sich-Unterscheiden eines ungeteilten absoluten Ich, dessen spontane Tätigkeit unterschiedslose Selbstanschauung und zugleich

7 In der neueren Forschung sind eine Reihe von bislang unbeachteten Autoren in ihrer Bedeutung für die Frühgeschichte des Deutschen Idealismus erkannt worden, darunter Novalis, Sinclair und Zwilling. Vgl. Henrich, *Grund*, *Konstellationen* und *Jakob Zwillings Nachlaß*, Diez, *Briefwechsel*, Frank u. Hannelore Hegel.

8 In der Schrift *Vom Ich*, 149 ff., u. den *Abhandlungen*, 369 f.

Ursprung der Bewußtseinsgegensätze ist. Die von Spinoza ungelöste Aufgabe, aus der Einheit der Substanz ihre Modifikationen abzuleiten, könne gelöst werden, wenn man die Substanz als überindividuelles »Ich« verstehe.[9]

Hölderlin dagegen glaubt, daß ein solcher den Gegensätzen vorausliegender Einheitsgrund nicht selber Subjektivität sein kann. Selbstbewußtsein impliziert auch in seiner unmittelbarsten (»vor-reflexiven«) Form immer schon eine Selbstdistanz.[10] Den Gedanken eines allen Gegensätzen vorausliegenden Grundes ihrer Einheit (zumindest im Sinne von Vergleichbarkeit, Bezogenheit aufeinander) nennt Hölderlin »Seyn«. Es bleibt aber ein Sein, das nicht dinglich, sondern als Ursprung des Bewußtseins, seiner Trennung in Subjekt und Gegenstand sowie seiner verschiedenen synthetischen Funktionen (Anschauung, Urteil etc.) zu verstehen ist. Und zugleich ist es ein Ziel aller Tätigkeit des Bewußtseins, diese »verlorene« Einheit wiederzugewinnen. In der Vorrede zur vorletzten Fassung des *Hyperion* (1795) hat Hölderlin die Weise, wie dieses »Seyn im einzigen Sinne des Wortes« für uns »vorhanden« ist, auch als »Schönheit« bezeichnet.[11] Damit knüpft er an den »ästhetischen Platonismus« an, der vor allem in der Renaissance-Philosophie ausgebildet wurde und durch Hemsterhuis, Shaftesbury, Jacobi und andere in der Diskussion des späten 18. Jahrhunderts präsent war.[12]

Hegel hat diese Suche der Nach-Kantianer nach einer absoluten Einheit, aus der sich die Gegensätze des Bewußtseins und ihre synthetische Vereinigung in Urteilen und anderen Bewußtseinsleistungen erklären läßt, nicht auf derselben Ebene der »Ersten Philosophie«, d. h. der Ontologie oder Transzendentalphilosophie, aufgenommen. In seinen Untersuchungen über das Verhältnis des Christentums zur moralischen und politischen Autonomie zeigen sich aber gegen Ende der Berner Zeit erste Ansätze einer Abwendung von Kant und einer Hinwendung zu Grundgedanken der spinozistischen und neuplatonischen All-Einheits-Lehre. Am deutlichsten sind diese Gedanken in einem fragmentarisch überlieferten *Systemprogramm* aus dem Winter 1796/97,[13] dessen Ver-

9 Vgl. den Brief an Hegel, 4. Februar 1795 (Briefe 1, 22).
10 Vgl. Henrich, *Der Grund*, 42 ff.
11 *Hyperion*, 169; vgl. Henrich, *Der Grund*, 267 ff.
12 Vgl. Düsing, *Ästhetischer Platonismus*.
13 Vgl. TWA 1, 234-236.

fasser oder Mitverfasser – mit Schelling und Hölderlin – Hegel sein dürfte.[14] Dieser Text verknüpft die Kantische Konzeption einer Begründung der Metaphysik durch die Ethik mit der Forderung einer Ideenlehre, deren »erste Idee« zwar die »Vorstellung von mir selbst als einem absolut freien Wesen« ist, die »letzte« Idee aber, »die alle vereinigt, die Idee der Schönheit [ist], das Wort in höherem platonischen Sinne genommen«.[15] Grund der Einheit des philosophischen Ideensystems ist also ein die Gegensätze vereinigendes Prinzip. In der platonischen und neuplatonischen Tradition wurde dieses vereinigende Prinzip als Schönheit oder auch als Liebe gefaßt.

Vor allem der Begriff der Liebe wird in den Frankfurter Manuskripten Hegels zum Zentralbegriff. Er stellt den eigentlichen Kern der Lehre Jesu dar, mit der er die Gesetzesmoral des Alten Testamentes erfüllt und überwindet. Hegel steht hier in der Tradition der »typologischen« Auslegung des Neuen Testamentes als Erfüllung des Alten.[16] Zugleich knüpft seine Stufenfolge von Moralität, Liebe und Religion an die Lehre vom vierfachen Sinn der Schrift in der mittelalterlichen Theologie an.[17]

Die alttestamentarische Gesetzesmoral identifiziert Hegel jetzt weitgehend mit einem Kantischen Begriff von Moralität. Bei Kant bleibt zwischen Freiheit und Natur ein unüberbrückbarer Gegensatz und im moralischen Streben ein permanenter Konflikt. Fichte hat diesen Gegensatz in seiner Grundlage der theoretischen und praktischen Philosophie[18] als Gegensatz zwischen Ich und Nicht-Ich, Subjekt und Objekt gefaßt, die sich wechselseitig bestimmen – in der Theorie weiß sich das Subjekt vom Objekt bestimmt (freilich nach eigenen, subjektiven Regeln), in der praktischen Vernunft bestimmt das Subjekt das Objekt, setzt seine Autonomie gegen Widerstände der inneren und äußeren Natur durch.

Das bedeutet für Hegel, daß zwischen Subjekt und Objekt ein Verhältnis der Trennung und Beherrschung stattfindet: »Die theoretischen Synthesen werden ganz objektiv, dem Subjekt ganz entgegengesetzt. Die praktische Tätigkeit vernichtet das Objekt und ist ganz subjektiv – nur in der Liebe allein ist man eins mit dem

14 Zur Datierung vgl. Jamme/Schneider (Hg.), *Weg*, 42.
15 Vgl. TWA 1, 234 f.
16 Vgl. Ohly, *Typologie*, 446 ff.
17 Vgl. Ohly, *Vom geistigen Sinn*.
18 D. h. in den ersten drei Paragraphen der *Grundlage* von 1794.

Objekt, es beherrscht nicht und wird nicht beherrscht. Diese Liebe, von der Einbildungskraft zum Wesen gemacht, ist die Gottheit.« (TWA 1, 242) Hier sind schon Grundzüge der späteren Hegelschen *Religionsphilosophie* sichtbar: Gott als durch die Einbildungskraft vergegenständlichte, zugleich interpersonale und »ontologische« Beziehung der Vereinigung Getrennter.

In einer Philosophie des absoluten Subjekts, sei es in Kants Moralphilosophie der autonomen Vernunft oder in Fichtes Lehre vom Streben des Ich nach Bestimmung des Nicht-Ich, »ist keine Vereinigung getroffen. Das Subjekt, das freie Wesen, ist das Übermächtige, und das Objekt, die Natur, das Beherrschte.« (Ebd.) Freiheit im eigentlichen Sinne ist aber nicht Beherrschung der Natur, weder der inneren noch der äußeren, sondern Übereinstimmung, Überwindung der Grenzen gegenüber dem Anderen, Vereinigung.

Hegel wird seine Kritik an Kant und Fichte als Philosophen des Dualismus bzw. der »Reflexionsgegensätze« in Jena ausbauen. Sie steht im Mittelpunkt der *Differenzschrift* und der ersten Jenaer Aufsätze und Manuskripte. In Frankfurt interessiert ihn aber noch primär die Verwandlung einer solchen Religion der Liebe und der Vereinigung in eine Philosophie der moralischen und politischen Herrschaft. Neben der großen Fragmentgruppe über den *Geist des Christentums und sein Schicksal* beginnt Hegel auch mit einem Kommentar zur *Verfassung Deutschlands*,[19] in dem er die Vereinigung von Natur und gesellschaftlichen Freiheitsformen sowie die Übereinstimmung des Individuums mit dem sozialen Leben zum Maßstab seiner Kritik macht: »Der immer sich vergrößernde Widerspruch zwischen dem Unbekannten, das die Menschen bewußtlos suchen, und dem Leben, das ihnen angeboten und erlaubt wird und das sie zu dem ihrigen machten, die Sehnsucht derer nach Leben, welche die Natur zur Idee in sich hervorgebracht haben, enthalten das Streben gegenseitiger Annäherung.« (TWA 1, 457)

Erst in seiner Jenaer Zeit (1802) hat Hegel aber in seiner Kritik der Verfassung des untergehenden Reiches Umrisse einer Staatsverfassung erkennen lassen, in denen eine Übereinstimmung der Individuen mit der Natur und dem Leben eines Volkes möglich ist. Rechtlich gesehen ist diese Verfassung für Hegel eine konstitutionelle Monarchie mit ständischer Repräsentation. Entscheidend für

19 Bzw. des alten »römischen Reiches deutscher Nation«; vgl. TWA 1, 461-581.

die Vereinigung des Individuums mit einem absoluten Leben ist aber die Religion, in der Hegel am Ende der Frankfurter Zeit nach wie vor die höchste Form der Vereinigung von Freiheit und Natur, Individuum und Gemeinschaft gesehen hat.

Die Religion übertrifft in dieser Funktion nach Hegels sogenanntem *Systemfragment* von 1800 auch die Philosophie, die als Reflexions- oder Verstandesphilosophie über die Gegensätze, in denen sie denken muß, nicht hinauskommt. Selbst der Begriff des Lebens, der für Hegel in den Frankfurter Manuskripten selber der höchste Begriff der Vereinigung von Gegensätzen war, ist als bloß gedachte bzw., wie Hegel in Fichtescher Terminologie sagt, als »gesetzter« noch ein durch seinen Gegensatz beschränkter Begriff. Zwar versucht die philosophische Reflexion diesen Gegensatz durch einen paradoxen, in sich widersprüchlichen Ausdruck zu überwinden. Weil sich im Leben der Natur und des Menschen ständig Gegensätze bilden und in das Ganze (der Gattung, der Natur, der Kultur) wieder auflösen, versteht die Philosophie das Leben als »Verbindung der Verbindung und der Nichtverbindung« oder »Verbindung der Synthesis und Antithesis« (TWA 1, 422).

Aber dieser Gedanke als Produkt der unterscheidenden Reflexion schließt immer noch sein Gegenteil aus, von der Verbindung kann eine Nicht-Verbindung unterschieden werden. Nur wenn die umfassende Verbindung als ein »Sein außer der Reflexion« gilt, kann diese mitsamt ihren Gegensätzen als Teil eines sie umfassenden Ganzen verstanden werden. Das aber kann nicht einfach *gedacht* werden, sonst bliebe das Denken von seinem Gedachten unterschieden, sondern es muß selber *gelebt* werden, in den religiösen Handlungen der Vereinigung mit Gott (im Kult des Opfers und der Vereinigung mit dem Opfertod Christi). Die Philosophie kann solche Vereinigung nur »fordern«, in der Religion kann sie gelebt und erfahren werden: »Die Philosophie muß eben darum mit der Religion aufhören« (422 f.).

Später hat Hegel umgekehrt von der Aufhebung der Religion in die Philosophie gesprochen, weil gerade die Religion durch ihre Jenseits-Vorstellungen eine Trennung von Mensch und Gott aufrechterhält, die nur das philosophische Begreifen überwinden kann. Schon in seiner ersten Buchveröffentlichung, der *Differenzschrift*, hat Hegel diese Umkehrung angedeutet. Aber er bezeichnet in dieser Schrift andererseits die Philosophie selber noch als »Gottesdienst«.

3. Aufgabe und System der Philosophie nach der »Differenzschrift«

Hegel hat sich im Jahre 1801 mit einer Dissertation und Habilitationsthesen an der Universität Jena, die durch Reinhold, Fichte und Schelling an die Spitze der deutschen Philosophie gerückt war, zum Dozenten qualifiziert.[1] Die finanzielle Grundlage seiner bis 1807 dauernden ersten Hochschullehrerzeit war ein Erbteil des gerade verstorbenen Vaters. Hegel galt in Jena als Schüler und Freund Schellings, der in der seit 1799 beginnenden Auseinandersetzung Schellings mit Fichte die Partei seines Freundes vertrat. Fichte hatte im Jahre 1800 wegen der Atheismusvorwürfe die Universität Jena verlassen müssen. Schelling blieb bis 1803 und gab bis zu diesem Zeitpunkt mit Hegel das *Kritische Journal der Philosophie* heraus. Wann sich Hegel von Schelling philosophisch trennte, ist in der Forschung bis heute umstritten.[2]

Schon in der *Differenzschrift* lassen sich Differenzen zwischen Hegel und Schelling ausmachen. In der *Phänomenologie* wird Schelling dann wohl doch Gegenstand der Kritik, obwohl Hegel selber ihm brieflich versichert, die Kritik sei auf seine geistlosen Nachbeter gemünzt.[3]

Mit der *Differenz des Fichte'schen und Schelling'schen Systems der Philosophie* bezieht Hegel jedenfalls Position in der Philosophie der Zeit. Die Schrift hat vier Teile: ein ausführliches Kapitel über die Aufgabe und die Methoden der gegenwärtigen Philosophie (»Mancherlei Formen, die bei dem jetzigen Philosophieren vorkommen«), dem folgen eine kritische Darstellung der Philosophie Fichtes, eine »Vergleichung des Schellingschen Prinzips der Philosophie mit dem Fichteschen« sowie ein Anhang »über Reinholds Ansicht der Philosophie«, der durch Reinholds ein Jahr zuvor erschienene *Beyträge zur leichteren Übersicht des Zustandes der Philosophie beym Anfange des 19. Jahrhunderts* veranlaßt ist.

1 Vgl. Kimmerle (Hg.) sowie jetzt den editorischen Bericht von Meist in: AA 5, 611 ff.
2 Vgl. Düsing, *Die Entstehung*.
3 Vgl. u. 66, 124 und 252; Brief an Schelling, 1. Mai 1807 (Briefe 1, 162).

a) Die Aufgabe der Philosophie

Hegels Bestimmung der Aufgabe, der Methode und der »Instrumente« (des »Organons«) der Philosophie im ersten Kapitel der *Differenzschrift* zeigt deutlich die Spuren seiner philosophischen Entwicklung im vorhergehenden Jahrzehnt, auch seines Verständnisses der Philosophie als eines kulturellen und politischen Faktors. Es geht nicht nur um eine akademische Debatte über Voraussetzungen der Erkenntnis oder den Vorzug philosophischer Methoden. Das »Bedürfnis« nach Philosophie und nach einer bestimmten Philosophie entsteht in der Kultur bzw. der »Bildung« einer Zeit. Die Kultur seiner Zeit sieht Hegel aber – wie schon in der Einleitung der Verfassungsschrift – durch »Entzweiung« gekennzeichnet (DS, 21).

Entzweit ist nicht bloß das Individuum von den Formen des öffentlichen Lebens, sondern entzweit sind die Grundlagen der Kultur, die eine »Verstandeskultur« ist. Hegel steht damit in der Tradition der Kritik an der Kultur der Spätaufklärung, aber er richtet sich auch gegen deren »frühromantische« Überwinder, gegen Fichte, Jacobi, Schleiermacher und einige Jahre später auch gegen Schelling. Was er hier an der Verstandeskultur kritisiert, ist ihr Dualismus und ihr Versuch, dem Menschen einen Zugang zum Absoluten zu versperren: der Verstand stelle ein »Gebäude« von Begriffen und Dichotomien »zwischen den Menschen und das Absolute«. Diese Begriffe gelten selber als etwas »Absolutes«, weil sie als letzte, nicht weiter zu begründende Prinzipien verstanden werden: »Die Gegensätze, die sonst unter den Formen von Geist und Materie, Seele und Leib, Glauben und Verstand, Freiheit und Notwendigkeit usw. [...] bedeutend waren und alle Gewichte menschlicher Interessen an sich anhenkten, sind im Fortgang der Bildung in die Form der Gegensätze von Vernunft und Sinnlichkeit, Intelligenz und Natur, für den allgemeinen Begriff, von absoluter Subjektivität und absoluter Objektivität übergegangen.« (DS, 21) Philosophen wie Reinhold und Fichte, die diese abstrakten Prinzipien (Subjektivität und Objektivität) formulieren, sind also keine Überwinder der Verstandeskultur, sondern gleichsam ihre Verfestiger und »Letztbegründer«.

Hegel schlägt sich aber auch nicht auf die Seite der verstandeskritischen Denker des unmittelbaren Zugangs zum Absoluten im Gefühl (Schleiermacher) oder im Glauben (Jacobi). Die Tätigkeit und die Gegensätze des Verstandes sind ja, wie schon das *Systemfragment* sagte, selber Teil des absoluten Lebens und Bedingung der »reflektierten« Vereinigung mit ihm (vgl. TWA 1, 422). Die »notwendige Entzweiung«, so heißt es jetzt, ist »ein Faktor des Lebens, das ewig entgegensetzend sich bildet, und die Totalität ist in der höchsten Lebendigkeit nur durch Wiederherstellung aus der höchsten Trennung möglich« (DS, 21 f.).

Sosehr Hegel dem Verstand eine Funktion im »Leben« zuschreibt, so weit scheint sich diese Lebensphilosophie doch von der Aufklärung zu entfernen und der Romantik sowie der »Lebensphilosophie« des 20. Jahrhunderts (Dilthey, Simmel, Bergson) vorzuarbeiten. Trotzdem ist der Ausgang vom Kantischen Vernunftverständnis auch bei Hegel noch deutlich: die Vernunft fordert Einheit und Totalität, d. h. Rückführung alles Bedingten auf Unbedingtes, nicht nur in den Erkenntnissen des Menschen, sondern auch in seinen Zwecksetzungen. Ein System der Naturerkenntnis, als ein systematischer Zusammenhang, der sich mit Hilfe von Schlüssen auf oberste Sätze zurückführen läßt, und ein »System« des Handelns, welches das Zueinanderpassen vernünftiger Zwecksetzungen in einem »Organismus« (Reich der Zwecke) des Handelns der Vernunftwesen postuliert, ist die Forderung der Vernunft.

Aber eine solche Forderung bleibt bei Kant eine unerfüllbare Aufgabe, die mit den Mitteln des endlichen Verstandes und des moralischen Willens nie vollständig zu erfüllen ist. Die Verstandeserkenntnis, die auf den Gegensätzen von Spontaneität und Rezeptivität, Begriff und Anschauung, Allgemeinem und Besonderem etc. beruht, bleibt die eigentlich sichere und »realitätshaltige« Erkenntnisweise. Das »Vernunftinteresse«, von dem auch Kant sprach, ist aber nach Hegel gerade die Einheit im Sinne der Überwindung der Gegensätze, die den Menschen von seinem Ziel einer Erkenntnis des Unbedingten und der organischen, zweckmäßigen Einheit des menschlichen Handelns trennen: »Solche festgewordenen Gegensätze aufzuheben, ist das einzige Interesse der Vernunft.« (21) Fest geworden sind die Gegensätze nach Hegel gerade dadurch, daß der Verstand die Vernunft »nachahmt«, d. h. daß er selber unbedingte Einheit denken will, sie aber nur durch Verabsolutierung einer Seite eines Gegensatzes oder – das ist für Hegel der höchste Ausdruck des Unbedingten im Verstand – durch eine Antinomie erreichen kann.

Damit ist der Grundgedanke der Kritik Hegels an Kant und Fichte genannt, wie sie sowohl in der *Differenzschrift* wie in dem großen Aufsatz über *Glauben und Wissen* (GW) ausgeführt ist: Kant und Fichte versuchen mit den Mitteln des Verstandes die Aufgabe der Vernunft zu lösen. Wenn Fichte die Spontaneität und Selbstpräsenz, das »Ich«, als das allein Unbedingte und Unbegrenzte im menschlichen Denken und Wollen erklärt, dann negiert er die andere Seite des Bewußtseins und seines Weltverhältnisses, die Begrenzung durch Unausdenkbares, die Angewiesenheit auf die Inhalte der Sinne (Passivität und Rezeptivität, »Nicht-Ich«). Er setzt also die unbedingte Einheit in die eine Seite eines Gegensatzes, die durch die andere beschränkt ist. Die Unbedingtheit wird dann bei Fichte zur praktischen Forderung der Überwindung aller Passivität und Heteronomie.

Es ist aber die »geheime Wirksamkeit der Vernunft« in diesen Verstandesphilosophien, daß sie es bei der Formulierung eines einseitigen Absoluten nicht belassen können, sondern die »Vervollständigung« dieser Einseitigkeit fordern. Zwischen der Spontaneität und Freiheit des Denkens und des vernünftigen Wollens einerseits und der Notwendigkeit der sinnlichen Welt andererseits wird eine Einheit postuliert, wie in Kants Ideen des höchsten Gutes oder des übersinnlichen Substrates einer sinnlichen Welt, in der Freiheit möglich ist.[4] Diese Ideen sind kein »Setzen der Vernunft ohne Entgegensetzen« (DS, 27) mehr, sondern das Postulat einer dem Verstand selber unzugänglichen Einheit des für ihn Widersprüchlichen. Der Verstand oder die Reflexion, beides Ausdrücke für das diskursive, durch Unterscheidungen und den Ausschluß von Widersprüchen prozedierende Denken, werden durch die Vernunft »verführt«, antinomische Begriffe des Unbedingten aufzustellen: Identität von Setzen und Entgegensetzen, Freiheit und Notwendigkeit, Übersinnlichem und Sinnlichem etc. Dadurch aber verstößt der Verstand gegen sein eigenes Gesetz, den Satz des Widerspruches. Weil er diesen Verstoß zur Erkenntnis des Unbedingten selber fordert, hebt er sich selber auf. Da er das Geforderte aber zugleich als unerkennbar bestimmt, beharrt er darauf, »Verstand zu bleiben und nicht Vernunft zu werden« (28).

Wieso aber kann Hegel die Position vertreten, eine positive Erkenntnis des Unbedingten sei trotz der Grenzen des Verstandes

4 Vgl. Kant, KU, §§ 78 u. 86.

möglich? Zum einen weil er davon ausgeht, daß die Richtung der Vernunfttätigkeit auf unbedingte Einheit zeigt, daß also unser Erkenntnisvermögen auf dieses Ziel angelegt, ja dazu »bestimmt« ist. Die Tatsache, daß wir auf verschiedene Weise die Einheit jenseits der Gegensätze unserer normalen Verstandeserkenntnis suchen, ist ein Indiz, daß diese Einheit uns schon unbewußt und unexpliziert gegeben ist. Hegel knüpft hier an die Tradition der eingeborenen Idee eines *»ens perfectissimum«*, eines unendlichen und vollkommenen Wesens und seiner Erkenntnisart, an. Diese Tradition war von Jacobi erneuert worden, der gegen die zeitgenössischen »Konstruktivisten« (in seinen Augen z. B. Fichte) einwandte, daß wir nur das verstehen und zu erklären suchen können, was uns schon unmittelbar gegeben ist. In Hegels Worten: das Absolute »ist das Ziel, das gesucht wird; es ist schon vorhanden; wie könnte es sonst gesucht werden? Die Vernunft produziert es nur, indem sie das Bewußtsein von den Beschränkungen befreit.« (24)

Auch dem Inhalt nach knüpft Hegel an die traditionelle Theorie der Immanenz der Idee des Absoluten in der Vernunft an. Denn dieses Absolute bestimmt er als die »Identität der Idee und des Seins« (45). Im göttlichen Wesen, dem *ens necessarium*, ist ja für die Tradition des ontologischen Gottesbeweises die Differenz zwischen Gedachtsein und Existieren aufgehoben. Dieser Idee muß notwendig das Sein zukommen. Hegel behauptet aber nun, daß diese Vorstellung eines notwendigen Wesens nicht die eines von der menschlichen Vernunft getrennten Wesens ist. Die Vernunft selber »ist nichts anderes als die Identität beider« (45), der Idee und des Seins, des sich selber vollkommen bestimmenden Gedankens und der Wirklichkeit. Hegel will ja auch die Entwicklung der Religion verstanden wissen als eine Aufhebung der Differenz zwischen Mensch und Gott.

Die Philosophie aber hat diese Identität zu »produzieren« bzw. für das Bewußtsein zu »konstruieren«, indem sie die Vernunft als ein umfassendes System von antinomischen Begriffen darstellt (vgl. 35 f., 43). Mit diesem Konzept der Antinomie knüpft Hegel nicht nur an die Kantische Dialektik an, sondern auch an die antike Skepsis. In einem Aufsatz für das mit Schelling gemeinsam herausgegebene *Kritische Journal der Philosophie* (*Skeptizismus*-Aufsatz) wird er sich einige Jahre später mit der antiken und modernen Skepsis beschäftigen und dabei die antike gegen die moderne, an Hume anknüpfende Skepsis aufwerten. Die – wie Hegel sie versteht – skeptische Seite der Platonischen Spätdialoge und die pyrrhonische Skepsis leiten ihn bei seiner Konzeption, zunächst (negativ) die Gleichwertigkeit jedes Begriffs mit seinem Gegenbegriff und jedes Urteils mit seiner Verneinung zu zeigen.[5] Dabei geht es nicht nur um philosophische »Dogmen«, sondern auch um die Grundbegriffe und die Grundregeln der Logik selber. Er verschärft das Verfahren der »Isosthenie«, indem er zu zeigen sucht, daß zur Bedeutung jedes dieser Begriffe schon die seines Gegenbegriffes gehört, von dem er zugleich durch Ausschluß unterschieden wird. Gegen die Skepsis soll sich dann zeigen – analog zur positiven Seite der Platonischen Dialektik – daß die skeptische Destruktion Voraussetzung für ein vernünftiges Begreifen der Ganzheit (»symploke«) der Idee ist. Mit »Idee« im Singular bezeichnet Hegel ebendiese Ganzheit der sich entwickelnden, alle Wirklichkeit ausmachenden Begriffe und ihrer notwendigen Verbindung in Urteilen und Schlüssen.

Damit ist das Programm der Hegelschen Logik schon vorgezeichnet, die in der Tat ein »organisches Ganzes von Begriffen« ist, dessen »höchstes Gesetz nicht der Verstand« (d. h. der Satz vom Widerspruch) ist, »sondern die Vernunft«. Das heißt nicht, daß Hegel für seine Argumentationsschritte den Satz vom Widerspruch außer Kraft setzte. Es heißt vielmehr, daß sich die Grundbegriffe aller Bereiche der Wirklichkeit – Sein und Nichts, Wesen und Erscheinung, Ursache und Wirkung; auch Sätze, wie der Satz der Identität und des Widerspruchs usw. – nur in einem System erfassen lassen, in dem jeder Begriff durch seinen Gegenbegriff und durch den »holistischen« Zusammenhang mit anderen Begriffspaaren erläutert wird. Dadurch, daß jeder Begriff seinen Gegenbegriff (jeder Grundsatz seinen Gegensatz) in bestimmter Weise impliziert, ist er ein Ausdruck des »Absoluten«, der umfassenden und unbedingten Einheit.

Hegel knüpft hier an Gedanken der Renaissancephilosophie (Cusanus, Bruno) an, die Gott als Zusammenfallen der Gegensätze (*coincidentia oppositorum*) zu begreifen suchte. Auch Jacobi[6] und später Schelling[7] hatten ja auf die All-Einheits-Philosophie der Renaissance aufmerksam gemacht. Für Hegel muß aber von jedem

5 Vgl. dazu Düsing, *Die Bedeutung*; Riedel, *Antike Dialektik*; Vieweg, *Philosophie des Remis*.
6 In den Beilagen zu seinen *Briefen über die Lehre des Spinoza* von 1785.
7 In seinem Dialog *Bruno* von 1802.

Gegensatzpaar aus zu einem anderen als seiner notwendigen Weiterentwicklung bzw. Ergänzung fortgeschritten werden, damit ein »organisches Ganzes« (DS, 35) entsteht, in dem der Sinn eines jeden Gliedes durch das Ganze bestimmt und der Sinn des Ganzen durch jedes Glied expliziert und produziert wird.

Die Erkenntnisweise, die die Gegensätze der Reflexion bzw. des Verstandes auf das Absolute »bezieht«, d.h. in jedem von ihnen ihre »Identität« und ihre Funktion im Ganzen sichtbar macht, nennt Hegel »Spekulation«. Der Titel hat nichts mit einem freien Sich-Ausdenken zu tun, wie er heute im alltäglichen Sprachgebrauch (»wilde Spekulation«) verstanden wird. Hegel bindet ihn eng an die Reflexion bzw. den Verstand auf der einen Seite, insofern er auf das Durchmustern der begrifflichen Zusammenhänge und ihrer Implikationsverhältnisse angewiesen ist. Auf der anderen Seite muß die Spekulation freilich auch die Fähigkeit besitzen, die Einheit der Gegensätze und das Ganze des sie umfassenden Systems als Richtschnur ins Auge zu fassen.

Diese Fähigkeit nennt Hegel »transzendentale Anschauung«. Sie ist das unmittelbare Bewußtsein von der Einheit Entgegengesetzter. Sie vereint, was in der »empirischen Anschauung« getrennt ist: das Subjektive und das Objektive. Diese Funktion hatten schon Fichte und Schelling der »intellektuellen Anschauung« zugeschrieben. Bei Fichte war damit aber die unmittelbare Selbstanschauung der Spontaneität vor allem beim vergegenständlichenden Bewußtsein gemeint. Auch für Schelling ist diese Anschauung primär die Intuition einer absoluten »Indifferenz« vor aller Unterscheidung in Subjektives und Objektives, Produzieren und Produkt – nicht, wie bei Hegel, ein synthetisches Vermögen.

»Transzendental« nennt Hegel sie nicht deshalb, weil sie Bedingung unseres Gegenstandsbewußtseins und unseres Erfahrungswissens ist, sondern Bedingung des »wahren« Wissens von der Identität von Subjektivem und Objektivem, Begriff und Sein (42). Dadurch ist sie der »empirischen Anschauung«, die gerade das Objekt vom Anschauenden trennt, entgegengesetzt. Hegel fordert aber hier schon, was später die *Phänomenologie* leisten soll: daß die Anschauung »transzendental wird«, d.h. von der empirischen, trennenden zu der »transzendentalen« hinübergeleitet wird. Dazu müssen, wie die *Phänomenologie* es dann durchführt, die Gegensätze der Reflexion aufgestellt und in Widersprüche überführt werden. Durch diese Selbstaufhebung der Reflexion kann sie mit der transzendentalen Anschauung vereint werden zur Spekulation bzw. zum »transzendentalen Wissen«. Letzteres ist die Vereinigung von Reflexion und Anschauung.[8]

Es könnte aufgrund meiner Erläuterung so scheinen, als skizziere die *Differenzschrift* bereits das Programm der *Phänomenologie* und der *Logik*. Spuren davon sind in ihr tatsächlich zu finden. Aber Hegel bedient sich andererseits auch noch der Schellingschen Terminologie und Systematik, um seine eigene Vorstellung einer die Gegensätze der Kultur überwindenden Philosophie zu formulieren. So gibt er schon in diesem ersten Teil eine Systemskizze, die weitgehend dem Identitätssystem Schellings folgt.

Schelling wollte den »Subjektivismus« der Fichteschen Ich-Philosophie dadurch überwinden, daß er die Identität von Subjekt und Objekt von zwei Seiten her entwickelte: Die Naturphilosophie sollte als eine Stufenfolge vom unbewußten Produzieren bis zum Selbstbewußtsein dargestellt werden; ihr sollte eine Transzendentalphilosophie an die Seite gestellt werden, die umgekehrt von der unmittelbaren Selbstanschauung bis zum Bewußtsein einer materiellen Welt fortging. Darauf bezieht sich Hegel, wenn er im letzten Abschnitt des ersten Teils von der »unentzweitesten Identität« spricht, die »objektiv die Materie, subjektiv das Fühlen (Selbstbewußtsein)« sei (DS, 42). Beide stellen wegen dieses Gegensatzes nur eine »relative Identität« dar.

Aber auch die internen Stufen der Natur- und Transzendentalphilosophie sind solche »relativen Identitäten«, die innerhalb ihres Rahmens vervollständigt werden müssen. Das System der Naturphilosophie geht so »bis zur vollendeten objektiven Totalität fort«, muß aber dann »mit der entgegenstehenden subjektiven zur unendlichen Weltanschauung vereinigt werden« (DS, 47). Diese unendliche Weltanschauung ist der durch das ganze System entfaltete Begriff der Identität von Sein und Denken, Natur und Subjekt. Mit einer ebenfalls über Schelling der Renaissancephilosophie entlehnten Metaphorik erläutert Hegel den Gesamtprozeß dieser Systementwicklung als Vorgang der »Expansion« in eine Totalität und der »Kontraktion« in die »reichste und einfachste Identität« (DS, 47). Auf diesen Rhythmus der Selbstdarstellung der Vernunft im System beruft sich Hegel auch später, nach seiner Trennung von Schelling.

8 Vgl. dazu Düsing, *Spekulation.*

b) Kritik an Fichte

Die Fichtekritik der *Differenzschrift* ist in den Grundzügen im Eingangskapitel schon vorgezeichnet. Hegel bescheinigt Fichte zwar das Verdienst, daß er in seinem Philosophieren »die gründlichste und tiefste Spekulation« (DS, 51) habe erkennen lassen. Aber dieses Kompliment gilt nur der Idee, nicht der Ausführung der *Wissenschaftslehre* zum System, wie Fichte es in den Schriften zwischen 1794 und 1798 vorgelegt hatte. Auf diese Schriften, vor allem die *Grundlage der gesamten Wissenschaftslehre* von 1794, die *Grundlage des Naturrechts* von 1796 und das *System der Sittenlehre* von 1798 bezieht sich Hegel. Die *Bestimmung des Menschen*, die Fichte 1800 publiziert hatte, wird erst ein Jahr später in dem Aufsatz *Glauben und Wissen* Gegenstand der Kritik Hegels.

Von beiden Texten Hegels kann man nicht sagen, daß sie dem Ansatz Fichtes gerecht werden oder gar als immanente Kritik standhalten.[9] Hegel unterstellt Fichte, er habe die Idee der Vernunft als Identität von Denken und Sein gefaßt, sie aber in seinem System nicht entfalten können, weil er die Vernunft nur als die unbedingte Tätigkeit des Selbstbewußtseins verstanden habe. Diesem »Ich« bleibt in der *Wissenschaftslehre* das »Nicht-Ich« gegenüber, auch wenn Fichte letzteres in allen seinen Formen aus subjektiven Tätigkeiten (Begriff, Anschauung, Einbildungskraft etc.) erklären will. Daß diese Erklärung nicht restlos aufgeht, daß ein Rest von Fremdheit (»Anstoß«) der Bewußtseinsinhalte verbleibt, der nicht auf unsere Erkenntnis- und Strebensformen rückführbar ist, hat Fichte in der Tat behauptet. Die unbedingte Verfügung des Ich über das ihm Fremde bleibt daher ein Ziel des unabschließbaren moralischen Strebens, ein »Sollen«, kein Sein. Daß die reine Spontaneität des Ich am Anfang der *Wissenschaftslehre* ein bloßes Moment des Subjekts und am Ende ein Ziel seines Wollens ist, muß aber für Fichte kein Scheitern sein. Es ging ihm ja im wesentlichen darum, im Bewußtsein selber ein Unbedingtes, Unbezweifelbares zu finden, auf das sich das Freiheitsbewußtsein und die theoretische Erkenntnis begründen ließen – und zwar so, daß erst die Freiheit die Grundlagen unseres Welterkennens verständlich machte.

Hegel dagegen interpretiert Fichtes *Wissenschaftslehre* als ein

9 Vgl. Düsing, *Hegel*, 73. Zu Hegels Fichte-Kritik in den Jenaer Schriften vgl. auch Siep, *Fichtekritik*.

mißglücktes Identitätssystem. Die Identität von Setzen und Sein, die umfassende Totalität des Ich, die der erste Grundsatz proklamiert, wird im System nicht expliziert bzw. »konstruiert«. Das ist schon von der Methode her nicht möglich, weil Fichte kein »organisches«, holistisches System der Vervollständigung von Gegensätzen entwirft, sondern von absoluten Grundsätzen ausgeht, deren Denkbarkeits-Bedingungen im Fortgang der »Deduktion« aufgewiesen werden sollen.

Diese Grundsätze aber verabsolutieren für Hegel, wie schon im ersten Teil der Schrift dargelegt, einseitige Tätigkeiten des Bewußtseins und die ihnen nach Fichte entsprechenden Kategorien und logischen Prinzipien (Satz der Identität, des Widerspruches und des Grundes). Wenn diese Einseitigkeiten »absolut« sein sollen, kommt es zwar auch nach Fichte zu Widersprüchen. Aber sein System will diese Widersprüche nicht in einer umfassenden Einheit aufheben, sondern durch Begrenzung der Bedeutung bzw. des Umfanges der unvereinbaren Gegensatzglieder vermeiden. Auf diese Weise reproduziert Fichte freilich den konzeptuellen und ontologischen Dualismus, der diesen Begriffen und Grundsätzen in der traditionellen, vor allem neuzeitlichen Philosophie zukam.

Die »Deduktion« dieser Bedingungen des theoretischen Erkennens und moralischen Wollens aus dem »absoluten« Ich ist daher nach Hegel im Grunde ein zirkuläres Unternehmen. Denn dieses Ich ist nur ein durch Abstraktion konstruiertes Moment der Spontaneität und Selbstidentität in einem Bewußtsein, das in seinen »normalen« Funktionen nur zu beschränkten Synthesen von Gegensätzen (Spontaneität und Rezeptivität, Vernunft und Sinnlichkeit, unendliches Streben und begrenztes Handeln etc.) fähig ist. Die Deduktion fügt also zu dem »reinen« Moment nur das wieder hinzu, wovon zuvor abstrahiert worden war. Allerdings als etwas, das mit der reinen Einheit des Selbstbewußtseins durch begriffliches Bestimmen und praktisch-moralisches Wollen zur Übereinstimmung gebracht werden soll. Dieses Ziel bleibt aber eine unerreichbare Idee: »Wo die höchste Synthese erwartet wird, bleibt immer dieselbe Antithese einer beschränkten Gegenwart, und einer außer ihr liegenden Unendlichkeit« (DS, 61).

Hegel glaubt, die Folgen dieser »Synthese des Beherrschens« (DS, 60) in den moral-, rechts- und naturphilosophischen Teilen von Fichtes System erkennen zu können. Das Verhältnis der Vernunft zur Natur, zur inneren wie der äußeren, sei eine

»Synthese des Beherrschens« (DS, 75), die Natur sei ein »Bestimmtes und Totes« (76). Sie sei nur als Bedingung des Selbstbewußtseins deduziert, in der Moralphilosophie als Hindernis des moralischen Strebens, in der Rechtsphilosophie als äußere Bedingung freien Handelns (76). Auch damit wird Hegel nicht allen Aspekten der Fichteschen Naturphilosophie zwischen 1796 und 1800 gerecht.[10]

Die »absolute Entgegensetzung der Natur und der Vernunft« (DS, 79) zeige sich auch in Fichtes Sozialphilosophie, der Rechts- und Sittenlehre. Fichte verstehe die Gemeinschaft der Menschen in einer vernünftigen Rechts- und Sittenordnung als ein System von Beschränkungen, denen die natürliche Seite des Menschen und ihre spontanen Beziehungen zueinander unterworfen werden: »jede Beziehung ist ein Beherrschen und Beherrschtwerden nach Gesetzen eines konsequenten Verstandes. Das ganze Gebäude der Gemeinschaft lebendiger Wesen ist von der Reflexion erbaut.« (81) Nicht nur zwischen Freiheit und Natur, auch zwischen der absoluten Freiheit des reinen Ich und der bestimmten Freiheit der Rechte und Pflichten bestehe ein Verhältnis der wechselseitigen Negation. Die absolute Freiheit sei das Unbestimmte, alle Beschränkungen Aufhebende, sie müsse daher in der Gemeinschaft mit anderen »aufgegeben« werden. Hegel schildert Fichtes Staat in der *Grundlage des Naturrechts* auf dem Boden dieser Kritik als einen geradezu tyrannischen Polizeistaat. Diese Kritik hält einer nüchternen Deutung der Schrift Fichtes nicht stand, auch wenn sich in ihr einige überzogen »aufklärerische« Gedanken finden, wie der Versuch, einen »Mechanismus« zur prophylaktischen Verhinderung von Rechtsbrüchen zu »deduzieren«.[11] Die von Hegel besonders karikierte Ausweispflicht jedes Bürgers ist dagegen inzwischen ja auch in liberalen Staaten gang und gäbe.

Demgegenüber versteht Hegel eine »lebendige« Gemeinschaft als ein »wahrhaft freies, für sich selbst unendliches und unbeschränktes, d.h. schönes Wechselverhältnis des Lebens« (DS, 82). Wie eine solche lebendige Wechselwirkung der Individuen untereinander und mit ihrem Volk aber in einer Staatsverfassung aussehen soll, ist Hegel auch erst in Umrissen klar. In seiner Arbeit über die *Verfassung Deutschlands* kritisiert er den privatrechtli-

10 Vgl. Lauth.

11 Fichte, *Naturrecht*, vor allem § 14.

chen Charakter der Beziehung zwischen Ständen und Reich und fordert eine starke konstitutionelle Monarchie. In den theoretischen Entwürfen zum *Naturrecht* (WBR) und zum *System der Sittlichkeit* (SdS) ist er an der klassischen politischen Philosophie der Griechen, vor allem an Platon und seiner Ständelehre orientiert. Als er um die Mitte der Jenaer Zeit seine eigene Rechtsphilosophie auszuführen beginnt, erhält Fichtes Begriff des Rechts als wechselseitige Beschränkung und Anerkennung der Handlungsfreiheit durchaus eine positive Bedeutung.[12]

Eine Ahnung von der »schönen« Identität von Freiheit und Natur verraten nach Hegel nur Fichtes in der *Sittenlehre* enthaltene Bemerkungen zur Ästhetik. In der ästhetischen Anschauung wird die Natur nicht als tot, sondern als lebendiges Produzieren verstanden. Auch das Sittengesetz wird nach Fichte in der ästhetischen Betrachtung nicht als Aufforderung zur Beherrschung unserer Naturtriebe betrachtet, sondern als Ausdruck unseres eigenen Wesens und als Aufforderung, uns selbst zu gehorchen. Für Hegel ist das Verhältnis des Gehorchens aber sowohl für die moralische wie für die ästhetische Auffassung des Sittengesetzes inadäquat. Immerhin ist für Hegel in diesen Bemerkungen zur Ästhetik wieder der spekulative Anfang des Fichteschen Systems sichtbar – und ebensowenig wie dieser passen sie zu Fichtes System: »Es ist merkwürdig, wie Fichte sich über Schönheit vortrefflich, aber inkonsequent in Rücksicht auf sein System ausdrückt« (DS, 91). Bei Schelling dagegen ist die Kunst systematisch der Abschluß und der höchste Ausdruck der Identität von Geist und Natur.

c) Darstellung von Schellings System

Die Schelling-Darstellung versucht zu zeigen, daß Schellings System anders als Fichtes den im Anfangsteil der *Differenzschrift* aufgestellten Kriterien für ein spekulatives System entspricht, das dem Bedürfnis der Zeit nach Überwindung der Entzweiung gerecht wird: »Das Prinzip der Identität ist absolutes Prinzip des *ganzen* Schellingschen Systems« (DS, 94). Schelling löse die Aufgabe der »Aufhebung der Entzweiung« nicht so, daß er »eins der Entgegengesetzten vernichtet und das andere zu einem Unendli-

12 Vgl. Riedel, *Hegels Kritik*.

chen steigert« (94 f.). In Schellings Identitätssystem der Jahrhundertwende ist ja der Versuch unternommen, die Identität von Subjekt und Objekt durch eine Korrespondenz von Natur- und Transzendentalphilosophie nachzuweisen, in denen sowohl das Objekt (Natur) wie das Subjekt (Selbstbewußtsein, Geist) als »Subjekt-Objekt« (97) dargestellt wird. Das bedeutet für Hegel, daß nicht nur die Identität, sondern ebenso die »Trennung geltend gemacht« wird und daher das Absolute nicht als reine Identität, sondern als »Identität der Identität und der Nichtidentität« bzw. des »Entgegensetzens und Einsseins« (96) begriffen wird.

In beiden Teilen des Schellingschen Systems sind Natur und Selbstbewußtsein (bzw. »Intelligenz«) gleichsam unter umgekehrten Vorzeichen dargestellt: »Im System der Intelligenz sind die Objekte nichts an sich, die Natur hat nur ein Bestehen im Bewußtsein.« (100) Natur wird, wie bei Kant und Fichte, in ihrer durch die Formen unserer Erkenntnis geprägten Verfassung dargestellt. In der Naturphilosophie hingegen »wird vergessen, daß die Natur ein Gewußtes ist; die idealen Bestimmungen, welche die Natur in der Wissenschaft erhält, sind zugleich in ihr immanent« (ebd.). Sie wird dargestellt als ein System der Selbstproduktion von Kräften – der Begriff der Kraft bezeichnet für Hegel ein »Inneres, das ein Äußeres produziert, ein sich selbst Setzen = Ich« (104). Beide Seiten erscheinen in ihrem Systemteil als »Substanz« im Sinne Spinozas, als *causa sui* und als »sich selbst bestimmend« (ebd.).

Die Identität beider Seiten ist zunächst an der Gleichheit der Struktur und der Stufenfolge sichtbar: »jede Wissenschaft« ist »ihrem Zusammenhang und ihrer Stufenfolge nach der anderen gleich« (106). Insofern habe Schelling Spinozas Theorie, daß jeder Modifikation in Bereich der Ausdehnung bzw. des Körperlichen eine im Bereich der Ideen entspreche, systematisch entwickelt: »das System der Natur und das System der Intelligenz ist eines und ebendasselbe; einer subjektiven Bestimmtheit korrespondiert ebendieselbe objektive Bestimmtheit.« (ebd.) In der Tat hatte Schelling im *System des transzendentalen Idealismus* von 1800 ja die Formen der Intelligenz bzw. des Ich und die Stufen der Natur parallel deduziert und ihre Entsprechung herausgestellt. So korrespondieren der »produktiven Anschauung« die Materie und der Selbstanschauung das Organische (vgl. *System*, 427 ff.).

Eine solche Korrespondenz gilt nach Hegel auch für den Gegensatz von Freiheit und Notwendigkeit. Die Natur »hat Freiheit«, denn »ihre bewußtlose Entwicklung ist eine Reflexion der lebendigen Kraft, die sich endlos entzweit, aber in jeder beschränkten Gestalt sich selbst setzt und identisch ist; und insofern ist keine Gestalt der Natur beschränkt, sondern frei« (DS, 108 f.). Freiheit als Selbstproduktion, als Gestaltung und Auflösung von Gestalten, ist ebenso in der Natur wie im menschlichen Wollen anzutreffen.

Freiheit hat nichts mit »Willkür und Zufall« zu tun, sondern mit Selbstverursachung und Identität mit sich in den verschiedenen Formen des Seins oder Handelns. Aber der »Intelligenz« kommt auch Notwendigkeit zu, die Hegel hier versteht als eine objektive Ordnung bzw. Organisation. Die Intelligenz bzw. Subjektivität als »vollendete Organisation von Erkennen und Anschauen« ist, wie die Natur, durch eine immanente Notwendigkeit der Formen, Funktionen und Wirkungsweisen charakterisiert. Ein Teil dieser Formen verbleibt auch, wie die natürlichen, in der Bewußtlosigkeit: das »vorreflexive« Fühlen, Anschauen usw. Umgekehrt gibt es in der Natur schon Ansätze zu einer aktiven Selbstobjektivierung: In der organischen Natur unterscheidet sich ein Inneres von seinem Äußeren (z. B. spielt das Gehirn eine dominierende Rolle in »seinem« Körper), und es tritt das eine Exemplar der Gattung seinem komplementären anderen im Geschlechtsverhältnis gegenüber. Hegel kann daher die Philosophie des Organischen als den »praktischen« Teil der Naturphilosophie bezeichnen.

Weder für Schelling noch für Hegel genügt aber diese Form eines Systems der Korrespondenz zwischen Natur und Subjektivität, Naturphilosophie und Transzendentalphilosophie. Es muß nicht nur die »innere Identität« des Absoluten in den entgegengesetzten Formen des »Seins« (Natur) und des »Erkennens« (Intelligenz, Subjektivität) dargestellt werden, sondern auch die »reelle Synthese« beider (112). Hegel nennt diesen Systemteil mit Schelling die Philosophie der »absoluten Indifferenz«. Sie umfaßt aber für ihn, anders als für Schelling, bei dem die Kunst als höchste Darstellung der Indifferenz von Natur und Geist erschien, eine Philosophie der Kunst, der Religion und der Spekulation.

Diese drei Formen sollen als Selbstanschauung des Absoluten, der Identität von Natur und Subjekt, dargestellt werden. Hegel deutet diese Selbstanschauung einerseits als die philosophische Einlösung der Gehalte des Christentums, als die »Anschauung der ewigen Menschwerdung Gottes« (ebd.). Andererseits werden damit auch Kunst und Philosophie zu einem Moment der Religion, als Anschauung und Vereinigung mit dem Göttlichen: »Beides, Kunst und Spekulation, sind in ihrem Wesen der Gottesdienst, – beides ein lebendiges Anschauen des absoluten Lebens und somit ein Einssein mit ihm.« (113) Hier hat Hegel offenbar schon den Grundriß seiner eigenen Philosophie des absoluten Geistes im Auge, auch wenn er in der Jenaer Zeit gerade mit diesem Systemteil noch nicht zu einer endgültigen Lösung kommt.

Es zeigt sich aber auch schon hier eine Ambivalenz im Verhältnis zwischen Philosophie und Religion, die im Grunde das ganze Werk Hegels durchzieht. Die Philosophie, so macht schon die *Phänomenologie* dann unmißverständlich klar, muß die Wahrheit der Religion in eine begriffliche, nicht mehr »narrative« und metaphorische Form »übersetzen«. Sie muß dadurch vor allem auch die verbliebene Entzweiung zwischen Mensch und Gott, Diesseits und Jenseits, Gegenwart und eschatologischer Zukunft überwinden. Auf der anderen Seite behält die Religion offenbar neben der Philosophie noch eine notwendige Form: Auf die anschauliche und praktische Seite des Kultes und vielleicht auch auf die moralische Entwicklung der Gemeinde kann nicht verzichtet werden. Ob ein philosophisch gebildetes Bewußtsein ohne Heuchelei an einem narrativen Kult teilnehmen und zugleich die Übersetzung der zugrundeliegenden Offenbarungswahrheiten in abstrakte Prinzipien für wahr halten kann, ist sicher ein Problem.

Die innere Gliederung dieses dritten Systemteils orientiert Hegel aber wiederum an Schelling. Er unterscheidet die drei Disziplinen nach den Formen des »Gleichgewichts« der »Faktoren« des Bewußtseins und des Bewußtlosen. Auch Schelling hatte in der künstlerischen Produktion des Genies eine Identität des bewußtlosen Produzierens der Natur und des bewußten Schaffens der Intelligenz gesehen. Für Hegel ist das künstlerische Schaffen offenbar die Seite des Bewußtseins, die der Bewußtlosigkeit hingegen ist die Objektivität des Werkes als äußere Existenz und als überindividuelle Gültigkeit für die »Menschheit« (113). In der Religion ist umgekehrt das Produzieren von Mythos und Kult ein allgemeines, »das Produkt einer Menge, einer allgemeinen Genialität« (ebd.). Zugleich existiert die religiöse Wahrheit vor allem im Inneren, im Bewußtsein des Einzelnen. In der Spekulation bzw. Philosophie schließlich ist sowohl die Produktion wie die Rezeption ein Werk des Bewußtseins.

Aber das spekulative Bewußtsein ist, wie Hegel schon im ersten

Teil ausgeführt hat, Einheit von Reflexion und Anschauung, und diese Anschauung ist eine sowohl subjektive wie »objektive«: »Um die transzendentale Anschauung rein zu fassen, muß sie noch von diesem Subjektiven abstrahieren, daß sie ihr als Grundlage der Philosophie weder subjektiv noch objektiv sei, weder Selbstbewußtsein, der Materie entgegengesetzt, noch Materie, entgegengesetzt dem Selbstbewußtsein, sondern absolute, weder subjektive noch objektive Identität, reine transzendentale Anschauung.« (115) Diese transzendentale oder intellektuelle Anschauung (114) ist also nicht bloß die reine Selbsttätigkeit der menschlichen Vernunft, sondern auch die in der Natur wirksame Selbsttätigkeit, die *natura naturans* des Spinoza. Beide, Ich und Natur, sind »die höchsten Erscheinungen der absoluten, sich selbst anschauenden Vernunft« (115).

Von dieser Position einer absoluten Selbstanschauung, die in der Natur sozusagen blind wirksam ist, hat sich Hegel freilich in den folgenden Jahren entfernt. Die vernünftige Struktur der Natur wird immer weniger als Anschauung, hingegen zunehmend als ein holistisches System (modern gesprochen: ein »Netzwerk«) von Begriffen verstanden. Das setzt freilich ein neues Verständnis der Bedeutung des Verstandes und seiner Logik voraus. Im Verlauf dieser Entwicklung wird sich Hegel von Schelling immer mehr entfernen. Aber auch für den reifen Hegel gilt die Korrespondenz von Natur- und Geistphilosophie, die Auffassung der Natur als vorreflexiver Geist und der Abschluß des Systems mit den Formen des absoluten Geistes, Kunst, Religion und Philosophie.

Inwieweit Hegel mit seiner Darstellung Schelling gerecht wird und inwieweit seine eigene Position der Schellings entspricht, wird in der Forschung unterschiedlich beurteilt. Die Zeitgenossen, darunter auch Fichte, haben Hegel als Parteigänger Schellings verstanden. Auch die Philosophiegeschichte des 19. und 20. Jahrhunderts ist weitgehend diesem Verständnis gefolgt.[13] Die neuere Idealismusforschung hat aber auf deutliche Differenzen zwischen Schelling und Hegel aufmerksam gemacht.[14] Vor allem auf zwei wesentliche Differenzen wird hingewiesen: Zum einen macht Schelling bis zum Jahr 1801 noch einen Unterschied zwischen der gegensatzlosen *Indifferenz* des Absoluten »an sich« und der

13 Vgl. z.B. Haym, 151 ff.

14 Vgl. W. Marx, *Die Bestimmung*; Düsing, *Spekulation*; Düsing, *Die Entstehung*; Fujita, 149 ff.

Identität des Entgegengesetzen, die erst bestimmten Formen des Seins des Absoluten zukommt. Noch in der *Darstellung meines Systems* von 1801 unterscheidet Schelling zwischen dem »Wesen« des Absoluten, das absolute Identität bzw. Unterschiedslosigkeit ist, und seinem Selbsterkennen: »Die absolute Identität kann nicht unendlich sich selbst erkennen, ohne sich als Subjekt und Objekt unendlich zu setzen.« (*Darstellung*, 19) Die adäquate Zugangsweise zu diesem Absoluten bleibt für ihn die intellektuelle Anschauung, nicht die Einheit von Reflexion und Anschauung.

Die zweite wichtige Differenz zwischen Schelling und Hegel betrifft den dritten Systemteil, die Philosophie der Kunst, Religion und Spekulation. Schelling selber hatte seit dem *System des transzendentalen Idealismus* von 1800 in der Philosophie der Kunst den Abschluß des Systems gesehen. In der Produktion des Genies liegt die höchste Form der »Identität des Bewußten und Bewußtlosen« (*System*, 612). Daher kann »jener ursprüngliche Grund der Harmonie des Subjektiven und Objektiven, welcher in seiner ursprünglichen Identität nur durch die intellektuelle Anschauung dargestellt werden konnte ... durch das Kunstwerk aus dem Subjekt völlig herausgebracht und objektiv« werden (628). Während hier die Philosophie der Kunst aber noch der Abschluß der Transzendentalphilosophie zu sein scheint, ist sie 1801 der »dritte Teil« des Systems,[15] der Natur- und Transzendentalphilosophie »vereinigt«.[16]

Aber Schelling hat diesen (in dieser Form von ihm nicht ausgeführten)[17] dritten Teil eben der Kunst vorbehalten, die Trias von Kunst, Religion und Philosophie ist bei ihm nicht Inhalt des Systemabschlusses. Weder wird die Kunst als eine Form des Gottesdienstes der Religion angenähert, noch stellt die Philosophie eine Synthese der in Kunst und Religion gegensätzlich akzentuierten Momente des Bewußten und Bewußtlosen, Subjektiven und Objektiven dar. Hinter dem Nachweis der Erfüllung des Bedürfnisses der Philosophie durch Schelling verbirgt sich also durchaus schon eine von Schelling unabhängige Konzeption von Philosophie, die offenbar auf diesen selber nicht ohne Einfluß war.[18]

15 In seinem gegen Eschenmayer gerichteten Aufsatz, *Anhang*.
16 *Naturphilosophie*, 648.
17 Vgl. Düsing, *Die Entstehung*, 152ff.
18 Ebd., 155ff.

d) Kritik an Reinhold

Hegels Auseinandersetzung mit Reinhold im letzten Teil (Anhang) der *Differenzschrift* ist Teil einer Kontroverse, die heute nur noch wenig beachtet wird. Reinhold war in den frühen neunziger Jahren des 18. Jahrhunderts ein wichtiger, innovativer Interpret der Kantischen Philosophie. Sein *Versuch einer neuen Theorie des menschlichen Vorstellungsvermögens* (1789) hat Fichte, seit 1794 sein Nachfolger auf dem Jenaer Lehrstuhl, zur Entwicklung der *Wissenschaftslehre* angeregt. Reinhold schloß sich der *Wissenschaftslehre* zunächst an, wandte sich aber unter dem Einfluß von Jacobis Kritik am Subjektivismus und Nihilismus der Reflexionsphilosophie davon ab. In seinen *Beyträgen zur leichtren Uebersicht der Philosophie am Anfange des 19. Jahrhunderts* sieht Reinhold den Subjektivismus der Transzendentalphilosophie mit Schelling zu seiner Vollendung gelangt: »Damit ist nun aber auch der Dogmatismus im Philosophiren, der ein begreifliches, und als solches, immer nur relatives Erstes für das Absolute annimmt, – und dadurch das Urwahre, und mit demselben alles Wahre aus der Philosophie verdrängt, völlig vollendet; und das Nonplusultra aller bisherigen, ja aller nur möglichen Verirrung in der Spekulation erreicht.«[19]

Schellings These der »Alleinigkeit« von Natur und Selbstbewußtsein bedeute nur, alles dem Bewußtsein Fremde in Strukturen der »Ichheit« aufzulösen. Damit verliert das Wissen alle Realität und allen Bezug auf ein von ihm unabhängiges Wahres. Diesen kann es nur durch ein »Urwahres« bzw. einen »Urgrund« erhalten, der allem Wahren und Begründeten zugrunde liegt, es bewahrheitet, aber selber nicht begriffen, sondern nur geglaubt werden kann (70 f.). Dieses Urwahre muß aber »an einem begreiflichen Wahren, als solchem, sich ankündigen« (73) – nämlich »als dasselbe bewährend« (72). Dieses erste Begreifliche ist für Reinhold das »Denken als Denken«.

Hier stützt er sich auf Bardilis *Grundriß der ersten Logik*, den er als großen Durchbruch der Philosophie und Vollendung des objektiven Idealismus von Platon und Leibniz ansieht. Beim Denken müsse man zwischen der bloß subjektiven Tätigkeit der Anwendung und dem quasi objektiven Denken unterscheiden, das für

19 Reinhold, *Beyträge*, 86.

Reinhold im Gesetz der »unendlichen Wiederholbarkeit von Einem und Ebendemselben als Eines und Ebendasselbe in Einem und Ebendemselben und durch Eines und Ebendasselbe, oder als die reine Identität« besteht.[20] Die einfache, noch nicht numerische Einheit im »Platonischen Sinne« ist offenbar die Ankündigung des Urwahren im nicht subjektiv gefaßten Denken. Dieser Einheit und Identität des Denkens steht aber der »Charakter der bloßen Mannigfaltigkeit« (*Beyträge*, H. 1, 112) der Materie gegenüber. Auf diese beiden Prinzipien muß die Analyse des angewandten Denkens zurückgeführt werden.

Es ist klar, daß Reinholds Position für Hegel einen krassen Fall von Dualismus darstellt und in ihr von »Spekulation« nichts zu finden ist. Reinhold habe seinerseits den spekulativen Gehalt sowohl des Schellingschen Idealismus wie des Materialismus der französischen Aufklärung verkannt. In d'Holbachs *System der Natur* etwa sieht Hegel einen »spekulativen« Versuch der Überwindung der »Entzweiung in der Form von Geist und Materie« (DS, 119). Reinholds Schellingkritik ist für Hegel widersprüchlich: er habe die Indifferenz von Subjekt und Natur, das »All-eine« in beiden, richtig erwähnt, es aber zugleich auf die Ichheit zurückgeführt. In seiner eigenen Philosophie komme Reinhold keineswegs über den Subjektivismus und damit auch den Dualismus von Subjekt und Objekt, Geist und Materie hinaus.

Der Dualismus besteht nach Hegel zum einen in der unaufhebbaren Differenz zwischen dem »Urwahren« und dem Denken, zum anderen in der Differenz zwischen dem Denken und seiner Materie. Da das Urwahre unbegreiflich ist, tritt das Denken ihm passiv gegenüber – ein »Unding«, weil »allein durch die Selbsttätigkeit der Vernunft das Absolute zu einem Wahren und Gewissen wird« (DS, 127). Wäre das Absolute außerhalb der Vernunft wahr, dann würde »jede Tätigkeit der Vernunft, jede Form, die das Absolute durch sie erhielte, als eine Veränderung desselben anzusehen sein, und eine Veränderung des Urwahren wäre die Produktion des Irrtums« (127). Kritik der Vernunft verlangte dann ein »Abziehen« der Vernunftformen vom Absoluten – Hegel kommt darauf in der Einleitung zur *Phänomenologie* zurück. Die Folge ist ein Irrationalismus des Glaubens und eine Relativierung der Vernunft.

20 *Beyträge*, H. 1, 106. Vgl. auch Bardili, *Grundriß*, § 4: »Die absolute Möglichkeit des Denkens beruht darauf, daß wir Eines, als Eines und Ebendasselbe, im Vielen (nicht Mannigfaltigen) unendlichmal wiederholen können.«

Der begreifliche Ausdruck des Absoluten kann aber auch nicht eine einseitige Kategorie sein, wie die reine Identität. Unendlich ist nicht die unendliche Wiederholung des Selben – denn diese wäre ja von der Verschiedenheit und Mannigfaltigkeit getrennt, also einseitig bzw. endlich. Vielmehr ist die »wahre, durch Reflexion mögliche Offenbarung des Unbegreiflichen in Begriffen« nur die »Vereinigung entgegengesetzter Begriffe in der Antinomie« (128).

Reinholds Denken ist aber auch nach der anderen Seite, der Mannigfaltigkeit der Materie hin, nur subjektiv und realitätslos. Ohne Anwendung auf die Mannigfaltigkeit des Stoffes kommt es ja zu keiner Erkenntnis. Das vorgeblich objektive Denken als Denken ist also nur ein Abstraktionsprodukt von den inhaltlichen Erkenntnissen. Zu diesem Abstraktionsprodukt muß dann das, wovon abgesehen wurde, in prinzipieller Form – eben als bloße Mannigfaltigkeit – wieder hinzu »postuliert« werden. Diesen Vorwurf hatte Hegel ja auch gegen Fichtes System der *Grundsätze* gerichtet.

Hegel zeigt dann zum Abschluß, daß diese Trennung von Einheit und Mannigfaltigkeit, reiner Form und Stoff der Vorstellung, schon in Reinholds früherem *Versuch einer neuen Theorie des Vorstellungsvermögens* anzutreffen war. Reinhold habe also in Bardilis Logik nur seine eigene frühere Philosophie wiedergefunden – ein Vorwurf, gegen den sich Reinhold in seinem Sendschreiben an Fichte heftig gewehrt hatte.[21]

21 Vgl. Reinhold, *Beyträge*, H. 1, 126 ff. (unterzeichnet 23. Nov. 1800).

4. Die Entwicklung der Philosophie Hegels in Jena (1801-1806)

Hegel hat zwischen der *Differenzschrift* und der *Phänomenologie* kein Buch veröffentlicht, wohl aber einige Aufsätze in dem bis 1803 gemeinsam mit Schelling herausgegebenen *Kritischen Journal der Philosophie* (vgl. AA, 4). Es gibt aber eine Menge von Manuskripten Hegels aus dieser Zeit, die seit Beginn des 20. Jahrhunderts publiziert worden sind. Sie haben nicht nur in den Bestrebungen einer philosophischen Korrektur des Marxismus (Marcuse, Habermas) eine Rolle gespielt, sondern auch im Zusammenhang der Edition und Interpretation der Hegelschen Schriften eine lebhafte Diskussion ausgelöst.[1] Vielfach wurde in den unveröffentlichten Manuskripten gegenüber der *Phänomenologie* der »modernere«, für die Gegenwart interessantere Hegel vermutet. Besondere Aufmerksamkeit wurde dabei Fragen der praktischen Philosophie, des Systemaufbaus und der Entwicklung der Dialektik gewidmet.[2]

Im Hinblick auf das Verständnis der *Phänomenologie* soll hier auf drei Punkte kurz eingegangen werden:

a) die Gestalt und Entwicklung des Systems der Philosophie;

b) die Vorgeschichte der *Phänomenologie* als einer Einleitung in die spekulative Philosophie;

c) die Entwicklung des Begriffs des Geistes.

a) Gestalt und Entwicklung des Systems

Hegel hat offenbar schon am Beginn seiner Jenaer Zeit ein System konzipiert, das im wesentlichen der späteren, erstmals in der *Enzyklopädie* von 1817 (HE) publizierten Trias von Logik, Natur- und Geistphilosophie entspricht. Analysiert man diese Konzeption, wie er sie in seinen Vorlesungen von 1801/02 skizziert, genauer, dann zeigen sich freilich noch manche Differenzen und Verschiebungen in den sechs Jahren zwischen *Differenzschrift* und

1 Vgl. Siep, *Wandlungen*.

2 Vgl. Kimmerle, *Das Problem*; Düsing, *Das Problem*; Baum, *Die Entstehung*; Düsing/Henrich (Hg.); Harris, *Night Thoughts*; Siep, *Anerkennung*.

Phänomenologie sowie in den zehn Jahren zwischen *Phänomenologie* und *Enzyklopädie*. Man kann sogar die erste Systemkonzeption als vierteilig bezeichnen, weil Hegel die spätere Wissenschaft der Logik noch in Logik und Metaphysik unterscheidet. Außerdem ist die interne Gliederung der Geistphilosophie in subjektiven, objektiven und absoluten Geist in Jena erst im Werden.

(1) In einem der Vorlesungsfragmente von 1801/02 nennt Hegel den *ersten* Teil des Systems die »Wissenschaft der Idee« (AA 5, 263). Diese »ausgedehnte Wissenschaft der Idee« sei die Logik. »Idee« bezeichnet offenbar schon hier, wie später in der *Wissenschaft der Logik* (vgl. WL I u. II), die Identität von Denken und Sein, insofern sie als ein holistisches System von Kategorien und Regeln dargestellt wird. Der Platonische Sinn der Idee als der eigentlichen Wirklichkeit der Dinge ist hier, wie schon im *Systemprogramm* von 1796, wichtiger als der Kantische.[3]

Aber die Wissenschaft der Idee hat selber noch zwei Abschnitte: eine »Logik« und eine »Metaphysik«. Der erste, die Logik, muß zu dem wahren (»spekulativen«) Verständnis der Kategorien erst hinführen, und zwar durch eine Kritik der »falschen Metaphysik der beschränkten philosophischen Systeme« (AA 5, 263). Sie versuchten, die absoluten Gegenstände (Gott, Seele, Welt) durch isolierte Kategorien zu erfassen (Substanz, Ursache), wie die vorkantische Metaphysik, oder sie durch subjektive Ideen und Postulate zu denken, wie bei Kant und Fichte. Dabei verfehlt die beschränkte Metaphysik den »holistischen« Charakter der Bestimmtheiten bzw., wie Hegel später sagt, der »Gedankenbestimmungen«, die in ihrer systematischen Vernetzung nicht nur das subjektive Denken, sondern auch die Wirklichkeit ausmachen. Kritisiert werden diese Systeme in Hegels früher Logik offenbar, indem ihre obersten Prinzipien in einer an die Kantische Antinomienlehre und die antike Skepsis angelehnten Form als widersprüchlich erwiesen werden.[4]

In der wahren, Hegelschen Metaphysik, dem zweiten Abschnitt der »Wissenschaft der Idee«, sollen dann, vermutlich gemäß der Methode der transzendentalen Anschauung, Einheitsbegriffe er-

3 Nach D. Frede stellen auch die Platonischen Ideen »eine strukturelle Vielfalt dar: Sie enthalten eine Pluralität von Unterbegriffen, wie auch die Fähigkeit, eine unbegrenzte Vielfalt von weiteren Differenzierungen zuzulassen.« Vgl. ihren Kommentar in Platon, *Philebos*, 136.

4 Vgl. Baum, *Die Entstehung*, 158 ff.

örtert werden, die die antinomischen Begriffe als Momente enthalten. Erst nach 1805 hat Hegel die Trennung von Logik und Metaphysik zugunsten der »spekulativen« Logik aufgegeben. Im *Systementwurf von 1804/05* (JSE II) ist sie noch enthalten: Die Logik führt hier über eine kritische Behandlung der Kantischen Kategorien sowie der Urteils- und Schlußlehre zu einer Methodenlehre, an deren Ende die Identität von Erkennen und Erkenntnisinhalt, nicht nur als Erscheinung, sondern als Ansichsein steht.

Der Leitfaden dieser kritischen Darstellung ist eine Stufung in immer komplexere Relationengefüge (Beziehung, Verhältnis, Proportion), die zunehmend die Struktur von Selbstverhältnissen aufweisen. In der Metaphysik werden dann zunächst die logischen Prinzipien der Identität, des ausgeschlossenen Dritten und des Grundes als Ausdruck der Identität von Erkennen und Sein interpretiert. Dann werden die Thesen der speziellen Metaphysik zu Welt, Seele und Gott, vor allem in ihrer neuzeitlichen Fassung bei Spinoza, Leibniz, Kant und Fichte, als Entwicklung einer immer reicheren und reflektierteren Idee dieser Identität bzw. des Absoluten dargestellt.

Wie die spätere spekulative Logik zur Zeit der *Phänomenologie* aussah, ist dagegen nur einem knappen Hinweis im *Systementwurf von 1805/06* zu entnehmen: »spekulative Philosophie absolutes Seyn, das sich andres, (Verhältniß wird) Leben und Erkennen – und wissendes Wissen, Geist, Wissen des Geistes von sich« (JSE III, 286). Im Zentrum der spekulativen Erkenntnis des Absoluten steht offenbar der Begriff des Geistes. Ob Hegel diese Konzeption der Logik in der *Phänomenologie* beibehält, ist aber umstritten.[5]

(2) In der Einleitungsvorlesung von 1801/02 nennt Hegel die beiden weiteren Teile des Systems »Wissenschaft der Realität der Idee« (AA 5, 263). Der »reale Leib der Idee« (ebd.) ist dabei die Natur. Der *zweite* Teil des Systems ist daher die Philosophie der Natur, die Hegel im Anfang der Jenaer Zeit nach antikem Vorbild in das »System des Himmels« und der Erde (bzw. des »Irdischen

5 Zur Bedeutung dieser Logik-Skizze für die *Phänomenologie* vgl. Pöggeler, *Hegels Phänomenologie*. Nach Pöggeler hat Hegel diese Skizze in der Vorrede der *Phänomenologie* u. a. dadurch korrigiert, daß er »zum Erkennen die praktische Seite hinzufügt« (Pöggeler, *Hegels Idee*, 269 ff.). Bonsiepen versucht eine Zuordnung der Kategorien dieser Logik-Konzeption zu den Teilen der *Phänomenologie* (vgl. seine Einleitung in PhG (1988), XXVII). Skepsis gegen diese Zuordnung äußert Falke, *Begriffne Geschichte*, 49 f.

Systems« in den Entwürfen von 1804/05) unterteilt hat. Erst nach 1805 fällt diese Einteilung weg, und die Grundformen des irdischen Systems, Mechanismus, Chemismus und Organismus, ergeben die innere Gliederung der Naturphilosophie.

(3) Die Form des Organismus als Selbstproduktion, Selbstdifferenzierung und Selbstverhältnis ist auch leitend für den *dritten* Teil, die Philosophie der Sittlichkeit. In ihr behandelt Hegel alle Gehalte der traditionellen praktischen Philosophie einschließlich der antiken und modernen Ökonomie, der klassischen »Politik« und der neuzeitlichen Rechts- und Staatslehre. Sie werden ebenfalls als organische Lebensformen eines sich gestaltenden Ganzen, eines »freien Volkes« (AA 5, 264), begriffen.

Kunst, Religion und Spekulation bilden ja schon seit dem Schelling-Kapitel der *Differenzschrift* den Abschluß des Systems. In seinen Jenaer Systementwürfen hat Hegel die Religion aber nur als Teil der Philosophie der Sittlichkeit behandelt. Als Volksreligion ist sie eine öffentliche, den Staat ergänzende Institution und Lebensform. Erst die *Phänomenologie* wird der Bedeutung der Religion für die Entwicklung der Kultur und der wahren Erkenntnis (»absolutes Wissen«) ein umfangreiches Kapitel widmen. Teil dieser Entwicklung ist auch die Kunst (s. u. 152 ff.). Die Philosophie als höchste Selbstreflexion des Geistes wird gegen Ende der Jenaer Zeit Gegenstand einer *Vorlesung über die Geschichte der Philosophie*. Die Wahrheit der spekulativen Philosophie wird darin als Resultat einer notwendigen Entwicklung des philosophischen Gedankens dargestellt. Die Übereinstimmung dieser Entwicklung mit der Geschichte der menschlichen Kultur ist eines der zentralen Themen der *Phänomenologie*.[6] Die spätere Konzeption von Hegels Philosophie des absoluten Geistes entwickelt sich so schrittweise aus Schellings Idee des höchsten Indifferenzpunktes von Natur und Intelligenz.

b) Einleitung in die spekulative Philosophie

Das Bedürfnis nach Überwindung der Gegensätze in der Kultur der Zeit ist für Hegel sowohl ein historisch-allgemeines wie ein innerphilosophisches. Es zeigt sich in der Entfremdung der Men-

6 Vgl. Falke, *Begriffne Geschichte*, 58 ff.

schen von den Institutionen und politischen Verhältnissen, wie es der Zusammenbruch des Ancien régime in Frankreich und des »Heiligen römischen Reiches deutscher Nation« in Mitteleuropa zum Ausdruck bringt. Es zeigt sich auch im Konflikt zwischen Glauben und Wissenschaft, der das zu Ende gehende Zeitalter der Aufklärung beherrschte, und in den literarischen und philosophischen Auseinandersetzungen über den Pantheismus Lessings oder den Atheismus Fichtes.[7]

Die Ansprüche des Menschen auf »letzte« Wahrheiten, sein Verlangen, ein Absolutes zu erkennen und sein Leben nach der Übereinstimmung, sogar der Vereinigung mit ihm auszurichten, sind durch eine Aufspaltung in wissenschaftliche Erfahrungserkenntnis, philosophische Analyse der Voraussetzungen der Wissenschaft und religiösen Glauben nicht zu erfüllen. Der Mensch kann sich in dem, was er für sicher und lebenspraktisch bedeutsam hält, nicht auf bloße »Erscheinungen« stützen, dagegen dasjenige, was er für die eigentliche Realität und Wahrheit hält, jenseits der Reichweite seines Erkennens und Wollens belassen. Dann würde er das eigentlich Wichtige für die vernünftige Erkenntnis und Praxis tabuisieren und diese – nach dem Vorbild der Erlösungsreligionen – auf ein vorläufiges »Diesseits« beschränken.

Vielmehr muß in den Wissenschaften und der Philosophie, der Moral und dem öffentlichen Leben ein Unbedingtes gesucht werden, das nicht relativiert ist durch ein unerkennbar Jenseitiges oder eine stets ausstehende zukünftige Erfüllung. Der Philosoph muß, wie die *Differenzschrift* fordert, das Absolute in seinen Erscheinungen finden. Dazu muß er aber das Verabsolutieren der Begriffe und Methoden, die für uns eine Erscheinungswelt zugänglich machen und zugleich auf sie beschränkt sind, in Frage stellen.

Hegel hat nach den erst zu Beginn der siebziger Jahre des 20. Jahrhunderts aufgefundenen Fragmenten offenbar im Wintersemester 1801/02 (seinem ersten Semester in Jena) zwei Vorlesungen gehalten, eine über Einleitung in die Philosophie und eine weitere über den ersten Teil des Systems, die Logik und Metaphysik (vgl. AA 5, 654). In den beiden Fragmenten kommen zwei verschiedene Konzeptionen der Hinführung zur Erkenntnis des Absoluten vor. Paradoxerweise weist die Einleitungsvorlesung die Möglichkeit einer Einleitung gerade ab (vgl. AA 5, 259): eine

7 Vgl. *Die Hauptschriften des Pantheismusstreits, Appellation an das Publikum.*

absolute Erkenntnis kann ja nicht von etwas anderem abhängen, von einer anderen Wissenschaft oder von einem »Organon«, sei es in Gestalt der Logik oder einer Theorie der Erkenntnisvermögen.

Hegel wendet sich hier, wie schon in der *Differenzschrift*, gegen Reinhold und Bardili, die der Logik als Theorie der Denkformen diese Einleitungs- und Grundlegungsfunktion einräumten. Es kommt ja gerade darauf an, die Trennung von Form und Inhalt sowie die dichotomische Struktur, die »fixen Gegensätze« der logischen und ontologischen Grundbegriffe zu überwinden. Was eine Einleitung in die Philosophie als Erkenntnis des Absoluten nur leisten kann, ist, die Einseitigkeit bzw. »Subjektivität« jedes anderen Standpunktes außer der Erkenntnis des Absoluten nachzuweisen.[8] Diese Funktion der Einleitung wird Hegel systematisch erst in der *Phänomenologie des Geistes* ausführen. Sie liegt aber in weniger systematischer Form schon der *Differenzschrift* und den großen Aufsätzen des *Kritischen Journals der Philosophie* zugrunde, vor allem den Aufsätzen über *Glauben und Wissen* (GW) sowie *Über die wissenschaftlichen Behandlungsarten des Naturrechts* (WBN), in denen Hegel sich mit Standpunkten des Empirismus und der Transzendentalphilosophie, mit Kant und Fichte, Jacobi und Reinhold auseinandersetzt.[9] Im Winter 1805/06, während der Arbeit an der *Phänomenologie*, hat Hegel diese Auseinandersetzung erstmals in eine Vorlesung über die Geschichte der Philosophie eingebracht.

In seiner Einleitungsvorlesung hat Hegel der Aufhebung beschränkter Begriffe und philosophischer Standpunkte als Vorbereitung zur absoluten Erkenntnis bereits eine historische Dimension gegeben. Eine »Vernichtung« von Kulturformen, die in Gegensätzen gleichsam erstarrt sind, findet auch in der Geschichte des menschlichen Handelns statt. Große Zerstörer und Neuschöpfer von geistigen und politischen Ordnungen – Hegels Beispiele sind Alexander und Napoleon – sind gleichsam welthistorische »Verbrecher«, die bewußt die geltenden sittlichen und rechtlichen Ordnungen zerstört und ihre eigene Vision neuer Ordnungen an deren Stelle gesetzt haben. Sie bedurften dazu aber einer Freiheit des Denkens, die in der Philosophie vorbereitet wurde – Hegel weist

8 Vgl. Baum, *Zur Methode*.
9 Vgl. Zimmerli, *Kritik*; Bubner, *Problemgeschichte*.

auf Aristoteles als Lehrer Alexanders hin. Die Philosophie hat also historisch die Rolle einer Befreiung vom Denken und Leben in erstarrten Kategorien schon wiederholt gespielt, die Hegel ihr zu seiner Zeit wieder zumutet und die er, zuerst in der Schrift *Über die Verfassung Deutschlands* (vgl. TWA 1, 461-581) und dann grundsätzlicher in der *Phänomenologie*, selber zu spielen versucht.

Diese Rolle kann sie aber nur spielen, wenn sie auf philosophische Weise, also nicht in einleitender, sondern definitiver Erkenntnis die beschränkende Funktion der Grundkategorien des Denkens auflöst und diese als »Erscheinung« des Absoluten darstellt. Das geschieht, wie oben gezeigt, nach dem anderen Vorlesungsmanuskript des Winters 1801/02 in der Logik und Metaphysik. Die Logik ist dabei die »systemimmanente« Einleitung,[10] die von der Identitätsthese aus die Antinomien aufweist, in die der Versuch einer isolierenden Definition der traditionellen Kategorien und Grundsätze gerät. Auch diese skeptische Funktion übernimmt später die *Phänomenologie*.

Nach dem Bericht von Karl Rosenkranz in seiner Hegel-Biographie hat Hegel seit 1804 zunächst innerhalb der Einleitungen zur Logik und Metaphysik den Begriff der *Erfahrung des Bewußtseins* gebraucht.[11] Seit 1805 arbeitet er dann an der die Logik ersetzenden neuen Systemeinleitung, die zunächst »Wissenschaft der Erfahrung des Bewußtseins« und dann »Phänomenologie des Geistes« heißt. In diesem Jahr beginnt er auch, die Geschichte der Philosophie als Folge der (»skeptischen«) Widerlegung der einseitigen, auf bestimmten isolierten Kategorien beruhenden Positionen vorzutragen.

Auf die *Phänomenologie* gehen also alle drei in den frühen Vorlesungen erwähnten Einleitungsfunktionen über: Sie führt von einseitigen philosophischen Standpunkten zur Spekulation; sie reflektiert die Bildungsgeschichte des Geistes und bereitet ihre nächste Stufe – oder zumindest die Klarheit über diese Stufe – vor; und sie kritisiert die »Logik«, die den überholten Stufen der

10 In einer handschriftlichen Vorlesungsankündigung schreibt Hegel, er wolle »zuerst die allgemeine oder transcendentale Logik, nemlich das System der... Formen der Endlichkeit, oder eine Theorie des objektiven Verstands abhandeln, und ihr die gewöhnlich sogenannte Logik oder die Konstruktion der subjektiven Reflexion folgen lassen. Durch die Betrachtung der Vernunft, welche die in der Logik aufgestellten Formen der Endlichkeit zerstört, wird der Übergang zur Metaphysik gemacht ...«. (AA 5, 654)

11 Vgl. Rosenkranz, *Hegels Leben*, 144; dazu Pöggeler, *Hegels Idee*, 412.

Kultur und den Reflexions- und Verstandesphilosophien der Zeit zugrunde liegt. Sie übernimmt damit ein prekäres Erbe: das einer Einleitung, die zur wahren Philosophie erst hinführt, zugleich aber – als »wissenschaftlich« im Sinne dieser Philosophie – auf deren Fundament steht. Daß sie beides sein kann, ohne das, was sie erst rechtfertigen will, immer schon vorauszusetzen, haben ihre Kritiker bis heute bezweifelt.

c) Der Begriff des Geistes

Hegel hat den Begriff des Geistes bereits in den Frankfurter Schriften als Terminus für das Selbstverständnis einer Epoche bzw. einer Religion und den inneren »Motor« ihrer Entwicklung benutzt. In dieser Hinsicht ist vom »Geist« des Judentums oder Christentums die Rede. In der *Differenzschrift* spricht Hegel vom Gegensatz von Geist und Materie als zwei metaphysischen Prinzipien im Sinne der philosophischen Tradition. Dem Nachweis ihrer Identität, d. h. ihrer begrifflichen Struktur, die in der Materie unbewußt ist, im Geist aber zu sich selbst kommt, dient die Philosophie der Natur wie der »Intelligenz«, d. h. des Subjekts bzw. des Selbstbewußtseins.

Um den Gegensatz von individuellem und allgemeinem, endlichem und unendlichem Selbstbewußtsein zu überwinden, führt Hegel diesen Teil der Philosophie aber von vornherein als Philosophie der »Sittlichkeit« bzw. des Geistes eines Volkes durch. Dieser Geist manifestiert sich in den gesellschaftlichen Institutionen eines Volkes und wird in seiner Religion selbst zum – kultischen und »theologischen« – Gegenstand. Die theoretischen Vermögen der menschlichen Vernunft werden zunächst als Momente eines solchen »objektiven« Geistes eines Volkes bzw. einer Kultur erörtert.

Erst seit dem *Systementwurf* von 1803/04 (JSE I) läßt Hegel dem »Bewußtsein« als einem Ganzen theoretischer und praktischer Funktionen eine vom sozialen und sittlichen Geist getrennte systematische Behandlung zuteil werden. Seine erneute Zuwendung zur Bewußtseinsphilosophie Kants und Fichtes wird hier erkennbar. Im letzten *Systementwurf* (1805/06; vgl. JSE II) vor der *Phänomenologie* erhält dann auch die praktische Form des Selbstbewußtseins, der Wille, eine eigene Behandlung vor den Formen des sozialen Geistes. Diese sozialen Formen werden dann als Prozesse der Trennung und Vereinigung – analog zur logischen Form des Schlusses – zwischen individuellem und allgemeinem Willen dargestellt. Auch diese Bedeutung des allgemeinen Willens ist Zeichen einer Wiederannäherung Hegels an die Konzeption der praktischen Philosophie bei Rousseau und Kant.

Daß Hegel die Inhalte der Transzendentalphilosophie und des neuzeitlichen Naturrechts gegen seine »antikisierende« Konzeption der Sittlichkeit wieder deutlicher zur Geltung bringt, ist als Abkehr von einer spinozistischen Substanzphilosophie und Hinwendung zu einer Philosophie des Geistes als absoluter Subjektivität gedeutet worden.[12] Hegel hat aber die sittliche Substanz eines Volkes auch zu Beginn der Jenaer Zeit – seiner Identitätsthese folgend – zugleich als ein Selbstverständnis gedeutet, das sich in Institutionen und subjektiven Haltungen (»Gesinnungen«) äußert und in Verfassungen und Religionen vergegenständlicht.

So parallelisiert z. B. das sogenannte *System der Sittlichkeit* von 1802/03 (SdS, 277-361) die Sozialordnung einer ständischen Gesellschaft mit den jeweiligen Gesinnungen der Standesmitglieder. Die Bedeutung der Individualität ist allerdings in der frühen Jenaer Philosophie der Sittlichkeit geringer als später – das »Einssein« der Individuen mit Sitten und Leben des Volkes wird als Erfüllung dieser Sittlichkeit verstanden. Dieses Konzept von Sittlichkeit bleibt zwar auch in Hegels späterer Philosophie des objektiven Geistes erhalten, aber den Rechten des Individuums und seiner moralischen Selbstreflexion wird ein größeres Gewicht beigemessen. »Der Geist ist die Natur der Individuen, ihre unmittelbare Substanz, und deren Bewegung und Notwendigkeit; er ist ebenso ihr im Daseyn persönliches Bewußtsein, wie ihr reines Bewußtsein ihr Leben, ihre Wirklichkeit«, schreibt Hegel im *Systementwurf von 1805/06* (JSE III, 254). Sowohl ihr persönliches Bewußtsein – als Interessen verfolgendes Rechtssubjekt – wie ihr »reines Bewußtsein« als Subjekt von Gewissensentscheidungen und (religiösen oder philosophischen) Wahrheitsüberzeugungen muß in der Ordnung eines Gemeinwesens respektiert werden. Die Substanz bzw. der Geist eines solchen Gemeinwesens muß im Individuum seiner selbst bewußt werden.

Der Begriff des Geistes ist für Hegel seit Mitte der Jenaer Zeit

12 Vgl. Düsing, *Das Problem*; Riedel, *Hegels Kritik*, 59

(1803/04) durch zwei Grundzüge ausgezeichnet: zum einen durch den Prozeß der Selbstreflexion und zum anderen durch die Struktur des »anderen seiner selbst« oder des »Gegenteils seiner selbst«.[13] Formen des Geistes, wie das Bewußtsein und der Wille, aber auch das gemeinsame Selbstverständnis eines Volkes haben die Eigenschaft, »unmittelbar« Abstraktion von allen Inhalten und zugleich ganz besonderer, konkreter Inhalt zu sein. Der Mensch kann in seinem Bewußtsein von allen besonderen Inhalten abstrahieren, seine Bewußtheit selber zum Gegenstand machen. Auch ohne eine solche bewußte Operation ist er in jedem Augenblick, in jeder Wahrnehmung und jedem Entschluß über diesen hinaus, von ihm frei bzw. distanziert. Er kann die Fähigkeit, sich von allen besonderen Interessen und Perspektiven zu lösen, auch in seinem Handeln – z. B. im Moment der Unparteilichkeit, der Selbstdistanz oder der umfassenden Berücksichtigung aller Perspektiven – zum Ausdruck bringen. So kann er jede Entscheidung aus einem umfassenden Horizont fällen und eine Einheit von Engagement und Gelassenheit verwirklichen.

Diese Struktur der Selbstdistanz bzw. Selbstnegation und des »in seinem Gegenteil bei sich selber Seins«, so versucht Hegel zu zeigen, ist in allen Formen des individuellen und sozialen, des theoretischen und praktischen Geistes anzutreffen. Sie ist zugleich der Grund, weshalb jede der Formen und Stufen des Geistes über sich selber hinaus ist, sich in Frage stellt und reflektiert. Es kommt aber darauf an zu zeigen, daß dies keine unendliche Spiegelung in sich selber bzw. eine unabschließbare Folge von »Metareflexionen« vom Typ »Ich weiß, daß ich weiß, daß ich weiß ...« oder »ich will, daß ich will, daß ich will ...« bedeutet. Sonst gäbe es nur leere Selbstreflexion oder unendliches Relativieren. Hegel will in seiner Geistphilosophie vielmehr zeigen, daß jede Reflexion zugleich ein Umschlag ins Gegenteil seiner selbst ist, daß diese Konversionen aber zu einer endlichen Stufenfolge zunehmend umfassender Selbsterkenntnis führen.

Aufgrund dieser Struktur des Geistes lassen sich nun auch die Funktionen der Einleitung, bzw. der rechtfertigenden Hinführung zur spekulativen Erkenntnis, auf eine Philosophie des Geistes übertragen. Denn die einseitigen philosophischen Positionen können ebenso als Reflexionsstufen dargestellt und systematisch ge-

13 Vgl. Henrich, *Andersheit*, 142-172.

ordnet werden wie die Bildungsstufen des Geistes in der Geschichte. Eine solche Ordnung setzt aber voraus, auch die Prinzipien, die den einseitigen Positionen bzw. Stufen zugrunde liegen, in ihrer reinen, »logischen« Form ihrer Endgültigkeit zu berauben, indem man ihren immanent antinomischen, widersprüchlichen Charakter aufzeigt. Auch das bedeutet, in ihnen die geistige Struktur des »Gegenteils seiner selbst« sichtbar zu machen. Alle drei Einleitungsfunktionen können also einem Prozeß der Selbstreflexion des Geistes übertragen werden. In diesem Prozeß werden seine einseitigen »Erscheinungen« zugleich kritisiert und als Stufen seiner eigenen Selbsterkenntnis verständlich gemacht. Und diese Kritik kann auch noch an den Charakter des »über sich hinaus« bzw. der Selbstprüfung anknüpfen, der den Formen des Bewußtseins selber zukommt. Dies aber ist die Idee und das Programm einer »Phänomenologie des Geistes«.

5. Aufgabe und Methode der »Phänomenologie des Geistes«

Wie wir aus Hegels Vorlesungsankündigungen in Jena wissen, hat er noch im Jahre 1805 die Publikation seines gesamten Systems geplant.[1] Schon im Februar 1806 beginnt aber der Druck eines Buches, das den ersten Teil des Systems der Philosophie bzw. der »Wissenschaft« enthalten soll.[2] Dieser erste Teil hat den Titel einer »Wissenschaft der Erfahrung des Bewußtseins«, ein Titel, den Hegel während des Drucks gegen den der »Phänomenologie des Geistes« ausgetauscht hat.[3] Die Einleitung, die zu Anfang konzipiert wurde, erläutert die Methode der »Erfahrung des Bewußtseins«. Ob Hegel diese Methode im Laufe des Werkes geändert oder aufgegeben hat, ist bis heute ein Streitpunkt der Forschung. In der zuletzt geschriebenen Vorrede nennt Hegel die *Phänomenologie* nach wie vor »Wissenschaft der Erfahrung, die das Bewußtsein macht« (PhG, 38). Erfahrungsgeschichte und Phänomenologie sind eher zwei Aspekte derselben Sache als zwei Methoden, die verschiedene Teile des Buches charakterisierten.

Man kann vereinfacht sagen, daß »Erfahrung« der Weg »von unten«, von den unmittelbarsten Formen und Standpunkten des »natürlichen Bewußtseins«, zum absoluten Wissen ist, »Phänomenologie« dagegen diesen Weg »von oben« charakterisiert, nämlich insofern auf ihm schon alle Kategorien, Erkenntnis- und Seinsweisen des Geistes »erscheinen« bzw. ins Bewußtsein treten.

Nun hat Hegel einen (zumindest) doppelten Begriff sowohl von Erfahrung wie von Erscheinung. Erfahrung im gewöhnlichen Sinne, so erläutert er in der Einleitung, ist die Ersetzung einer falschen Überzeugung durch eine andere, wahre. Erfahrung im zweiten, für die *Phänomenologie* wesentlichen Sinne ist die »Um-

1 Vgl. AA 9, 457: »totam philosophiam scientiam, i. e. philosophiam speculativam, (logicam et metaphysicam) naturae et mentis, ex libro per aestatem proditur.«

2 Bonsiepen ist der Auffassung, daß Hegel noch im Frühjahr 1806 neben dem bereits im Druck befindlichen ersten Teil des Systems auch noch die Logik als zweiten Teil publizieren wollte, daß er seinen Plan aber »spätestens im August 1806« änderte (Einleitung in PhG (1988), XXI).

3 Zur Druckgeschichte der *Phänomenologie* vgl. Bonsiepen in PhG, XVII f., sowie die Anm. der Red. in PhG, 594ff.

kehrung« des Bewußtseins, also ungefähr das, was man religiös als »Konversion« und aufklärerisch-pädagogisch als »Bewußtseinsveränderung« bezeichnet. Es ist die Einsicht, daß die Grundlagen der bisherigen Überzeugungen widersprüchlich waren und daß man sie daher so verändern muß, daß die dazu konträre Position eingenommen wird. Wie diese Methode in der *Phänomenologie* genauer aussieht, werden wir im folgenden noch sehen.

Die doppelte Bedeutung des Begriffes »Phänomen« bzw. »Erscheinung« hat eine lange philosophische Tradition: Erscheinung kann »bloße« Erscheinung bzw. Schein sein, und sie kann Manifestation, Erfahrbarwerden eines zuvor Unzugänglichen sein. Die Untersuchung des »Wesensgehaltes« von Erfahrung zu untersuchen, wieviel »Wesensgehalt« die Erscheinungen in der Erfahrung haben, war ein Thema der Erscheinungslehre oder Phänomenologie zu Hegels Zeit. Vor allem Johann Heinrich Lambert hat dieses Projekt verfolgt.[4]

Auch bei Hegels wichtigsten Vorgängern, bei Kant und Fichte, kommen die Begriffe vor. Kant spricht von »Erscheinung« bekanntlich im Sinne der legitimen Sinnes- und Verstandeserkenntnis, die aber auf raum-zeitlich erfahrbare Gegenstände beschränkt ist und nicht auf »Übersinnliches« (Gott, unsterbliche Seele, Freiheit) ausgedehnt werden darf. Eine solche Ausdehnung führt zur Dialektik im Sinne einer widersprüchlichen Scheinwissenschaft, wie in der dogmatischen Metaphysik. Für Hegel ist dagegen die Überwindung der widersprüchlichen Positionen des »endlichen« Bewußtseins in dessen eigener »Erfahrung« (d. h. einer vollständigen Reihe von Konversionen) schon das Erkennbarwerden, das sich Manifestieren des absolut Wahren (vgl. PhG (1988), 35).

Die Idee, die einseitigen philosophischen Positionen der Tradition als eine Lehre widersprüchlicher Erscheinungen darzustellen und dadurch zu einer absoluten Wahrheit »aufzusteigen«, hatte auch Fichte. Er hat sie nach Ansätzen in der frühen Wissenschaftslehre systematisch in seiner Vorlesung über die *Wissenschaftslehre von 1804* durchgeführt, deren erster Teil er Erscheinungslehre oder Phänomenologie nennt. Es ist allerdings nicht sehr wahrscheinlich, daß Hegel davon wußte.[5] Während Fichte aber die Kritik des Scheins, die Lehre von der Wahrheit und die »Reinterpretation«

4 Bonsiepen (PhG (1988), XII) verweist außer auf Lambert auch auf Goethes Phänomenbegriff in dessen Aufsatz *Erfahrung und Wissenschaft* (1798).

5 Vgl. Bonsiepen in PhG (1988), XVI; vgl. auch Siep, *Fichtekritik*.

der überwundenen Positionen von dieser Wahrheit aus voneinander trennt, werden sie in Hegels *Phänomenologie* in einen Gang zusammengezogen. Außerdem übernimmt dieser Gang auch eine Aufgabe, die Fichte in der frühen Wissenschaftslehre zu bewältigen suchte: den systematischen Aufbau der geistigen Vermögen als einen Weg von Reflexionsschritten darzustellen.[6]

»Erscheinung« bedeutet also bei Hegel nie bloßer Schein, aber der Begriff kann einseitige und daher unwahre Positionen als solche charakterisieren, wenn man von ihrem »Wahrheitsgehalt« als »Phänomen« der Selbsterkenntnis des Geistes abstrahiert. In diesem Sinne nennt er auch seine eigene Position am Anfang des Werkes Erscheinung. Solange sie die ihr entgegenstehenden Positionen noch nicht widerlegt und in die wahre Erkenntnis integriert hat, ist sie selber noch einseitige »unausgebreitete Erscheinung« (vgl. PhG (1988), 11). Was sie aber von den anderen Erscheinungen unterscheidet, ist die Tatsache, daß sie nicht mehr auf dem Standpunkt des »natürlichen Bewußtseins« steht, sondern den des wahren Wissens antizipiert.

Der Begriff des natürlichen Bewußtseins in der *Phänomenologie* wird oft mißverstanden als der völliger Naivität, des Common sense oder der »Lebenswelt«. Hegel gebraucht ihn aber in einem terminologischen Sinne, auch wenn dieser viel mit den gewöhnlichen Weltdeutungen zu tun haben mag: Das natürliche Bewußtsein ist der »Standpunkt [...], von gegenständlichen Dingen im Gegensatze gegen sich selbst und von sich selbst im Gegensatze gegen sie zu wissen« (vgl. PhG, 30).

Der Standpunkt der Wissenschaft oder des Geistes ist dagegen der einer Identität von »Selbst« und »Gegenstand«: das »reine Selbsterkennen im absoluten Anderssein« (29). Dieser Standpunkt muß sich aber gegenüber dem natürlichen Bewußtsein rechtfertigen und ihm eine »Leiter« (29) anbieten, indem alle Formen des Wissens, alle Ordnungen des Handelns, alle Gestalten der Kultur, die von diesem Gegensatz geprägt sind bzw. denen diese Überzeugung eines Gegensatzes von Gegenstand und Selbst innewohnt, immanent geprüft und widerlegt werden. Diese Methode der Prüfung stellt die Einleitung dar.

6 Vgl. Düsing, *Hegels Phänomenologie*.

a) Die Aufgabe der »Phänomenologie« nach der »Vorrede«

In der Vorrede geht es Hegel vor allem darum, seine Konzeption des Absoluten, der Wahrheit und des Systems von den Konzeptionen Fichtes, Schellings, des zeitgenössischen Spinozismus und der unmittelbaren Vereinigung mit dem Göttlichen abzusetzen. Später hat Hegel davon gesprochen, daß die Vorrede sich gegen die Konzeptionen des »abstrakten Absoluten« richte, wie sie die Philosophie der Zeit beherrschte. Fichtes Begriff des Ich, Schellings Gedanke der differenzlosen Identität, Jacobis Begriffe der Anschauung und des Glaubens, aber auch Spinozas Begriff der Substanz gehören dazu.

Sosehr Hegel sich von diesen Vorgängern absetzt, so sehr ist er ihnen im Grundsätzlichen aber auch verpflichtet. Er bestreitet nicht, daß es Aufgabe der Philosophie ist, ein System zu entwickeln, in das die Grundbegriffe aller Wissenschaften und ihre grundsätzlichen Betrachtungsweisen bzw. Erklärungsmodelle eingehen. Er bestreitet auch nicht, daß die Philosophie in einem solchen System etwas »Absolutes«, Unbedingtes und Vollständiges erkennen soll und kann. Wie für Kant ist für ihn die Philosophie »Vernunfterkenntnis aus Ideen« – aber diese Ideen haben nicht nur die regulative Funktion der Vereinheitlichung empirischer Erkenntnisse, sondern diese können umgekehrt als »Explikation« von Ideen verstanden werden. Das wird die *Phänomenologie* zu zeigen haben.

In der Vorrede setzt Hegel seine Begriffe des Absoluten und des Systems von den Vorgängern ab. Sein Systembegriff ist holistisch, sein Begriff der Wahrheit hat nicht nur epistemologische, sondern auch ontologische Bedeutung, und das »Absolute« versteht er als eine Einheit der spinozistischen Substanz und des transzendentalen Subjekts bzw. der Selbstreflexion. Das kommt in der berühmten Formulierung zum Ausdruck: »Daß das Wahre nur als System wirklich oder daß die Substanz wesentlich Subjekt ist, ist in der Vorstellung ausgedrückt, welche das Absolute als *Geist* ausspricht.« (PhG, 28)

Zunächst zum Holismus. Für Hegel ist jeder Begriff, jede Aussage und jede Theorie nur ganz verständlich und gerechtfertigt im Zusammenhang mit allen Begriffen (bzw. Aussagen, Theorien) eines Gebietes, das selber nur in einem vollständigen Zusammenhang mit den übrigen Gebieten des Wissens erkannt ist. Es gibt keinen Satz, auch nicht die ersten Axiome der Logik, der allein für sich, losgelöst aus dem Zusammenhang von Axiomen und »Verknüpfungsregeln«, gültig oder auch nur verständlich wäre. Das versucht Hegel in der *Wissenschaft der Logik* zu zeigen, deren Grundgedanken ja in den Jenaer Manuskripten schon entwickelt sind.

Es gibt aber auch kein Gebiet, wie etwa die Physik der klassischen Mechanik, das für sich abschließbar und als Grundlage aller übrigen zu behandeln wäre. Die Betrachtung der Natur als mechanisch muß in ein Verhältnis gesetzt werden zu ihrer Betrachtung als chemisch, organisch etc. und zur Welt der Kultur, des Wissens und anderer Gegenstandsbereiche und Betrachtungsweisen. Der Versuch Reinholds, Fichtes oder Schellings, ein philosophisches System aus obersten, »evidenten« Prinzipien zu deduzieren, muß scheitern. Wie die *Differenzschrift* ausführt, sind diese Prinzipien nicht unabhängig von dem aufzustellen, was aus ihnen deduziert wird. Ferner werden sie in der Deduktion ergänzt, vervollständigt, differenziert etc. Sie sind also für sich gesehen nicht absolut, sondern einseitig, mangelhaft, unentwickelt (»unmittelbar«). Auch die unmittelbaren Gewißheiten bzw. die intuitiven Einsichten in diese Prinzipien sind so lange unverständlich, wie die Begriffe und Kriterien nicht erläutert werden, die man verwendet, sobald man diese Einsichten als Sätze formuliert. Die Entwicklung eines Systems aus einem (vorgeblich) unabhängig gültigen und gewissen Prinzip ist also die »Widerlegung dessen, was den Grund des Systems ausmacht« bzw. ein »Aufzeigen, daß der Grund oder das Prinzip des Systems in der Tat nur sein Anfang ist«. Statt eines deduktiven Abstiegs muß ein philosophisches System daher als eine organische Entwicklung von einfachen zu komplexeren theoretischen Gebilden verstanden werden, die sich wechselseitig explizieren. Ein solches Verfahren ist auch in der Philosophie unseres Jahrhunderts versucht worden – etwa in Ernst Cassirers *Philosophie der symbolischen Formen*.

Spinoza und Fichte haben insofern den gleichen Fehler begangen, als sie den Fortgang von ihrem absoluten Prinzip (der Substanz bzw. dem Ich) als Einschränkung statt als Entwicklung und Erfüllung verstanden haben.

»Wahrheit« ist für Hegel aber nicht nur ein Prädikat von Sätzen oder Theorien, sondern hat auch eine ontologische Bedeutung.

Es gibt nicht nur wahre Sätze, sondern auch ein »wahres« Kunstwerk, einen »wahren« Staat, eine »wahrhaft menschliche Haltung« etc.[7] In diesem Sinne ist wahr, was seine Bestimmung erreicht oder ihr zumindest nahekommt. Das stellt gewiß eine Art von Essentialismus dar: es gibt wesentliche Eigenschaften des Staates oder des Menschen, die etwas besitzen muß, wenn es Staat oder Mensch sein soll. Aber bei Hegel ist dieser Essentialismus mit einem Holismus vereinbar: das jeweilige »Ding« erreicht sein Wesen nur, wenn es in bestimmten Relationen zu anderen Dingen und Prozessen steht, wenn es ein »Netzwerk« von Beziehungen manifestiert. Ein Staat etwa ist einerseits intern ein Gefüge von Rechten, Institutionen und Mächten und steht andererseits in einem bestimmten Verhältnis zu anderen Staaten, zur Natur und zu kulturellen Gebilden innerhalb und außerhalb: der Religion, Wissenschaft etc. Das alles kann mehr oder weniger entwickelt und daher auch mehr oder weniger »wahr« sein. Ein Staat, der die Rechte schützt, ohne Beteiligungschancen zu gewähren, ist kein vollständig wahrer Staat.

Wie die Wahrheit, so hat auch der Holismus bei Hegel nicht nur erkenntnistheoretische, sondern auch ontologische Bedeutung.

Holismus und Systemform verknüpfen sich nicht nur zu einer Eigenschaft unseres Wissens, zu einer Organisationsform von Theorien oder wahren Sätzen über die Wirklichkeit, sondern diese kommt der Wirklichkeit selbst zu. »System«, »Subjekt«, »Geist« sind ja in der zitierten Formulierung zugleich Ausdrücke für die Substanz bzw. das Absolute, also die eigentliche Wirklichkeit selber.

Hier stehen teils platonisch-aristotelische, teils spinozistische Überlegungen Pate. Für Aristoteles enthält der Begriff der Sache gewissermaßen den »Code«, der ihre Entwicklung steuert. Dieser Code ist aber selber nichts Materielles, sondern »gebraucht« Materie zu seiner individuellen Verwirklichung. Für Spinoza dagegen ist jedes Ding eine nach festgesetzten (»determinierten«) Mustern ablaufende Konstellation von Kräften in einem sich selbst tragenden Weltprozeß (»Substanz«). Hegel hält am Monismus des Spinoza fest, ohne dessen Parallelismus von materieller und begrifflicher Bestimmtheit der »Modifikationen« des einen Prozesses beizubehalten.[8] Vielmehr ist die Materie tatsächlich nur das Me-

7 Zu Hegels Wahrheitsbegriff vgl. jetzt auch Halbig, *Hegels Wahrheitsbegriff*.
8 Zu Hegels Spinoza-Rezeption vgl. auch Chiereghin, *L'influenza*.

dium, in dem sich die Form, der Begriff einer Sache, realisiert und manifestiert. Freilich sind die Begriffe Form und Materie selber noch unzureichend, um das Verhältnis von Zahl, Ausdehnung, Kraft, Gesetz etc. zu verstehen, das etwa unseren physikalischen Begriffen von Natur zugrunde liegt. Erst recht müßten die komplexeren Dimensionen des Weltprozesses (chemische, organische, mentale, soziale Prozesse) in ihrem Verhältnis von Begriff und »Medium« seiner Darstellung genauer bestimmt werden. Der Text der *Phänomenologie* gibt darüber noch einige Aufschlüsse.

Daß das Absolute Substanz, Wahrheit und System ist, ließe sich also einstweilen so »übersetzen«, daß die Wirklichkeit ein durch sich selbst verursachter und begründeter (*causa sui*) Prozeß der Darstellung von Begriffen ist. Aber damit sind die Bestimmungen »Subjekt« und »Geist« sicher noch nicht ausgeschöpft. Den Begriff »Subjekt« nimmt Hegel aus der zeitgenössischen Philosophie der Subjektivität, von Kant, Reinhold, Fichte und Schelling auf – der Begriff »Geist« gehört nach seinen Worten der »neueren Zeit und ihrer Religion« (PhG, 28), d. h. dem Christentum an. Wie schon seit den Frankfurter Entwürfen erkennbar, erweitert Hegel den zeitgenössischen Subjekt-Begriff um Grundzüge der christlich-neuplatonischen Tradition.

Das Wichtige am Begriff des Subjekts ist für Hegel in diesen Passagen der Vorrede das »Selbsterzeugen« und die Reflexion, das »Fürsichsein« und das »Wissen von sich«. Schon Fichte hatte in der Einheit von Spontaneität und Reflexion das Gemeinsame aller Vermögen des menschlichen Geistes gesehen. Aus dem »Mechanismus« dieser beiden »Richtungen« des menschlichen Geistes hatte er die logischen Gesetze und die Verstandeskategorien zu erklären versucht, mit denen wir wahre Urteile über Gegenstände der Erfahrung zustande bringen. Dabei ist die Reflexion nicht nur eine »intentio obliqua« auf den Akt des Denkens, Urteilens, Wollens etc., sondern auch die ursprüngliche Tätigkeit des Unterscheidens oder Entgegensetzens. Bei Fichte und bei Schelling blieb die Reflexion aber ein Akt der Begrenzung, Verendlichung, des Verlustes der ursprünglichen Einheit – wie zuvor in anthropologischer Version bereits bei Rousseau.

Hegel polemisiert in der Vorrede entschieden gegen diese Gleichsetzung des Absoluten mit einer gegensatzlosen Identität. Mit dem Begriff »Geist« will er die Entgegensetzung, das »Anderssein« ausdrücklich in den Prozeß der Selbsterzeugung integrieren.

Dafür glaubt er in der christlichen Dogmatik Vorbilder zu sehen: die trinitarische Einheit von Vater, Sohn und Geist, aber auch die Schöpfung, Menschwerdung und Erlösung deutet er als einen Prozeß des Anderswerdens und sich im Anderen als sich selbst Erkennens.

Die moderne Wissenschaft und die Philosophie haben diese Metaphern aber in Theorien und Begriffe »übersetzt«: Die Erkenntnis der Gesetzmäßigkeit der Natur ist ein Sich-Wiederfinden der Vernunft in ihrem »Anderssein«, den selber rationalen Strukturen von Raum, Zeit, Masse, Kraft etc. Auch die Geschichte läßt sich als die allmähliche Entwicklung vernünftiger Rechts- bzw. Willensordnungen verstehen. Diese Einsicht in die vernünftigen Strukturen der Wirklichkeit hat für Hegel die kritische Philosophie Kants auf »subjektive« Weise zum Ausdruck gebracht: Die Objektivität der Erkenntnis wird durch die Kategorien und Schemata der Subjektivität verbürgt. Für Kant wie für Fichte gibt es aber noch ein »Anderssein« außerhalb dieser subjektiven Strukturen. Diese Unterscheidung eines »An sich« von den Begriffen der Subjektivität ist, wie die *Phänomenologie* zeigen will, nicht haltbar.

Dazu muß sie freilich auch ein neues Verständnis von den Begriffen entwickeln, das Hegel ja in der Jenaer Logik schon entfaltet hatte. Die Begriffe sind selber »selbstisch«, d. h. die Explikation ihres semantischen Gehalts erfordert eine »logische« Bewegung zwischen verschiedenen Begriffen, die einander teils voraussetzen, teils enthalten, teils ausschließen usw. Dieser Prozeß der Explikation, der ihnen nicht von außen, sondern durch ihren eigenen Sinn zukommt, ist selber ein »Anderswerden« und »Fürsichwerden«. Nur Gedanken, die so als »Selbstbewegungen, Kreise« (37) zu verstehen sind, nennt Hegel Begriffe. Ihre »Selbstorganisation« zu einem System im »Element« des reinen Denkens ist die Logik, die Hegel in der Vorrede auch einfach »die Wissenschaft« nennt. Daß diese Begriffsbewegung zugleich aber dasjenige ist, was wir in den Wissenschaften aufdecken und was die geschichtliche Entwicklung des menschlichen Geistes bestimmt, das hat die *Phänomenologie* erst noch zu erweisen und so dem »Element« der Selbstdarstellung der Begriffe »durch die Bewegung seines Werdens« erst seine »Vollendung und Durchsichtigkeit« zu geben. (29)

Das Absolute, die eigentliche Wirklichkeit in dieser Weise als Geist, d. h. als Sinnexplikation von Begriffen zu verstehen bedeutet für das »Bewußtsein« eine »Verkehrung«. Hegel gebraucht hier das später von Marx gegen ihn selber verwandte Bild, dem »natürlichen Bewußtsein« werde von der »Wissenschaft« zugemutet, »auch einmal auf dem Kopfe zu gehen« (30). Dabei ist unter natürlichem Bewußtsein, wie gesagt, jeder »Standpunkt« zu verstehen, auf dem eine unaufhebbare Differenz zwischen Bewußtsein und Gegenstand angenommen wird. Solche Standpunkte sind in allen möglichen – realistischen, empiristischen, subjektivistischen etc. – theoretischen und praktischen Einstellungen enthalten. Jede Wissenschaft, jede Moral, jedes »kollektive Selbstverständnis« einer Kultur enthält einen solchen Standpunkt und enthält nach Hegel auch in irgendeiner Form diese Differenz.

Wenn die These einer solchen Differenz widerlegt werden soll, dann muß dies zum einen für das jeweilige Bewußtsein verständlich sein, das die »Leiter« zum Standpunkt des Geistes braucht; und zum anderen muß es auf selber wissenschaftliche, also systematische und durch Begriffe strukturierte Form geschehen. Die *Phänomenologie* ist zugleich Vorbereitung und »der erste Teil des Systems« (31). Als solcher hat sie ihre eigene »Logik«, eine ihre Argumente und Argumentationsebenen (Stufen) verknüpfende Begriffsentwicklung. »Der Weg, wodurch der Begriff des Wissens erreicht wird, wird durch sie [sc. die Begriffe und ihre »Bewegung«] gleichfalls ein notwendiges und vollständiges Werden.« (38)

Aber die »Bildung« des Bewußtseins zur Wissenschaft bzw. zum Standpunkt des Geistes ist nicht bloß die Aufgabe eines philosophischen Werkes, sie ist vielmehr Resultat einer Bildungsgeschichte der Menschheit. Denn die Geschichte der Menschheit muß ja selber als geistiger Prozeß der Darstellung und Reflexion von Begriffen in verschiedenen Elementen (Politik, Kultur, Religion etc.) verstanden werden. Der erste Teil des Systems muß also auch diese Bildungsgeschichte der Menschheit als ein Werden der »Wissenschaft« darstellen. Und zwar in »jedem Moment«, das in der Geschichte für die Vorbereitung des wahren Standpunktes des Geistes notwendig und relevant war. Weil dieses Werden eine immanente Notwendigkeit und »Zweckmäßigkeit« hat, insofern jede Stufe einen notwendigen Beitrag zum Ganzen und seinem Resultat (dem »Standpunkt« des Geistes) leistet, spricht Hegel vom »Weltgeist«. Darunter ist aber kein bewußt handelndes oder steuerndes Subjekt verstanden, sondern ein »teleologischer«, in sich zweckmäßiger Prozeß, in dem ein Bewußtsein über den Geist erst entsteht. Der Weltgeist ist gewissermaßen die Tendenz und das Resultat der Bildungsgeschichte der Menschheit: »Es ist von dem Absoluten zu sagen, daß es wesentlich Resultat, daß es erst am Ende das ist, was es in Wahrheit ist.« (24) Die Weltgeschichte ist gewissermaßen ein »invisible hand«-Prozeß mit einem bewußten Resultat. Was unbewußt den Prozeß des Bewußtwerdens des Geistes steuert, nennt Hegel »Substanz« oder »geistige Substanz«. So ist der Geist einer Epoche gegenüber dem Bewußtsein der Individuen und der Weltgeist gegenüber den Epochen »Substanz«.

Dennoch darf die *Phänomenologie* nicht als Ganzes wie eine Geschichtsphilosophie gelesen werden – eine Tendenz marxistischer Interpreten wie z. B. Georg Lukács.[9] Die Ordnung, in der Hegel die systematische Widerlegung aller Gestalten des Bewußtseins, vereinfacht gesagt, der Subjekt-Objekt-Differenz, darstellt, entspricht nicht immer der zeitlichen Folge von Geschichtsepochen.

So wird im Geistkapitel etwa die antike Sittlichkeit (Moral, Politik und Religion) erst nach der neuzeitlichen Wissenschaft behandelt. Sie stellt hinsichtlich des Verhältnisses von Bewußtsein und Wirklichkeit, besonders hinsichtlich des Verhältnisses des Individuums zu den Institutionen und dem öffentlichen Leben bereits eine höhere Form der Integration dar. In gewisser Weise war diese Integration aber auch »vorzeitig«, weil noch nicht alle Aspekte der Freiheit des Individuums entwickelt waren. Hegel ordnet verschiedene Aspekte von Kulturen prinzipiellen Versionen des Gegensatzes von Bewußtsein und Gegenstand zu. So nennt er die grundsätzliche Auffassung, daß der Gegenstand das eigentlich Reale, Bleibende, die subjektive Vorstellung dagegen das Unwesentliche sei, »Bewußtsein« im engeren Sinne. Das bedeutet die Überschrift »A. Bewußtsein« für die ersten drei Kapitel der *Phänomenologie* in Hegels ausführlichem Inhaltsverzeichnis.

Dagegen werden alle Versionen der These, das Selbstbewußtsein, das Denken, das Subjektive sei das eigentlich Reale, unter dem Titel »Selbstbewußtsein« abgehandelt. Darunter können dann verschiedene Aspekte antiker oder neuzeitlicher Naturauffassungen, Philosophien und praktischer Einstellungen fallen. In ihrer Epoche können sie aber durchaus mit Wirklichkeitsauffassungen verknüpft sein, in denen bereits eine Form der Einheit von Selbst

9 Vgl. Lukács, 552 ff.

und Gegenständlichkeit realisiert ist – etwa die Person als Grundlage einer Sozialordnung im römischen Recht. Nach den Wirklichkeitsauffassungen, die eine Epoche dominieren, fragt Hegel ohnehin erst im Geistkapitel.

Die Weltgeschichte wird also in der *Phänomenologie* unter dem Aspekt der Erfahrungsgeschichte mit dem Gegensatz des Bewußtseins betrachtet. Diese Erfahrungsgeschichte ist zugleich Wissenschaft der Erfahrung des Bewußtseins und »System der Erfahrung des Geistes«. Sie muß daher anfangen mit der unmittelbarsten Form des Gegensatzes von Selbst und Gegenstand. »Unmittelbar« heißt, daß beide Seiten weder für sich noch im Verhältnis zueinander bestimmt sind. In der »sinnlichen Gewißheit«, die diese Form darstellt, ist nur bewußt, daß das, was man sieht, hört usw., unabhängig vom Bewußtsein existiert bzw. »ist«. Schon der Versuch, eine solche Gewißheit in Sätzen zu formulieren, scheitert aber, weil alle Sätze dieser Art einen »Theorieüberschuß« enthalten. Sowohl das, was »Sein« oder »Gegenstand« bedeutet, wie das, was Wissen bedeutet, muß korrigiert und differenziert werden.

Mit Hilfe solcher »Erfahrungen«, deren Methode die Einleitung genauer expliziert, bringt Hegel die expliziten und impliziten Philosophien der Menschheitsgeschichte in eine Reihenfolge der schrittweisen Aufhebung des Gegensatzes von Bewußtsein und Sein. Die Entwicklung des Wissens und der »Hintergrundontologien« individueller und sozialer Praxis erscheint so als eine Tätigkeit der Selbstkorrektur der Subjekte des Wissens. Es ist die »Ungleichheit des Ichs zum Gegenstande« oder die »Trennung des Wissens und der Wahrheit« (PhG, 39), die durch diese Korrekturen überwunden werden soll. Insofern dieser Prozeß aber als ein zweckmäßiger Weg zum Standpunkt des »Geistes«, der in sich differenzierten Einheit beider Seiten, erkennbar wird, muß der Prozeß auch als Bewußtwerden des Geistes verstanden werden.

Mit Rousseau bezeichnet Hegel diesen Prozeß auch als eine »Entfremdung« des ursprünglich Einfachen und als »Rückkehr« zu einem System in sich differenzierter Einheit (39). Weil das Bewußtsein als der »Standpunkt« oder das »Element« des Gegensatzes aber als ganzes überwunden wird, bleibt dieses Element dem Geist unangemessen. Es ist nicht seine Wahrheit, sondern »nur die Erscheinung desselben« (39 f.). Das Wahre »in der Gestalt des Wahren« ist erst die vom Standpunkt der Identität aus entwickelte Logik und die mit Hilfe dieser Kategorien systematisch entwikkelte Natur- und Geistphilosophie. Ein Teil der Inhalte dieses Systems ist aber in der *Phänomenologie* – unter ihrer besonderen Einleitungsperspektive – schon vorweggenommen.

»Phänomenologie« bedeutet also bei Hegel einerseits einen »Aufstieg« von »unwahren« Positionen zum wahren Standpunkt der Philosophie; diese Positionen sind aber gleichzeitig Stufen eines Bewußtwerdungsprozesses des Wahren, dessen Folge durch die Begriffe, die Momente des absoluten Systems, bestimmt wird. Insofern ist der Prozeß auch im Sinne Hegels »Wissenschaft« (33) oder »erster Teil des Systems« (31). Zugleich aber ist er ein Prozeß der Selbstprüfung und -korrektur des »natürlichen«, auf dem Gegensatz von Subjekt oder (modern gesprochen) »conceptual scheme« und Gegenstand beruhenden Bewußtseins. Da philosophisches Wissen die Entwicklung der »Logik« einer Sache ist, darf auch diese Prüfungsbewegung philosophisch nur »auf den Begriff gebracht werden«. Wie das möglich ist, erklärt Hegel in der »Einleitung«.

b) Die Methode der »Erfahrung des Bewußtseins« nach der »Einleitung«

Hegel grenzt auch in der Einleitung seine Methode in der *Phänomenologie* polemisch gegen die herrschenden Verfahren der Erkenntniskritik ab. Als eine präzise Auseinandersetzung etwa mit Kant kann aber der Text kaum verstanden werden. Die »natürliche Vorstellung«, das Erkennen sei eine Art »Werkzeug«, mit dem man das erkenntnisunabhängige Wahre (»Absolute«) erreichen (»sich bemächtigen«) könne, trifft kaum auf Kants Theorie der subjektiven Bedingungen der Erkenntnis und ihres Gegenstandes. Erst recht gilt das für die nach Hegel damit verbundene Vorstellung, das »An sich« des Gegenstandes könne man durch Abzug aller perspektivischen Verzerrung der Erkenntnis erfassen. Eine solche Vorstellung ist eher in der Tradition der »negativen Theologie«, in Hegels Zeit etwa beim späten Fichte, zu finden, den Hegel aber kaum im Auge hat. Eher mag er an Jacobi denken, bei dem die gläubige Anschauung Gottes von Verstandesbegriffen freigehalten werden muß.

Wichtig für die Idee der *Phänomenologie* ist die Stoßrichtung der Hegelschen Kritik gegen die Trennung der Erkenntnisformen von ihrem Inhalt. Die Erkenntniskritik unterscheidet zwischen den drei Polen des Erkennens, der Realität oder des »Absoluten« und »uns«, die die Beziehung zwischen beidem prüfen. Diese Unterscheidung ist vorausgesetzt und nicht begründet. Der »Gebrauch von Worten wie dem Absoluten, dem Erkennen, auch dem Objektiven und Subjektiven und unzähligen anderen, deren Bedeutung als allgemein bekannt vorausgesetzt wird« (PhG, 71), ist in Wahrheit unausgewiesen. Aber unbegründet ist natürlich zunächst auch die Gegenthese, daß die Erkenntnisformen *nicht* wie ein Instrument, Medium oder verzerrendes Kaleidoskop vom Inhalt der Erkenntnis zu unterscheiden seien. Begründen will Hegel sie in der *Phänomenologie* durch einen vollständigen Beweis »ex negativo«.

Die Position der Erkenntniskritik ist gleichsam eine entwickelte Form des »natürlichen Bewußtseins«, dem die Differenz zwischen »An sich« und »Für uns« als unüberwindbar gilt. Hegel nennt dieses Bewußtsein in der Einleitung auch die »Seele«. Die *Phänomenologie* ist der »Weg der Seele, welche die Reihe ihrer Gestaltungen, als durch ihre Natur ihr vorgesteckter Stationen durchwandert, daß sie sich zum Geiste läutere, indem sie durch die vollständige Erfahrung ihrer selbst zur Kenntnis desjenigen gelangt, was sie an sich selbst ist« (72).

Was die Vollständigkeit dieser Erfahrung eigentlich garantiert, ist freilich eines der Hauptprobleme der phänomenologischen Methode. Die Selbsterkenntnis des natürlichen Bewußtseins ist nach Hegel ein Zweifeln und Prüfen. Die *Phänomenologie* beansprucht für sich, die skeptische Methode integriert, radikalisiert und dadurch den Skeptizismus als Doktrin überwunden zu haben (s. o. 15). Sie ist nicht ein zufälliges Zweifeln an diesem oder jenem, das sich – wie Hegel im Abschnitt »Skeptizismus« der spätantiken Skepsis vorwirft – die Theorien, deren Gültigkeit bezweifelt wird, vorgeben läßt (s. u. 108). Vielmehr soll die Reihenfolge der geprüften Theorien sich in einer notwendigen Folge ergeben. Der »sich vollbringende Skeptizismus«[10] generiert durch seine Widerlegung eines Gültigkeitsanspruches den nächsten bis zur vollständigen Widerlegung des natürlichen Bewußtseins.

Ihr Resultat ist im »absoluten Wissen« weder eine »Supertheo-

10 Hegel spielt hier möglicherweise auf Fichtes Begriff des »sich selbst verstehende[n] und durchgeführte[n] Skeptizismus« in dessen *Appellation an das Publikum* von 1799 an (vgl. Sobotka, *Schelling*, 100).

rie« noch die Unmöglichkeit aller Theorie, sondern eine Art Methode. Was geprüft wird, sind auch keine Thesen oder Theorien über besondere Gegenstände (Natur, Recht, Kausalität etc.), sondern ontologische und erkenntnistheoretische Thesen über das, was »Gegenstand« und Wissen, Realität und Bewußtsein bedeuten und in welchem Verhältnis sie stehen. Diese Thesen sind freilich, wie schon bemerkt, in »inhaltlichen« Positionen (»Gestalten«) des Wissens und Handelns, der Kultur und der Religion »impliziert«.

Warum ist aber das skeptische Prüfen und Zweifeln nicht ebenfalls eine willkürliche Methode? Nach Hegel deshalb nicht, weil zum Erkenntnisanspruch des Menschen die Selbstprüfung gehört. Und diese Prüfung braucht auch keinen externen Maßstab, sondern enthält ihren eigenen Maßstab. »Indem das Bewußtsein sich selbst prüft«, bleibt »uns«, den Philosophen, die den Weg des Bewußtseins darstellen, »nur das reine Zusehen« (PhG, 77). Das Prüfen »beruht« nach Hegel schon auf der Unterscheidung von Gegenstand und Wissen. Darin ist impliziert, daß der Gegenstand nicht im Wissen aufgeht, dennoch aber zwischen beiden Übereinstimmung hergestellt werden soll. Die klassische Wahrheitstheorie der *adaequatio* zwischen Wissen und Gegenstand ist dem menschlichen Verständnis von Wissen und Gegenstand oder, wie Hegel abgekürzt sagt, seinem Bewußtsein, gewissermaßen natürlich. Dabei muß die Anpassung nicht immer in Richtung auf den Gegenstand verlaufen. Theistische oder idealistische Positionen sehen im göttlichen Geist, in Ideen oder in der Subjektivität den »Maßstab« und verstehen die Wahrheit daher als *adaequatio rei ad intellectum*. Positionen dieser Art treten in der *Phänomenologie* an vielen Stellen auf.

Was den klassischen Wahrheits- und Erkenntnistheorien nicht bewußt war, ist die Tatsache, daß sich in dem Prozeß der Annäherung nicht nur das Wissen ändert, sondern auch der Maßstab, dem es sich angleichen soll. Nicht nur die Differenz als solche, sondern auch bestimmte Vorstellungen vom »Wesen« des Gegenstandes bzw. des Intellekts sind in den Standpunkten des Bewußtseins impliziert. Der Gegenstand wird als bleibender, vom Wissen unabhängiger, Veränderungen zugrundeliegender usw. angenommen. Wenn daher das Wissen den Anforderungen der Entsprechung nicht genügt, kommt es zum »Paradigmenwechsel« auch hinsichtlich des Maßstabes: ein grundsätzlich anderes Wissen verlangt eine andere Ontologie. Die Ansicht der Realität ändert sich: letztlich real sind nicht mehr einzelne Dingen, sondern Prozesse, Konstellationen von Kräften usw. Modern gesprochen, thematisiert die *Phänomenologie* den Paradigmenwechsel oder die Folge von Grundlagenkrisen der Wissenschaft, der Moral usw.

Aber dieser Wechsel wird nicht als zufällig, sondern als eine notwendige Folge[11] verstanden: Die neue Gegenstandsauffassung soll die Lösung der im alten Paradigma unüberbrückbaren Differenzen innerhalb des Wissens und zwischen dem Wissen und seinem Maßstab, der vorausgesetzten eigentlichen Realität, enthalten. Diese Differenzen sind für Hegel im strikten Sinne Widersprüche, weil sie auf einander ausschließende Begriffe zurückgehen. Nur deswegen kann er die Erfahrung des Bewußtseins als »dialektische Bewegung« (78) bezeichnen. »Dialektik« bedeutet bei Hegel immer die Entwicklung und Aufhebung eines Widerspruchs – wobei zu »Aufhebung« immer das Bedeutungsmoment des »Konservierens«, des Enthaltenseins der Seiten des aufgelösten Widerspruchs in dem neuen Begriff oder Satz gehört. Daß das Bewußtsein auf jeder Stufe daran scheitert, daß die in seiner Gegenstandsauffassung impliziten Begriffe unvereinbar sind, sagt Hegel freilich nicht in der Einleitung, sondern erst im Text (105 f.).

Das Bewußtsein in seiner Selbstprüfung weiß von der Dialektik der Begriffe nichts. Es weiß daher auch nicht, inwiefern der neue Maßstab mit dem alten verbunden und die neue Gestalt eine »Umkehrung des Bewußtseins« ist. Das aber ist der eigentliche Sinn von »Erfahrung« in der *Phänomenologie* (78). Die Kennzeichnung, die Hegel davon auf den Seiten 78-81 der Einleitung gibt, ist nicht sehr klar. Ihr wesentlicher Punkt ist, daß das »Für-es-Sein« des alten Gegenstandes (»Ansich«) zum neuen Gegenstand des Bewußtseins wird. Damit ist wohl gemeint, daß die Veränderungen, die eine Selbstkorrektur des Wissens in der zugrundeliegenden »Ontologie« (dem »Gegenstand«) hervorrufen, zu einer neuen Realitätsvorstellung führen, die Momente der alten und der veränderten Auffassung enthält. Insofern ist er eine Synthese, ein Resultat und eine »bestimmte Negation«. So mag etwa eine dynamisierte Naturauffassung oder ein holistischer Wahrheitsbegriff dadurch entstehen, daß Züge der alten Auffassung (Unabhängigkeit vom Wis-

11 Darin besteht die hauptsächliche Differenz zwischen Hegel und der Theorie des »Paradigmenwechsels« in der modernen Wissenschaftsgeschichte (vgl. Kuhn).

sen, Beharrlichkeit, intersubjektive Verbindlichkeit, Verifizierbarkeit etc.) mit Momenten des Wissens (Bewegungsgesetze, Verifikationsbedingungen) vereint werden. Daß der neue Gegenstand eine »dialektische« Synthese von Momenten der »alten« Ontologie und dem tatsächlichen Wissen ist, wird aber dem prüfenden Bewußtsein nicht klar, sondern ist eine »Zutat« des betrachtenden Philosophen.[12]

Von »Dialektik« kann indessen nur die Rede sein, wenn wirklich eine Synthese widersprüchlicher Sätze oder Begriffe vorläge. Dies wird aber in einer wissenschaftsgeschichtlichen Betrachtung von »Grundlagenkrisen« und »Paradigmenwechseln« kaum zu zeigen sein. Hegel mutet dem Philosophen in Wahrheit noch eine weitergehende »Zutat« zu: Die jeweils neue Gegenstandsauffassung (Paradigma, neue Ontologie) wird von ihm selber benannt. Die *Phänomenologie* folgt weder einfach der Wissenschaftsgeschichte noch der Kulturgeschichte. In welcher Wissenschaft, Philosophie, Religion, Moral etc. jeweils die »bestimmte Negation« einer skeptisch untersuchten Gestalt besteht, sagt der Philosoph. Er erfindet diese neuen Gestalten nicht, sie sind in der Geschichte aufgetreten. Allenfalls bringt er sie zum Bewußtsein oder analysiert sie aus einer komplexeren Auffassung (etwa das Subjektivitätsverständnis der französischen Aufklärung). Die Notwendigkeit der Gestaltenfolge ist weder aus der Perspektive der wissenschaftlichen »Revolutionäre« noch ihrer Historiker klar. Der geschichtliche Ablauf als solcher ist von vielen Zufällen gekennzeichnet. Insofern würde Hegel dem Theoretiker der zufälligen Paradigmenwechsel zustimmen können.

Eine notwendige Sequenz ergibt sich erst durch den Philosophen, für den zeitlich verschiedene (aber nicht immer aufeinander folgende) »Gegenstandsauffassungen« durch eine dialektische Bewegung verbunden sind, die letztlich auf »semantische Relationen« der zugrundeliegenden Begriffe zurückgeht. Das Bewußtsein, das dem Beweisgang des Philosophen folgt, also »in der Erfahrung begriffen« ist, muß die Konsequenz freilich auch ohne die Kenntnis der Logik der Begriffe verstehen, die ja erst die »Wissenschaft« entfaltet. Darin besteht gewiß eine der Schwierigkeiten der phänomenologischen Methode.

12 Vgl. 79. Zum Verfahren der *Phänomenologie* vgl. auch die knappe, klare Darstellung von Fulda, *Hegel*, 78.

Auch die Prüfungsbewegungen selber werden natürlich nicht bloß deskriptiv erfaßt. Hegel gibt nicht etwa nur die Reflexionen des jeweiligen Protagonisten eines Standpunktes – eines Platon oder Sextus Empiricus, Newton oder Leibniz, Rousseau oder Robespierre – wieder. Diskrepanzen, Korrekturen, Widersprüche und »Revolutionen« in der Wissenschaft, Rechtsordnung oder Religion einer Epoche oder Epochenfolge sind vom Philosophen selber gewissermaßen »herauspräpariert« oder idealtypisch vereinfacht worden (etwa die mehreren Kulturen und Epochen eigene Beziehung von Herrschaft und Knechtschaft). Gelegentlich geschieht dies in Form eines sokratischen Dialogs, der einer unmittelbaren, unreflektierten »Gewißheit« erst Thesen »in den Mund legt«, die sie aufstellen muß, wenn sie ihre Auffassungen von Realität und Wissen verteidigen will. Es ist also mehr an philosophischer »Zutat« im Spiel, als Hegel in der Einleitung der *Phänomenologie* expressis verbis zugesteht.

Der heutige Leser verfügt zwar über eine »Lesehilfe«, die dem Leser von 1807 fehlte: Er hat Hegels später publizierte *Wissenschaft der Logik* vor sich. Aber der Stand der Entwicklung der Hegelschen Logik um 1807 ist unklar, die kurze Bemerkung in der Geistphilosophie von 1805/06, die von manchen Interpreten heute der *Phänomenologie* zugrunde gelegt wird, enthält nur ein ganz grobes Raster.[13] Auch für das spätere System, bei dem wir die logische Grundlage genau kennen, bleibt das Problem der Zuordnung der logischen Begriffe zu den Inhalten der »realphilosophischen« Teile eines der schwierigsten Probleme der Interpreten.

c) Die Gliederung der »Phänomenologie des Geistes«

Was die Gliederung der *Phänomenologie* angeht, so hat Hegel selber schon dadurch für Verwirrung gesorgt, daß er während der letzten Korrekturen dem Werk ein neues Inhaltsverzeichnis gegeben hat. Dessen Buchstabeneinteilung findet sich jedoch im

13 Vgl. o. 54. Zum Verhältnis der Logik zur *Phänomenologie* vgl. auch Fulda, *Zur Logik*; Pöggeler, *Die Komposition*. Vgl. die Einleitung in Köhler/Pöggeler, 4 ff., 23, 25. Auf allgemeine Bestimmungen der Hegelschen Logik (An sich Sein, Für sich Sein, die spekulative Schluß-Lehre etc.) greift auch Scheier, *Kommentar*, zurück, ohne dieses logische Gerüst mit einer bestimmten Fassung der Hegelschen Logik zu identifizieren.

Text nicht wieder: seine acht Hauptkapitel sind nur mit römischen Zahlen überschrieben (vgl. PhG, 597). In den heutigen Ausgaben werden im Inhaltsverzeichnis und oft auch im Text meist beides, die Zahlen- und die Buchstabengliederung, abgedruckt.

Ob die beiden verschiedenen Inhaltsverzeichnisse etwas mit der »unseligen Verwirrung« zu tun haben, die nach einem Brief Hegels an Schelling die Endphase der Arbeit an der *Phänomenologie* belastet habe »sowie zum Teil die Komposition sogar selbst« betreffe, wissen wir nicht.[14] Viele Interpreten versuchen, Änderungen der Komposition im Hinblick auf das später hinzugefügte Inhaltsverzeichnis zu ermitteln.[15] Derartige Überlegungen beruhen auf teilweise sehr eigenwilligen Interpretationen des Textes und sind wenig überprüfbar. Man kann auch für eine völlige Übereinstimmung der beiden Inhaltsgliederungen plädieren.[16]

Gleichwohl sind an der Buchstabeneinteilung einige Eigentümlichkeiten, vor allem im Hinblick auf die Gestalt, die das System bereits in der Jenaer Zeit angenommen und später beibehalten hat. Befremdlich ist bereits, daß dem (A) Bewußtsein und (B) Selbstbewußtsein ein (C) folgt, dem kein Haupt-, aber vier gleichwertige Untertitel zugeordnet sind: (AA) Vernunft, (BB) Der Geist, (CC) Die Religion und (DD) Das absolute Wissen.

Irritierend ist auch die Gliederung des Teils (C), vor allem der verschiedenen der Geistphilosophie angehörenden Abschnitte. Von der Jenaer Systementwicklung und dem späteren, enzyklopädischen System her würde man die Inhalte von »(BB) Der Geist« dem späteren objektiven Geist (Sittlichkeit, Recht, Moralität) und die der Teile »(CC) Die Religion« und »(DD) Das absolute Wissen« dem absoluten Geist (Kunst, Religion, Philosophie) zuordnen. In den letzten Jenaer Schriften ist diese Einteilung ja schon sichtbar (s. o. 55). Die Inhalte des subjektiven Geistes werden in phänomenologischer Perspektive, d. h. auch unter jeweils verschiedenen ontologischen »Vorzeichen«, in den ersten Kapiteln (I-IV nach der ersten Gliederung) behandelt. Durch diese Zahlenordnung erhal-

14 Hegel, 1. Mai 1807 (Briefe 1, 159-162), 161 f. Zu den Problemen Hegels mit dem Verleger vgl. Bonsiepen, Einleitung in PhG (1988), XXI ff. Zu möglichen Einflüssen der Druckgeschichte auf Komposition und Gliederung des Werkes vgl. auch die Einführung in Köhler/Pöggeler, 22 f.

15 Am radikalsten und von einer neuen Deutung der Logik gestützt Schmitz, *Hegels Logik*, 278 ff.

16 So kürzlich J. Stewart mit beachtlichen Argumenten in *Architectonic*, 447 ff.

ten aber die ersten drei Abschnitte des Kapitels »(A) Bewußtsein« eine Stellung, die ihnen im Gedankengang offensichtlich nicht zukommt und die Hegel in der Gliederung der abgekürzten Phänomenologie der *Enzyklopädie* auch beseitigt hat.[17] Was die entscheidenden »Umkehrungen des Bewußtseins« angeht, so muß man wohl die Stufen des Bewußtseins, des Selbstbewußtseins, der Vernunft und des Geistes auszeichnen.

Die von Hegel unter »(A) Bewußtsein« zusammengefaßten Gestalten (»sinnliche Gewißheit«, »Wahrnehmung«, »Kraft und Verstand«) gehen davon aus, daß die eigentliche Realität, das »An sich«, dem das Wissen sich anzupassen hat, auf der »Gegenstandsseite« liegt. Das Wirkliche muß etwas Bleibendes, von subjektiven Eindrücken, Wahrnehmungen, Sätzen usw. Unabhängiges sein. Die im Selbstbewußtseinskapitel behandelten theoretischen und praktischen Positionen dagegen sehen im Subjekt das eigentlich Wirkliche, sei es im begehrenden oder Anerkennung verlangenden, im Zweifel oder im Denken, im menschlichen oder im göttlichen Selbst. Was davon unterschieden ist, hat seine Realität und Bedeutung nur als Gegenstand oder Produkt von subjektiven Leistungen. Unter dem Titel »Vernunft« dagegen erörtert Hegel Positionen, für die durch subjektive Leistungen eine unabhängige Wirklichkeit »konstitutiert« wird, in der diese Leistungen selber erst objektive, gegenständliche Form erhalten. Das Wissen davon, im Anderen sich selbst zu objektivieren und »wiederzufinden«, ist in zunehmendem Maße den Gestalten des Geistes eigen. Durch das Begreifen der kulturellen und moralischen Entwicklung im Kapitel »Geist« und der Religionsgeschichte im Kapitel »Religion« wird die natürliche, historische und soziale Realität als Manifestation und Reflexion der »Ordnung der Begriffe« verständlich. Das Individuum, das zu diesem Verständnis und dem entsprechenden Handeln gelangt, erfüllt sein eigenes Wesen und das des Geistes, den es versteht.

Es ist in einer Einleitung nicht möglich, den Gedankengang aller einzelnen Kapitel zu kommentieren. Wichtig bei einem zusammenfassenden Überblick ist aber, den Perspektivenreichtum der *Phänomenologie* nicht zu verkürzen. Zwar sind diese Perspektiven in gewisser Weise der ontologischen und epistemologischen Frage

17 Aus deren Gliederung man im Hinblick auf ihre Entstehungsgeschichte aber auch keine weitreichenden Schlüsse ziehen darf. Vgl. Rameil, *Die Entstehung*.

untergeordnet, aber Hegel will auch sozial- und moralphilosophische, geschichts- und religionsphilosophische Aussagen machen. Sein philosophisches Programm ist seit der *Differenzschrift*, wie wir gesehen haben, die Überwindung der Dualismen, von denen nicht nur die Philosophie, sondern auch die Kultur der Zeit »entzweit« wird. Im folgenden sollen drei Aspekte der Durchführung dieses Programms in der *Phänomenologie* erläutert werden: die Überwindung der Entzweiung von Wissen und Gegenstand, Individuum und sozialer Realität, Wahrheit und Geschichte.

6. Der Gang der »Phänomenologie des Geistes«

»In der vorliegenden Arbeit habe ich mir vorgenommen, den Würgegriff mehrerer Dichotomien zu durchbrechen, durch den sie das Denken von Philosophen und Laien zu knebeln scheinen. Besonders hervorstechend ist die Dichotomie zwischen objektiven und subjektiven Ansichten von Wahrheit und Vernunft.« Dies ist keine Formulierung von Hegel, sondern es sind die Einleitungssätze von Hilary Putnams *Reason, Truth and History* (vgl. Putnam, *Vernunft*). Bei allen Unterschieden der Ontologie und Methodologie könnten diese Sätze auch das Programm der Hegelschen Philosophie kennzeichnen. Das natürliche Bewußtsein, dessen Erhebung auf den Standpunkt des »Identitätswissens« durch eigene »Erfahrungen« die *Phänomenologie* zum Gegenstand hat, ist jedenfalls durch Dichotomien verschiedenster Art gekennzeichnet. Die Überwindung der wichtigsten davon im Verlauf der komplexen und dunklen Argumentation der *Phänomenologie* soll im folgenden skizziert werden.

A. Bewußtsein

I. Die sinnliche Gewißheit oder das Dieses und das Meinen

Hegel beginnt die *Phänomenologie* nicht mit einer Definition des Wissens – z. B. als »gerechtfertigte wahre Meinung«, wie heute üblich[1] –, sondern mit dem »unmittelbaren« Wissen. Die Begründung dafür ist offenbar, sieht man einmal von dem Spiel mit den Bedeutungskomponenten von »unmittelbar« (»zuerst« und »unverändert«) ab, daß mit einer Position anzufangen ist, die möglichst wenig begriffliche bzw. theoretische Voraussetzungen macht. Man kann darin den Versuch Hegels sehen, mit der extremen Gegenposition zu seiner eigenen zu beginnen.[2]

Hegel folgt in gewisser Weise auch der cartesischen Methode,

1 Zur modernen Diskussion über Wissen und Erkenntnis vgl. Bieri (Hg.).
2 Vgl. Pippin, *Idealism*, 116.

den Zweifel zunächst an der Sinnlichkeit zu üben. Aber es geht bei ihm nicht um die Zuverlässigkeit unserer Sinne, sondern um eine These über das Wissen. Man kann sagen, der Standpunkt der »sinnlichen Gewißheit« sei quasi der »philosophiefernste«, und in diesem Sinne ist er der »natürlichste«. Aber er wird zugleich als eine Konzeption wahren Wissens diskutiert und verteidigt. Sie besagt, daß wir die Wirklichkeit direkt durch die sinnliche Anschauung erfassen, nicht durch Begriffe und Urteile, die sie vielmehr verstellen. Eine solche These ist von Jacobi in seiner Verteidigung des »Glaubens« der sinnlichen Anschauung an die Realität der Gegenstände aufgestellt worden. Hegel hat sie seit seiner Jenaer Schrift über *Glauben und Wissen* immer wieder kritisiert. In seiner späteren, die *Phänomenologie* ersetzenden Einleitung in das spekulative Denken, den »Drei Stellungen des Gedankens zur Objektivität« in der *Enzyklopädie*, hat er sie als dritte, aber als die unmittelbarste Beziehung des Gedankens zur Wirklichkeit diskutiert.[3]

Was die sinnliche Gewißheit beansprucht, ist eine »reiche«, noch nicht von Abstraktionen verkürzte Erkenntnis von Gegenständen. Sie will den Gegenstand »an sich« erfassen, ohne ihn zu interpretieren, zu vergleichen, auf Begriffe zu bringen usw. Deshalb wird sie von einer einzelnen Person (»ich«) beansprucht, die vom Gegenstand ihrer Gewißheit nichts anderes aussagt als das Prädikat »ist« (im Sinne von »existiert«)[4] mit dem Zusatz einer Raum- und Zeitangabe und eventuell eines Namens (»dies hier ist ein Baum«). Die Raum- und Zeitangaben sind dabei nur demonstrative oder indexikalische Ausdrücke (jetzt, hier). Der Aussagende (»das Bewußtsein«) gibt keine Kennzeichnungen, Beschreibungen, Kontextangaben (d. h. Angaben über den Sprecher, seine Position etc.). In der neueren sprachanalytischen Philosophie werden die kon-

3 Den Jacobi-Bezug des Kapitels hat Falke, *Begriffne Geschichte*, 71 ff., zu Recht betont. Vgl. zu Hegels Jacobi-Kritik in der *Wissenschaft der Logik* die Dissertation von Halbig, *Objektives Denken*. Daß Hegel hier Jacobi im Blick haben könnte, besagt nicht, daß nicht auch andere Theorien des Primats der sinnlichen Anschauung für das Wissen und seinen Gegenstandsbezug hier Gegenstand von Hegels Kritik sind. Graeser, *Hegels Porträt*, weist überzeugend auf Bezüge zu Epikur (40) und Aristoteles (44) hin. Zu den antiken Quellen des Abschnittes vgl. auch Düsing, *Die Bedeutung*.

4 Auch die Konsequenz, ein »Wissen« der unmittelbaren sinnlichen Anschauung könne von seinem Gegenstand nur das Sein bzw. die Existenz behaupten, hat Hegel immer wieder Jacobi attestiert.

textabhängigen demonstrativen Ausdrücke meist Indikatoren oder indexikalische Ausdrücke (indexicals) genannt. Zwischen verschiedenen Arten dieser Ausdrücke (reflexive, quasi-indexikalische etc.) unterscheidet Hegel hier nicht.[5]

Man kann in der von Hegel dargestellten Erfahrung der sinnlichen Gewißheit vier Momente unterscheiden:

1. Die ursprüngliche Intention dieser Bewußtseinsgestalt: der Gegenstand ist ein einzelner, aber bleibender, vom Bewußtsein unabhängiger. Von ihm ist ein unverkürztes (»reiches«), aber zugleich gewisses Wissen möglich

2. Der tatsächliche Bewußtseinsinhalt, der durch die Ausdrücke »ich, dies, jetzt, hier, ist« und die Namen ausgedrückt wird. Das aber ist etwas Allgemeines, denn Indikatoren sind allgemeine Ausdrücke, deren Bezugsgegenstand (Referent) sich ständig ändern kann (kontextabhängig).

Da sich beides nicht entspricht, findet 3. eine Korrektur statt, die mehrere Phasen hat. Zunächst wird das Bleibende und zugleich einzelne abwechselnd auf die Objekt- oder Subjektseite (»ich«) verlegt. Schließlich soll die Bewegung des Aufzeigens selber die Intention der sinnlichen Gewißheit erfüllen. Diese Bewegung erfaßt aber kein einzelnes Dieses, sondern ein gegliedertes sinnliches Kontinuum.[6]

4. Der neue »Gegenstand«, auf den diese Korrektur »zurückschlägt«, d. h. die neue Intention oder Gegenstandsauffassung der nächsten Bewußtseinsgestalt: das Ding als ein raum-zeitliches Kontinuum mit verschiedenen, veränderlichen Eigenschaften. Es stellt gewissermaßen die vergegenständlichte Bewegung des Aufzeigens dar. Insofern ist tatsächlich das »Für uns« der letzten Korrekturstufe der sinnlichen Gewißheit das »An sich« des neuen Gegenstandes. Man kann also die methodischen Angaben der Einleitung zumindest in diesem Abschnitt wiederfinden.

Was ist aber die eigentliche Aussage dieses Kapitels? Will Hegel zeigen, daß es nichts einzelnes gibt oder wir uns jedenfalls in unseren Aussagen nicht darauf beziehen können? Es gibt Formulierungen, die das nahelegen: »Da das Allgemeine das Wahre der sinnlichen Gewißheit ist und die Sprache nur dieses Wahre aus-

5 Vgl. Castañeda. Die Bezüge dieses Abschnitts zur gegenwärtigen Diskussion in der »analytischen« Philosophie erläutert treffend Graeser, *Hegels Porträt*. Eine diskursanalytische Prüfung der Argumente unternimmt Kettner, *Gewißheit*.

6 »[E]infache Komplexion vieler Hier«, 90.

drückt, so ist es gar nicht möglich, daß wir ein sinnliches Sein, das wir *meinen*, je sagen können.« (PhG, 85) Oder: »der Gegenstand und Ich sind Allgemeine«. (87) Das bedeutet aber nicht, daß wir uns mit der Sprache nicht auf einzelnes beziehen können. Es heißt vielmehr zum einen, daß die sprachlichen Ausdrücke stets über einzelnes hinausgehen. Und zum anderen, daß mit den sprachlichen Mitteln, auf die sich die sinnliche Gewißheit beschränkt, kein Wissen (in ihrem eigenen Verständnis) zu erreichen ist. Indexausdrücke (jetzt, hier, ich), Existenzprädikate und Namen sind für sich genommen »allgemein«, d. h. gleichgültig gegen die Dinge, auf die sie sich beziehen (referieren). Daß man sich mit einer Kombination aus Indexausdrücken, Kennzeichnungen und Raum-Zeitangaben auf einzelnes beziehen kann, braucht Hegel nicht zu bestreiten.[7] Er kann es auch kaum, weil er sonst Beobachtungssätze der Erfahrungswissenschaften, die seine Naturphilosophie voraussetzt, nicht zulassen könnte. Aber er würde behaupten, daß die Verwendung von Kennzeichnungen (ein so und so beschaffener Baum) und Raum-Zeitangaben schon ein begriffliches Schema voraussetzt, das weit über den einfachen Bezug dieses Ich auf diesen Gegenstand hinausgeht. In der Gegenwartsphilosophie ist ein solches Schema etwa von Peter Frederick Strawson postuliert und analysiert worden.[8]

Daß die Intention der sinnlichen Gewißheit durch ihre sprachlichen Mittel verkehrt wird, zeigt Hegel in drei Erfahrungsschritten. Zuerst zeigt sich die Allgemeinheit der auf den Gegenstand hinweisenden Ausdrücke. Sie enthalten gerade nichts von dessen sinnlichem »Reichtum«, sondern sind auf alles und jedes anwendbar. Alles kann hier und jetzt sein.[9] Die erste Korrektur setzt daher das Wesentliche der sinnlichen Gewißheit nicht mehr in den intendierten Gegenstand, sondern in das sinnlich empfindende Subjekt. Aber dieses als einzelnes, ohne allgemeine Prädikate, ist bloß »Ich« – erneut ein von allen möglichen Sprechern, die auf sich selbst

7 Vgl. de Vries, 92.

8 Strawson, *Einzelding*.

9 Zu Hegels merkwürdiger Substantivierung der indexikalischen Ausdrücke (»Das Jetzt, das Hier«) vgl. Graeser, *Hegels Porträt*. Hegel unterstelle, daß eine Position, die ohne die Voraussetzung komplexer Raum-Zeit-Relationen auskommen wolle, »konsequenterweise Ausdrücke wie ›Diese(s)‹, ›Hier‹, ›Jetzt‹ regelrecht substantivieren und als Eigennamen auffassen« müsse, »denen reale Segmente der Wirklichkeit als Bedeutungen gegenüberstehen« (40). Vgl. dazu auch Pippin, *Idealism*, 116 ff.

hinweisen, verwendbarer Ausdruck. Seine identifizierende Funktion liegt gerade nicht in seinem Gehalt, sondern seinem Gebrauch in einer Situation. Ihre letzte Zuflucht sucht die »Unmittelbarkeitsthese« daher im sprachlosen Hinweisen (»Aufzeigen«) auf ein sinnlich einzelnes Etwas selber: die ganze, aber momentane Beziehung auf den Gegenstand durch bloßes Zeigen soll ihn in seiner Konkretion und Wesentlichkeit zugleich erfassen.

Auch dieser Versuch scheitert. Das Zeigen kann eben kein Bleibendes, unabhängig von ihm selbst Bestehendes fassen. Es kann nur auf Raum-Zeitstellen hinweisen, ohne daß man wüßte, ob ein Punkt, eine Oberfläche etc. »gemeint« ist. Selbst dieser konkreteste Bezug auf einen Gegenstand, der uns möglich ist, geht noch auf ein raum-zeitliches Kontinuum, ein »sinnlich Allgemeines«, wie Hegel das nennt. Das Zeigen ist eine Bewegung, »welche es ausspricht, was das Jetzt in Wahrheit ist, nämlich ein Resultat oder eine Vielheit von Jetzt zusammengefaßt; und das Aufzeigen ist das Erfahren, das Jetzt ein *Allgemeines* ist« (PhG, 89).

Die neue Gegenstandskonzeption, die dadurch entsteht, ist die einer »Vielheit« von Raum- und Zeitpunkten, eines raum-zeitlich ausgedehnten »Etwas«, das durch verschiedene »sinnliche« Prädikate charakterisiert wird. Das ist für Hegel die »Dingontologie«, die Auffassung also, die Realität bestehe aus Dingen mit sinnlich wahrnehmbaren Eigenschaften. Wie die Indikatoren, so kann auch das Ding verschiedene sinnliche Inhalte aufnehmen.

II. Die Wahrnehmung oder das Ding und die Täuschung

Die Erfahrung mit dieser neuen Ontologie ist Gegenstand des zweiten Kapitels der *Phänomenologie*. Allerdings wird die Erfahrung von Reflexionen des Philosophen über die dabei wirksamen Begriffe sowohl eingeleitet (PhG, 93-97) wie rückblickend kommentiert (103-107).

Die eigentliche Erfahrung nimmt den kleinsten Teil des Kapitels in Anspruch. In ihr geht es um die Kritik des Atomismus unserer natürlichen Weltauffassung, der die Welt aus materiellen Dingen »zusammensetzt«, die ihrerseits durch wahrnehmbare materielle Eigenschaften gekennzeichnet sind. Die Probleme, die hier erörtert werden, sind ein »Standard-Thema« der Philosophie, von der Dialektik von Einheit und Vielheit in Platons Spätdialogen bis zur Diskussion um den aristotelischen Substanzbegriff in der Philosophie und Naturwissenschaft des 17. und 18. Jahrhunderts. Die letztere, vor allem die Diskussionen bei Locke und Hume, scheint Hegel in erster Linie im Blick zu haben.[10] Das ist ein wichtiger Schritt auf dem Weg zu einer holistischen, in gewisser Weise »begriffsrealistischen« Auffassung wie der Hegelschen. Er ist aber auch in anderen philosophischen Ansätzen vollzogen worden, wie etwa in Cassirers »phänomenologischer« Erkenntnistheorie (Cassirer, Bd. 3).

Die Position der »Wahrnehmung« geht davon aus, daß Dinge durch ihre Eigenschaften zu individuieren sind: Durch Gestalt, Farbe, Geruch etc. unterscheidet sich diese Rose von einer anderen und von allen anderen Dingen. Dinge sind ferner Einheit einer Mannigfaltigkeit von Eigenschaften: Die Rose zerfällt nicht in Röte, Geruch etc. Schließlich sind sie vom Wechsel der Eigenschaften in gewissem Maße unabhängig: sie können erblühen und verwelken, ohne aufzuhören, Rose zu sein. Sie sind also im Wesen unveränderter Träger der Eigenschaften.

Hegel will nun zeigen, daß Individualität, Einheit und Mannigfaltigkeit des Dinges nicht in einem kohärenten Wissen zusammengebracht werden können. Bei den Korrekturversuchen aber wandelt sich wiederum die Gegenstandsauffassung.

Das Bewußtsein auf dieser Stufe ist keine unmittelbare Gewißheit einer unverstellten sinnlichen Beziehung auf den Gegenstand mehr – und auch nicht die Theorie, daß in der unmittelbaren Anschauung die Wirklichkeit direkt gegeben ist. Die neue Position weiß vielmehr nach der ersten Erfahrung, daß das Bewußtsein selbst den Gegenstand falsch auffassen kann. Hegel nennt das ein »Bewußtsein der Möglichkeit der Täuschung« (PhG, 97). Damit ist aber nicht die bloße Sinnestäuschung gemeint, sondern das Bewußtsein der Diskrepanz zwischen der Auffassung vom Wesen des Gegenstandes und diesem selber. Die Erfahrungsgeschichte der Wahrnehmung ist daher ein stetiges, minutiöses Korrigieren, durch

10 R. Westphal, *Skeptizismus* und *Hume*, hat mit guten Argumenten für Hume als den primären Bezugspunkt des Wahrnehmungskapitels plädiert; ihm folgt Hagner. Das schließt nicht aus, daß Hegel auch Diskussionen und Positionen bei Platon, Aristoteles, Locke und Kant (vgl. E. Westphal, *Hegels Phänomenologie* u. Fink, *Hegel*) im Blick hat. Bemerkenswert ist, daß Hegel diese Positionen, die selbst schon die gewöhnlichen Vorstellungen von der Einheit des Dinges bzw. der Substanz kritisieren, nur »radikalisiert«.

das die Substantialität, die einfache »Sichselbstgleichheit«, und zugleich die Bestimmtheit (Individuation) des Dinges gewahrt werden soll. Einfache Einheit, anderes ausschließende Individualität und Mannigfaltigkeit werden auf das Ding, seine Eigenschaften und das wahrnehmende Bewußtsein gleichsam verteilt. Dadurch wird aber die Wahrnehmung nur »herumgetrieben« (105), ohne zu einer Übereinstimmung seines Wissens und seiner Gegenstandskriterien zu kommen.

Ist das Ding selber Grund der Einheit seiner Eigenschaften und der Unterschiedenheit von anderen Dingen, dann wird es zu einer ungreifbaren, eigenschaftslosen Substanz. Sind die Eigenschaften dagegen der Grund für die Unterscheidung des Dinges von anderen Dingen, dann müssen sie auch selber sowohl voneinander unterschieden (rot ist nicht rund) wie in einer »dinghaften« Gemeinsamkeit sein (rot, rund und duftend als Eigenschaften *dieser* Rose, nicht einer anderen). Ferner müssen sie sich von ähnlichen Eigenschaften anderer Dinge durch sich selber unterscheiden. Materielle Eigenschaften dieser Art sind offenbar selbständige Entitäten, individuierte »Materien« oder Stoffe (Geruchsstoff, Farbstoff etc.).[11] Das Ding ist dann auf ein bloßes Medium reduziert, es ist keine selbständige Substanz mehr.

Auch der Versuch, die Unterschiede der Eigenschaften dem wahrnehmenden Bewußtsein selber zuzuschreiben, in dem die Einheit des Dinges durch die Mannigfaltigkeit der Sinne gleichsam »gebrochen« wird, führt in dieselben Probleme. Denn das Ding wird auf diese Weise für sich selbst eigenschaftslos, kann dann aber auch nicht mehr von anderen unterschieden sein.

Der letzte Korrekturversuch ist eine Unterscheidung im Ding selber, zwischen seinem »An sich« und seiner Erscheinung. Zur Erscheinung gehört die Beziehung des Dinges zu anderen, seine unwesentlichen Eigenschaften oder »sekundären Qualitäten«, wie sie in der Erkenntnistheorie des 17. Jahrhunderts hießen – etwa bei John Locke. An sich dagegen ist das Ding einfache Einheit: »Ding aber oder für sich seiendes Eins ist es nur, insofern es nicht in dieser

11 Hegels Verwendung des Begriffs der »Materien« verweist auf Theorien zeitgenössischer Naturwissenschaften, nach denen alle Eigenschaften der Dinge als Stoffe zu betrachten sind, die sich in Poren durchdringen. Vgl. EPW (1830), § 130. Im besonderen könnte er in diesem Kapitel an John Dalton denken, auf den er sich bereits in der Jenaer Naturphilosophie bezieht (vgl. JSE III, 65). Zu Dalton vgl. die Anm. der Hg. in PhG (1988), 580.

Beziehung auf andere steht.« (103) Aber so ist die Individualität des Dinges unerkennbar, als bestimmtes ist es wesentlich Verhältnis zu anderen. Auch die primären Qualitäten setzen ein Raum-Zeit-System und eine Wechselwirkung von Kräften voraus, in denen das einzelne Ding nur relativ zu anderen bestimmt werden kann.

Die atomistische Dingontologie ist auch durch die Unterscheidung von Innen- und Außenseite, An-sich und Erscheinung des Dinges nicht zu retten. In Hegels metaphorischem Ausdruck: Das Ding geht »eben durch die Bestimmtheit, welche sein Wesen und sein Fürsichsein ausmacht, zugrunde« (103). Da er die unterscheidende, anderes ausschließende Beziehung als »Negation« versteht, bedeutet das, daß eine vom Verhältnis zu anderen Dingen abgetrennte Individualität eine »nur sich auf sich beziehende Negation« darstellt. Eine solche aber kann sich nur selber negieren, sie ist »Aufheben seiner selbst« (ebd.).

Hegel gibt die Widersprüchlichkeit der Dingontologie aber auch in einfacheren Ausdrücken wieder: Der Gegenstand »soll eine wesentliche Eigenschaft, welche sein einfaches für sich Sein ausmacht«, besitzen. Dieses einfache Fürsichsein ist nicht durch einen Gegensatz bestimmt. Zugleich soll der Gegenstand aber auch individuiert, von anderen unterschieden sein. Daß diese »Verschiedenheit« zwar »notwendig sein, aber nicht die wesentliche Bestimmung ausmachen soll«, ist für Hegel eine »Unterscheidung, welche nur noch in den Worten liegt; das *Unwesentliche*, welches doch zugleich *notwendig* sein soll, hebt sich selbst auf« (104).

Die philosophische Reflexion auf dieses Resultat, die Hegel ab Seite 104 durchführt, hat eine doppelte Funktion. Sie will zum einen zeigen, daß erst durch die Erfahrung ein Verständnis der Allgemeinheit von Verstandesbegriffen entstanden ist. Zum anderen weist er darauf hin, daß gerade das verstandesmäßige Unterscheiden und »Fixieren« der gegensätzlichen Bestimmungen, also eine Art »Gedanken-Atomismus«, hinter den Problemen und Widersprüchen des Ding-Atomismus steht.

Die Ding-Konzeption ist noch durch den Gegensatz von Sinnlichkeit und Allgemeinheit bestimmt. Die Vorstellung eines unmittelbaren, selbständigen Individuums spiegelt noch die Unmittelbarkeit der sinnlichen Gewißheit, die Allgemeinheit und Relationalität der Eigenschaften dagegen die Allgemeinheit der sprachlichen Ausdrücke und der raum-zeitlichen Kontinua. Auch diese Bestimmungen, die in ihrer Unverträglichkeit die Einheit des Dinges stören, sieht das Bewußtsein noch quasi sinnlich: als eine Art unselbständiger Eigenschaften der materiellen Welt. Die Wahrnehmung »meint es immer mit ganz gediegenem Stoffe und Inhalt zu tun zu haben« (106). Erst wenn das Einfache und zugleich Bestimmte nicht mehr als materielles Ding, sondern als bestimmter Gedanke verstanden wird, ist das nicht-sinnliche Allgemeine von Verstandesbegriffen erreicht.

Die Philosophien, die Hegel in diesem Kapitel kritisiert, haben freilich schon das Bewußtsein solcher Begriffe, aber sie gebrauchen sie auf »atomistische« Weise. Sie versuchen, zwischen Fürsichsein und Relation auf anderes, Wesentlichem und Unwesentlichem, Ansich und Erscheinung strikt zu trennen. Wenn man mit solchen Begriffen die Welt erklären will, gerät man, das sollte das Wahrnehmungskapitel zeigen, an den Dingen in eine »Dialektik«, wie Platon sie in seinen Spätdialogen an den Begriffen (Ideen) dargestellt hat. Man versucht, Aspekte (»Insofern«, 104) und Bestimmungen zu trennen, die nur zusammen, in einem holistischen System, widerspruchsfrei verstanden werden können: »Aber die Natur dieser Abstraktionen bringt sie an und für sich zusammen, der gesunde Menschenverstand ist der Raub derselben, die ihn in ihrem wirbelnden Kreise umhertreiben.«

Zu zeigen, daß das »Zusammen« von Begriffen die eigentliche Natur der Realität ausmacht, ist aber erst Ziel der *Phänomenologie* insgesamt. Auf der nächsten Stufe geht es zwar schon um eine Erklärung der Wirklichkeit durch den Verstand, aber der Gegenstand, der da erklärt wird, wird doch noch als außerhalb des Bewußtseins vorgestellt: als *auch* sinnlich erfaßbares, materielles Spiel von Kräften.

III. Kraft und Verstand, Erscheinung und übersinnliche Welt

Das Kapitel »Kraft und Verstand«, eines der kompliziertesten der *Phänomenologie*, ist für die Überwindung der Entzweiung von Wissen und Gegenstand eines der wichtigsten. Hier zeigt sich nämlich, daß die Differenz von Begriffen und materiellen Entitäten nicht aufrechterhalten werden kann. Die Erfahrung führt zu der Einsicht, daß das, was wir als das eigentliche Sein der Dinge erklären, selber die Struktur von Subjektivität hat.

Hegel diskutiert auch in diesem Kapitel philosophie- und wissenschaftsgeschichtliche Entwicklungen vor allem des 17. und 18. Jahrhunderts. Man kann Positionen Lockes und Newtons, Leibniz', Kants und der romantischen Naturphilosophie identifizieren. Es geht vor allem um die Begriffe ›Kraft‹ und ›Gesetz‹ sowie die Unterscheidung zwischen der »Welt« der Phänomene und dem »Reich« der Gesetze. Die Wirklichkeit wird in dieser Position nicht als Konglomerat von Dingen, sondern als ein nach Gesetzen erklärbares Spiel von Kräften verstanden. Hegel interpretiert diese Auffassung als Versuch, die Paradoxien der Dingontologie aufzulösen. Die Kraft vereint in sich die im vorhergehenden Abschnitt unvereinbaren Aspekte des Dinges, einerseits »in sich reflektiertes Eins« oder durch sich selber individuiertes Einfaches und andererseits »allgemeines Medium vieler bestehender Materien« zu sein.

Daß Hegel die Materien bzw. materiellen Eigenschaften der Dinge als Kraftäußerungen ansieht, wird verständlicher, wenn man bedenkt, daß schon Locke die Eigenschaften als Kräfte der Substanzen erklärt hatte. Weiter in der Dynamisierung der Natur ging bekanntlich Leibniz, der es für unmöglich hielt, »die *Prinzipien einer wahren Einheit* in der Materie allein oder in dem zu finden, was nur passiv ist, da dann alles nur eine Ansammlung oder ein Haufen von Teilen bis ins Unendliche ist. [...] So fand ich, daß ihre [sc. der Dinge] Natur in der Kraft besteht und daß sich daraus etwas der Empfindung und dem Begehren Analoges ergibt und daß man sie also entsprechend dem Begriff verstehen muß, den wir von den Seelen haben.«[12]

Auch Kant, der gegen Leibniz an der Unterscheidung von mechanisch-materieller Natur und der Spontaneität des Subjekts festhält, versteht in seiner Naturphilosophie die materiellen Körper als Gleichgewicht von Kräften, nämlich der Attraktions- und Repulsionskraft. Schelling will dann Leibniz und Newton vereinigen (vgl. *Ideen*, 349) durch den Nachweis, daß die Kräfte, die die Materie konstituieren, einerseits Vorstufen und andererseits Vergegenständlichungen der fundamentalen Tätigkeiten des Bewußtseins sind – der grenzenlos spontanen und der reflexiv-begrenzenden, aus der schon Fichte die Subjektivität erklärt hatte.

Man kann in diesem Kapitel der *Phänomenologie* drei Hauptphasen der Erfahrungsgeschichte unterscheiden:

(a) Die erste (PhG, 109-116) enthält die Erfahrung mit dem

12 *Neues System*, 203 u. 205.

Begriff und der Realität der Kraft. Zum Begriff gehört ein Verhältnis von Insichsein (die Kraft »an sich«) und Äußerung der Kraft. Beide Momente sind aber nur unterscheidbar, wenn ich mehrere Kräfte annehme, die sich wechselseitig auslösen und die in ihren Bestimmungen wechseln (die eine Kraft wird, was die andere war). Dieses »Spiel« ist die Realität der Kraft. Um aber ein »Wesen« der Kraft von ihren Bewegungsphasen unterscheiden zu können, muß ich wieder auf ihren Begriff zurückgreifen. Begriff und Realität der Kraft erweisen sich als ebenso ununterscheidbar wie Insichsein oder Disposition und Äußerung der Kraft.

(b) Die zweite Phase (116-120) reagiert darauf gewissermaßen »platonisch«: Sie faßt den Begriff als das Innere des bewegten Spiels der Kräfte. Aber um die Konkretion der Realität zu erreichen, muß der Verstand Differenzen von Größen, Proportionen von Variablen usw. in diesen Begriff aufnehmen. Er vereint daher das einfache, ewig-unveränderliche Begriffliche mit dem Bewegten, Wechselnden der Erscheinungswelt im Begriff des Gesetzes bzw. einem System oder »Reich« der Gesetze.

(c) Die dritte Phase (120-136) betrifft vor allem das Verhältnis dieser »übersinnlichen Welt« zu der sinnlichen.[13] Zunächst wird die Welt der Gesetze als »stilles Abbild« der sinnlichen Welt verstanden. Aber bei dem Versuch, die polaren Prozesse der Natur und der moralischen Welt wirklich mit differenzierten Gesetzen zu erklären, kommt es zu einer Auffassung, die die übersinnliche Welt als eine Umkehrung der Erscheinungswelt sieht – gleichsam als einen Spiegel, der die Seiten vertauscht. Beides, die sinnliche wie die übersinnliche Welt, sind relativ zueinander »verkehrte Welten«. Da die übersinnliche Welt aber die Wahrheit, die Wirklichkeit, der »Kern« der sinnlichen Welt ist, können beide nicht voneinander getrennt werden. Die Wahrheit ist eine Selbstumkehrung oder ein Setzen und Aufheben von Unterschieden. Dies aber ist endgültig nicht mehr der Charakter von bewußtlosen Gegenständen, sondern der des Selbstbewußtseins: Ich bin Gegenstand meiner selbst,

13 Man kann in der Darstellung der verschiedenen Verhältnisse zwischen *mundus intelligibilis* und *sensibilis* eine Auseinandersetzung Hegels mit Kants Kritik an Leibniz, vor allem in den Abschnitten der KrV über *phaenomena* und *noumena* sowie über die Amphibolie der Reflexionsbegriffe sehen (vgl. Flay, *Inverted World*, 93-104). Für Hegel läßt sich Kants Leibnizkritik gegen ihn selbst wenden: eine Welt außerhalb der Verstandes- und Vernunftbegriffe ist (buchstäblich) nicht denkbar, das »an sich« sind die sich selbst differenzierenden Begriffe selber.

aber ich bin nicht bloßer Gegenstand, sondern Subjekt, ich vergegenständliche mich nur, um mich als Subjekt zu erfassen. Damit ist die neue Gestalt und die Aufhebung des »Bewußtseins« erreicht.

Hegels Überlegungen in diesem Kapitel sind sicher teilweise gebunden an die naturwissenschaftlichen Strömungen seiner Zeit. Die Anfänge der Elektrizitätslehre und der modernen Chemie, die Phänomene des Magnetismus und die medizinischen Theorien von Brown und anderen stellten für Hegel wie für Schelling oder Goethe die Grundbegriffe der mechanischen Naturerklärung in Frage.

Aber die Schwierigkeiten mit dem Begriff der Kraft oder des Gesetzes, die Hegel diskutiert, sind nicht bloß zeitgebunden. Kräfte, Dispositionen etc. sind in der Tat schwer von ihren Äußerungen zu unterscheiden. Was ist die »Fähigkeit«, einen bestimmten Effekt hervorzubringen, anderes als das regelmäßige Auftreten dieses Phänomens unter hinreichend gleichen Umständen? Das ist es aber offenbar nicht, was unter der kausalen Wirkung einer Kraft eigentlich verstanden wird. Zudem ist der Ausdruck für dieses regelmäßige Eintreten aufeinanderfolgender Ereignisse eben das Gesetz. In der Vorstellung des Naturgesetzes ist das Gesetz nicht bloß unsere Beschreibung, sondern selber eine Realität. Wie unterscheidet es sich dann von der Kraft?

Hegel erläutert die Schwierigkeit an folgendem Beispiel: »Die einzelne Begebenheit des Blitzes z. B. wird als Allgemeines aufgefaßt [sc. als Fall eines Gesetzes – L. S.] und dies Allgemeine als das *Gesetz* der Elektrizität ausgesprochen: die Erklärung faßt alsdann das *Gesetz* in die *Kraft* zusammen, als das Wesen des Gesetzes. Diese Kraft ist dann so *beschaffen*, daß, wenn sie sich äußert, entgegengesetzte Elektrizitäten hervortreten, die wieder ineinander verschwinden, d. h. *die Kraft ist geradeso beschaffen wie das Gesetz*; es wird gesagt, daß beide gar nicht unterschieden seien.« (125)

Gesetze dieser Art sind entweder zu konkret, nämlich nur Beschreibungen von regelmäßigen Ereignisfolgen, oder zu abstrakt. Auch Hegels Auseinandersetzung mit dem neuzeitlichen Versuch, das »Kräftespiel« der Natur durch immer allgemeinere Kräfte und Gesetze zu erklären, ist nicht ohne Aktualität. Während für die antike Kosmologie in den verschiedenen Bereichen des Kosmos, den äußeren und inneren Himmelssphären, dem sublunaren Bereich usw. verschiedene Gesetze herrschen, entdeckt die neuzeitliche Mechanik das einheitliche Gesetz der Schwerkraft. Aber dieses Gesetz ist so allgemein, daß es auch nur noch einen ganz allgemeinen Zug an der Bewegung der Körper zum Ausdruck bringt: »Die Vereinigung aller Gesetze in der *allgemeinen Attraktion* drückt keinen Inhalt weiter aus als eben den *bloßen Begriff des Gesetzes selbst*, der darin als *seiend* gesetzt ist. [...] Der Verstand meint dabei ein allgemeines Gesetz gefunden zu haben, welches die allgemeine Wirklichkeit *als solche* ausdrücke; aber [er] hat in der Tat nur den *Begriff des Gesetzes selbst* gefunden ...« (121)

Hegel schreibt dieser Entwicklung das große Verdienst zu, das »gedankenlose Vorstellen« der Zufälligkeit der Naturabläufe widerlegt zu haben. Aber das allgemeine Gesetz der Gravitation enthalte keinen bestimmten Inhalt mehr – eine Kritik, die sowohl gegenüber Newton wie gegenüber Schellings Formulierungen überzogen erscheint.[14] Bedenkenswert ist aber der Einwand, die Wirklichkeit aller Prozesse und Gegenstände könne nicht in so allgemeinen Gesetzen bestehen.[15] Nicht nur die konkreten Dinge, Zustände und Prozesse wären dann unwirklich, sondern auch die Bestimmtheit der bestimmten Gesetze gehörte dann »selbst noch der Erscheinung oder vielmehr dem sinnlichen Sein an«.

Der Versuch, der Bestimmtheit und dem »Wandel und Wechsel«, vor allem dem Umschlag polarer Kräfte (Magnetismus, Elektrizität, Muskel- und Nervenprozesse) in den Gesetzen selber Ausdruck zu verleihen, führt im Erfahrungsprozeß dieses Kapitels zu dem, was Hegel »verkehrte Welt« nennt.[16] »Verkehrt« zu sein – oder besser Verkehrung – ist das Prinzip dieser Gesetzes-Welt in mehrfacher Hinsicht. Zum einen handelt es sich inhaltlich um Gesetze des Umschlages des Selben in sein Gegenteil: »Das *Gleichnamige*, die Kraft, *zersetzt* sich in einen Gegensatz, der zunächst als ein selbständiger Unterschied erscheint, aber welcher sich in der

14 Vgl. Schelling, *Darstellung*, 34.

15 Daß die allgemeinen Naturgesetze die konkreten Abläufe in komplexen Systemen nicht wirklich erklären, wird heute vertreten von Cartwright, vgl. 52, 86, 162.

16 Es erscheint daher problematisch, in dem Abschnitt über die verkehrte Welt in erster Linie ein »reductio ad absurdum«-Argument zu sehen wie Flay, *Inverted World*, 89 f., 103. Die Verkehrung, der Umschlag in das (konträre) Gegenteil und die Abhängigkeit von ihm, ist die »äußerliche« Weise, wie in den Wissenschaften und in Moral und Religion die logische Struktur der »autonomen Negation« erfahrbar wird (vgl. Henrich, *Andersheit*, 338). Zu dieser Struktur vgl. jetzt auch Koch.

Tat *keiner zu sein* erweist; denn es ist das *Gleichnamige*, was sich von sich selbst abstößt, und dies Abgestoßene zieht sich daher wesentlich an, denn es ist *dasselbe*; der gemachte Unterschied, da er keiner ist, hebt sich also wieder auf.« (127)

Hegel gibt hier die Gesetzlichkeit elektrischer und magnetischer Prozesse in sehr allgemeiner Form wieder. Er diskutiert sie als ein »Wirklichkeitsparadigma«. »Verkehrt« ist diese Gesetzlichkeit aber auch gegenüber der Gleichmäßigkeit und Getrenntheit der Kräfte im mechanischen Paradigma. Und schließlich »verkehrt« sich auch das Verhältnis der Gesetze zur Erscheinung: während das erste, vor allem in der Mechanik herrschende Verständnis der Gesetze das eines geistigen Abbilds der sinnlichen Welt war, herrscht bei den »Gesetzen des Wechsels« die Vorstellung, daß die Dinge sich in Wirklichkeit umgekehrt verhalten als in ihrer sinnlichen Erscheinung.

Wie die Beispiele aus der moralischen Welt zeigen, denkt Hegel hier nicht bloß an Naturgesetze, sondern an ein generelles Verhältnis zur Realität, wie es auch z. B. in religiösen Weltanschauungen herrscht: *sub specie dei* kehren sich die Ordnungen und Taten dieser Welt in ihr Gegenteil um. Aber Hegel zeigt schon hier, wie in späteren Kapiteln der *Phänomenologie* noch unter verschiedenen Perspektiven, daß die Trennung einer »wahren« von einer »wirklichen« Welt sich nicht aufrechterhalten läßt. Wenn die Gesetze der wahren Welt die Wirklichkeit der sinnlichen Welt ausmachen sollen, dann muß der Wechsel bzw. das Umschlagen desselben in sein Gegenteil das universale Prinzip sein: »Aus der Vorstellung also der Verkehrung [...] ist die sinnliche Vorstellung von der Befestigung der Unterschiede in einem verschiedenen Elemente des Bestehens zu entfernen, und dieser absolute Begriff des Unterschiedes [ist] als innerer Unterschied, Abstoßen des Gleichnamigen als Gleichnamigen von sich selbst und Gleichsein des Ungleichen als Ungleichen rein darzustellen und aufzufassen. Es ist der reine Wechsel oder die *Entgegensetzung in sich selbst*, *der Widerspruch zu denken*.« (130)

Daß der Widerspruch »index veri, non falsi« sei, hat Hegel schon in seinen Habilitationsthesen von 1800 behauptet.[17] Es bedeutet freilich nicht, daß widersprüchliche Sätze nicht falsch sein könnten. Sie sind es aber nur in einer Hinsicht und können zugleich

17 Vgl. Rosenkranz, *Hegels Leben*, 156, u. AA 5, 227.

Wahrheiten zum Ausdruck bringen. Es gibt Wahrheiten, die sich nur in widersprüchlicher Form formulieren lassen. Eben weil das Prinzip des Umschlages von etwas in sein Gegenteil in der Tat die Struktur der Wirklichkeit ausmacht – zuletzt in Gestalt der »logischen« Begriffe, die ihr Gegenteil in ihrer eigenen Bedeutung enthalten.

Im dritten Kapitel der *Phänomenologie* wird diese Struktur erst als die des Selbstbewußtseins aufgewiesen. Denn in dem Prinzip des »reinen Wechsels«, das der Verstand in den Gesetzen der Wirklichkeit entdeckt, enthüllt er zugleich seine eigene Struktur als Selbstbewußtsein. Hegel hat die Struktur des Gegenteils seiner selbst schon früh als »Unendlichkeit« bezeichnet. Denn was »an sich« Gegenteil seiner selbst ist, kann in jedem »Anderswerden« nur sich selbst verwirklichen. Es hat keine äußeren, sondern nur innere, selbstgesetzte und als solche erkannte Grenzen.

Die »Entität«, die sich immanent in sich unterscheidet, um »selbst« zu werden, ist aber das Selbstbewußtsein. Jedes Ich kann sich nur erfassen als einfache Einheit spontaner Gedanken seiner selbst. Es ist die Einheit seiner eigenen Akte und Denkinhalte. Es reflektiert auf sich, um es selbst, nämlich Selbstbewußtsein zu werden etc. »Indem ihm dieser Begriff der Unendlichkeit Gegenstand ist, ist es also Bewußtsein des Unterschiedes als eines *unmittelbar* ebensosehr aufgehobenen; es ist *für sich selbst*, es ist *Unterscheiden des Ununterschiedenen* oder *Selbstbewußtsein.*« (134)

B. Selbstbewußtsein

IV. Die Wahrheit der Gewißheit seiner selbst

Vom Kapitel »Selbstbewußtsein« an werden in die »transzendentale« Frage nach dem Verhältnis von Wissen und Gegenstandskonzeptionen Themen und Inhalte einbezogen, die in keiner traditionellen und kaum einer gegenwärtigen Epistemologie zu finden sind: Formen des praktischen Bewußtseins (Begierde, Furcht), der sozialen Beziehungen (Herrschaft und Knechtschaft), der Religion und der Geschichte. Daß Hegel die Realitätsvorstellungen, nach denen sich die Wissenschaft richtet, auch von der Sozialgeschichte abhängig macht, ist vor allem in der Gegenwart auf ein lebhaftes Echo gestoßen. Marxistische und existentialistische Interpretationen der *Phänomenologie* wie die von Lukács und Kojève gehören zu den einflußreichsten dieses Jahrhunderts (Lukács; Kojève, *Hegel*). Aber auch stärker an der modernen Erkenntnistheorie orientierte Autoren wie Habermas (*Erkenntnis und Interesse*), Taylor (*Hegel*), Pippin (*Idealism*) oder Pinkard (*Phenomenology*) knüpfen an diesen Aspekt der *Phänomenologie* an. Vor allem die ersten Gestalten des praktischen Selbstbewußtseins, die Hegel in der *Phänomenologie* erörtert, Begierde, Kampf um Anerkennung und das Herrschafts-Knechtschafts-Verhältnis, sind Gegenstand zeitgenössischer Auslegungen geworden. Dabei ist umstritten, inwieweit Hegel hier überhaupt historische Sozialbeziehungen diskutiert. Manche Interpreten sehen in diesen Gestalten des Bewußtseins nur Illustrationen prinzipieller (»idealistischer«) Selbstbewußtseinstheorien oder die Einübung des Umgangs mit logischen Kategorien.[18]

Nach meiner Lesart der *Phänomenologie*, die sich vor allem auf Vergleiche mit den Jenaer Schriften stützt, handelt es sich bei den Gestalten des praktischen Selbstbewußtseins um »idealtypische« Formen des Verhaltens des Menschen zum anderen Menschen und zur Natur, wie sie auch in der traditionellen politischen Philosophie (Sklaverei, despotische Herrschaft, Arbeit als »Poiesis« etc.) und im neuzeitlichen Naturrecht erörtert werden (Naturzustand als Kampf, Arbeits- und Gesellschaftsvertrag etc.). Allerdings sind diese Formen für Hegel in verschiedenen kulturellen Variationen in der Menschheitsgeschichte auch »aufgetreten«. Ihre historische Entwicklung und Funktion ist für Hegel von größerer Bedeutung als für die apriorischen oder rein konstruktiven Versionen der politischen Philosophie. Denn in der Entwicklung realisiert sich für Hegel der »wahre« Begriff der sozialen Beziehungen. Diesen Begriff nennt Hegel in der *Phänomenologie* wie in den Jenaer Schriften »Anerkennen«. Die »Bewegung des Anerkennens« ist dabei nicht auf den Kampf um Anerkennung beschränkt. Sie ist vielmehr das »Telos«, das Ziel, das durch alle Entwicklungsstufen des praktischen Geistes erreicht werden soll und erst im letzten Kapitel der *Phänomenologie* jedenfalls in den Grundzügen erreicht wird.[19] Historisch bedeutet das, daß Hegel in einem bestimmten

18 Vgl. Becker, *Hegels Begriff*; Pöggeler, *Die Komposition* und *Selbstbewußtsein*, 132.

19 Vgl. dazu auch Siep, *Die Bewegung*. Zur Bedeutung der Anerkennung in Hegels übrigen Schriften vgl. Williams. Neuhouser hat versucht, Hegels Einführung der

Verständnis des modernen Rechts, der Moralität und der Religion den Begriff der Anerkennung verwirklicht sieht. Auf die rechtlich-politischen und sozialen Institutionen, in denen das zumindest der Intention nach der Fall ist, geht die *Phänomenologie* indes kaum ein. Auch zu den historischen Kräften und Motiven, die zu diesem Ziel führen, äußert sich Hegel nicht konkret. Daß dem Selbstbewußtsein von Individuen und Gruppen ein »Streben« nach Anerkennung durch die anderen wesentlich zugehört, kann man aber zweifellos als These Hegels konstatieren (vgl. Honneth).

»Anerkennen« impliziert eine plurale, intersubjektive Verfassung des Selbstbewußtseins, eine Beziehung zwischen Ich und Du sowie zwischen Ich und Wir. Daß Selbstbewußtsein nur in einer solchen intersubjektiven Verfassung möglich ist und daß darin auch eine Norm für »vernünftiges« Verhalten liegt, hat als erster Fichte gezeigt. Fichte »deduziert« nach seinem Verständnis von transzendentaler Deduktion in seiner *Grundlage des Naturrechts nach Prinzipien der Wissenschaftslehre* von 1796/97 dieses Verhältnis und diese Norm – die Grundnorm aller Rechtsbeziehungen – aus dem Ichbewußtsein als einer Einheit von Wollen und Vorstellen. Hegel gibt in der Einleitung zum Selbstbewußtseinskapitel (IV)[20] nur eine kurze Skizze der »erfahrungsgeschichtlichen« Genese des intersubjektiven Bewußtseins (»Es ist ein *Selbstbewußtsein für ein Selbstbewußtsein*«, 144). Daran schließt sich am Anfang des Abschnittes A. (»Selbständigkeit und Unselbständigkeit des Selbstbewußtseins«) eine Art begrifflicher Vorzeichnung der Struktur des Anerkennens. Beides geschieht in einer unerhört komplizierten Form.

Die Genese beginnt (PhG, 137 ff.) mit dem wahren *Begriff* des Selbstbewußtseins, der – als Einheit von Ich und Wissen von sich, Ansich und Fürsichsein des Ich – schon der Struktur des Geistes entspricht. Davon zu unterscheiden ist die »*Gestalt* des Selbstbewußtseins« (144, meine Hervorhebung), die auf die letzte Stufe des Bewußtseins folgt. In ihr sind die Erfahrungen des Bewußtseins aufgehoben, aber noch nicht vollständig in das Selbstbewußtsein

Begierde und des Strebens nach Anerkennung als eine Folge transzendentaler Argumente zu interpretieren (vgl. Neuhouser).

20 Diese »Einleitung« hat – vor allem im Abschnitt über die Begierde und die Entstehung der Intersubjektivität – in mancher Hinsicht schon Züge einer eigenen Erfahrung des Selbstbewußtseins. Stewart hat jetzt vorgeschlagen, sie als eine eigene »Gestalt« des Selbstbewußtseins zu lesen (vgl. *Architectonic*, 451 f.).

integriert. Selbstbewußtsein und Bewußtsein bleiben noch unterschieden, das erstere gilt als der wahre Gegenstand, auf den der Gegenstand des Bewußtseins, die sinnliche, wahrnehmbare und durch den Verstand erklärbare Welt, als bloße Erscheinung bezogen ist. Aber auch dieser Gegenstand ist durch die Erfahrungen verändert. Die Einheit von Sichselbstgleichheit und Mannigfaltigkeit, Allgemeinheit und Einzelheit, die sich am Ende des Verstandeskapitels ergeben hat, zeigt »für uns oder an sich« (139) die Struktur des Lebens. Leben ist ein noch gegenständlich gedachtes »Unterscheiden des nicht zu Unterscheidenden«, ein Prozeß des Gestaltens bzw. der (»autopoietischen«) Selbstgestaltung und der Auflösung dieser Gestaltungen in den Prozessen der Selbsterhaltung und der Reproduktion der Gattung.

Es ist nicht leicht zu sehen, ob Hegel hier einen naturphilosophischen Lebensbegriff verwendet, wie er ihn vor allem in der Philosophie des »animalischen Lebens« entwickelt, oder den »metaphysischen«, der in den frühen Jenaer Schriften der höchste, später nur noch ein unvollkommener Begriff des »wahren Seins« überhaupt (des Absoluten) war. Jedenfalls ist Leben ein Prozeß der Produktion und der Negation (Auflösung, Verschmelzung etc.) von Gestalten, in dem sich ein Identisches (die Art, die Gattung, das organische Leben selber) durchhält. An Gegenständen dieser Struktur will nun das Selbstbewußtsein seine These »prüfen«, das wahre Sein sei nicht der *Gegenstand*, der seinen theoretischen und praktischen Einstellungen gegenübersteht, sondern *es selber.*

Prüfungen dieser Art sind in den praktischen Gestalten der Bewußtseinsgeschichte selber Handlungen, die der Philosoph nur auf den Begriff bringt. Den Handlungen liegen Einstellungen zugrunde und diesen implizite »Gegenstandsauffassungen«. Sie werden durch das Ergebnis der Handlung und seine Reflexion bestätigt oder korrigiert. Die unmittelbarste Form einer solchen Prüfung ist am Anfang des Selbstbewußtseinskapitels die Begierde. Die Welt unter dem Gesichtspunkt der Begierde zu sehen und sich entsprechend anzueignen ist die elementarste Form der Demonstration ihres bloßen »Für mich Seins«.

Aber die Erfahrung, die jedes Begehren macht, lehrt die Täuschung dieser Einstellung: Begehren und Genießen setzen immer wieder neue Gegenstände des Begehrens voraus. Dem Gegenstand, der vom Begehren nur als aufzulösender, als Objekt seiner »Negation« gesehen wurde, kommt also Selbständigkeit zu. So stellt sich wieder die Frage, wie die Gegenstandsauffassung korrigiert werden muß, wenn der Gegenstand negativ, auch lebendig sich selbst gestaltend und auflösend, aber gleichwohl selbständig, vom Begehren auch unabhängig (keine bloße »Projektion«) sein soll. Ein solcher Gegenstand muß nach Hegel sich selbst negieren und sich gleichwohl selbst erhalten. Das aber kann nur ein anderes Selbst, das sich selbst unterscheidet, Gegenteil seiner selbst (qua Subjekt) werden kann und doch mit sich identisch bleibt. Während die »lebendige Gestalt« durch die Auflösung vergeht und allenfalls die Gattung erhalten bleibt, kann das Selbstbewußtsein ohne Selbstverlust seine undifferenzierte Gleichheit mit sich selbst negieren, in besondere Akte und Inhalte differenzieren, sie wieder in sein »einfaches« Wissen integrieren etc. Es ist »für sich selbst Gattung«.

A. Selbständigkeit und Unselbständigkeit des Selbstbewußtseins; Herrschaft und Knechtschaft

Der Gegenstandsauffassung des Selbstbewußtseins entspricht also nur ein anderes Selbst. Das heißt aber für Hegel auch, ein monologisches, solipsistisches Selbst ist nicht möglich. Selbstbewußte Wesen sind wesentlich »für einander«, ohne dadurch ihre Selbständigkeit zu verlieren. Daß sie »für einander« sind, heißt nicht bloß, daß sie sich wie zwei Spiegel gegenüberstehen. Sie hängen vielmehr in ihrer »Identität« auf mannigfache Weise voneinander ab. Das Werden und die Veränderung eines Bewußtseins ist nicht ohne Erwartungen, Anstöße, Reaktionen, Bestätigungen etc. von »Partnern« möglich. Dabei handelt es sich aber nicht einfach um kausale Wirkungen. Wie schon Fichte entwickelte, ist das Verstehen einer fremden Handlung ein höchst aktiver Vorgang, der verschiedene subjektive Leistungen voraussetzt (*Naturrecht*, 64). Hegel spricht vom »doppelsinnigen Tun«, in dem das Tun und Denken des einen immer zugleich Entsprechungen im Tun und Denken des anderen hat.

Mehr als Fichte sieht er aber auch die sozialen und kulturellen Voraussetzungen, in denen sich das »Für einander Sein« der Individuen entwickelt. Diese Voraussetzungen haben selber den Charakter eines geistigen, d. h. selbstbewußten Lebens, aus dem sich die Individuen wie aus einer gemeinsamen Gattung »ausdifferenzieren«. Das Selbstbewußtsein eines Standes bzw. einer

»Schicht«, eines Volkes oder einer Epoche bestimmt bzw. »trägt« das Selbstbewußtsein der Individuen durch Sprache, Sitten, Normen usw. wie eine »flüssige, sichselbstgleiche« Substanz. In den verschiedenen Völkern und Epochen bildet sich zudem (»teleologisch«) ein wahrer Begriff dieser trans- und interindividuellen Verhältnisse aus, den Hegel »Geist« nennt. Es ist der Begriff einer Substanz im Sinne Spinozas, also eines selbständigen Trägers von »Modifikationen«, d. h. den Individuen, die aber anders als die Modi der spinozistischen Substanz zur vollkommenen Selbständigkeit entwickelt sind. Es handelt sich daher um eine »absolute Substanz, welche in der vollkommenen Freiheit und Selbständigkeit ihres Gegensatzes, nämlich verschiedener für sich seiender Selbstbewußtseine, die Einheit derselben ist; *Ich*, das *Wir*, und *Wir*, das *Ich* ist« (PhG, 145).

Im Gang der *Phänomenologie* werden aber vor den »Ich-Wir«-Beziehungen zunächst die wechselseitigen Abhängigkeiten zwischen dem Selbstbewußtsein der Individuen dargestellt bzw. »erfahren«. Hegel spricht von einer »vielseitigen und vieldeutigen Verschränkung«, in der die »Momente [...] teils genau auseinandergehalten, teils in dieser Unterscheidung zugleich auch als nicht unterschieden, oder immer in ihrer entgegengesetzten Bedeutung genommen ... werden müssen« (145).

Was hat diese intersubjektive Struktur des Geistes – die uns im nächsten Abschnitt noch eingehender beschäftigen wird – mit dem Verhältnis von Wissen und Gegenstand zu tun? Zunächst einmal wird das Wissen von uns selbst und den »geistigen« Gegenständen, den anderen Subjekten und den geistigen Gebilden der Gesellschaft und der Kultur, als ein Verhältnis von »Ich« und »Wir« entwickelt: Das Selbstbewußtsein bildet mit dem individuellen oder kollektiven »Gegenüber« die Einheit von selbständigen Momenten einer gemeinsamen Substanz. Aber auch das Verhältnis der Subjektivität zur Natur soll sich als Gegensatz von Momenten innerhalb einer gemeinsamen Substanz erweisen. Der Gegensatz ist nur die Vergegenständlichung und Reflexion eines sich selbst Gleichen, das sich in unterschiedlichen Ordnungen entfaltet und darin »wiedererkennt«.

Hegel nimmt diese Erfahrung erst nach der Exposition der Anerkennungsstruktur wieder auf. Das unmittelbare Selbstbewußtsein, so heißt es auf Seite 147 f., ist ein »einfaches Fürsichsein, sichselbstgleich durch das Ausschließen alles *anderen aus sich*; sein

Wesen und absoluter Gegenstand ist ihm *Ich*«. Von diesem absoluten, wesentlichen Gegenstand unterscheidet es den »seienden« oder unwesentlichen Gegenstand, das eigene und fremde Leben: »denn als Leben hat sich hier der seiende Gegenstand bestimmt« (148). Daß das Leben das Unwesentliche ist, muß durch eine praktische »Prüfung« gezeigt werden. Für ein »intersubjektives« Selbstbewußtsein kann das aber keine »monologische« Prüfung mehr sein. Der Wahrheitsanspruch muß vielmehr intersubjektiv »bewährt« werden. Die elementarste praktische Form einer solchen Bewährung ist der Kampf. Der praktische Kampf um die Anerkennung der eigenen Auffassung vom Wahren ist gleichsam der Anfang der Wissenschaft. Wie der Vergleich mit den Jenaer Schriften zeigt, ist das historische Phänomen, an das Hegel hier denkt, der in den meisten Kulturen auftretende Kampf um Ehre. Der andere soll gezwungen werden, das eigene »Selbstbild« zu bestätigen. Indem die Kämpfenden dafür ihr Leben aufs Spiel setzen, zeigen sie, daß ihnen ihr Selbstbewußtsein die eigentliche, »wesentliche« Realität ist.

Auch diese »Bewährung« verwickelt sich aber wie alle Wahrheitsthesen der *Phänomenologie* in einen Widerspruch. Denn der wirkliche Tod macht das unmöglich, was er beweisen sollte: Er hebt mit dem Leben die Selbständigkeit des Selbstbewußtseins auf und beraubt damit den Anderen der Möglichkeit, anerkannt zu werden. Das Töten im Kampf beendet nicht nur das natürliche, sondern auch das geistige Leben einer gemeinsamen Substanz, die sich in selbständige Glieder (»Extreme«) »zersetzt« (150). Das Resultat dieser Erfahrung des Selbstbewußtseins ist also, »daß ihm das Leben so wesentlich als das reine Selbstbewußtsein ist«. Dieses »ebenso wesentlich« wird zunächst durch zwei verschiedene Selbstbewußtseine repräsentiert: Eines, dem das reine Selbstbewußtsein »wesentlich« (d. h. das höchste Gut), und eines, dem das Leben, die eigene Selbsterhaltung wesentlich ist. In der Entwicklung der sozialen Beziehungen entsprechen diesen Positionen das Bewußtsein des Herrn und das des Knechtes.

Hegel nimmt hier offenbar die auf die Antike zurückgehende Theorie der Sklaverei auf. Die beiden bei Aristoteles unterschiedenen Formen, die Sklaverei durch Kampf und die Sklaverei von Natur, werden bei ihm aber vereinigt. Von Aristoteles bis Locke wurde das Recht auf Sklaverei zum einen dadurch begründet, daß der in einem gerechten Krieg unterworfene Feind getötet werden darf. Bietet der andere für sein verwirktes Leben aber Sklavendienste an, so kann man auf sein Tötungsrecht in einem rechtmäßigen Tausch verzichten. Von Natur Sklave ist dagegen derjenige, der über keine selbständige, aktive Vernunft verfügt.[21]

Bei Hegel fließen beide Momente zusammen: Knechtschaft entsteht, wenn der eine der Kämpfenden sein Leben vorzieht. Ein solches knechtisches Bewußtsein steht nicht von Natur aus, aber von der Bewußtseinsentwicklung her auf einer niedrigeren Stufe, denn es hat das »reine Fürsichsein« noch nicht erreicht. Aber Sklaverei ist für Hegel ein historisch vorübergehendes Phänomen. Die geistige Geschichte der Menschheit, die nach den späteren Vorlesungen als »Fortschritt im Bewußtsein der Freiheit« zu verstehen ist, muß über diese Stufe hinausgehen. Auch diese Emanzipation von der Sklaverei wird aber in der *Phänomenologie* als »epistemologische« Erfahrung dargestellt.

Sie ist eine doppelte Erfahrung, weil Herrschafts- und Knechtschaftsbewußtsein unterschiedliche »Gegenstandskonzeptionen« haben. Für den Herrn erweist sich die These von der Unselbständigkeit des Gegenstandes als unhaltbar, weil er selber seine Abhängigkeit von ihm erfährt. Und zwar in doppelter Hinsicht: er braucht für seine Anerkennung einen freiwilligen, selbständigen Partner; er braucht aber auch für sein Leben den Knecht und die Lebensmittel. Der Knecht ist, wie bei Aristoteles (*Politik* I 4), ein lebendiges Werkzeug. Hegel versteht – schon in seinen frühen Jenaer Schriften (JSE I, 297f.) – das Werkzeug als »vergegenständlichtes Wissen«. Es verkörpert ein Know how, ohne welches der Herr hilflos ist. Aber auch in der ersten Hinsicht folgt Hegel Aristoteles: ein vernünftiges, zur Freiheit fähiges Wesen kann sich nicht nur als Herrscher des Hauses, es muß sich in einer Gemeinschaft Freier, einer Polis »verwirklichen«. Begründen will er diese These aber mit der symmetrischen intersubjektiven Struktur des Selbstbewußtseins, dem Anerkennen zwischen selbständigen Individuen.

Das Wesen der Herrschaft ist also in beiden Hinsichten »das Verkehrte dessen [...], was sie sein will« (PhG, 152). Herrschaft ist in Wahrheit Knechtschaft: der Herr ist selber abhängig, und es fehlt ihm die für seine Freiheit nötige freie Anerkennung.

Die Erfahrung des Knechts ist von anderer Struktur: Dem

21 Aristoteles, *Politik* I 5, 1254b 27f.

Knecht gilt ja das Bewußtsein des freien Fürsichseins, also das des Herren, als die eigentliche Wirklichkeit. Aber das knechtische Bewußtsein selber entspricht ihr nicht. In der Entwicklung dieses Bewußtseins zeigt sich im Gegensatz zu den üblichen Erfahrungen der *Phänomenologie* eine Annäherung an die Wahrheit. Das knechtische Bewußtsein kommt zur Erkenntnis seiner Selbständigkeit und kann dieses auch in höherem Maße als der Herr an seinem Gegenstand verifizieren. Das bedeutet freilich auch eine Umkehrung des Knecht-Bewußtseins und damit des ganzen »intersubjektiven Verhältnisses« von Herrschaft und Knechtschaft: Der Knecht ist »in Wahrheit« selbständiger als der Herr. Das ganze Verhältnis muß also »aufgehoben« und durch ein anderes ersetzt werden. Das soziale Verhältnis, das an seine Stelle tritt, war in der Jenaer *Realphilosophie* (1805/06: JSE III) das Rechtsverhältnis – entsprechend der Sequenz von Naturzustand (als Kampf), despotischer Herrschaft und schließlich Rechtsverhältnis im neuzeitlichen Naturrecht (Hobbes, Spinoza). In der *Phänomenologie* folgt dagegen zunächst eine theoretische Gestalt des Bewußtseins, die Philosophie des Stoizismus, die freilich für Hegel die Grundlage des ersten »wirklichen« Rechtsverhältnisses, des römischen Rechts, war (PhG, 355 f.).

Die »Emanzipation« des Knechts, die dazu führt, beruht auf drei »Teilerfahrungen«, die zur Lösung von der Heteronomie des Lebens bzw. der Natur führen: der Todesfurcht im Kampf, der Nachahmung des freien Bewußtseins des Herrn in der »Askese« des Dienens und der Arbeit als Formung der Natur nach den eigenen Plänen. Auch Hegels Erörterung der Arbeit transformiert die Momente des traditionellen Begriffs der *poiesis* in einen Prozeß der Selbstreflexion und Selbstvergegenständlichung: »durch die Arbeit kommt es (sc. das Bewußtsein des Knechtes) aber zu sich selbst« (153). Die Arbeit ist zum einen die »Hemmung der Begierde«, insofern das Planen, Vorsorgen und Bearbeiten der Dinge für den späteren Konsum oder die Lebenserleichterung den Menschen von der unmittelbaren Naturbestimmtheit löst. Zum anderen verschafft sie den Plänen und Absichten des Menschen auch eine bleibende, »gegenständliche« Form.

Hier folgt Hegel dem Aristotelischen Begriff der *poiesis*. Nach Aristoteles überträgt der »Technit«, der das Herstellungswissen besitzt, die Form des geplanten Produkts aus seiner Seele in den Stoff (vgl. *Metaphysik* VII 8). Er formt die Materialien nach seinem

Plan und macht sie dadurch zu einem bleibenden, künstlichen Ding. Das heißt für Hegel: er schaut seine eigenen Absichten in dem äußeren Ding an. Aber er erfährt dabei auch seine Unabhängigkeit von der bedrohlichen äußeren Macht der Natur und des Feindes. Der Arbeitende »zerstört [...] dies fremde Negative, setzt *sich* als ein solches in das Element des Bleibens und wird hierdurch *für sich selbst* ein *Fürsichseiendes*« (154). Es gelingt ihm also die Vergegenständlichung seines Selbst, er schaut in den Formen der bearbeiteten Gegenstände sein Selbst als die »Wahrheit«, die konstituierende Form der Gegenstände an. Hegel nennt diese Funktion der Arbeit auch »Bildung«. Sie führt zu Emanzipation und Selbstverwirklichung. Historisch könnte er bei dieser Emanzipation durch »innerweltliche Askese« und bildende Arbeit am ehesten an die Emanzipation des Bürgertums vom Adel gedacht haben.

Aber eine solche Emanzipation setzt allgemeine Begriffe des Menschen als eines gleichberechtigten Wesens voraus, über die der Knecht nicht »per se« verfügt. Der Knecht kann seine Emanzipation auch »eigensinnig«, für seine besonderen Pläne und Absichten oder die seiner Gruppe (Klasse) betreiben und erfahren. Hegels Knechte verkörpern nicht, wie das Proletariat nach Marx, die Interessen der Menschheit. Sie trennen, wie Hegel zu Beginn des folgenden Abschnitts (»Freiheit des Selbstbewußtseins« etc.) sagt (155), noch zwischen ihrem Bewußtsein der Herrschaft über die Dinge und dem Bewußtsein der Freiheit von den besonderen Interessen des Lebens, das sie im Herrn anschauen. Es bedarf eines Bewußtseins des freien Fürsichseins *aller* Menschen, wie es für Hegel zuerst im Denken der antiken Stoa aufgetreten ist.

B. Freiheit des Selbstbewußtseins; Stoizismus, Skeptizismus und das unglückliche Bewußtsein

Hegel stellt die drei folgenden Gestalten des Selbstbewußtseinskapitels unter den Obertitel »Freiheit des Selbstbewußtseins«. Diese Freiheit ist mehr als die »Selbständigkeit« des Abschnitts A. Sie ist nicht bloß Unabhängigkeit, Lösung vom Leben und der Angewiesenheit auf die Dinge, sondern das Bewußtsein, daß das reine denkende Selbstbewußtsein sich Wirklichkeit und Gegenständlichkeit geben kann. Dies ist zuerst als das Bewußtsein der Herrschaft des Denkens über die Wirklichkeit gegenwärtig, dann in der

»Gegenständlichkeit« eines absoluten denkenden Wesens, eines einzigen, selbstbewußten und persönlichen Gottes, mit dem sich das religiöse Bewußtsein zu vereinigen sucht.

Hegel geht es bei der Gestalt des »Stoizismus« nicht um bestimmte Autoren oder Schulen, sondern um die grundsätzliche These, daß Mensch und Kosmos von derselben Vernunft bestimmt sind, die in der Selbstreflexion des Menschen erfaßbar ist. In dieser These kommt eine neue Stufe der Beziehung zwischen Selbstbewußtsein und Gegenstand zum Ausdruck. Denn dem Denken, das die Wirklichkeit in Begriffen erfaßt, kommt, anders als dem Begehren oder dem bloßen Vorstellen (PhG, 156), eine eigene Gegenständlichkeit zu. Begriffe haben einen eigenen Bedeutungsgehalt, eine zeitlose Identität unabhängig von den Denkakten. Aber sie sind als Gedanken auch nichts dem denkenden Bewußtsein Fremdes oder Äußerliches: »Im Denken *bin* Ich *frei*, weil ich nicht in einem Anderen bin, sondern schlechthin bei mir selbst bleibe und der Gegenstand, der mir das Wesen ist, in ungetrennter Einheit mein Fürmichsein ist; und meine Bewegung in Begriffen ist eine Bewegung in mir selbst« (156). Gleichwohl machen die Begriffe das Wesen der Dinge aus und sind Teil einer allgemeinen Weltvernunft.

Der Stoizismus versteht das Selbstbewußtsein nicht mehr als die »reine Abstraktion des Ich«, sondern als »Ich, welches das Anderssein, aber als gedachten Unterschied an ihm hat« (158). Aber er trennt immer noch zwischen dem Selbstbewußtsein und dem Leben bzw. dem »natürlichen Dasein«.

Wie Hegel vor allem mit Blick auf das Ideal der Bedürfnislosigkeit und daher »Unenttäuschbarkeit« des stoischen Weisen feststellt, ist das stoische Denken »ohne die Erfüllung des Lebens«. Es zieht sich ständig »aus der Bewegung des Daseins, aus dem Wirken wie aus dem Leiden, in *die einfache Wesenheit des Gedankens*« zurück (157). Damit fehlt diesem Denken auch das, was das Wesen des Selbstbewußtseins ausmacht, die Negation der eigenen Einfachheit, die Selbstunterscheidung und Differenzierung. Das stoische Denken ist nicht in der Lage, »die lebendige Welt als ein System des Gedankens [zu] fassen« (158). Es kann die Begriffe noch nicht aus ihren eigenen Gehalten zu einem System entwickeln wie die Hegelsche Logik. Daher empfängt es theoretisch wie praktisch die »Bestimmtheit« doch von außen. Der Stoiker, der »wie auf dem Throne so in den Fesseln, in aller Abhängigkeit seines einzelnen Daseins frei« ist (157), ändert an den sozialen Verhältnissen nichts. Er relativiert zwar Herrschaft und Knechtschaft, aber ersetzt sie nicht durch ein System von Rechten, d. h. bestimmten Freiheiten (Erlaubnisse, Ansprüche, Garantien etc.).

Hegel wirft auch der stoischen Ethik Inhaltslosigkeit vor, weil die Pflichtenlehren nicht aus dem *logos* oder dem Ideal des unbedingt Guten (des Weisen) entwickelt seien. Er hat dabei wohl die Unterscheidung zwischen dem Unbedingt-Guten des Weisen, das praktisch unerreichbar ist, und den gewöhnlichen Pflichten als seinen Abbildern im Auge.[22] Eine systematische Pflichtenlehre wie Ciceros *De officiis* ist eben kein aus der Vernunft entwickeltes System, sondern eine heterogene Zusammensetzung aus Vernunft und anthropologischer Empirie (der Lehre von der *oikeiosis* bzw. der Selbsterhaltung). Hegel nimmt damit schon seine Kritik der Kantischen Ethik vorweg, die er als die höchste Form der im Stoizismus konzipierten unbedingten Moralität ansieht (Siep, *Was heißt*, 224f.).

Weil das Denken nicht als Selbstunterscheidung und die Begriffe nicht als in sich differenziertes holistisches System konzipiert sind, scheitert der Anspruch des Stoizismus, das Selbstbewußtsein als Grundlage der Gegenständlichkeit zu erweisen. Seine nächste Korrektur ist der Skeptizismus, die »wirkliche Erfahrung« der »Freiheit des Gedankens«. Wie der Stoizismus eine Art »Vergeistigung« der Unabhängigkeit des Herrschaftsbewußtseins war, so ist der Skeptizismus eine solche der »negativen Richtung auf das Anderssein, der Begierde und der Arbeit« (PhG, 159). Zugleich ist er aber eine aktive Aneignung dessen, was dem Bewußtsein der gesamten bisherigen Erfahrungsgeschichte nur passiv »passiert« ist: die Widerlegung der Geltungsansprüche der sinnlichen Gewißheit, der Wahrnehmung, des Verstandes, der Herrschaft und des »Dienens« (160).

Der Skeptiker zieht all diese Geltungsansprüche in Zweifel und entkräftet sie durch den Nachweis der Äquivalenz mit ihrem Gegenteil. Das sinnliche Wahrgenommene kann Täuschung sein, stabile Gegenstände sind nicht wahrscheinlicher als ein Chaos von »Sinnesdaten«, jeder Begriff, jedes logische und normative Gesetz kann durch sein Gegenteil ersetzt werden usw. Gewiß ist

22 Altstoisch *katorthoma-kathêkon*, mittelstoisch *kalon-kathêkon*, ciceronisch *honestum-officium*; vgl. Cicero, *De officiis*, I 15, 46 u. III 3, 14f.

nur diese Möglichkeit des Zweifelns selber. Darin ist der Skeptiker der Freiheit und »Wesentlichkeit« des Denkens gewiß. Der dialektische Umschlag ins Gegenteil, den die bisherigen Bewußtseinsgestalten »erfahren« haben, ist seine eigene, aktiv und bewußt angewandte Methode. Das skeptische Selbstbewußtsein praktiziert das »Dialektische« in seiner negativen Form – d. h. ohne den positiven Umschlag in eine neue Gestalt oder Wahrheit – als bewußte Tätigkeit, »durch welche selbstbewußte Negation es die *Gewißheit seiner Freiheit sich für sich* selbst verschafft« (160f.). Diese Gewißheit bewahrheitet er durch Ausübung der Negation an allen möglichen Gegenständen.

Da Hegel die gesamte *Phänomenologie* als radikalen Skeptizismus versteht, der durch Widerlegung jeder durch isolierte Grundbegriffe charakterisierten Position zum Holismus der Kategorien und damit zum absoluten Wissen führt,[23] ist die Widerlegung dieser besonderen Bewußtseinsgestalt auf bestimmte Aspekte skeptischen Denkens beschränkt. Die Kritik an allen unmittelbaren Gewißheiten, egal ob sie auf die Sinne, den Verstand, die Logik oder das (moralische) Gefühl gestützt werden, bleibt für Hegel ein Verdienst. Die *Phänomenologie* wird sich bemühen, alle möglichen Versionen solcher unmittelbaren Gewißheiten aufzufinden und in Widersprüche zu verwickeln. Aber Hegel will dieses Verfahren selber als Vorbereitung eines neuen »absoluten Wissens« handhaben, einer sozusagen »produktiv-dialektischen« Denkweise. Der Skeptizismus darf weder als Methode noch als Lebensform verabsolutiert werden. Sonst verwickelt er sich selbst in Widersprüche.

Der erste besteht zwischen seiner Freiheit des Denkens und der Abhängigkeit von dem, worauf er seine Methode anwendet. Vor allem der antike Skeptiker weist ja die Gleichwertigkeit aller Behauptungen nicht grundsätzlich oder systematisch nach – er zweifelt nicht »methodisch« wie Descartes in seinen *Meditationen* –, sondern an jeder einzelnen Behauptung, auf die er stößt bzw. die er im Alltagsverstand und den philosophischen Schulen vorfindet: »Diese sich bewegende Negativität hat es nur mit Einzelnem zu tun und treibt sich mit Zufälligem herum.« (PhG, 162) Er braucht, wie

23 Zur Entstehung dieser Idee des vollendeten Skeptizismus und zur Skeptizismus-Debatte der Zeit vgl. Vieweg. Siehe auch den Stellenkommentar zu PhG, 72, 23-36.

ein »eigensinniger Junge« (ebd.), immer jemanden, der A sagt, damit er B – oder genauer: B ist ebenso möglich – sagen kann. Er erhebt sich daher auch selber nicht auf die Stufe des von den Nichtigkeiten freien platonischen oder stoischen Weisen, sondern bleibt ein »empirisches« Ich.

Der zweite Widerspruch, dem freilich ein »altbekannter« Einwand gegen die Skepsis zugrunde liegt, ist der zwischen Wort und Tat. Wenn es ans Handeln geht, verläßt sich der Skeptiker auf die Realitäten, Dinge und Gesetze, deren Existenz er theoretisch in Zweifel zieht: »Sein Tun und seine Worte widersprechen sich immer.« (Ebd.) Kein Zweifler an Sinneswahrnehmung und Naturgesetz legt für seine Position im wörtlichen Sinne »die Hand ins Feuer«, wie schon John Locke konstatiert.[24]

Da der Skeptiker als Handelnder selbst also von den zweifelhaften, verkehrten und unhaltbaren Meinungen nicht ausgenommen ist, von denen er als Denkender doch frei zu sein behauptet, verkörpert das skeptische Bewußtsein grundsätzlich den Widerspruch zwischen den beiden Gedanken der »Unwandelbarkeit und Gleichheit« einerseits, der Zufälligkeit und des Wechsels andererseits. Es ist sich aber dieses Widerspruchs nicht bewußt.

Für den »zusehenden« Philosophen ist die »Wahrheit« oder die »neue Gestalt«, die aus der Erfahrung der Widersprüche des Skeptizismus hervorgeht, ein Bewußtsein, das von der eigenen Widersprüchlichkeit weiß. Es ist »*für sich* das gedoppelte Bewußtsein seiner als des sich befreienden, unwandelbaren und sichselbstgleichen und seiner als des absolut sich verwirrenden und verkehrenden und das Bewußtsein dieses seines Widerspruchs« (PhG, 163). Eine solche Gestalt ist das religiöse Erlösungsstreben.

Hegel nennt sie das »unglückliche Bewußtsein«. Den Gläubigen der Erlösungsreligionen ist das Bewußtsein eigen, an sich »von Gott« zu stammen und zur Einheit mit ihm bestimmt zu sein, in der irdischen Existenz aber von ihm getrennt, entzweit und in Sünden und Leiden befangen zu sein. Es ist das Herrschafts- und Knechtschaftsbewußtsein »in Eines eingekehrt« (163). Daher ist es für Hegel auch die letzte, zugespitzte Gestalt der Gegenstandsauffassung des Selbstbewußtseins: Die eigentliche Realität ist die des reinen, »unendlichen« Ich, die aber im unglücklichen Bewußt-

24 *Versuch*, Bd. 2, 315.

sein selbst mit der »nichtigen« endlichen Existenz des erlösungsbedürftigen Menschen verknüpft ist.

Das eigentliche Interesse der *Phänomenologie* liegt nun in der begrifflichen Entwicklung. Es geht um den Versuch, die beiden Momente der »Unwandelbarkeit«, d. h. der Allgemeinheit als Freiheit von allen »Unterschieden«, und der »Einzelheit« zusammenzubringen. »Einzelheit« hat dabei mit Individualität nur das Ausschließen des Anderen, die einfache Negation gemeinsam. Als selbstbewußte Einzelheit ist sie vor allem Selbstunterscheidung, und in Hegels Logik bedeutet Einzelheit das sich Zusammenschließen – sich Repräsentieren, sich Wissen – eines gegliederten Ganzen (Allgemeinen) mit seinen Gliedern (Besonderungen).

Von diesem Interesse her ist die eigentliche Leistung der Religionsgeschichte, die sich in der christlichen Religion vollendet, die »Entdeckung« der Einheit von Allgemeinheit und Einzelheit als Wesen des Geistes und als Grundlage aller Wirklichkeit. Diese Entdeckung kommt aber nur dann ins Ziel, wenn die spezifisch religiösen »Entzweiungen« zwischen Gott und Mensch, Diesseits und Jenseits mit Hilfe der Philosophie aufgehoben werden. Das ist das Ziel der *Phänomenologie* als ganzer. Im Kapitel »unglückliches Bewußtsein« geht es einmal um die Widersprüche, zum anderen aber auch um die Fortschritte des religiösen Bewußtseins.

Der Grundwiderspruch ist dabei der zwischen der Bestimmung des endlichen Bewußtseins (der »Einzelheit«, des Begrenzens, Trennens und »Wechsels«), sich zum unendlichen Bewußtsein (der »Unwandelbarkeit«) zu erheben, auf der einen Seite – und auf der anderen der Verendlichung dieses Unendlichen durch die Erhebung, ja schon durch das »verendlichende« Bewußtsein von ihm. Dieses Dilemma der jüdisch-christlichen Religion[25] kommt

25 Schon diese Problematik der Abwehr von Verendlichung (beginnend mit dem Verbot der Namen und Bilder Gottes im Judentum) unterscheidet das unglückliche Bewußtsein von den Phänomenen des religiösen Bewußtseins in anderen Erlösungsreligionen. Sie verschärft sich im Christentum durch das Dogma der Menschwerdung Gottes und wird gelöst durch den Gedanken der Selbstverendlichung Gottes bzw. den »Begriff des lebendig gewordenen und in die Existenz getretenen Geistes« (PhG (1988), 144), der nur dem Christentum angehört (vgl. Vorrede, PhG (1988), 18 f.). Dagegen hat Burbridge (1998) argumentiert, Hegel ziele in diesem Abschnitt auf Konstanten des religiösen Bewußtseins zu allen Zeiten. Für Hegel ist das religiöse Bewußtsein aber trotz formaler Konstanten (Andacht, Kult, Lehre) in einer ständigen Entwicklung und Arbeit am Selbst- und Gottesverständnis begriffen. Das schließt nicht aus, daß wesentliche Aspekte des hier behandelten religiösen Bewußtseins (Askese, Opfer, Vermittlung durch den

für Hegel in der Philosophie Kants und vor allem Fichtes »auf den Begriff«. Ob und wie Gott »an sich« ist, kann ein endliches Bewußtsein nicht erkennen. Zugleich unterliegt es aber der moralischen Pflicht, sich mit ihm zu vereinigen oder »unendlich anzunähern«.

Gott kann nach Fichte kein Bewußtsein und keine Personalität zugeschrieben werden, denn wir können uns beides nur als endlich denken. Der späte Fichte wendet das zu einer Art negativer Theologie: wir müssen alles begrifflich-diskursive Denken negieren (»vernichten«), um die »Wahrheit« als eine Koinzidenz der für uns unüberbrückbaren Gegensätze von »Sein« und »Wissen« negativ anzuzeigen. Die Geschichte der religiösen Bemühungen und Erfahrungen mit diesem Problem läßt sich aber, wie die Erfahrungsgeschichte mit Auffassungen des »wahren Gegenstandes« allgemein, als Rückwirkung der Selbstkorrekturen des Bewußtseins auf seinen Begriff vom »Ansich« selber verstehen. Und gerade das religiöse Bewußtsein kommt schließlich der Wahrheit nahe, daß unser Bewußtsein vom »An sich sein« nichts anderes ist als dessen eigenes Selbstbewußtsein. Die Geschichte der religiösen Denkweisen ist die »Offenbarung« Gottes für den Menschen und für sich selbst. Nicht-theologisch gesprochen: die Welt, wie sie in Wahrheit ist, reflektiert sich im menschlichen Wissen und Tun. Es gibt keine Wahrheit »dahinter«. Aber nur wenn es sich als ein selbstreflexives System begreifen läßt, reflektiert das menschliche Wissen und Tun die Wahrheit.

Was am Kapitel »unglückliches Bewußtsein« den Leser faszinieren kann, ist diese »kognitive« Relevanz der Entwicklung der Religiosität in ihren konkreten Formen (Andacht, Kampf mit den »weltlichen« Neigungen, Arbeit als Gottesdienst etc.). Aber Hegel erschwert das Verständnis enorm durch die endlosen verwirrenden Umkehrungen des Verhältnisses zwischen »Unwandelbarem« und »Einzelnem«, reinem und endlichem Selbstbewußtsein.

Historisch gesehen erörtert er in diesem Abschnitt die Entwicklung des »Geistes« des Judentums und des spätantik-mittelalterlichen Christentums; er verarbeitet also in begrifflich-abstrakter Form die Themen seiner »Jugendschriften«, die er vor allem während der Frankfurter Zeit (1797-1800) ausgearbeitet hatte. In sei-

Priester etc.) auch in anderen Erlösungsreligionen wichtig sind, vor allem solchen, in denen es ebenfalls Vorstellungen von Tod und Auferstehung eines Gottes gibt (s. u. 222).

nen Berliner Vorlesungen zur Geschichtsphilosophie (ab 1822) hat er auch die Auflösung der antiken Welt und den Übergang zum Christentum in einer Weise begriffen, die an den Anfang des »unglücklichen Bewußtseins« erinnert. Die im Römischen Reich um die Zeitenwende verbreiteten Philosophien des Stoizismus und Skeptizismus hätten zur Auflösung alles »Festen und Anundfürsichseienden« im römischen Geist beigetragen.[26] Sie erreichten ihr Ziel, die »Unerschütterlichkeit des Menschen in sich selbst« (VPG, 385), nur durch ein inhaltsloses Denken und ein Wollen, dessen Zweck die »Zwecklosigkeit« (Gleichgültigkeit aller Ziele) gewesen sei. Der »lebendige Geist«, der die Welt aus dem freien, denkenden Selbstbewußtsein verstehen will, verlangte aber nach einer »höheren Versöhnung« (ebd.).

Nach dem theologischen Schema der »Fülle der Zeiten« erklärt Hegel dann die »welthistorische Bedeutung und Wichtigkeit« des jüdischen Volkes, seines Monotheismus und seines Erlösungsverlangens (Messianismus) bei der Vorbereitung der »Versöhnung der Welt« (391). Diese ereignet sich »an sich« in der Person des menschgewordenen Gottes, wird aber erst in der Geschichte des Christentums angeeignet (»für es«).

In dem Abschnitt über das unglückliche Bewußtsein wird aber – anders als später im Kapitel über die Religion – die jüdische und christliche Religiosität nur unter einem bestimmten Aspekt thematisiert: Als Verhältnis eines Bewußtseins eigener Endlichkeit und Nichtigkeit gegenüber seinem Wesen, dem »unendlichen«, freien Selbstbewußtsein.

Die Erfahrung des unglücklichen Bewußtseins, das sich zunächst »auf die Seite des wandelbaren« Bewußtseins stellt, ist aber »doppelsinnig«. In ihr entwickelt sich auch die Seite des Wesentlichen, des reinen Selbst oder des »Unwandelbaren«. So wie sich die Gegenstandsauffassung mit dem Wissen verändert oder das Bewußtsein zweier Subjekte, die miteinander in »kommunikativer« Beziehung stehen, sich gemeinsam ändert, so ändert sich auch der Gottesbegriff durch die religiösen Erfahrungen. Er »gestaltet« sich durch diese. Die entscheidende Entwicklung vom

26 Hegel ist hier offenbar von Gibbon beeinflußt, der die Bedeutung des Skeptizismus bei der Auflösung des Römischen Reiches hervorhebt (vgl. Gibbon, Bd. 2, Kap. 15, 216). Gibbons Schrift über *Aufstieg und Fall des Römischen Reiches* hatte Hegel ja schon zu seinen Frankfurter Entwürfen über den *Geist des Christentums* angeregt.

Judentum zum Christentum ist gerade diese Gestaltung des Unwandelbaren. Hegel bezeichnet das als »Hervortreten der Einzelnheit am Unwandelbaren«. Er unterscheidet drei Phasen des Geschehens, in dem »das Unwandelbare die Gestalt der Einzelheit erhält« (PhG, 166): In der ersten (jüdischen) Phase ist das Unwandelbare für das endliche, einzelne Bewußtsein »nur das fremde, die Einzelheit verurteilende Wesen«. Es hat die Einzelheit nur als Trennung von dem endlichen Bewußtsein an sich. In der zweiten erhält das Unwandelbare selber die »Gestalt der Einzelheit wie es selbst«, das einzelne endliche Bewußtsein – Gott wird als Person und als menschwerdend vorgestellt. Die dritte Phase besteht darin, daß beide Seiten »zum Geiste« werden. Das einzelne, endliche Bewußtsein »hat sich selbst darin [im Unwandelbaren] zu finden die Freude und wird sich, seiner Einzelheit mit dem Allgemeinen versöhnt zu sein, bewußt« (165).

Diese »Freude« ist aber zunächst noch ein passives Verhältnis. Die »Vereinzelung« des Göttlichen ist ein äußeres Geschehen der Offenbarung und Menschwerdung. Der göttliche Mensch (Christus) steht zudem dem menschlichen Bewußtsein »als ein undurchsichtiges sinnliches *Eins*, mit der ganzen Sprödigkeit eines *Wirklichen* gegenüber« (166). Erst durch eine neue Form der religiösen Erhebung kann diese »zunächst äußere Beziehung (aber) zu dem gestalteten Unwandelbaren als einem fremden Wirklichen, zum absoluten Einswerden« gelangen. Ein Ziel, das dem antiken und mittelalterlichen Christentum freilich unerreichbar bleibt, weil es die Trennung von Diesseits und Jenseits nicht überwindet.

Der Versuch der Überwindung der Entzweiung von seinem absoluten Wesen, dem göttlichen Bewußtsein, durchläuft selber drei Phasen bzw. vollzieht sich in drei Formen. Es ist dabei nicht klar, ob Hegel an zeitliche Phasen oder an prinzipielle Formen des christlichen Erlösungsstrebens denkt. Die Formen unterscheiden sich »nach dem ... Verhältnisse, welches es zu seinem gestalteten Jenseits haben wird: einmal als *reines Bewußtsein*, das andere Mal als *einzelnes Wesen*, welches sich als Begierde und Arbeit gegen die *Wirklichkeit* verhält, und zum dritten als *Bewußtsein seines Fürsichseins*« (167).

Diese Entwicklung kann hier nur umrißweise kommentiert werden. Die erste Form ist die religiöse Andacht, die »Bewegung einer unendlichen Sehnsucht«, durch die sich das Bewußtsein mit dem menschgewordenen und gestorbenen Gott zu vereinigen sucht. Die ständige Verleugnung der Wirklichkeit, das »Grab seines Lebens« (169), kann das Bewußtsein aber nicht von seiner Trennung befreien. Es kehrt vielmehr immer in seine sinnliche Wirklichkeit zurück, wie der Skeptiker im praktischen Leben.

Die Korrektur, die es daraufhin vornimmt, ist das »zweite Verhältnis«: Es versucht, sich durch das wirkliche Leben, durch Arbeit und Genuß, aber nicht als Selbstzweck, sondern als Gottesdienst verstanden, mit dem göttlichen Bewußtsein zu vereinigen. Die Wirklichkeit, die es bearbeitet, ist nicht mehr bloß »nichtig«, sondern selbst entzweit: »einerseits an sich nichtig, andererseits aber auch eine geheiligte Welt.« Sie ist ja Schöpfung und Ausdruck des göttlichen Willens also »Gestalt des Unwandelbaren« selber.

Dadurch kann das religiöse Bewußtsein sie aber nicht, wie das knechtische, seinem eigenen Willen unterwerfen. Es empfängt vielmehr die Dinge ebenso wie die Kraft, sie zu bearbeiten, als göttliches Geschenk bzw. als Gnade. Es kann daher seine verändernde Tätigkeit nicht als Aufhebung des nichtigen Diesseits bewähren. Es kann sich nicht durch die Arbeit mit dem absoluten Selbstbewußtsein Gottes vereinen. Wenn es sich selbst und die Welt als »Gabe Gottes« versteht, bleibt ihm nur die Haltung der Dankbarkeit, durch die es auf seine Selbständigkeit verzichtet.

Aber auch dieser Versuch der Aufhebung seiner Entzweiung fällt zurück in die Reflexion seiner Einzelheit: Auch im Danken für die göttliche Gnade »fühlt sich« das Bewußtsein als einzelnes »und läßt sich durch den Schein seines Verzichtleistens nicht täuschen, denn die Wahrheit desselben ist, daß es sich nicht aufgegeben hat« (173). Sein »Verzichtleisten« als eigenes Tun und Wollen ist die »wahrhafte Wirklichkeit« (ebd.). Die Askese, die Selbstnegation der Einzelheit, ist selber das Absolute.

Dies ist das dritte Verhältnis, das erneut eine Bewegung des Umschlags durchläuft. Das Bedürfnis nach tätiger Übereinstimmung mit dem Unwandelbaren richtet seine Negation jetzt gegen sich selbst. Der »Feind« seiner Vereinigung mit dem Absoluten wird seine eigene Natur, die es durch Askese zu überwinden sucht. Aber wie die Begierde erzeugt es das zu Überwindende immer von neuem. Die an sich völlig unwesentlichen »tierischen Funktionen« des Essens, der Sexualität etc. werden zum »Gegenstand seines ernstlichen Bemühens«. Dadurch aber gibt es ihnen erst Bedeutung: »Indem aber dieser Feind in seiner Niederlage sich erzeugt, das Bewußtsein, da es sich ihn fixiert, vielmehr, statt frei davon zu werden, immer dabei verweilt und sich immer verunreinigt erblickt [...] so sehen wir nur eine auf sich und ihr kleines Tun beschränkte und sich bebrütende, ebenso unglückliche als ärmliche Persönlichkeit« (174) – eine Stelle, die zeigt, wie weit Hegel sich in die Details der Religionspsychologie und -kritik einläßt, obwohl es ihm zuletzt um die Fortschritte der Synthese von Allgemeinheit und Einzelheit, Sein und Wissen geht.

Das Bewußtsein scheint in dieser seiner kümmerlichen Einzelheit endgültig vom unwandelbaren göttlichen Selbstbewußtsein getrennt. Aber es weiß seine Selbstnegation zugleich als göttlichen Auftrag, nicht als eigenen Willen. Es gibt allen Verdienst an seiner Askese auf und wendet sich an einen Mittler zwischen dem göttlichen und seinem Willen, der ihm die göttlichen Gebote gleichsam übersetzt und die Befreiung von seiner Schuld vermittelt. Das ist der das Lehramt und die Sakramente verwaltende Gottesdiener, der Priester. Der Priester kann ihm eine Art magischer Reinigung vermitteln, durch Fasten und Kasteiungen, durch Opfergaben und Rituale.[27] Hegel schildert hier offenbar den von Kant so kritisierten »Afterglauben«,[28] einen rituell-magischen Katholizismus, in dem der Mensch nicht durch Vernunft und Moralität, sondern durch religiöse Leistungen die Gunst Gottes erlangen will. Er verwirft diese Art der Religiosität aber nicht schlechterdings, sondern sieht sie als eine notwendige, freilich im Wesen vorneuzeitliche Entwicklungsstufe an. Nur der Philosoph kann am Ende dieser Entwicklung (PhG, 175 f.) bereits eine die neuzeitliche Vernunft vorwegnehmende Einheit von endlichem und reinem Selbstbewußtsein erkennen.

Im Vollzug der von der Kirche angeordneten Rituale und Lebensweisen, vor allem in dem Bewußtsein, daß dabei nichts wirklich eigenes Verdienst ist, hat das Bewußtsein sich gewissermaßen selbst zum nichtigen Gegenstand gemacht und ist zu einer »wirklich vollbrachten Aufopferung« (nicht zu bloß andächtiger Gesinnung) gekommen. In dieser Aufopferung negiert das »unwesentliche« Bewußtsein nicht nur seine Nichtigkeit, sondern auch seine Entzweiung, seine Trennung von Gott (sein »Unglück«).

Aber diese Befreiung ist zugleich das »Tun des anderen«, des »ansichseienden Wesens«. Nur durch die Gnade wird sein eigener,

27 »Treiben eines unverstandenen Geschäfts«, 175.
28 *Die Religion*, 179 f.

einzelner Wille vom göttlichen, »allgemeinen Willen« gebilligt, sein irdisches Tun geheiligt. Zum vollen Begriff dieses wechselseitigen Anerkennens kommt das Bewußtsein allerdings noch nicht. Es bleibt bei einer Trennung von Tun und Gnade, Diesseits und Jenseits, deren Überwindung ihm nur durch einen Dritten, den Priester, vermittelt wird. Hegel sieht hier die Grenzen des vorreformatorischen und vorneuzeitlichen Christentums. Seine Darstellung nimmt dabei Gedanken des neuzeitlichen Vernunftrechts und der Priesterkritik, etwa bei Rousseau, in sich auf.[29]

Der göttliche Wille wird dem einzelnen nicht als Gesetz des allgemeinen Willens bekannt (vox populi, vox dei), sondern »durch das Dritte, den Vermittler, als Rat« (PhG, 176) verdeutlicht. Statt einer Entäußerung des einzelnen Willens und seines Eigentums an den allgemeinen Willen, durch den der Einzelne als Glied der Rechtsgemeinschaft wieder in sein Eigentum eingesetzt wird – wie in Rousseaus *Gesellschaftsvertrag* –, bleibt das »Aufgeben des seinigen als einzelnen Willens« und das »Aufgeben des Besitzes und Genusses« ein Opfer, das vom Priester angeraten wird und nur »negative Bedeutung« hat (ebd.). Das Allgemeine, Göttliche, das dieses Opfer verlangt, wird ihm nicht »sein eigenes Tun« (177). Es stellt seine Einheit mit dem absoluten, allgemeinen Willen nicht selber her, sondern »es läßt sich von dem vermittelnden Diener diese selbst noch gebrochene Gewißheit aussprechen, daß *an sich* sein Unglück das verkehrte, nämlich [...] seliger Genuß« ist. Gott nimmt das Opfer an und heiligt es, aber vermittelt durch den Priester und die Sakramente, als Vorgriff auf die endgültige Versöhnung im Jenseits. »Dem Begriffe nach« oder für uns ist das endliche Tun ein »absolutes Tun«, aber »für es selbst bleibt das Tun ein ärmliches, und sein Genuß der Schmerz, und das Aufgehobensein derselben in der positiven Bedeutung ein *Jenseits*« (ebd.).

Hegel steht in der Tradition der calvinistischen Kritik am Katholizismus bei Hobbes und Rousseau. Der Rechtsgehorsam der Katholiken kann durch den Papst jederzeit aufgehoben werden und ist daher nicht wirklich staatsloyal. Hegel geht in seiner Religionsphilosophie aber weiter: Der Gegensatz zwischen göttlichem und menschlichem Bewußtsein muß ebenso aufgehoben werden wie der zwischen Denken und Sein, Selbstbewußtsein und Gegenstand. Dies hat die moderne Wissenschaft durch ihre Entdeckung

29 *Gesellschaftsvertrag*, Buch 4, Kap. 8.

der Gesetzmäßigkeit und »Geistigkeit« (Kraft, Gesetz etc.) der Natur ebenso vorbereitet wie die Reformation durch ihre Aufhebung der »Vermittlung« durch das Priestertum, ihre Heiligung der »bürgerlichen Sittlichkeit«[30] und die Umwandlung des Staates in ein »Abbild der ewigen Vernunft« (GPR, § 272), d. h. ein System von Vernunftrechten und Institutionen des allgemeinen Willens.

Diese Entwicklungen (Wissenschaft, Reformation, »bürgerliche« Revolutionen) stehen dem »unglücklichen« Bewußtsein aber noch bevor. Als nächstes behandelt Hegel im Vernunftkapitel die moderne Naturwissenschaft und ihre philosophisch – vor Schelling und ihm selber – am weitesten entwickelte Deutung, die Transzendentalphilosophie Kants und Fichtes. Anschließend geht es um die Formen der praktischen Vernunft – in ihrem neuzeitlichen Verständnis –, die die soziale Wirklichkeit verändern und nach Ideen vernünftig gestalten wollen.

Diese praktische Vernunft ist in der »Vorstellung« der Versöhnung des unglücklichen Bewußtseins schon impliziert: »Aber in diesem Gegenstande, worin ihm sein Tun und Sein als dieses *einzelnen* Bewußtseins, Sein und Tun *an sich* ist, ist ihm die Vorstellung der *Vernunft* geworden, der Gewißheit des Bewußtseins, in seiner Einzelheit absolut *an sich* oder alle Realität zu sein.« (PhG, 177) Also nicht mehr Selbstbewußtsein überhaupt ist alle Realität, sondern die Einheit von Einzelheit und Allgemeinheit – in der »Hegelschen« Bedeutung eines sich selbst unterscheidenden Ganzen, das sich in seiner unterscheidenden Tätigkeit (Besonderung) reflektiert und verwirklicht (Einzelheit).

C. (AA) Vernunft

V. Gewißheit und Wahrheit der Vernunft

Hegels Vernunftbegriff hat mit dem Kantischen gemein, daß Vernunft ein »Vermögen des Schließens« ist. Als logische oder analytische Vernunft erschließt sie die Implikationen oder Voraussetzungen von Begriffen. Als auf Empirie bezogene Vernunft faßt sie Urteile mittels Schlüssen zu Theorien zusammen. Dabei gebraucht sie, wie Kant sagt, »regulative Ideen«, d. h. Einheits- oder Ganz-

30 Arbeit, Ehe, Staatsbürgergehorsam; vgl. EPW (1830), § 552.

heitsbegriffe, denen keine Anschauungen entsprechen, die aber gedankliche Beziehungen zwischen Erfahrungsurteilen herstellen oder begründen können. Das Ziel ist, die gesamte Wirklichkeit durch solche Theorien zu erklären.

Hegel glaubt nun gegenüber Kant zeigen zu können, daß »regulative« Ideen in Wahrheit »konstitutive« Begriffe sind. Was im wissenschaftlichen wie im analytischen Schließen geschieht, ist letztlich nichts anderes als die Explikation von Schlüssen, die in den Begriffen impliziert waren. Es gibt darüber hinaus keine »Realität«, die sinnlich zugängliche Welt ist nichts Außerbegriffliches, sondern wie unsere Wahrnehmung selber (unbewußt) begrifflich strukturiert.[31] Auch einfache menschliche Tätigkeiten wie Triebbefriedigungen lassen sich für Hegel als implizite Schlüsse begreifen.[32]

Eine Idee davon, daß wir in unserem Wissen nur die objektive Vernunft der Begriffsimplikationen entfalten, hat nach Hegel die moderne Naturwissenschaft – schon deshalb, weil sie experimentierend an die Natur herangeht. Experimentieren heißt nämlich, notwendige Zusammenhänge beweisen zu wollen. Bestimmte Daten oder Ereignisse müssen auftreten, weil sie aus einem Gesetz (oder einer Gesetzeshypothese) zu »erschließen« sind. Die Ereignisse folgen also einem schlüssigen Zusammenhang. Das heißt schon, daß die Prozesse der Natur einem vernünftigen »Muster« unterliegen. Nicht ihre zufällige »Oberfläche«, sondern ihre vernünftige Gesetzlichkeit ist ihre »eigentliche Realität«. Die Vernunft, die das experimentierend beweisen will, ist »ihrer Realität« in der Natur gewiß.

Die These, daß die Vernunft in der Wirklichkeit nur sich selbst finden kann, ist aber nicht von der modernen Wissenschaft aufgestellt worden, sondern von einer Philosophie, die – mit Kant – als Legitimation der modernen Wissenschaft und zugleich als ihre Versöhnung mit der moralischen, autonomen Vernunft angetreten ist. Kants vor allem in der dritten Kritik, der *Kritik der Urteilskraft*, unternommener Versuch, einen gemeinsamen Ursprung und einen systematischen Zusammenhang der theoretischen und praktischen Vernunft aufzudecken, ist von Fichte ausgeführt worden. Hegel

31 Hier nimmt Hegel moderne Kritiken des Dualismus von Begriff – Anschauung und Begriff – außerbegriffliche Realität etwa bei McDowell vorweg. Vgl. Halbig, *Objektives Denken*, u. Quante, *Absolute Idealism*.

32 Vgl. EPW (1830), §§ 473 u. 475.

akzeptiert im wesentlichen Fichtes Anspruch, die Kantische Philosophie vollendet zu haben. Fichte will (in der frühen *Wissenschaftslehre*) aus der ursprünglichen Autonomie eines spontan sich denkenden Ich sowohl die theoretische wie die praktische »Form« der Vernunft erklären und daraus auch den systematischen Zusammenhang aller Grundbegriffe der Wissenschaft »erschließen«. Dieses Schlußverfahren sollte mit dem Grundsatz über die ursprüngliche Selbstsetzung des Ich beginnen und durch die Frage nach der »Möglichkeit« eines solchen Selbstbewußtseins über das gesamte System der – als Bedingungen dieser Möglichkeit erschlossenen – Grundbegriffe und Grundsätze zum ersten Prinzip zurückführen.

Schelling hat in seiner frühen Rezeption Fichtes dem Ich ausdrücklich die Eigenschaften der Substanz des Spinoza zugesprochen: Es ist *causa sui*, existiert allein durch sich, es ist *ratio sui*, durch sich allein begreifbar, und es ist *omnitudo realitatis*, die ganze Realität. Damit geht er über Fichte insofern hinaus, als für diesen das Ich nur »für sich« notwendig existiert und Realität für das Ich nur das haben kann, was es sich zum Bewußtsein bringt. Das Bewußtsein von Gegenständen ist aber für Fichte nicht allein aus dem Ich selber erklärbar. Selbstbewußtsein betrachtet sich in verschiedener Hinsicht als abhängig, in seiner Spontaneität gehemmt bzw. zu ihr auf unerklärliche Weise »angestoßen«.

Hegel sieht darin, wie er auch schon in der *Differenzschrift* sagt, eine Inkonsequenz und einen Widerspruch. Wie der Kantische Dualismus von Spontaneität und Rezeptivität, Ding an sich und Erscheinung fällt Fichte hinter sein »Vernunftprinzip« zurück. Um den Anspruch dieses Prinzips einzulösen, hätte der »Idealismus« der Kantisch-Fichteschen Philosophie aus der ursprünglichen These, daß alles für uns Wirkliche auf die autonome, selbstbewußte Vernunft zurückgeht, die Formen »erschließen« müssen, in denen wir die Realität erfassen. Und zwar ohne dafür auf ein anderes Prinzip (Ding an sich, Nicht-Ich, Anstoß) zurückgehen zu müssen, das mit dem ersten keinen »logischen« Zusammenhang hat, so daß das eine aus dem anderen nicht zu erschließen ist.

Für Hegel stellt der »Idealismus« Kants, Fichtes und Schellings – den er als notwendige Entwicklung eines Gedankens versteht – einerseits das adäquate Verständnis der (für ihn) modernen Naturwissenschaft dar. Andererseits bleibt er abstrakt, kann die Grundbegriffe und -gesetze der Wissenschaften nicht wirklich aus seinem

Prinzip entwickeln. Insofern die Selbstinterpretation dieser Wissenschaften an der »begriffsexternen« Gegenständlichkeit ihrer Objekte festhält, bleibt sie zwar hinter dem Idealismus zurück, aber andererseits »realisiert« sie dessen Anspruch in ihrer vernünftigen Erklärung der Natur. Hegel setzt sich daher im Vorspann des Vernunftkapitels (V.) mit dem »Idealismus« auseinander. Darauf folgen drei Hauptteile (A, B, C), die sich mit den empirischen Wissenschaften der Natur und des Menschen (A) sowie mit den verschiedenen Konzeptionen vernünftigen Handelns in Philosophie und Literatur der Aufklärung, der Empfindsamkeit und der Klassik beschäftigen (B, C). Dabei sind es zunächst die Kategorien und Strukturen der Vernunft, die in der vorgegebenen »Wirklichkeit« wiedergefunden werden (A), dann soll diese nach den Gesetzen der praktischen Vernunft geformt werden (B), und schließlich will das konkrete Individuum sich in der Welt verwirklichen und sich anerkannt finden (B, C).

Als immanente oder auch nur adäquate Kritik ist Hegels Auseinandersetzung mit Kant und Fichte oft und zu Recht kritisiert worden.[33] Hegel glaubt aber, zeigen zu können, daß sich in den verschiedenen philosophischen Positionen seiner Zeit – wie auch in Literatur, Theologie und Recht – bestimmte Prinzipien entwikkeln, deren Konsequenz die jeweiligen Autoren nicht gezogen haben. Vor allem Kant, Fichte und Schelling überwinden in ihren Grundgedanken den Dualismus des neuzeitlichen Denkens, fallen aber in der Entfaltung ihres Systems wieder in diesen Dualismus zurück. Statt an die richtigen Intentionen haben ihre Schüler gerade an diese »Rückfalle« angeknüpft: bei Kant vor allem an die Unterscheidung von Ding an sich und Erscheinung sowie von reiner praktischer Vernunft und historisch konkreten Rechten und Pflichten. Mit der letzteren setzt sich Hegel vor allem in Abschnitt B des Vernunftkapitels auseinander.

Die entscheidende Einsicht Kants und Fichtes ist nach dem Vernunftkapitel, daß die Gegenständlichkeit, die für das »naive« Bewußtsein »an sich«, von Bewußtsein und Wissen unabhängig bestehen soll, auf »Leistungen« der Subjektivität zurückgeht. Nicht nur enthält der Verstand die Verknüpfungsweisen (Kategorien) für unsere Vorstellungen und die Einbildungskraft die Schemata, sie auf Wahrnehmungen zu beziehen. Nach Fichte ist auch

33 Vgl. Görlandt; Kaehler/Marx, 65; Düsing, *Hegel und die Geschichte*, 232 f.

die spontane Selbsttätigkeit aller dieser Leistungen (des Verstandes, des Willens, der Einbildungskraft, kurz alles »Setzens«) die eigentliche Realität. Den Objekten unseres Vorstellens schreiben wir nur Realität zu, weil wir unsere Vorstellungstätigkeit »gehemmt« finden und auf das Hemmende eine unserer Spontaneität analoge Tätigkeit übertragen – etwa die »Kraft«, in uns Eindrücke zu erzeugen.[34]

Die Kategorie der »Realität« ist der »Handlungsart des menschlichen Geistes« als spontanem »Setzen« entnommen. Insofern hat Hegel recht, daß tätige Vernunft das Realitätsparadigma des Idealismus ist. Er hat aber nicht recht mit der Behauptung, der Idealismus gehe unmittelbar von der Gewißheit des Ich aus, »*alle* Realität zu sein«. Denn Quantifizieren setzt für Fichte Unterscheiden und Beziehen voraus, subjektive Leistungen, die er erst im zweiten und dritten der drei Grundsätze seiner *Grundlage der gesamten Wissenschaftslehre* (1794) diskutiert. Selbstbewußtsein vereinigt beides: spontane, selbstpräsente Tätigkeit (Ich) und darauf bezogenes Unterscheiden eines Nicht-Ich. Das Selbstbewußtsein ist daher nicht »Bewußtsein des *Nichtseins* irgendeines anderen, einziger Gegenstand, alle Realität und Gegenwart« (PhG, 179). Es hat lediglich, wie Fichte im weiteren Verlauf der *Wissenschaftslehre* erklärt, in sich die Idee eines solchen Ich, das durch sein »Setzen« alles hervorbringt, was für es Gegenstand sein kann. Aus dem unabschließbaren Versuch dieser Annäherung erklärt Fichte vor allem die Einheit von theoretischer und praktischer Vernunft.

Man kann also bezweifeln, daß Fichte im ersten Grundsatz seiner *Wissenschaftslehre* der Subjektivität »alle Realität« zugeschrieben habe. Richtig ist aber, daß für Fichte alle *Formen* der Gegenständlichkeit aus subjektiven Leistungen zu erklären sind. Insofern »findet« die menschliche Vernunft in den Gegenständen tatsächlich sich selber.

Hegels Kritik stellt die systematische Entfaltung des idealistischen Prinzips bei Kant und Fichte selber als eine Erfahrung dar. Die Systeme können, wie Hegel schon in den frühen Jenaer Schriften kritisierte, ihren Anspruch nicht einlösen (s. o. 35). Sie können das Prinzip nicht immanent zum System entfalten, und sie können den Gegenstand singulärer Urteile nicht restlos aus den subjektiven

34 Vgl. Siep, *Naturrecht*, 26.

Formen des Erkennens erklären. Kant habe die Kategorien der transzendentalen Deduktion nicht aus der transzendentalen Apperzeption abgeleitet, die Hegel hier »einfache Kategorie« nennt. Dabei knüpft er an die aristotelische, ontologische Bedeutung der Kategorien als allgemeinste Arten des Seienden an: »logos [ist] Vernunft, Wesen des Dings und Rede, *Sache* und *Sage*, Kategorie.« (JSE III, 190)

Wenn für Kant die objektive Geltung der Kategorien darin liegt, daß ohne sie Selbstbewußtsein unmöglich wäre, so bedeutet das für Hegel, daß die Einheit der selbstbewußten Vernunft die eigentliche Realität ausmacht. Die Kategorien müßten dann aber der immanente »Unterschied« der einen Kategorie Selbstbewußtsein sein. Das jedoch vermag Kant nicht zu zeigen. Er entnimmt die Kategorien vielmehr »empirisch« der Tafel der Urteilsformen in der traditionellen Logik.

Bei Kant wie bei Fichte wird das Selbstbewußtsein zwar als eigentliche Realität und als Bedingung aller Gegenstandserfahrung verstanden, aber es bleibt in Wahrheit abhängig von etwas anderem, auf das es in Hegels Worten »verweist«: die Mannigfaltigkeit von Formen des Verstandes und der Anschauung, die Mannigfaltigkeit des Gegebenen und das jeder »Affektion« oder »Hemmung« des Vorstellungsvermögens zugrundeliegende »Ding an sich«. Darin wiederholt der »Idealismus« die Erfahrung des Skeptizismus, der in seiner Freiheit des Zweifels auf die gegebene Mannigfaltigkeit von (bezweifelten) Behauptungen angewiesen blieb.

Daß der Idealismus sich in einen »Widerspruch« verwickelt, leuchtet aber nur ein, wenn das Ich bzw. die »Einheit der Apperzeption« in der Tat »alle Realität« bzw. »die Wahrheit des Wissens« sein sollte. Dann könnte in der Tat nicht gleichzeitig die »Realität« des Nicht-Ich bzw. des Dings an sich behauptet werden. Indessen haben weder Kant noch Fichte diese Behauptung aufgestellt. Selbst für Fichte kann zwar nur das »real« genannt werden, was wir uns durch spontane Tätigkeit zu Bewußtsein bringen. Aber diese Tätigkeit erfährt sich selber als »angestoßen« oder gehemmt. Diese Hemmung kann zwar teilweise durch »Selbstaffektion« erklärt werden, aber es bleibt unerklärlich, warum zu einem bestimmten Zeitpunkt genau dieses Gefühl unter allen möglichen empfunden wird. Einmal abgesehen davon, daß Hegel hier nicht »immanent« kritisiert, weist seine Kritik auch auf eine Schwierigkeit hin, die heute[35] wieder diskutiert wird: Der Rückgriff auf »kausalanaloge« Ausdrücke wie Anstoß oder Affektion führt auf einen problematischen Dualismus zwischen einem geschlossenen Begriffssystem der Subjektivität und einem begriffslosen Gegebenen, das auf selber unverständliche Weise auf das Subjekt einwirkt. Kausalität des Objekts und Intentionalität (Verstehen, Begreifen) des Subjekts sind ontologisch heterogen.

Hegels These, Kant und Fichte lösten ihr eigenes Prinzip nicht ein, die Autonomie der Vernunft sei die alleinige Realität, wird plausibler, wenn man die Philosophie der *praktischen* Vernunft hinzunimmt. Der Vorspann des Vernunftkapitels zielt wohl schon auf diese praktische Philosophie. Eigentlicher Gegenstand wird sie aber erst in den Abschnitten B und C.

A. Beobachtende Vernunft

In den drei Abschnitten der »beobachtenden Vernunft« setzt sich Hegel ausführlich mit der Naturwissenschaft, Medizin und Psychologie seiner Zeit auseinander. Vor allem der Abschnitt über die Beobachtung der Natur gehört zu den längsten des ganzen Buches, er umfaßt ein vielfaches der berühmteren Abschnitte im Selbstbewußtseinskapitel. Hegels Interesse gilt in hohem Maße den empirischen Wissenschaften, die zu seiner Zeit freilich oft mit naturphilosophischen »Ambitionen« verknüpft sind. Vor allem die Wissenschaften des Lebendigen (Biologie, Medizin) waren zu Beginn des 19. Jahrhunderts stark von der Naturphilosophie Schellings beeinflußt. Hegels Darstellung ihrer »Erfahrungen« ist daher auch eine Auseinandersetzung mit Schelling. Heute sind diese Abschnitte im wesentlichen von wissenschaftshistorischem Interesse. In einem einführenden Kommentar können sie nur überblicksweise behandelt werden. Worauf es Hegel ankommt, ist, den Prozeß der Ablösung der Begriffe und Gesetze dieser Wissenschaften von ihren sinnlichen Gegenständen darzustellen. Indem die Wissenschaft zunehmend systematisch wird, löst sie sich von der Gegebenheit und Zufälligkeit ihrer Gegenstände, die sie selber nach wie vor als »sinnliche, dem Ich entgegengesetzte Dinge« betrachtet (PhG, 187). Aber, wie Hegel zeigen will, »ihr wirkliches Tun widerspricht dieser Meinung, denn sie *erkennt* die Dinge, sie

35 Vgl. McDowell.

verwandelt ihre Sinnlichkeit in *Begriffe*, d. h. eben in ein Sein, welches zugleich Ich ist« (ebd.). Begriff ist dabei nicht schon jeder Art- oder Gattungsbegriff, sondern es handelt sich dabei um Grundbegriffe, die von konkreten sinnlichen Gegenständen und Ereignissen (Instantiierungen) unabhängig sind. Aber auch Begriffe wie ›Kraft‹, ›Elektrizität‹ usw. sind nur dann Vernunftbegriffe, wenn sie vernünftiges Schließen zulassen. Jeder Vernunftbegriff muß für Hegel ein impliziter Schluß sein. Durch die Explikation dieser Schlüsse ergibt sich dann das holistische Begriffssystem, das differenziert (»konkret«) genug ist, um auch die Gegenstände und Gesetzlichkeiten der natürlichen und sozialen Welt zu erfassen.

Was Hegel im ersten Teil des Vernunftkapitels zeigen will, ist, daß die moderne Naturwissenschaft solche Begriffe aufstellt, sie aber immer wieder verkennt, nämlich mit Sinnlichem »vermischt«.

Aber nicht nur auf der Seite des Erklärens, sondern auch auf der der Gegenstände kommt die Wissenschaft dazu, Begriffen »Realität« zuzusprechen. Sie entdeckt, daß ihr Gegenstand selber die Struktur einer zweckmäßigen Gliederung hat, aus der sich ein Resultat ergibt wie ein Schluß aus seinen Prämissen. Das organische Leben und alle seine Prozesse sind eine Art lebendiger Schluß, in dem aus Bedingungen und »Schritten« ein Resultat folgt. Wir müssen das organische Leben nicht, wie Kant in der *Kritik der Urteilskraft* sagt, durch Unterstellung eines planenden Verstandes zu verstehen suchen – wir können es als einen sich organisierenden vernünftigen Zusammenhang, einen Schluß erklären.

a. Beobachtung der Natur

In dem Abschnitt »Beobachtung der Natur« handelt Hegel die Wissenschaften der anorganischen und vor allem der organischen Natur ab. Die Ordnung der Natur soll zunächst durch die Beschreibung und Klassifizierung nach Merkmalen erkannt werden. Aber die Klassifizierung bleibt zufällig und unvollständig, die Grenzen der natürlichen Arten sind unscharf, wenn die Merkmale nicht selber nach einem Gesetz erklärbar werden. Für ein System der Arten müssen in der für Hegel »modernen« Naturwissenschaft selber gesetzmäßige Erklärungen gegeben werden – heute versucht man das mittels Evolutionstheorie und Genetik.

Damit treten aber für Hegel wieder die Probleme auf, die schon im Kapitel über Kraft und Verstand behandelt wurden. Das ist zum einen das Verhältnis der Allgemeinheit des Gesetzes zur Konkretion der Phänomene, zum anderen die innere Verbindung zwischen den »Bestandteilen« des Gesetzes: »Wenn aber das Gesetz nicht in dem Begriffe seine Wahrheit hat, so ist es etwas Zufälliges, nicht eine Notwendigkeit, oder in der Tat nicht ein Gesetz.« (192) Die Bestandteile eines Gesetzes müssen selber aus einem Vernunftbegriff entwickelt werden.

Beides, die Vermittlung der Allgemeinheit des Gesetzes mit den konkreten Fällen wie die »Reinigung« des Gesetzes zum Begriff (194), ist nach Hegel Aufgabe des Experimentes. Das Experiment hat in seiner Deutung keine induktive, sondern eine deduktive Funktion. Es geht dabei nicht primär um Verifikation oder Falsifikation von Gesetzeshypothesen, wie in der modernen Wissenschaftstheorie. Experimente sollen vielmehr zeigen, daß das Gesetz in unterschiedlichen Fällen das eigentlich Reale, von den besonderen, sinnlichen Eigenschaften der Gegenstände oder Ereignisse Unabhängige ist. Es geht darum, »das Gesetz ganz in die Gestalt des Begriffes zu erheben und alle Gebundenheit *seiner Momente* an *bestimmtes Sein zu tilgen*« (ebd.).

Das Gesetz der Elektrizität etwa hängt nicht von der Beschaffenheit besonderer Körper ab wie in den älteren Theorien der »Harzelektrizität«, »Gaselektrizität« etc. Die gesetzmäßigen Prozesse der Elektrizität sind vielmehr das Primäre, die Körper sind quasi nur Funktionen in diesen Prozessen. Wenn die Prozesse sich aber aus dem Wesen der Elektrizität ergeben, in ihrem »einfachen« Begriff daher schon enthalten sind, dann ist die eigentliche Realität der Prozesse und Dinge der – implizit »syllogistische« – Begriff.

Diese Gegenstandsauffassung liegt der Wissenschaft von der organischen Natur zugrunde, mit der sich Hegel besonders ausführlich beschäftigt. Das Organische kann, darin sind sich Kant und Aristoteles einig, nur als zweckmäßig begriffen werden. Daß sich dabei die Zweck-Mittel-Relationen zwischen dem Ganzen und seinen Teilen wie die Elemente eines Schlusses verhalten, gilt ebenfalls schon bei Aristoteles.[36] Für Kant liegt das freilich daran, daß wir den zweckmäßig organisierten Organismen einen »Plan« (und damit auch einen planenden Verstand) unterstellen – in

36 Vgl. *Physik* II 9, 200a 15 f.

einer freilich nur deutenden, reflektierenden, nicht Kausalverhältnisse konstatierenden Erklärungsart. Hegel nimmt im Vernunftkapitel gegen Kant für einen – freilich von ihm modifizierten – Aristotelismus Stellung.

Es geht in diesem ganzen Abschnitt um die Versuche der zeitgenössischen Biologie und Medizin, ein System der Lebewesen zu finden und ihre innere Organisation ebenfalls systematisch, in der Schelling-Schule teilweise sogar apriorisch zu begreifen. Die »Gegenstandsauffassung« ist also die eines in sich notwendigen Systems, das aus wenigen Prinzipien entwickelt werden kann. Aber diese vernünftigen Versuche sind zugleich noch auf dem Standpunkt des *Bewußtseins*, der alle Gestalten *vor* dem absoluten Wissen beherrscht: Sie unterscheiden noch zwischen den Prinzipien und den Gegenständen, den vernünftigen Begriffen und den materiellen Entitäten bzw. den Lebewesen.

Die Stufen dieser vernünftigen Systematisierung der Natur sind dabei die folgenden: Zunächst geht es um die Aufstellung eines Systems durch Klassifizierung anhand von Merkmalen. Es erweist sich aber, daß nur eine Erklärung durch Gesetze wirklich systematisch ist. Dabei diskutiert Hegel zunächst Gesetze über die Organismus-Umwelt-Beziehung, dann Gesetze der »inneren Organisation« der Lebewesen. Als Grundgesetze des organischen Lebens sind sie aber immer auch Gesetze des Zusammenhangs der Lebewesen im Ganzen der organischen Natur. So wird zum Schluß dieses Abschnitts das Naturganze nicht mehr als Arten-System, sondern als in sich organisches Leben gefaßt.

Was das Verständnis des Textes schwierig macht, ist ein doppeltes »Scheitern« der »Vernunft« – d. h. der Wissenschaften und der Naturphilosophen – bei ihrem Versuch, das wahre System der Natur zu entdecken. Zum einen sind ihre Systematisierungsversuche zu abstrakt, die Einteilungskategorien und die Gesetze erklären zu wenig. Zum anderen wird – vor allem bei den Naturphilosophen und Wissenschaftlern der Schelling-Schule – das Systematisieren auch »übertrieben«. Wie vor allem Hegels spätere Naturphilosophie deutlich macht, ist die Natur nicht als ein lückenloses logisches (syllogistisches) System begreifbar. Auch in der organischen Natur sind nur die Grundbestimmungen auseinander zu entwickeln – nicht etwa die Mannigfaltigkeit der Arten (vgl. EPW (1830), § 368).

So argumentiert Hegel auf der einen Seite, daß Systeme der

Arten, wie sie von Aristoteles bis Linné aufgestellt wurden und sich im Zeitalter der Aufklärung besonderer Beliebtheit erfreuten, lükkenhaft bleiben. Die Grenzen zwischen den Arten sind unscharf, die Einteilung wird nicht wirklich erklärt. Eine solche Einteilung müßte vielmehr auf Gesetze zurückgeführt werden. Gesetze dieser Art, wie sie die zeitgenössische Biologie diskutierte, sind die Beziehungen der Organismen zu ihrer Umwelt, die Anpassung und die äußere Zweckmäßigkeit der Umgebung (einschließlich anderer Lebewesen) für die Selbsterhaltung der Organismen. Hegel versucht aber zu zeigen, daß sich weder aus den stofflichen »Materialien« der Organismen noch aus deren Anpassung an »Zonen und Klima« – hier setzt sich Hegel vermutlich mit Treviranus auseinander[37] – noch aus der Brauchbarkeit der Dinge für die Organismen eine notwendige, gesetzmäßige Systematik entwickeln läßt. Gesetze dieser Art lassen zu viele Ausnahmen zu, sie sind zu »arm« für die »organische Mannigfaltigkeit« (197). Oder sie enthalten nur äußerliche, zufällige »Passungen«, keine begrifflichen Beziehungen und keine Einsichten in die innere Beschaffenheit der Lebewesen oder der ihnen nützlichen Gegenstände: »Sosehr auch das dickbehaarte Fell mit dem Norden oder der Bau der Fische mit dem Wasser, der Bau der Vögel mit der Luft zusammen *angetroffen* werden mag, so liegt im Begriffe des Nordens nicht der Begriff dicker Behaarung, des Meeres nicht der des Baues der Fische, der Luft nicht der des Baues der Vögel.« Dagegen liege durchaus im »Begriffe der Säure [...] der *Begriff* der Base« (197 f.).

Im Verständnis des Organischen als immanenter Zweckmäßigkeit kommt die Vernunft ihrem Ziel am nächsten, ihren »bewußten Begriff« zugleich als »ein Wirkliches vorhanden« zu finden. Dazu genügt es freilich nicht, Zweckmäßigkeit oder »Intentionalität« den Lebewesen und ihrem Verhalten nur »heuristisch« zu unterstellen wie Kant oder in der Gegenwart etwa Daniel Dennett (vgl. 164-167). Dennett geht davon aus, daß wir mit der Unterstellung eines Zweckes, den Lebewesen – oder sogar leblose »intentionale Systeme« – verfolgen, mehr an Verhalten und vielleicht auch innerer Organisation dieser Systeme erklären können. Wir müssen aber die Realität solcher Intentionen nicht voraussetzen. Nach Hegel läßt eine solche Erklärungsart eine zu große Beliebigkeit der Organisationen und Verhaltensweisen relativ zu den unter-

37 Vgl. die Anm. der Hgg. in PhG (1988), 586.

stellten Zwecken zu. Es gibt, wie ja die moderne Biologie bestätigt, eine große Bandbreite möglicher Organisationen und Verhaltensweisen, mit denen ein unterstellter Zweck, z. B. die Selbsterhaltung, erreicht werden kann.

Für Hegel müßte aber aus dem Zweck die Notwendigkeit der »Mittel«, d. h. der Glieder der Organisation oder der Schritte des Verhaltens, folgen. Er folgt daher der Aristotelischen Bestimmung des Organismus als Selbstverwirklichung einer Form, die zugleich Zweck, Telos ist: »Die Notwendigkeit ist an dem, was geschieht, verborgen, und zeigt sich erst *am Ende*, aber so, daß eben dies Ende zeigt, daß sie auch das Erste gewesen ist.« (199) Dies ist aber keine Wirkung eines späteren Ereignisses auf ein früheres, sondern ein »Werden zu sich«, wie es auch das Selbstbewußtsein auszeichnet: »Was es also durch die Bewegung seines Tuns erreicht, ist *es selbst*; und daß es nur sich selbst erreicht, ist sein *Selbstgefühl*. Es ist hiermit zwar der Unterschied dessen, *was es ist* und *was es sucht*, vorhanden, aber dies ist nur der *Schein eines Unterschieds*, und hierdurch ist es Begriff an ihm selbst«. (Ebd.)

Das Lebewesen stellt in seinen Lebensprozessen seinen Begriff, seinen Bau- und Lebensplan selbst dar, dieser kommt im Individuum und als Individuum gewissermaßen zu sich. Aber er ist von den individuellen Abweichungen auch unabhängig, »konkretisiert« in ihnen nur den Arttypus. In den Arten wiederum kommt nichts anderes als der Begriff des Lebens selbst zur Erscheinung – nämlich in den drei Momenten der Sensibilität, Irritabilität und Reproduktion. Diese wiederum sind nach Hegels Naturphilosophie nur besondere Ausformungen der Begriffsmomente der Allgemeinheit, Besonderheit und Einzelheit.

Genau diesen »begrifflichen« Charakter des Lebens verfehlen aber die Naturwissenschaftler und Naturphilosophen der Zeit, indem sie die drei Formen als Kräfte verstehen und Gesetze ihrer quantitativen Verhältnisse aufstellen. Hegel greift damit in eine Debatte ein, die seit der Mitte des 18. Jahrhunderts währte – seit nämlich in Göttingen Johann Georg Zimmermann und der große Schweizer Arzt und Dichter Albrecht von Haller die Sensibilität und die Irritabilität als grundlegende Fähigkeiten und Kräfte des Organismus behauptet hatten.

In der Folgezeit entstand ein Streit darüber, ob Haller diese Kräfte mechanisch verstanden habe oder nicht. Nach Schellings Auffassung verstand schon Haller die Irritabilität als »Prinzip des

Lebens, das aus mechanischen Begriffen unerklärbar ist«.[38] Auch die Weiterentwicklung der Erregbarkeitstheorie durch den schottischen Arzt John Brown blieb in dieser Hinsicht umstritten. Brown definierte in seinem System der Medizin (*Elementa medicinae*, 1780; deutsch: *Arzneylehre*, 1795) das Leben eines Organismus durch seine Fähigkeit, auf Reize zu reagieren. Er nannte diese Fähigkeit Erregbarkeit (*incitabilitas*). Der Organismus ist gesund, wenn Reize und Erregbarkeit im richtigen Verhältnis zueinander stehen, krank hingegen, wenn eine Mißproportion besteht. Der Arzt muß also dem Körper entweder Reize entziehen oder stärkende und reizende Mittel geben (vgl. Wiesing, 68).

Browns Theorie war in der Medizin äußerst einflußreich (»Brownianismus«), ihre philosophische Deutung ebenfalls umstritten. Schelling interpretierte sie 1798 mechanistisch (vgl. *Von der Weltseele*, 557f.). Ein Jahr später, im *Ersten Entwurf* seiner Naturphilosophie dagegen bezeichnet er Brown als Überwinder des Mechanismus, weil er mit dem Prinzip der Erregbarkeit »eingesehen« habe, daß »das Leben weder in einer absoluten Passivität noch in einer absoluten Aktivität bestehe, daß das Leben Produkt einer höheren als der bloß chemischen Potenz ist, ohne deswegen eine übernatürliche [...] zu seyn« (*Erster Entwurf*, 91). Schelling ist bei seiner Lesart von dem ihm befreundeten Arzt Andreas Röschlaub beeinflußt, der die Brownsche Erregbarkeit auf dem Hintergrund von Fichtes Synthese von Spontaneität und Selbstbeschränkung bzw. Hemmung interpretierte.[39]

Weniger philosophisch, aber von großem Einfluß auf die Naturwissenschaft und Naturphilosophie seiner Zeit ist Carl Friedrich Kielmeyers Theorie der organischen Kräfte. In seiner Rede *Ueber die Verhältniße der organischen Kräfte unter einander in der Reihe der verschiedenen Organisationen, die Gesetze und Folgen dieser Verhältniße* von 1793 unterscheidet er zunächst fünf Grundkräfte, die Sensibilität, Irritabilität, Reproduktionskraft, Sekretionskraft und Propulsionskraft, von denen er die ersten drei für die wichtigsten hält. Zwischen ihnen besteht eine Abhängigkeit dergestalt, daß sowohl innerhalb eines Organs wie zwischen den Organen, aber auch den Individuen und den Arten die Zunahme der einen Kraft mit dem Abnehmen der anderen verbunden ist.

38 *Von der Weltseele*, 557.
39 Vgl. Tsouyopoulos, 200f.; Wiesing, 206f.

Sowohl die Systematik dieser Kräfte wie ihre quantitative Abhängigkeit hat Schelling in seiner frühen Naturphilosophie zunächst übernommen und aus allgemeinen Prinzipien zu begründen versucht. Seit 1803 distanziert sich Schelling freilich von dem Vorschlag Kielmeyers. Schellings Schüler Hoffmann und Kilian setzen aber den Versuch Kielmeyers in der Medizin fort.[40]

Hegel selber hat in seiner Naturphilosophie die drei »Systeme« der Sensibilität, Irritabilität und Reproduktion sowie ihre »Verkörperungen« ganz und gar holistisch und »syllogistisch« entwikkelt. Die körperlichen Vorgänge und die Organe haben an allen drei Systemen Anteil. Die Systeme selber überschneiden sich, gehen ineinander über, ergänzen einander usw. Gleichwohl glaubt Hegel darin die Ordnung des Begriffs entdecken zu können: Die Sensibilität verhält sich zur Irritabilität und zur Reproduktion wie die Allgemeinheit zur Besonderheit und zur Einzelheit. Die Sensibilität ist »einfaches, allgemeines Insichsein«, das Selbstgefühl des Lebewesens in seinen Empfindungen. Die Irritabilität ist Besonderung, d. h. Unterscheidung des Lebewesens nach außen, »Reizbarkeit von außen und aus dem aufnehmenden Subjekte kommende Rückwirkung dagegen nach außen«. Die Reproduktion ist die Einheit dieser Momente als »Rückkehr zu sich selbst aus dem Verhältnisse der Äußerlichkeit und dadurch Erzeugung und Setzen seiner als eines Einzelnen« (EPW (1830), § 353).

Aber auch die »Realität« dieser Prozesse in den körperlichen »Systemen«, dem »Nerven-, Blut- und Verdauungssystem« ist eine »syllogistische«: Jedes Körpersystem ist zwar die primäre Verkörperung eines der drei Begriffe, aber es enthält selber wieder die Momente der Allgemeinheit, Besonderheit und Einzelheit und damit auch die beiden anderen Prozesse. Zum Nervensystem gehört das Gehirn und die efferenten Nerven als »Moment der Irritabilität«, die »sympathetischen Nerven mit den Ganglien« als der Reproduktion angehörig usw. (EPW (1830), § 354). Man würde heute sagen: der Körper wird als Ganzes unter verschiedenen Aspekten, nach verschiedenen Funktionen etc. erklärt.

Hegel versteht diese Betrachtungsweise als Entfaltung von Begriffen nach ihrer allgemein begrifflichen Struktur und nach ihrer Besonderheit auf einer bestimmten Stufe des Gesamtsystems, hier der organischen Natur. Weil es sich um allgemeine Züge der be-

40 Vgl. dazu die Anm. der Hg. in PhG (1988), 587 ff.

grifflichen Struktur der Wirklichkeit überhaupt handelt, spielen die drei Systeme bei Hegel auch in der Logik und der Geistphilosophie eine wichtige Rolle. In der *Wissenschaft der Logik* stellen sie Momente der Idee des Lebens dar (WL II, 478 f.), in der späteren Philosophie des objektiven Geistes entsprechen ihnen die Gewalten des Staatsorganismus.[41] Hinweise darauf enthalten schon das *System der Sittlichkeit* (SdS, 80 ff.) und die *Jenaer Geistphilosophie* von 1805/06 (vgl. JSE III, 8, 151 und 265).

Worauf es Hegel in diesem Kapitel der *Phänomenologie* ankommt, ist der Nachweis, daß die Naturwissenschaften und -philosophen der Zeit den »geistigen« Charakter dieser Prozesse und ihre Zuordnung zu bestimmten Körperorganen verfehlen. Wenn die drei Systeme bzw. Prozesse als getrennte Kräfte verstanden und die Wechselwirkung zwischen ihnen in quantitativen Gesetzmäßigkeiten gesucht werden, verwickelt man sich in Widersprüche. Diese Widersprüche entsprechen denen, die Hegel im Kapitel über Kraft und Verstand diskutiert hatte: Man kann zwischen verschiedenen Weisen des Inneren und des Äußeren nicht klar unterscheiden. Sind die Kräfte mechanisch, »vitalistisch« oder »geistig« verstanden? Besteht die eigentliche Realität in den quantitativen Verhältnissen oder in den Systemen oder Funktionen der Sensibilität, Irritabilität und Reproduktion? Sind diese selber das »Innere« ihrer körperlichen Träger oder nur deren Eigenschaften? Lassen sich die drei Funktionen überhaupt klar trennen und getrennten Körperorganen zuordnen? Durch die Unterscheidung von Gesetzen, Kräften und Verkörperungen »behält das ursprünglich als Begriff seiende und gesetzte Wesen die Weise des sinnlichen Wahrnehmens« (PhG, 215).

Vernünftige und zugleich empirische (»beobachtende«) Naturwissenschaft ist für Hegel durch den Versuch gekennzeichnet, zwischen einem »Inneren« und seinem »Äußeren« eine gesetzmäßige, quantitative Beziehung zu entdecken. Und zwar nicht nur in der Medizin und der Wissenschaft vom organischen Leben, sondern auch in der Wissenschaft der Beziehung des Organischen auf das Anorganische und der Gesetzmäßigkeit der anorganischen Stoffe selber. Heute würde man sagen, in der organischen und anorganischen Chemie.

Hegel sieht alle diese Versuche in dieselben Widersprüche ge-

41 Vgl. GPR-Wa, 182 u. GPR, § 271 Zus.

raten: das »Innere« wird bestimmungslos, wenn man es vom Äußeren trennt, es wird zu einer bloßen Kraft oder einem Verhältnis bzw. einer »Zahl«. Das Äußere aber, wenn es rein materiell und quantitativ verstanden wird, ist nicht mehr das Äußere eines Inneren, das sich in ihm gliedert oder »artikuliert«. Gesetze über diese Beziehungen können nicht »vernünftig« sein, weil ihre »Seiten«, d. h. die Begriffe für das, von dem eine regelmäßige Korrelation ausgesagt wird, nicht in einem »logischen« Verhältnis zueinander stehen: Sie lassen sich nicht auseinander bzw. aus einem »Netzwerk« von Begriffen ableiten (»definieren«). Hegel setzt sich im weiteren Verlauf des Abschnitts »Beobachtung der Natur« besonders mit Heinrich Steffens *Beyträgen zur innern Naturgeschichte der Erde* auseinander. Steffens hatte das Verhältnis zwischen Kohäsion und spezifischer Dichte zum Leitfaden einer Systematik der Metalle verwandt.[42] Dabei verwickelt er sich aber nach Hegel in dieselben Widersprüche zwischen den Prinzipien (Schwere, Kohäsion), den quantitativen Verhältnissen und den sinnlichen Eigenschaften wie die diskutierten Theorien der organischen Natur.

Auch in dieser Auseinandersetzung läßt Hegel freilich in die Kritik bereits die eigene Naturphilosophie – in einer Art negativer Vorwegnahme – einfließen. Die Versuche einer »Naturgeschichte« in der Manier von Steffens führen zu einem »Schluß« in dem die – organischen oder anorganischen – materiellen Prozesse das Allgemeine ausmachen, das Besondere die Arten der Lebewesen und anorganischen Stoffe (z. B. Metalle) sind und das Einzelne schließlich die Erde als ganze. Daß die Erde ein »allgemeines Individuum« ist, von dem aus und auf das hin die Besonderheiten ihrer Stoffe, Bestandteile und Prozesse zu entwickeln sind, gilt gerade auch für die Hegelsche Naturphilosophie.

Vernunftgemäß ist natürlich auch die Form des Schlusses. Aber Hegel sieht in den zeitgenössischen Theorien nur den Schein eines wahren Vernunftschlusses. Zwischen dem Allgemeinen der »Gattung«, der bewegten und belebten Materie, und den besonderen Arten besteht kein vernünftiges Verhältnis, sondern nur das von quantitativen oder gar nur sinnlichen Unterscheidungen (»Figur, Farbe usf.«). Daß solche Verhältnisse und Eigenschaften realisiert sind, ist nur durch die Zufälligkeit begründet, daß die Erde über

42 Vgl. dazu die Anm. der Hg. in PhG (1988), 589.

solche Arten bzw. Stoffe und Gestalten verfügt: »Die Gattung, welche sich in Arten nach der *allgemeinen Bestimmtheit* der Zahl zerlegt oder auch einzelne Bestimmtheiten ihres Daseins, z. B. die Figur, Farbe usf. zu ihrem Einteilungsgrunde nehmen mag, erleidet in diesem ruhigen Geschäfte Gewalt von der Seite des allgemeinen Individuums, *der Erde*.« (PhG, 224) Ein wirklich vernünftiges Schließen aus Begriffen, die sich wechselseitig enthalten, findet also nicht statt. Die Vernunft, die diese Wissenschaften in den Dingen entdecken, ist also nur »die Vernunft *als Leben überhaupt* [...], welches aber in seinem Unterscheiden keine vernünftige Reihung und Gegliederung an sich selbst wirklich hat und nicht ein in sich gegründetes System der Gestalten ist« (224).

Damit hat die beobachtende Vernunft der Wissenschaften aber im Grunde zwei Vernunftbegriffe: den des Lebens, das sich in Arten und Individuen »unsystematisch« artikuliert und sich nicht selbst erfaßt – und den des Selbstbewußtseins, das für sich selbst allgemein und einzeln zugleich ist.

b. Die Beobachtung des Selbstbewußtseins in seiner Reinheit und in seiner Beziehung auf äußere Wirklichkeit; logische und psychologische Gesetze

Die neuzeitlichen empirischen Wissenschaften betrachten auch das Selbstbewußtsein als einen Gegenstand der Beobachtung. Sie gehen davon aus, daß es an ihm ebenfalls eine vernünftige Gesetzmäßigkeit zu entdecken gibt. Mit dieser empirischen Logik und Psychologie seiner Zeit setzt sich Hegel im mittleren Abschnitt (b) des ersten Teils (A) des Vernunftkapitels auseinander.

Gesetze, die nur am Denken beobachtet werden können, haben offenbar auch nur eine formale, keine ontologische Bedeutung, sie sind ohne »Realität« und »ohne Wahrheit« (PhG, 227). Es handelt sich nicht um ontologische Regeln und auch nicht um Wahrheitskriterien für Aussagen über Gegenstände. Auf der anderen Seite ist aber die Form der Vernunft, die Gesetzmäßigkeit, das eigentlich Reale. Also sind die Gesetze der Vernunft auch Form »der Dinge«. Die Vernunft enthält also – wie für Aristoteles die Seele – die Formen von allem, was ihr Gegenstand werden kann. Insofern hat sie nicht nur selber Gehalt – die Denkgesetze –, sondern auch »allen Inhalt«, die Form aller möglichen Inhalte.

Auch in einer anderen Hinsicht sind die Denkgesetze nicht bloß

Form, sondern Inhalt: Sie werden ja von der beobachtenden Vernunft als »Fakten« über das Denken aufgestellt. Insofern haben sie die »Bestimmung eines gefundenen, gegebenen, d. i. nur seienden Inhalts« (228). Das aber widerspricht der Einheit des Denkens, die zugleich »Einheit des Selbstbewußtseins« ist (ebd.). Die Denkgesetze können nicht »eine Menge abgesonderter Notwendigkeiten« sein. Es müßte vielmehr gezeigt werden, daß die Einheit des Denkens nur in der »Form« dieser Gesetze möglich ist.

Dieser Beweis muß aber von den Denkgesetzen seinerseits schon Gebrauch machen. Er kann die Gesetze bzw. die ihnen zugrundeliegenden Begriffe daher nur aus einander erklären und zeigen, daß das Denken ein sich selbst »einteilendes« System der Begriffe, die Entfaltung ihrer logisch-semantischen Beziehungen ist. Hegel versucht in seiner *Wissenschaft der Logik* zu zeigen, daß auch die klassischen Grundgesetze des Denkens, die Sätze vom Widerspruch, von der Identität etc., nicht jeweils für sich gültig sind, sondern ebenfalls nur in einem System. Sie sind »einzelne verschwindende Momente, deren Wahrheit nur das Ganze der denkenden Bewegung, das Wissen selbst ist« (ebd.). In dieser Bewegung können auch widersprüchliche Sätze (»das Sein ist das Nichts«, »das Wesen ist die Erscheinung« etc.) wahr sein bzw. zu einem wahren System von Sätzen gehören (vgl. Michael Wolff).

Eine beobachtende, »deskriptive« formale Logik, wie Hegel sie hier diskutiert, kann ihre Ansprüche nicht einlösen. Ontologischer Primat vernünftiger Gesetzlichkeit, bloße Formalität der logischen Gesetze und empirischer Weg ihrer Entdeckung sind nicht zu vereinbaren. In dieser Kritik einer psychologisch »beobachtenden« Logik, wenngleich nicht in der Art der Argumente, stimmt Hegel mit neueren Kritikern des Psychologismus wie Husserl oder Frege übcrein.[43]

Die Widersprüche, in die sich dieser logische Vernunftbegriff verwickelt, gehen auf die Begriffe Form und Inhalt zurück. Dieses Begriffspaar folgt auf die Relation von Innerem und Äußerem in der Beobachtung des Organischen. Beide Begriffspaare hat Hegel innerhalb der »Logik des Wesens«[44] behandelt. Er will zeigen, daß Begriffe dieser Art in ihrer eigenen Bedeutung den jeweils anderen

43 Vgl. Husserl, Bd. 1, §§ 21-24; Frege, 355-362.
44 Buch II der *Wissenschaft der Logik*.

Begriff voraussetzen und nur durch die Explikation dieses Verhältnisses »definierbar« sind – in der Metaphorik der Wesenslogik gesprochen: sie »scheinen ineinander«. Gerade das ist aber der beobachtenden Vernunft noch nicht klar. Sie versucht, die Begriffe Form und Inhalt »auseinander zu halten«, und muß dabei nach Hegel scheitern.

Wenn die »Gegenstandsauffassung« der psychologischen Beobachtung so korrigiert wird, daß dem Moment der Selbstunterscheidung, der »negativen Einheit des Denkens«, Rechnung getragen wird, dann stehen wir bei der Psychologie der »handelnden Wirklichkeit des Bewußtseins« (PhG, 229). Ihr Thema sind Gesetze der Wechselwirkung zwischen dem individuellen Bewußtsein und seinem »Milieu«, den »vorgefundenen Gewohnheiten, Sitten und Denkungsarten« (ebd.). Es geht um Gesetze der »Sozialisation« (»gemäß zu werden«) einerseits, der praktischen Veränderung (»gemäß zu machen«) andererseits. Bei der ersteren eignet man sich die vorgefundene Wirklichkeit nur an, macht sie sich im eigenen »konformen« Verhalten bewußt. Letztere »modifiziert« sie entweder privat – als »Verbrecher« – oder »für alle« – als Revolutionär, der »eine andere Welt, anderes Recht, Gesetz und Sitten an die Stelle der vorhandenen bringt« (ebd.). Hegel setzt sich mit diesen praktischen Veränderungsversuchen im zweiten und dritten Teil des Vernunftkapitels noch genauer auseinander. Hier geht es ihm zunächst um die einseitige, unhaltbare Trennung von Individuum und Umgebung.

Schon auf der Seite der individuellen Psyche fehlt es der beobachtenden Psychologie an jedem vernünftig-systematischen Zusammenhang der unterschiedlichen Affekte und Vermögen sowie der unterschiedlichen individuellen Charaktere und Dispositionen. Individuen sind aber sowohl »innerlich«, in ihren eigenen Vermögen und »Bewegungen« (Emotionen) von einer eigenen »Systematik« wie auch im »geistigen« Zusammenhang mit anderen Individuen einer Kultur oder Epoche. Ihre Unterschiede und Übereinstimmungen sind nicht so zufällig wie die von »Insekten, Moosen« usw.

Die Gesetze der Beziehungen zwischen Individuen und sozialer Umgebung beruhen in der Psychologie auf einer simplifizierten Kausalvorstellung: Es geht um »Wirkung« und »Einfluß«. Individuen sind aber in der Lage, zu diesen Einflüssen selber Stellung zu nehmen, sie »auf sich einwirken zu lassen« oder »sich entgegengesetzt gegen sie zu verhalten« (231). Zwischen Individuen und sozialer Umwelt besteht eine Abhängigkeit, die kein mechanisches Kausalverhältnis ist. Ohne die sozialen »Umstände« wäre zwar »das Individuum nicht geworden, was es ist« (ebd.). Denn Individuen stehen ja unumgänglich in der Wechselbestimmung gegenseitiger »Anerkennung«. Ihre Erwartungen, Interpretationen, Reaktionen etc. ändern sich nicht isoliert, sondern in wechselseitiger Abhängigkeit. Das führt zu einem kulturellen Muster über das individuelle Bewußtsein hinaus: »Diese allgemeine Substanz sind alle, welche in diesem Weltzustande sich befinden.« (Ebd.)

Das heißt aber auch, daß es diese »Zustände« nicht ohne die Individuen und ihre »Perspektive« gibt. Die Individuen spiegeln nicht einfach ihre kulturelle Umgebung.[45] Die Welt des Individuums ist vielmehr durch sein bewußtes Verhalten, seine Interpretation und Aneignung – womöglich »Verkehrung« – bestimmt. Wegen der »Freiheit« dieser Aneignung ist die »Welt des Individuums nur aus diesem selbst zu begreifen« (232). Angesichts der freien Selektion und Aneignung der kulturellen Einflüsse kann daher von einer »psychologischen Notwendigkeit« im Sinne von kausalgesetzlicher Einwirkung nicht gesprochen werden.

So wie die »Welt« dem Individuum nicht fertig gegenübergestellt werden kann, so kann dieses aber auch nicht als leerer Spiegel oder souveräner Schöpfer von ihr getrennt werden. »Die Individualität ist, was ihre Welt als die ihrige ist.« In der Auseinandersetzung mit den Sitten und Gewohnheiten wird das Individuum es selbst. Es ist »Einheit des vorhandenen und des gemachten Seins« – eine Formel, die fast Heideggers Analyse des menschlichen Daseins als zugleich »Geworfenheit« und »Entwurf« vorwegnimmt.[46] Wird dagegen die Welt als »an sich vorhanden« und das Individuum als »für sich seiend« wie eine Monade verstanden, so gibt es kein »Gesetz ihrer Beziehung füreinander« (PhG, 232).

Es scheint, daß in diesem Fall keine Widersprüche aufgetreten sind, sondern das Ziel des Wissens schlicht verfehlt wurde. Aber nach Hegel ist doch zugleich der Versuch gescheitert, in die Auffassung der Realität als vernünftiger Gesetzlichkeit das Moment der Individualität als Aktivität, »Negativität« des verändernden Verhaltens und der Selbstkorrektur, aufzunehmen. Diese Indivi-

45 Man beachte das schöne Bild von der »gedoppelte[n] Galerie von Bildern«, 231.
46 Vgl. *Sein und Zeit*, §§ 29 f., 38.

dualität als Vermittlung zwischen Vorhandensein und »Machen«, An sich und Für sich, ist der neue Gegenstand der phänomenologischen Prüfung, die es mit dem Verhältnis der Psyche zum Körper zu tun hat.

c. Beobachtung der Beziehung des Selbstbewußtseins auf seine unmittelbare Wirklichkeit; Physiognomik und Schädellehre

Empirische Theorien, die Gesetze des »Ansichseins«, der unmittelbaren, »vorgefundenen« Wirklichkeit der Psyche des Individuums beinhalten, sind Gegenstand der letzten Erfahrung der beobachtenden Vernunft. Auch hier setzt sich Hegel umständlich und überaus ausführlich – wenngleich in zuweilen scharfer Polemik – mit heute »obsoleten« psychologisch-medizinischen Theorien seiner Zeit auseinander. Lavaters *Physiognomik* und Galls »Schädellehre« haben allerdings auch bei anderen Zeitgenossen, von Goethe bis Lichtenberg, große Aufmerksamkeit gefunden.[47]

Hegel unterscheidet sie von »andern schlechten Künsten und heillosen Studien« wie »Astrologie, Chiromantie und dergleichen Wissenschaften« (PhG, 236), zögert aber selber, sie »Wissenschaft« zu nennen. (240) Während diese »Künste« Äußerlichkeiten in Verbindung setzen (Sternkonstellationen oder Züge der Hand mit dem zukünftigen Schicksal), geht die Physiognomik davon aus, daß Charakter und Gesichtszüge des Menschen »durch ihren Begriff aufeinander bezogen« sind (236). Lavater glaubte ja, zwischen Typen von Gesichtszügen und Charaktereigenschaften gesetzmäßige Beziehungen entdecken zu können – so wie Gall zwischen typischen Formen der Schädelknochen und dem Charakter.

Für beide »Wissenschaften« ist nicht mehr die Umwelt, sondern die Leiblichkeit des Individuums selbst seine bestimmende Wirklichkeit. Der Leib ist die »Einheit des ungebildeten und des gebildeten Seins und die von dem Fürsichsein durchdrungene Wirklichkeit des Individuums« (234). Er ist einerseits die »Ursprünglichkeit« des Individuums, sein »nicht getan Haben«, und andererseits der »von ihm *hervorgebrachte* Ausdruck seiner selbst« (233). Hegel hat das Ausmaß, in dem schon die normalen Bewegungs- und Wahrnehmungsleistungen des Körpers Resultat einer

47 Vgl. die Anm. der Hg. in PhG (1988), 592.

seelischen »Selbstkultivierung« sind, in der späteren Anthropologie der *Enzyklopädie* ausführlich dargelegt.[48] Sicher gilt die Instrument- und Zeichenfunktion des Körpers auch für die individuellen Geschicklichkeiten, in Maßen auch für Charakterzüge und »Schicksalsspuren«.

Aber Physiognomik und Schädellehre verwickeln sich erneut in die Widersprüche der Kategorien »Inneres« und »Äußeres«. Wie die Psychologie verkennen sie das Wesen der individuellen Freiheit und die »Dialektik« seiner Wechselwirkung mit dem Äußeren seines Leibes, seiner Handlung und der Umgebung. Das Individuum ist nicht determiniert, es erschafft seinen Charakter in Auseinandersetzung mit den Vorgegebenheiten, und es kann ihn durch freie Entscheidungen beeinflussen. Hegel zitiert zustimmend Lichtenbergs Diktum »Gesetzt, der Physiognome haschte den Menschen einmal, so käme es nur auf einen braven Entschluß an, sich wieder auf Jahrtausende unbegreiflich zu machen.« (239)

Der »eigentliche Gedanke«, der der Physiognomik zugrunde liegt, ist aber nach Hegel eine »Teilwahrheit«: In der These, der wahre Charakter des Individuums äußere sich nicht in seinen Worten und Taten, sondern in seinen Zügen, liegt die Erkenntnis, daß das Individuum in seinen Taten nicht »aufgeht«, sondern »daraus heraus, in sich reflektiert« ist (240). Dieser Gedanke spielt auch in der Handlungstheorie der Hegelschen *Rechtsphilosophie* eine Rolle (vgl. GPR, §§ 5-7). Hegel wendet sich einerseits gegen die Trennung von Absicht oder Gesinnung und äußerer Tat, andererseits gegen einen »Behaviorismus«, der die Freiheit der Reflexion gegenüber jeder einzelnen Handlung leugnet. Diese »Handlungstheorie« ist auch Fundament seiner Moralphilosophie, die sowohl gegen die Gesinnungsethik wie gegen einen bloßen Konsequentialismus der Handlungsfolgen gerichtet ist. Frei und sittlich handelt das Individuum, wenn es die gemeinsamen, vernünftig begreifbaren Sitten in einer eigenen, reflektierten »Version« zum Ausdruck bringt.

Von diesen handlungstheoretischen Überlegungen geht schon erstaunlich viel in seine Auseinandersetzung mit der Physiognomik ein. Gegen die Versuche, die wahren Absichten und Dispositionen des Menschen von seinen bewußten Äußerungen und Handlungen zu trennen, wendet Hegel ein: »Das *wahre Sein* des

48 Vgl. Siep, *Leiblichkeit*, 199 f.

Menschen ist vielmehr *seine Tat* [...] sie ist Mord, Diebstahl oder Wohltat, tapfere Tat u.s.f., und es kann von ihr *gesagt* werden, was *sie ist.*« (PhG, 242 f.). Die Tat ist Festlegung und Offenbarung des Menschen, seine bloß erschlossenen Absichten oder Dispositionen dagegen nur »Meinungen« – sowohl des Beobachters wie des Handelnden selber, denn Hegel versteht Absichten als Meinungen über das eigene Handeln (243). Über körperliche Zeichen des Charakters wie über Absichten sind nur Meinungen möglich, über Taten dagegen »intersubjektives« Wissen. Allerdings können Taten Absichten auch »verkehren«, sei es durch Ungeschick des Handelnden oder durch Mißverständnisse der anderen, unglückliche Umstände usw. Deswegen muß das Individuum sich nicht die Tat als ganze zurechnen lassen, es kann sich zumindest von denjenigen Wirkungen des Handelns distanzieren, die der eigenen Kontrolle entzogen sind. Diese Probleme hat Hegel in der Handlungstheorie seiner späteren *Rechtsphilosophie* erörtert.[49]

Insofern ist die Identifizierung der »wahren« Absicht mit der Tat zu relativieren. Hier geht es nur darum, daß die wahre »Gegenständlichkeit« des Selbstbewußtseins seine Taten und Werke sind, an denen der Körper einen »objektivierbaren« Anteil hat – nicht um eine vieldeutige körperliche »Spur« des in Handlungen nur verhüllten Charakters.

Damit sind freilich nicht alle Probleme einer Handlungstheorie gelöst. Versteht man die Handlung als »Kausalzusammenhang« zwischen Innen und Außen, dann muß, wie auch die moderne Handlungstheorie fordert, die »geistige Individualität [...] als Ursache selbst leiblich sein« (PhG, 245).[50] Hegel diskutiert eine Reihe von Thesen über das für den geistigen Handlungsursprung relevante Organ – Gehirn, Rückenmark, Nervensystem usw. Gehirn und Nervensystem scheinen dem Geist als »System von Bewegungen, worin er sich in Momente unterscheidet, in dieser Unterscheidung selbst aber frei bleibt« (246), am ehesten zu körperlicher Wirkung verhelfen zu können. Das Gehirn ist eine »Mitte« der »körperlichen Gegliederung«, die in ihrer Gestalt sowohl an der

49 Vgl. Quante, *Begriff der Handlung*.

50 MacIntyre, *On Faces and Skulls*, diskutiert Hegels Verhältnis zur modernen kausalen Erklärung des Handelns. Bei Hegel seien nur untergeordnete Momente einer Handlung der gesetzlichen Kausalerklärung zugänglich, weil Handlungen im wesentlichen unwiederholbar, durch ihren einmaligen Situationsbezug und ihr darauf bezogenes intendiertes Ziel gekennzeichnet seien.

geistigen Selbstunterscheidung wie am festen »Sein« des Körpers teilzuhaben scheint. Die Form des Gehirns könnte so am ehesten Auskunft über gesetzmäßige Beziehungen zwischen »Innen« und »Außen«, Charakter und Körper geben.

Als einen solchen Versuch interpretiert Hegel die »Schädellehre« (Phrenologie) Franz Joseph Galls.[51] Sie stellt von heute aus gesehen eine Mischung zwischen vorausweisenden und naiv-spekulativen Theorien dar.[52] Galls Hypothese, daß verschiedene Fähigkeiten des Menschen »ihren Sitz in verschiedenen und unabhängigen Theilen des Hirns« haben, ist angesichts der modernen Erforschung der Gehirnregionen gar nicht abwegig.[53] Da Gall aber annimmt, daß sich das Wachstum der Teile des Gehirns auf die umgebenden Schädelknochen auswirkt, kommt er zu seinen teilweise abenteuerlichen Versuchen, von der Form des Schädels auf Anlagen und Charaktereigenschaften zu schließen. Hegel weist, auch gestützt auf zeitgenössische Kritiker, auf Erklärungsdefizite dieser Theorie hin: Es ist unklar, wie eine mechanische Wirkung zwischen Gehirn und Schädel mit den organischen Wachstumsprozessen auf beiden »Seiten« vereinbar ist.

Erst recht sind die Annahmen über gesetzliche Beziehungen zwischen Schädelform bzw. Größe der Hirnregionen und subjektiven Zuständen – Gefühle, Neigungen, Taten – für Hegel unhaltbar. Zum einen, weil es keine Beobachtungen und keine verständlichen Erklärungen über Korrelationen zwischen quantitativ materiellen Größen und den »Qualia« geistiger Zustände gibt. Die »Schattierungen« der Gefühle und Charaktere – ohnehin nur der »feineren Psychologie und Menschenkenntnis« zugänglich (PhG, 253) –, ihr »holistischer« Zusammenhang untereinander und ihre reflexive Natur (Gefühle sind immer auch Selbstgefühle) verbieten eine isolierte Zuordnung zu Teilen des Gehirns oder Schädels. Ein prognostisches Gesetzeswissen ist zum anderen auch wegen der »Freiheit des Individuums« (255) nicht möglich. Denn dieses kann durch seine Entscheidungen »auch etwas anderes sein [...] als es innerlich ursprünglich und noch mehr als ein Knochen ist« (ebd.). Die Rede von »Anlagen« – heute spricht man von »Dispositionen« – statt einer regelrechten Determination ist aber nur eine »Aus-

51 Vgl. die Anm. der Hg. in PhG (1988), 593 u. 595.
52 Vgl. Fodor, 14-21.
53 Gall, *Prodromus*, 318.

rede«, denn Anlagen, die nicht zu Taten führen, sind nicht nachweisbar (bloßes »Meinen«).[54]

In der Fülle der ironisch-sarkastischen Bemerkungen Hegels sind also eine Reihe von Argumenten enthalten, die noch in der gegenwärtigen Debatte der »philosophy of mind« diskutiert werden. Das gilt auch für die These von der Unmöglichkeit strikter Gesetze über psycho-physische Wechselwirkungen.[55]

Hegel nimmt freilich zur Kenntnis, daß sich Gall selber gegen den Vorwurf des Materialismus verteidigt hat.[56] Aber diese Verteidigung erscheint ihm unzureichend. Selbst wenn »der Geist noch etwas anderes als diese Knochen« (PhG, 259) sein soll, wird er als existierend im Sinne einer »einzelnen Wirklichkeit« bzw. eines »Dinges« verstanden.

Er ist damit ontologisch auf der gleichen Stufe wie andere Dinge – insofern ist Hegels These, die Wahrheit der Phrenologie sei der Satz »das Sein des Geistes (ist) ein Knochen« (260), nicht nur Polemik. Hegel deutet ihn als unendliches Urteil, das sich selbst aufhebt. Nach seiner Logik ist ein unendliches Urteil ein solches, das die »völlige Unangemessenheit des Subjekts und Prädikats« konstatiert – nach dem Muster »der Geist ist kein Elefant« (EPW (1830), § 173). Das positive unendliche Urteil »der Geist ist ein Knochen« – allgemeiner: der ontologische Status des Geistes ist der eines Dinges – enthält den Widerspruch einer Identifizierung von kategorial sich Ausschließenden. So ist er logisch gesehen ein unwahres Urteil. Sieht man diesen Widerspruch in der Gegenstandsauffassung der Vernunft aber als Resultat ihres Erfahrungsprozesses, dann erhält er eine andere Bedeutung. Er »ergänzt« das Resultat der Erfahrung des Selbstbewußtseins (PhG, 260). Dieses Resultat war das Bewußtsein der »Einheit des Ich und des Seins« als »Kategorie«, d. h. als Konstitution der Wirklichkeit durch Vernunftbegriffe und -gesetze.

Die Erfahrungsgeschichte der beobachtenden Vernunft hat diese »bewußtlose Gewißheit« von der Vernünftigkeit der Dinge zum Bewußtsein gebracht: Nicht nur sind die Dinge vernünftig, sondern die Vernunft ist selber dinghaft (körperlich lokalisierbar, in

54 MacIntyre, *On Faces and Skulls*, 214, hält fest: »Hegel here sides with Ryle in *The Concept of Mind* in his enmity to the notion of dispositions as causes of the actions that manifest them.«

55 Vgl. Davidson, 303 f.

56 Vgl. die Anm. der Hg. in PhG (1988), 596.

ihrem subjektiven Vollzug auf körperliche Organe angewiesen). Daß die Vernunft selber nicht bloß eine Form oder Idee, sondern »Sein«, gegenständliche Wirklichkeit ist, liegt nach Hegel in ihrem Begriff. Diese Wirklichkeit aber als »unmittelbare, sinnliche« (262) zu verstehen ist zugleich eine Verkehrung des Vernunftbegriffes. Denn Vernunft ist Selbstbewußtsein, d.h. Selbstunterscheidung und Negation der Dinge, ihre denkende und praktische »Verarbeitung«, wie im Selbstbewußtseinskapitel schon entwickelt. Die These der unmittelbaren sinnlich-materiellen Existenz der Vernunft ist also ein sich selbst aufhebendes negatives Urteil.

Sie enthält aber die Wahrheit, daß die Vernunft sich »in sich selbst und ihr Gegenteil entzweit, ein Gegensatz, der eben darum ebenso unmittelbar aufgehoben ist« (ebd.). Die Einheit der Vernunft mit der Wirklichkeit ist sowohl Aufhebung des Gegensatzes wie Aufhebung der Verdinglichung des Geistigen. Sie besteht nicht darin, daß sich der Geist als materielles Ding versteht. Hier ist vielmehr wieder das andere Extrem erreicht: Die Dinge gelten nicht mehr als »im Grunde vernünftig«, d.h. durch Begriffe und Gesetze konstituiert und erklärbar, sie gelten vielmehr wieder als »negativ«. Wie das ursprüngliche Selbstbewußtsein (Kap. IV), so will die Vernunft ihre Einheit mit den Dingen jetzt durch Negation der unmittelbaren Gestalt der Dinge herstellen. Es geht dem vernünftigen Selbstbewußtsein nicht mehr um die Erklärung der beobachteten Dinge, sondern um sich selbst: Es »will sich nicht mehr unmittelbar finden, sondern durch seine Tätigkeit sich selbst hervorbringen« (261). Dazu muß die »Oberfläche« (263) der Dinge verändert und ihr vernünftiges Wesen erst zutage gebracht werden. Die Gestalten, die diese Gegenstandsauffassung zu bewähren suchen, sind Gestalten der praktischen Vernunft.

B. Die Verwirklichung des vernünftigen Selbstbewußtseins durch sich selbst

Das Kapitel beginnt mit einer mehrseitigen Einleitung und enthält dann drei Unterabschnitte: a) Die Lust und die Notwendigkeit, b) das Gesetz des Herzens und der Wahnsinn des Eigendünkels, c) die Tugend und der Weltlauf. Hegel beschäftigt sich darin mit den literarischen und politischen »Weltanschauungen« des letzten Drittels des 18. Jh. (Spätaufklärung, Empfindsamkeit, Sturm und Drang etc.). Zuvor wird aber die Richtung und das Ziel der Selbstverwirklichung des vernünftigen Selbstbewußtseins in der sozialen Welt angegeben. Dieses Ziel ist eine Sittlichkeit, in der das Individuum sich in den Sitten eines Volkes »verwirklicht«, also in einer Kultur seinen Sinn findet, die es als ein gemeinsames »Werk« begreifen kann.

Eine Schwierigkeit des Kapitels besteht darin, daß es eine solche Sittlichkeit für Hegel in der griechischen Welt bereits gegeben hat. In ihr war aber dem Selbstbewußtsein des Individuums vom Wert seiner Einzelheit und der Berechtigung seiner kritischen Prüfung der gemeinsamen Sitten noch nicht Rechnung getragen. In der Entwicklung des Selbstbewußtseins durch die griechische Philosophie und das Christentum mußte diese Einheit daher »verloren«-gehen. Das moderne Selbstbewußtsein versteht die »Allgemeinheit« der Vernunft nur als die praktische Vernunft in jedem Individuum. Es hat »*dieses Glück noch nicht erreicht*, sittliche Substanz, der Geist eines Volkes zu sein« (267).

Anders als in seiner späteren Philosophie des objektiven Geistes folgt Hegel in seiner phänomenologischen Abhandlung der praktischen Vernunft nicht dem weltgeschichtlichen Prozeß der »Entzweiung« dieser Sittlichkeit. Er schneidet vielmehr in gewisser Weise das moderne Bewußtsein von seiner antiken Herkunft ab und sieht in den Versuchen einer aus dem Subjekt konstituierten vernünftigen Gemeinschaft die »Anfänge seiner sittlichen Welterfahrung« (268). Weder der »Gegensatz« gegen die »verlorene Sittlichkeit« noch die »Suche« nach ihr gehören zum Selbstbewußtsein dieser Gestalten selber. Nur vor der Folie des philosophischen »Begriffes« der praktischen Vernunft als Sittlichkeit erscheinen sie als scheiternde Vorstufen einer Einheit von moderner Subjektivität und klassischer Polis-Sittlichkeit.

Die Entwicklung dieses Kapitels wiederholt nach Hegel auf der höheren Stufe der Vernunft die Entwicklung des Selbstbewußtseins (Kap. IV). Er gibt davon allerdings nur den Grundzug der Erhebung vom individuellen Selbstbewußtsein, das sich »im anderen« verwirklichen will, zur »allgemeinen Vernunft« an. Diese Vernunft ist zum einen die »reale Substanz« der Sitten und Normen eines »Volksgeistes«, zum anderen die »Vereinigung« des Selbstbewußtseins der Individuen.

Hegel nennt den »Begriff« dieser Einheit von Ansichsein und Fürsichsein der Vernunft die Sittlichkeit bzw. das »Reich der Sittlichkeit«. Das ist aber eine Vorwegnahme des Philosophen. Für die

Gestalten, die in der »Prüfungsbewegung« erreicht sind, ist dies noch ein »innerer Geist«, über den sich das Bewußtsein nicht im klaren ist. Es durchläuft erst eine Entwicklung einseitiger Deutungen dieser Einheit: Entweder sieht es in seiner individuellen Vernunft die einzige Quelle vernünftiger Einsichten in die sittliche Ordnung, oder es abstrahiert das Ansichsein der Vernunft zu einem »gedachten Gesetz«, einer *lex naturalis* (in der stoischen oder scholastischen Tradition) oder einem Kantischen Sittengesetz. Die »vollendete Realität« des Begriffs der »Verwirklichung der selbstbewußten Vernunft in der Selbständigkeit des Anderen« bzw. in der »freien Dingheit eines andern« ist nach diesem Vorgriff das »Leben eines Volks« (PhG, 264).

In einem solchen bringen sich die einzelne und die allgemeine Vernunft sozusagen gegenseitig hervor. Das Leben bzw. der Geist eines Volkes ist einerseits das Werk und Tun aller: »dies Allgemeine« ist das »Tun ihrer als Einzelner oder das von ihnen hervorgebrachte Werk« (265). Aber umgekehrt sind die Individuen von den Sitten und Gesetzen eines Volkes in ihrem Bewußtsein geprägt, sie denken und handeln aufgrund gemeinsamer Standards und »Muster«. Sie eignen sich diese in einem Lernprozeß an, in dem sie erst sie selbst werden. Und sie sind dann in der Lage, sich für dieses gemeinsame Leben einzusetzen. Beides bezeichnet Hegel mit dem starken Terminus »aufopfern«: »Sie sind sich bewußt, diese einzelnen selbständigen Wesen dadurch zu sein, daß sie ihre Einzelheit aufopfern und diese allgemeine Substanz ihre Seele und Wesen ist.« (Ebd.)

Hegels Interpreten und Kritiker haben oft diese letzte Seite auf Kosten der ersten verabsolutiert. Aber es geht Hegel gerade um die Einheit beider. Die Vernunft ist Substanz im Sinne des Spinoza und des Aristoteles: Sie ist »flüssige allgemeine Substanz«, für das individuelle Bewußtsein eine »unwandelbare einfache Dingheit«, aber sie »lebt« zugleich in den Individuen als »vollkommen selbständige[n] Wesen, wie das Licht in Sterne als unzählige für sich leuchtende Punkte zerspringt«. Die Individuen als diese »Punkte« oder aristotelischen Einzelsubstanzen sind »in ihrem absoluten Fürsichsein [...] für sich selbst« (ebd.).

Hegel hat diese »Volksgeister« natürlich nicht biologisch oder gar rassisch verstanden. Er hat sie auch ihrerseits als besondere Ausprägungen sehr umfassender kultureller und historischer Bereiche angesehen. In der *Rechtsphilosophie*, die den einzigen von ihm selber publizierten Abriß seiner Geschichtsphilosophie enthält, spricht er vom orientalischen, griechischen, römischen und christlich-germanischen »Reich« – also von großen Epochen der Weltgeschichte, die von umfassenden kulturellen, religiösen und moralisch-rechtlichen Denkweisen und Institutionen geprägt sind. Zwar sind die Subjekte der Weltgeschichte staatlich verfaßte Völker, aber diese sind selber noch einmal Individuen in einer gemeinsamen Kultur.

Das Problem einer solchen »organischen« Einheit von Individuum und Volksgeist, in der beide sich gegenseitig »verursachen« und, wie Hegel in der *Rechtsphilosophie* ausführt, auch wechselseitig »zum Zweck« haben (man denke an den Kantischen Organismus-Begriff), ist natürlich, inwieweit das Individuum das Leben des Volkes aufgrund seiner eigenen Überzeugungen beeinflussen, d. h. die Sitten und Institutionen auch verändern kann; und zwar nicht nur bestimmte, eben »herrschende« Individuen, sondern jedes »freie Selbstbewußtsein«. Dieses Problem wird in den nächsten Schritten wieder anhand einseitiger, in der Geschichte aufgetretener Deutungen von »praktischer«, d. h. moralischer, rechtlicher, aber auch sozialer Vernunft erörtert.

Eine vollständige systematische Lösung gibt Hegel in der *Phänomenologie* nicht. Sie ist eher der *Realphilosophie* von 1805/06 (JSE III) und der späteren *Rechtsphilosophie* (GPR) zu entnehmen – ob auf demselben Entwicklungsstand des Hegelschen Denkens, ist umstritten.

Im »Vorspann« erläutert Hegel die Einheit von Individuum und Volksgeist zunächst an der arbeitsteiligen Bedürfnisbefriedigung: »Die *Arbeit* des Individuums für seine Bedürfnisse ist ebensosehr eine Befriedigung der Bedürfnisse der anderen als seiner eigenen, und die Befriedigung der seinigen erreicht es nur durch die Arbeit der anderen.« (265) In seiner späteren *Rechtsphilosophie* nennt Hegel diese durch Arbeitsteilung und Austausch organisierte Bedürfnisbefriedigung das »System der Bedürfnisse«. Dazu ist für ihn aber – anders als etwa in Fichtes *Naturrecht* von 1796/97 und im *Geschlossenen Handelsstaat* von 1800 – keine staatliche Planung der Produktion und Verteilung nötig. Eine solche würde dem einzelnen die freie Berufswahl und die Entwicklung seiner Fähigkeiten zu »Geschicklichkeiten« versagen. Hegel glaubt mit der klassischen Nationalökonomie von Adam Smith an die »invisible hand« der Marktprozesse, die hinter dem Rücken der ihre eigenen

Interessen verfolgenden Individuen das Wohl aller befördert – allerdings nach der späteren *Rechtsphilosophie* nicht ohne starke »sozialstaatliche« Zusätze.

Aber zu dieser unbewußten Arbeit für das Gemeinwohl muß eine bewußte, »sittliche« treten: Das Individuum muß durch absichtliche und öffentliche Beiträge am gemeinsamen »Werk« teilnehmen – freilich bei Hegel auf eine durch berufsständische Organisationen vermittelte Weise. Nur in dem Bewußtsein, am gemeinsamen Werk des Lebens eines Volkes teilzunehmen, befreit sich der einzelne von seinen nur eigennützigen Interessen und wird »vernünftig«. Aber Vernunft heißt eben hier nicht nur, statt »heteronom« nach seiner Natur vielmehr autonom nach allgemeinen Gesetzen zu leben, sondern sich im anderen und in den gemeinsamen Gesetzen und Sitten »wiederzufinden«: »die Gesetze sprechen das aus, was jeder einzelne *ist* und *tut*; das Individuum erkennt sie nicht nur als seine *allgemeine* gegenständliche Dingheit, sondern ebensosehr sich in ihr oder [sie] als *vereinzelt* in seiner eigenen Individualität und in jedem seiner Mitbürger. [...] In einem freien Volke ist darum in Wahrheit die Vernunft verwirklicht; sie ist gegenwärtiger lebendiger Geist, worin das Individuum seine *Bestimmung* [...] erreicht hat.« (PhG, 266) Das ist natürlich für religiöse Zwei-Welten-Lehren ebenso unannehmbar wie für Strebensethiken, nach denen das Individuum nur in einer unendlichen Annäherung seine Bestimmung suchen soll. Damit wird sich Hegel im Vernunft- und Geistkapitel noch auseinandersetzen.

Für Hegel sind aber zu seiner Zeit das Bewußtsein und die Institutionen eines solchen »freien Volkes« noch keineswegs erreicht. Er schreibt diesen Text ja während des Zusammenbruches Preußens gegenüber den napoleonischen Truppen. Seine institutionellen Vorstellungen sind zu dieser Zeit gerade an den napoleonischen Verfassungen – vor allem den oberitalienischen – orientiert. Später, in den Heidelberger Vorlesungen über Rechtsphilosophie, beruft er sich dagegen auf die französische Verfassung von 1815 (vgl. GPR-Wa, 156), und in der Berliner *Rechtsphilosophie* kritisiert er Napoleon, weil er die kulturellen Traditionen der »befreiten« Völker – z. B. Spaniens – mißachtet und ihnen abstrakt vernünftige Verfassungen aufgezwungen habe (vgl. GPR, § 274, Zus.).

Hier am Anfang des Vernunftkapitels ist nur Hegels allgemeine Vorstellung der sittlichen Vernunft sichtbar: Die sittliche Erfüllung im Leben eines Volkes ist vorbildlich realisiert in der Antike, vor allem in der griechischen Polis. Aber in ihr war die autonome Reflexion der Individuen noch nicht entwickelt. Es herrschte eine »glückliche« Harmonie, die noch nicht vom Bewußtsein des absoluten Wertes der individuellen Freiheit der Überzeugung »getrübt« war. Auch die Partikularität der besonderen Verfassungen und Moralen war noch nicht an allgemeinen Maßstäben einer universalen praktischen Vernunft gemessen. Das Individuum war im allgemeinen Geist nur eine »verschwindende Größe« (PhG, 267).

Umgekehrt ist in der Entwicklung des Geistes der Neuzeit, durch Reformation, Religionskriege und Aufklärung, »das Individuum den Gesetzen und Sitten gegenübergetreten; sie sind nur ein Gedanke ohne absolute Wesenheit, eine abstrakte Theorie ohne Wirklichkeit; es aber ist als dieses Ich sich die lebendige Wahrheit« (ebd.). Von diesem Standpunkt aus ist die antike Übereinstimmung von Individuum und Polis ein verlorenes und noch nicht wieder erreichtes »Glück«. Daß dieses »Glück« erst durch individuelle Anstrengungen erreicht werden muß, ist nach Hegel auch innerhalb der phänomenologischen Entwicklung konsequent. Die beobachtende Vernunft ist mit ihren Versuchen, in der vorgefundenen Wirklichkeit die Vernunft realisiert zu finden, gescheitert und wieder zur Vernunft als »inneres Wesen« zurückgeworfen. Aber sie hat Vernunft schon als Negativität, Selbstunterscheidung und Veränderung des Vorgefundenen durch individuelles Handeln verstanden. Vernunft ist daher jetzt bestimmt als »praktisches Bewußtsein, das in seine vorgefundene Welt mit dem Zwecke einschreitet«, sich der »Einheit seiner Wirklichkeit mit dem gegenständlichen Wesen bewußt zu werden« (268).

Hegel nennt diese Versuche der »Selbstverwirklichung« auch »sittliche Welterfahrung«. Sie wird ausgelöst durch eine individuelle Suche nach dem Glück – Hegel spielt an auf das literarische Sujet: »von einem der auszog, sein Glück zu suchen«. Das Individuum versteht sich als natürliches, das seine Triebe und Bedürfnisse befriedigen und sich als einzelnes in der gemeinsamen Welt verwirklichen und »genießen« will. Dabei ist von der konstitutiven Bedeutung des »Sozialen« für das individuelle Selbstbewußtsein zunächst ganz abgesehen.

Aber die Erfahrung führt von der individuellen Selbstverwirklichung zum Bewußtsein, in der eigenen Vernunft das Wohl aller zu erkennen und dieses auch verwirklichen zu sollen. Dies ist

Gegenstand der zweiten Gestalt (»Das Gesetz des Herzens«). Die Verwirklichung des allgemeinen Wohls ist indessen gerade nicht als Selbstverwirklichung der natürlichen Triebe möglich, sondern nur als Selbstzufriedenheit in der Opferbereitschaft der Tugend. Deren Versuch der Weltverbesserung macht die Erfahrung, daß die Wirklichkeit ihre vernünftigen Eigengesetze hat, auf die sich das tätige Individuum einlassen muß, wenn es seine Ziele erreichen will.

Damit ist der Gegensatz zwischen Individuum und negativer, zu verändernder Wirklichkeit auf eine erste Weise aufgehoben. Das »gebildete«, von seiner Natürlichkeit befreite Individuum versteht die Wirklichkeit nicht mehr als »entgegengesetzt«, sondern als »Ausdrucksmedium« der universalen (»klassischen«) Individualität. Dies ist Inhalt des dritten Abschnitts des Vernunftkapitels.

a. Die Lust und die Notwendigkeit

Die Erfahrung der praktischen Vernunft wiederholt auf höherer Ebene die der Begierde und des Kampfes um Anerkennung. Das Bewußtsein des sich verwirklichenden Individuums »geht darauf, durch Vollführung seines Fürsichseins sich als anderes selbständiges Wesen anzuschauen« (PhG, 270). Das Andere, in dem und als das es sich anschauen will, ist aber von vornherein als selbständiges verstanden. Das vernünftige Individuum ist nicht mehr, wie die Begierde, selbstbewußtes lebendiges Wesen, das die Welt nur unter der Perspektive der Befriedigung seiner Wünsche betrachtet. Es geht vielmehr von der Gewißheit aus, sich als selbständiges in einer selbständigen Realität »wiederzufinden«. Es ist sich seiner auch nicht mehr als reines Begehren, sondern als leiblich handelndes Individuum bewußt.

Der Abschnitt »Die Lust und die Notwendigkeit« schließt in gewisser Weise an die »Leibtheorien« des letzten Teils der beobachtenden Vernunft an. Das Selbstbewußtsein »hat seinen Gegenstand an ihm selbst, aber als einen solchen, welchen es nur erst *für sich* hat und der noch nicht seiend ist« (ebd.). Auch seine eigene leibliche Existenz ist noch nicht wirklich »seiend«, wenn es sich noch keine soziale Existenz im Bewußtsein der anderen gegeben hat. Dazu genügt das Erkennen und auch das Befolgen allgemeiner vernünftiger Gesetze nicht. Hegel beruft sich auf den faustischen Überdruß am theoretischen Wissen, aber auch an den allgemeinen moralischen Regeln – den »Schatten von Wissenschaft, Gesetzen und Grundsätzen« (271).

Goethes *Faust I* steht im ganzen Abschnitt im Hintergrund der »Prüfung«, freilich darüber hinaus wohl auch, wie Jean Hyppolite vermutete,[57] die gesamte Tradition des Hedonismus. Das faustische Individuum »stürzt also ins Leben und bringt die reine Individualität, in welcher es auftritt, zur Ausführung. Es macht sich weniger sein Glück, als daß es dasselbige unmittelbar nimmt und genießt... es nimmt sich das Leben, wie eine reife Frucht gepflückt wird, welche ebensosehr selbst entgegenkommt, als sie genommen wird.« (Ebd.) Daß die Wirklichkeit zum Individuum paßt, es sich in ihr verwirklichen kann, ist eben die »vernünftige« Voraussetzung. Diese Wirklichkeit ist eine intersubjektive, soziale, aber kein natürliches Leben mehr. Es ist eine Welt, in der die Einheit von Subjektivität und Sein (die »Kategorie«) schon Gestalt angenommen hat und in der die Individuen als selbständige und selbstbewußte gelten. »Es gelangt also zum Genusse der *Lust*, zum Bewußtsein seiner Verwirklichung in einem als selbständig erscheinenden Bewußtsein oder zur Anschauung der Einheit beider selbständigen Selbstbewußtsein[e].« (272)

In diesem Erfolg, in diesem Erreichen seines Zweckes stellt sich indes wieder eine Erfahrung her, die der »These«, die bestätigt werden sollte, widerspricht. In der Verwirklichung seines Zwekkes, der individuellen Selbstverwirklichung durch lustvolle Vereinigung mit dem Anderen, erfährt es sich nicht als Einzelnes, »sondern vielmehr als *Einheit* seiner selbst und des anderen Selbstbewußtseins, hiermit als aufgehobenes Einzelnes oder als *Allgemeines*.« (Ebd.) Lust ist in der philosophischen Tradition – seit Platons Dialog *Philebos* – immer wieder als Auflösen von Grenzen verstanden worden. Individualität aber ist Sich-abgrenzen von Anderem; Grenzenlosigkeit der Lust widerspricht ihr ebenso wie das Verschmelzen mit dem anderen. Hegel hat in Frankfurt (in den Fragmenten zur *Liebe*) die Scham als ein »Zürnen der Liebe über die Individualität« interpretiert. (TWA 1, 247)

Die Verkehrung der beabsichtigten Selbstverwirklichung liegt nicht nur in der lustvollen Vereinigung, sondern auch an der Gegnerschaft der sozialen Welt gegen die »gesetzlos« Liebenden, wie

57 *Genèse*, 272. Falke, *Begriffne Geschichte*, S. 222, vermutet eine Beziehung auf Max Klingers Faust-Roman.

Faust und Gretchen sie – stellvertretend für alle normverachtenden Paare – in ihrer »Tragödie« erfahren müssen. Die Selbstbestätigung in der Liebe wird nicht nur durch einen emotionalen Verlust der Selbständigkeit, sondern auch durch die diskriminierende und strafende Macht der Gesellschaft, d. h. »von dem negativen Wesen vernichtet«. Das Individuum, das frei von allgemeinen Regeln und Sittengesetzen sich in der lustvollen Verbindung mit dem Anderen verwirklichen wollte, erfährt sein Scheitern an den Mächten des Zufalls, aber auch der Ordnung der Gesetze. Hegel spielt offenbar auf die Gretchentragödie an: die zufällige Ermordung Valentins und die Bestrafung Gretchens. Das faustische Bewußtsein »erfährt den Doppelsinn, der in dem liegt, was es tat, nämlich sein *Leben* sich *genommen* zu haben; es nahm das Leben, aber vielmehr ergriff es damit den Tod« (PhG, 274). Man kann freilich auch hier dem Text einen allgemeineren Bezug auf die ständige Selbstauslöschung in der Lust zugrunde legen, wie in Hyppolites Kommentar: »Dans toute jouissance, notre singularité, comme singularité, est anéantie, et nous mourons, nous nous consumons à chaque instant.«[58]

Die Umkehrung der individuellen Intention ist nicht nur das physische Scheitern, sondern auch die Unbegreiflichkeit der sozialen Ordnung. Diese ist keine vernünftige Bestätigung des Individuums, sondern die »negative unbegriffene Macht der Allgemeinheit, an welcher die Individualität zerschmettert wird« (PhG, 274). Damit ist offenbar die Allgemeinheit der Sitten und Gesetze gemeint, an der Faust und Gretchen scheitern.

Zumindest für Gretchen ist diese Allgemeinheit freilich kein bloß fremdes Schicksal, sondern wird verstanden und im Grunde gebilligt. Dadurch wird sich dieses Bewußtsein aber selber in seinem Tun fremd. In diesem Gedanken (oder Gefühl) der Selbstentfremdung[59] liegt die »Wahrheit«, daß die Allgemeinheit der Sitten und Gesetze, die dem unmittelbaren individuellen Bewußtsein entgegengesetzt ist, »sein eigenes Wesen ist«. Aber dies führt zunächst noch nicht zu einer Selbstüberwindung des Individuums – wie später in der »Tugend« –, sondern zu einer subjektiven Gewißheit, daß die Spontaneität das allgemeine Gesetz des Handelns für alle sein sollte.

58 *Genèse*, 273.
59 »[D]er Gedanke ihrer selbst als eines sich absolut fremden Wesens«, 274.

b. Das Gesetz des Herzens und der Wahnsinn des Eigendünkels

Der zweite Abschnitt des Teils B ist sehr viel schwieriger einer bestimmten literarischen oder philosophischen Position zuzuordnen als der erste. Einige Kommentatoren haben darin eine Auseinandersetzung mit den »naturrechtlichen Theorien des 18. Jahrhunderts«, unter anderem mit Thomas Paine, gesehen (PhG (1988), 598). Aber Hegel stellt das »Gesetz« als ziemlich irrational, gefühlsmäßig verschwommen dar, was man von Paine und seinen naturrechtlichen Zeitgenossen kaum behaupten kann. Eher trifft der Bezug auf Rousseaus »cult du cœur« zu, d. h. auf *Julie oder Die neue Héloise* und die autobiographischen, nicht die naturrechtlichen Schriften Rousseaus. Hegel hat aber wohl in erster Linie bestimmte Züge in den frühen Dramen Schillers[60] sowie in Jacobis Roman *Woldemar* im Auge. Jacobis für das »Geniezeitalter« ungemein wirkungsvoller Roman steht aber im nächsten Kapitel und auch im Moralitätsabschnitt des Geistkapitels noch deutlicher im Zentrum. Vielleicht denkt Hegel auch an den gescheiterten Revolutionär Alabanda in Hölderlins Romanfragment *Hyperion*.

Diese Gestalt der »praktischen Vernunft« geht nicht mehr einfach von der Selbstverwirklichung des Individuums aus, sondern von der Verwirklichung eines Allgemeinen im individuellen Selbstbewußtsein, eben dem »Gesetz des Herzens«. Diesem steht die Wirklichkeit als die dem Individuum feindliche »Notwendigkeit« der sozialen Verhältnisse (»gewalttätige Ordnung der Welt«) gegenüber, die es verhindert, daß alle Menschen dem Gesetz ihres Herzens folgen können: »Diese dem Gesetze des Herzens widersprechende Notwendigkeit sowie das durch sie vorhandene Leiden aufzuheben, darauf ist also diese Individualität gerichtet.« (PhG, 276)

Dem Individuum geht es nicht mehr bloß um seine eigene Verwirklichung, sondern um das »Wohl der Menschheit«. Aber es sieht dieses Wohl darin, daß alle nach dem eigenen Gesetz des Herzens leben können. Und zwar so, wie es jeder ohne Anpassung an allgemeine Regeln in sich spürt und leben will. In Hegels für uns altmodischer Terminologie: ohne die Zucht als Vermittlung mit den Sitten und Lebensformen der anderen. »Die Verwirklichung des

60 Vgl. Hyppolite, *Genèse*, 275.

unmittelbaren *ungezogenen* Wesens gilt für Darstellung einer Vortrefflichkeit und für Hervorbringung des Wohls der Menschheit.« (276) Die existierende bzw. »gewalthabende« göttliche und menschliche Ordnung gilt dagegen als »Schein«, weil sie nicht von den »Herzen«, den inneren Überzeugungen getragen ist.

Wie bei der Lust erweist auch hier die Verwirklichung der »Wahrheitsthese« im Handeln deren interne Widersprüche. Die Individualität der inneren Überzeugung und die Allgemeinheit des Gesetzes sind in einer solchen Tat unvereinbar. Schon die Öffentlichkeit des Handelns setzt es verschiedenen Interpretationen und Wechselwirkungen mit anderen Taten und Absichten aus. In einer öffentlichen Tat kann keine individuelle Intention unverändert erhalten werden, sie muß sich auf die bestehenden Ordnungen und auf die Intentionen der anderen einlassen und wird dadurch verändert.

Wenn die spontane Selbstverwirklichung ein »Gesetz« enthalten soll, muß sie außerdem selber die Gestalt einer »öffentlichen Ordnung« annehmen. Die aber wird von anderen wieder als Unterdrückung der Spontaneität empfunden. Der Revolutionär, der »in seiner Tat ... sein Fürsichsein oder seine Lust ausdrückt«, kann seine innere Überzeugung den Auffassungen der anderen nicht ohne Selbstentfremdung anpassen. Tut er das aber nicht, dann zwingt er diesen seine »besonderen Inhalte« auf, in denen die anderen »nicht das Gesetz ihres Herzens, sondern vielmehr das eines anderen vollbracht« sehen (278). Sie wehren sich daher gegen ihn und werden für ihn ein Teil der unterdrückenden Wirklichkeit.

Das Individuum, das nicht auf private Lust, sondern auf lustvolle Weltverbesserung aus ist, macht insofern die umgekehrte Erfahrung wie die vorherige Gestalt. Die die Menschen unterdrückende »göttliche und menschliche Ordnung« ist nicht eine »tote Wirklichkeit«, sondern »von dem Bewußtsein aller belebt und als Gesetz aller Herzen« (279). Die anderen nehmen an einem sozialen Leben teil, das nach seinen Maßstäben unterdrückt ist. Das Individuum kann nämlich gar nicht anders, als nach gemeinsamen Bräuchen und Lebensformen leben – auch hier weist Hegel wieder den praktischen Solipsismus zurück. Die Verwirklichung einer Vernunft, die diese Notwendigkeit des sozialen Lebens und einer von allen geteilten Ordnung nicht einsieht, muß scheitern. Sie führt zu einer Verkehrung der inneren Absichten und Überzeugungen, die Hegel als Zerrüttung und »Verrücktheit« bezeichnet: Durch sein Tun schafft das Individuum eine »bestehende und lebendige Ordnung«, in der es seine Absichten nicht wiedererkennt, die ihm daher selber als unterdrückende Ordnung gilt. Es ist einer »gedoppelten entgegengesetzten Wesenheit angehörend«: dem inneren »absoluten« Gesetz seines Herzens und der äußeren Wirklichkeit seiner Tat, in der es sich als soziales Wesen selbst verwirklicht.

Das »Resultat seiner Erfahrung« ist die »innere Verkehrung seiner selbst«: sein inneres Gesetz wird in der Verwirklichung zu dem, wogegen es sich gerichtet hat (die andere unterdrückende soziale Ordnung), und die fremde Scheinwirklichkeit der sozialen Ordnung wird zu seinem wahren Wesen, nämlich zur sozialen Selbstverwirklichung der Individuen.

Ob Hegel bei dieser Umkehrung konkrete Positionen und Gestalten im Blick hat, ist unklar. Mit dem Begriff der »Verrücktheit« (280) könnte er Karl Moor aus Schillers Drama *Die Räuber* im Auge haben, dessen wohlmeinende Verneinung der unterdrükkenden Ordnung schließlich die »Guten« vernichtet und ihn selber in einer an Wahnsinn grenzenden Krise zur Einsicht in die göttliche Sittenordnung führt. Der Ausdruck »Eigendünkel« kommt in Jacobis Roman *Woldemar* zur Kennzeichnung des Titelhelden vor. »Eigendünkel« bedeutet dort, daß jemand seine eigene Überzeugung gegen die herrschenden Ordnungen stellt, ohne auf die Meinung der anderen Rücksicht zu nehmen. Woldemar gerät auch in eine Krise der Entfremdung von sich und seiner Umwelt. Vielleicht denkt Hegel aber auch generell an den Typ des individualistischen Revolutionärs in Sturm und Drang und Frühromantik, der die authentische Verwirklichung seiner innersten Überzeugungen einerseits und das Bedürfnis nach einem gemeinsamen öffentlichen Leben andererseits nicht vereinbaren und diese Unvereinbarkeit nicht verkraften kann.

Verrücktheit liegt auch darin, daß das Bewußtsein sich gegen seine eigene Erfahrung wehrt und an seiner Ausgangsposition festhält. Zunächst, indem es für die Verkehrtheit der öffentlichen Ordnung und die Verkehrung seiner Absichten andere böse Individuen verantwortlich macht, die »fanatischen Priester und schwelgenden Despoten« und ihre »zum namenlosen Elende der betrogenen Menschheit gehandhabte Verkehrung des Gesetzes des Herzens und seines Glückes« (280 f.). Hegel polemisiert hier gegen eine politische Priesterkritik, obgleich im Kapitel »unglückliches

Bewußtsein« selber eine Art religiöser Priesterkritik impliziert ist (vgl. o. 116).

Diese Kritik ist hier nur ein Selbstbetrug, die Verkehrung ist notwendig in dieser Position und ihren Unvereinbarkeiten zwischen den Begriffen privat und öffentlich, individuell und allgemein enthalten – das revolutionäre Herz ist »nach allen Seiten in sich das Verkehrte und Verkehrende«. Das Individuum will sich selbst in seiner Reinheit erhalten und zugleich zur öffentlichen Geltung bringen, es hat sich als einzelnes und »Nicht-einzelnes« zum Zweck, verallgemeinert sich durch sein Tun und dementiert diese Allgemeinheit durch sein »Herz«.

Halten die Individuen an ihrer privaten Auffassung vom Gesetz des Herzens fest, kommt es zu einem Kampf, in dem jeder *sein* Gesetz verwirklichen will: »Das *Allgemeine*, das vorhanden ist, ist daher nur ein allgemeiner Widerstand und Bekämpfung aller gegeneinander, worin jeder seine eigene Einzelheit geltend macht, aber zugleich nicht dazu kommt, weil sie denselben Widerstand erfährt und durch die anderen gegenseitig aufgelöst wird. Was öffentliche *Ordnung* scheint, ist also diese allgemeine Befehdung, worin jeder an sich reißt, was er kann«. (PhG, 282) Die revolutionäre Befreiung der »Herzen« von den Unterdrückern führt ihrerseits in einen Bürgerkrieg bzw. einen Naturzustand.

Aber Hegel verfolgt hier nicht die rechtsphilosophische Problematik. Vielmehr ergibt sich aus der Erfahrung der chaotischen sozialen Wirklichkeit eine neue Ansicht des Verhältnisses des Allgemeinen zum Individuellen. Das Allgemeine, die soziale Wirklichkeit, erscheint zum einen als gleichgültig gegenüber den Meinungen und Kämpfen der Individuen, als der davon unberührte »Weltlauf«. Sein Wesen besteht in der Verkehrung der individuellen Absichten und Taten, dem »wesenlose[n] Spiel der Festsetzung der Einzelheiten und ihrer Auflösung« (ebd.). Zum anderen bleibt aber die Erfahrung, daß die Individuen sich in der sozialen, öffentlichen Welt verwirklichen und diese als ihr Werk hervorbringen. Die neue Auffassung des Wahren der praktischen Vernunft bringt diese beiden Seiten zusammen: Nicht durch Überzeugungstaten zur Befreiung der Spontaneität aller, sondern durch Aufopferung für das Allgemeine verwirklicht sich das Individuum. Diese Aufopferung ist die »Tugend«.

c. Die Tugend und der Weltlauf

Hegel resümiert zu Beginn dieses Abschnittes die Konstellationen von Individualität und Allgemeinheit in den bisherigen Gestalten der praktischen Vernunft. In der »Lust und der Notwendigkeit« steht der »reinen Individualität« des Selbstbewußtseins die »leere Allgemeinheit« des Schicksals und der feindlichen Gesellschaft gegenüber. Im Versuch der Realisierung des »Gesetzes des Herzens« dagegen sind Individualität und Allgemeinheit auf gegensätzliche Weise vereint: Der spontane Befreier verkörpert ihre unmittelbare Einheit, die Gesellschaft dagegen ihre Entgegensetzung (PhG, 282 f.). Das »Herz« bedeutet ja die individuelle Absicht, für alle ein »Gesetz der Spontaneität« zu verwirklichen. Dies führt aber zu einem Chaos der guten Absichten, also einem Ganzen oder Allgemeinen, das die Individuen nicht zur Geltung kommen läßt.

In der dritten Gestalt ist das Verhältnis der beiden Momente Individualität und Allgemeinheit noch komplexer geworden. Beide sind sowohl »Einheit und Gegensatz dieser Momente, oder eine Bewegung des Gesetzes und der Individualität gegeneinander, aber eine entgegengesetzte« (ebd.). Bei diesem »Gegeneinander« gilt aber die Individualität als »das Aufzuhebende«, und zwar sowohl auf seiten des Bewußtseins wie der gegenüberstehenden sozialen Welt. In der Tugend unterwirft das Individuum seine Triebe und Wünsche dem Handeln für das Allgemeine. Die Unabhängigkeit der Geschichte, des »Weltlaufs«, von den individuellen Absichten, die zuvor als »Verkehrung« verstanden wurde, wird nun selber gewollt: Die allgemeine Vernünftigkeit des Weltlaufes soll gegen die falschen Absichten und Taten der Individuen verwirklicht werden – es wird »dem *Ansich* des Weltlaufs gleichsam nur Raum gemacht, an und für sich selbst in die Existenz zu treten« (284).

Das tugendhafte Individuum vollstreckt nur den Plan der Geschichte, es ist der Agent des Fortschritts. Verkehrt ist dagegen gerade die Ansicht, der Weltlauf bestehe nur aus einem Spiel individueller Absichten und Taten. Gegen dieses falsche Bewußtsein hat das tugendhafte Bewußtsein zu kämpfen. Hegel schildert diesen Kampf in ironischen Metaphern als einen Kampf von Rittern in Mantel und Degen, auf der einen Seite die Tugend, auf der anderen das Laster. In Wahrheit handelt es sich aber um einen »modernen«

Kampf zwischen Revolutionär und Reaktionär. Bei der »Tugend« denkt man natürlich an Robespierre, obwohl die Französische Revolution erst später Thema wird. Über das »Programm« der beiden Kontrahenten erfährt man erst am Ende des Abschnittes etwas: Die Tugend kämpft für die »Gaben, Fähigkeiten, Kräfte« der Individuen, die in einer vernünftigen Ordnung verwirklicht werden müßten.

Hegel karikiert diese Programme gegen Ende des Kapitels aber als das »pomphafte Reden vom Besten der Menschheit, und der Unterdrückung derselben, von der Aufopferung fürs Gute, und dem Mißbrauch der Gaben«. Er polemisiert scharf gegen die »leeren Worte«, die »das Herz erheben und die Vernunft leer lassen, erbauen, aber nichts aufbauen [...] eine Aufschwellung, welche sich und anderen den Kopf groß macht, aber groß von einer leeren Aufgeblasenheit« (289 f.). Damit können wohl kaum die in den Revolutionen des 18. Jahrhunderts propagierten Programme der Aufklärung gemeint sein, sondern allenfalls »abgesunkene«, erbaulich gewordene moralische Appelle. Ihren Inhalt setze man in der »Bildung unseres Zeitalters« »als bekannt voraus«, und ersetze ihn durch einen »Schwall von Redensarten« oder »Berufung auf das Herz«. Hegel geht zu dieser Polemik erst am Ende der Erfahrung über – vielleicht ein Hinweis auf das Trivialwerden der Aufklärungsideen in der historischen Entwicklung.

Die andere Seite, die den Weltlauf als ungeordnetes Spiel der individuellen Taten sieht, behauptet dagegen tugendkritisch die Eigennützigkeit der Individuen. Hegel kritisiert auch diesen Standpunkt wegen seiner »leeren Pfiffigkeit sowie seinen feinen Erklärungen, die den Eigennutz überall aufzuzeigen wissen« (291). Auch hier ist nicht deutlich, welche historischen Positionen Hegel im Auge hat. Man könnte zunächst an Figuren wie Mandeville, den Autor der berühmten *Bienenfabel* von 1714, oder andere tugendskeptische Verteidiger des Egoismus denken. Aber Hegels Partei des Lasters fehlt das Bewußtsein über Prozesse der »unsichtbaren Hand« (invisible hand), die das Gemeinwohl durch die »privaten Laster« fördert (private vices – public virtues). Dies aber ist gerade bei Mandeville und seinen Nachfolgern, z. B. Adam Smith, der Fall. Hegel hat offenbar auch hier Trivialisierungen der Eigennutztheorien im Auge.

Der Kampf endet auf der Oberfläche mit einem eindeutigen Sieg der Protagonisten des Eigennutzes und des gegenüber vernünftigen Absichten gleichgültigen Weltlaufs. Aber ähnlich der Herrschaft-Knechtschaft-Erfahrung zeigt sich auch hier, daß die siegende Partei nicht wirklich recht behält.

In der Schrittfolge dieser Erfahrung kommen Probleme zur Sprache, die sich in vielen »fortschrittlichen« Bewegungen nach Hegel eingestellt haben. Sowohl der Inhalt der historischen Vernunft, der zukünftige vernünftige Zustand der Gesellschaft, wie die Form ihrer Verwirklichung sind nicht wirklich unabhängig vom »Prinzip der Individualität«.

Die Vernunft bzw. »das Allgemeine« hängen von den individuellen Taten ab, weil die Verwirklichung einer Gesellschaft, in der alle ihre Gaben und Fähigkeiten entwickeln können, je nach individueller Interpretation sehr unterschiedlich aussehen kann. Die guten Zwecke können auch »zur Hervorbringung einer Wirklichkeit mißbraucht werden« (286), die zur »Zerstörung« der Individualität führt. Im Namen der individuellen Entfaltung kann eine rigide Wohlfahrtsdiktatur durchgesetzt werden. Die gute Absicht und die Selbstlosigkeit der tugendhaften Revolutionäre sichert die Verwirklichung des an sich Guten nicht.

Dagegen beruft sich der Revolutionär auf die Logik der Geschichte und des Fortschrittes. Aber die Konzeption der Tugend enthält einen Widerspruch zwischen der Allmacht und der Ohnmacht der historischen Vernunft. Sie soll ja von den Taten der Individuen unabhängig sein, und doch bleibt sie ohne ihre »Vollstrecker« und ohne den Kampf gegen die »Reaktion« unwirklich. Das macht aber den Kampf zu einer »Spiegelfechterei« oder einer Selbsttäuschung, weil das, wofür gekämpft wird, sich ohnehin selbst verwirklicht. Also dürfen die geschichtlichen Tendenzen eigentlich gar nicht bekämpft werden.

Hegel nimmt hier ein notorisches Problem des »historischen Materialismus« vorweg, dessen Anhänger einerseits durch revolutionäre Aktivitäten den Fortschritt erzielen, andererseits die »Widersprüche« der Geschichte sich selbst entwickeln und verschärfen lassen wollten. Die »wahrhafte Stärke« der Revolutionäre liege in der »Einheit ihres Zweckes und des Wesens des Weltlaufes« oder darin, daß »das Gute an und für sich selbst sei, d. h. sich selbst vollbringe« (PhG, 287). In seiner Zweikampf-Metaphorik macht Hegel daraus einen »Hinterhalt [...] aus welchem das gute Ansich dem Weltlaufe [bzw. der reaktionären Partei] listigerweise in den Rücken fallen soll« (288). Man denkt an seine berühmte geschichtsphilosophische Metapher von der »List der Vernunft«, d. h. vom Fortschritt der Vernunft durch die ganz anders gemeinten Taten der Individuen.

Aber das an sich Gute und Notwendige des Geschichtsverlaufs läßt sich von den individuellen Taten in ihm nicht trennen. Dafür gibt es verschiedene Gründe. Zum einen sind auch die Tätigkeiten der eigennützigen Individuen Entfaltung von Fähigkeiten und Gaben. Zum anderen sind auch sie Teil der notwendigen Verwirklichung des an sich Guten. Dieses Allgemeine und Gute, die Vernunft in der Geschichte, verwirklicht sich durch die Taten der Individuen. Es ist »in alle Erscheinung des Weltlaufs, als das *Ansich* des Weltlaufs, unzertrennlich verschlungen« (287). Es darf daher auch nicht bekämpft werden: »Wo also die Tugend den Weltlauf anfaßt, trifft sie immer auf solche Stellen, die die Existenz des Guten selbst sind.« (Ebd.) Hier nimmt der metaphorische Kampf schon fast Don Quijotesche Züge an: Die Tugend darf gar nicht kämpfen, sondern muß ihr »Schwert blank erhalten« und die Waffen des Feindes »gegen sich selbst schützen« (288).

Die Tugend ist so in einen Widerspruch geraten, das bekämpfen zu müssen, was doch die Verwirklichung des Guten ist. Ihre Gegenseite ist davon zunächst frei. Für sie ist die moralfreie Individualität das Prinzip, der »nichts bestehend und absolut heilig ist«. Sie kann daher ohne Widerspruch kämpfen und verändern und hat auch den Weltlauf auf ihrer Seite. Denn für sie ist der Weltlauf nichts Verborgenes, sondern das Spiel der bewußten Individuen, das »wache seiner selbst gewisse Bewußtsein« (ebd.).

Bis dahin ist das Resultat ein Sieg des Weltlaufs und der reaktionären Partei über die Tugend: »der Weltlauf sollte die Verkehrung des Guten sein, weil er die *Individualität* zu seinem Prinzip hatte; allein diese ist das Prinzip der *Wirklichkeit*.« (289) Der Weltlauf wird durch die individuellen Taten wirklich, und seine »Vernunft« ist nur das Bewußtsein der Individuen über ihn. Die Verwirklichung des Guten ist nichts anderes als das Bewußtsein, das die Individuen über die geschichtlichen Ereignisse erlangen. Der Weltlauf »verkehrt das Unwandelbare, aber er verkehrt es in der Tat aus dem *Nichts der Abstraktion in das Sein der Realität*« (ebd.).

Die »Weltanschauung« der tugendhaften Weltverbesserung ist nichts »Reales«, sondern »Erschaffen von Unterschieden, welche keine sind.« Sie ist, wie schon erwähnt, »pomphaftes Reden« ohne klaren Inhalt. Hegel kontrastiert sie mit dem substantiellen Tugendbegriff der Antike: »Die antike Tugend hatte ihre bestimmte sichere Bedeutung, denn sie hatte an der *Substanz* des Volks ihre *inhaltsvolle Grundlage* und ein *wirkliches, schon existierendes* Gutes zu ihrem Zwecke; sie war daher auch nicht gegen die Wirklichkeit als eine *allgemeine Verkehrtheit* und gegen den *Weltlauf* gerichtet.« (290) Die Vorstellung eines Guten, die sich nicht in Rechten, Institutionen, Lebensformen und konkreten Gemeinschaftszielen artikulieren kann, ist leer, sie ist der Mantel, den der Tugendritter »als einen leeren Mantel fahren läßt« (ebd.).

Die These, die Individualität müsse dem allgemeinen Guten als einer nicht verwirklichten Idee aufgeopfert werden, ist unhaltbar, denn »die Individualität ist gerade die *Verwirklichung* des Ansichseienden«. Sie ist dann auch nicht leer und unbedeutend, sondern eben das Verwirklichen eines Allgemeinen gemeinsamer Sitten oder des Gemeinwohls, die bewußt gemacht und in Taten manifestiert werden. Damit aber ist »ebenso dasjenige besiegt worden und verschwunden, was als *Weltlauf* dem Bewußtsein des Ansichseienden gegenüberstand« (291). Da in der Erfahrung nicht bloß das idealisierte Allgemeine bzw. Gute unhaltbar wurde, sondern sich zugleich die Individuen als Vollstrecker von (realen) allgemeinen Ordnungen erwiesen haben, ist auch die These der Gleichgültigkeit des Weltlaufs gegenüber den »chaotisch« ihren Eigennutz verfolgenden Individuen widerlegt.

Die Tugendrevolutionäre opfern sich für eine abstrakte Idee mit angeblich geschichtsbestimmender Macht, die Verteidiger des Bestehenden dagegen sehen vor lauter individueller Freiheit die sozialen Muster und allgemeinen Ziele nicht mehr, die sich teils bewußt, teils unbewußt hinter dem Rücken der Individuen verwirklichen. Das Allgemeine, die Vernunft der Geschichte verwirklicht sich also im Tun und durch das Tun der Individuen.

Inhalt des Allgemeinen, Vernünftigen in der Geschichte waren aber selber die Gaben und Fähigkeiten der Individuen. Entwicklung und Darstellung der Fähigkeiten, Selbstoffenbarung, nicht Selbstbestätigung im anderen oder Umformung der sozialen Welt, sind Inhalt der Gestalten des dritten Teils des Vernunftkapitels. Das vernünftige Selbstbewußtsein »geht frisch *von sich* aus, und nicht auf *ein Anderes*, sondern *auf sich selbst*. Indem die Individualität die Wirklichkeit an ihr selbst ist, ist der *Stoff* des Wirkens und der *Zweck* des Tuns an dem Tun selbst. [...] Das

Element, worin die Individualität ihre Gestalt darstellt, hat die Bedeutung eines reinen Aufnehmens dieser Gestalt: es ist der Tag überhaupt, dem das Bewußtsein sich zeigen will.« (293)

Die Spannung, die in diesen Gestalten liegt und sich entwickelt, ist die zwischen der Allgemeinheit, die das Individuum »repräsentiert« – sei es die einer klassischen Humanität oder einer kantisch-aufklärerischen Vernunft –, und der Bestimmtheit, einerseits des Individuums, andererseits der aus dieser Vernunft hervorgehenden Regeln und Inhalte.

C. Die Individualität, welche sich an und für sich selbst reell ist

Die drei Gestalten dieses Kapitels sind das »geistige Tierreich und der Betrug oder die Sache selbst«, die »gesetzgebende« sowie die »gesetzprüfende« Vernunft. Die erste hat es mit Vorstellungen der Selbstentfaltung oder der Selbstverwirklichung im künstlerischen Werk und im Einsatz für eine Idee bzw. »Sache« zu tun. Historisch könnte es sich um Künstler- und Forscherideale zwischen Goethe (jetzt der des *Wilhelm Meister* statt des *Faust*) und den Gebrüdern Humboldt handeln.[61] In den beiden übrigen Abschnitten geht es um eine bestimmte Auslegung oder Weiterentwicklung der praktischen Philosophie Kants – die Beispiele sind hier eindeutig der *Grundlegung* und der *Metaphysik der Sitten* entnommen.

a. Das geistige Tierreich und der Betrug oder die Sache selbst

Schon die Überschrift des Kapitels macht den Kommentatoren Probleme.[62] Ist das »geistige Tierreich«, wie zuvor das Duell zwischen Tugend und Laster, nur ironisch-metaphorisch zu verstehen? Will Hegel damit nur die Geschäftigkeit und Eitelkeit des »Kunstbetriebs« bzw. der Intellektuellen karikieren? Greift er auf den

61 Hyppolite, *Genèse*, 287, vermutet mit Bréhier, 742, daß Hegel hier die Spezialisten, Professoren und Künstler im Blick habe, die ihrer Aufgabe einen absoluten Wert beimessen. Dann könnte mit der Erfahrung dieses Abschnittes der Übergang von der künstlerischen Selbstverwirklichung des »allseitig gebildeten« Individuums zum wissenschaftlich, religiös oder politisch einer Sache dienenden nachklassischen »Intellektuellen« auf den Begriff gebracht sein.

62 Eine Übersicht der Vorschläge bei Shapiro. Gram, 328, weist auf eine Stelle in Hölderlins *Hyperion* hin, an der Hyperion die ihn umgebenden Gelehrten als »geistiges Tierreich« bezeichnet (1. Bd., 1. Buch, Hyperion an Bellarmin 6, 19-23).

Naturzustand des Kampfes aller gegen alle zurück? Oder haben wir es mit einer Zuordnung zur Naturphilosophie zu tun?

Hegel parallelisiert jedenfalls die Selbstdarstellung der Individualität im Rahmen ihrer bestimmten Natur mit dem »Tierleben«, das – je nach Bestimmtheit der Art – in einem Element oder Biotop sich bewegt und entwickelt, dabei aber sowohl seine Individualität wie die Gattung erhält und zum Ausdruck bringt (vgl. PhG, 294 f.). Eine Entsprechung zum animalischen Leben ist auch viel passender als Anspielungen auf den Kampf um Ehre – den Hegel nie als »tierisch« versteht – oder gar das »Fressen und Gefressenwerden« der Intellektuellen in der bürgerlichen Gesellschaft, wie es von Marx beeinflußte Interpreten in den Text gelesen haben.[63]

Wörtlich kann aber auch diese Zuordnung nicht gemeint sein, denn anders als die Tiere, die weder von ihrer Individualität noch von ihrer Art etwas wissen, setzt sich das vernünftige Individuum die Darstellung seiner eigenen Natur im Handeln und einem bleibenden Produkt des Handelns selber zum Ziel. Es verwirklicht seine »besondere Fähigkeit, Talent, Charakter usf.«. Die Verwirklichung eines Zweckes ist die Übertragung eines zunächst nur im Bewußtsein Vorhandenen in eine soziale Wirklichkeit. Dabei soll die Identität des Inhalts trotz der verschiedenen Form des Innen und Außen, des bloß vorgestellten, betätigten und schließlich gegenständlich gewordenen Zweckes, erhalten bleiben. Vor allem soll aber den anderen der eigene Charakter unverfälscht dargestellt und dieser von ihnen auch verstanden werden. Auch hier spielen wieder handlungstheoretische Annahmen Hegels eine Rolle (vgl. o. 139).

Von dieser Identität des Inhalts ausgehend, kennt das vernünftige Selbstbewußtseins keine Differenz zwischen Wissen und Gegenstand. Es ist das Bewußtsein des »reinen Übersetzens *seiner selbst* aus der Nacht der Möglichkeit in den Tag der Gegenwart« und die Gewißheit, daß, »was in diesem ihm vorkommt, nichts anderes ist, als was in jener schlief« (299). In diesem Sinne ist es sich »seiner als absoluter Durchdringung der Individualität und des Seins gewiß« (300). Aber mit der Übersetzung seines Charakters in ein Werk macht es eine Erfahrung, die seine Gewißheit widerlegt.

Zunächst wiederholt sich auf höherer Stufe die Erfahrung der

63 Vgl. Shapiro, 231 f. u. 235 (mit Verweisen auf Marx, Lukács u. Kojève). Lukács (593) sieht in diesem Abschnitt generell das Verhältnis der Individuen zu den Gesetzen des »kapitalistischen Warenverhältnis[es]« vorweggenommen.

Unmöglichkeit einer reinen, von den sozialen Bezügen unberührten und unverfälschten Selbstdarstellung der Individualität. Das Werk, in dem die Gaben und Talente der Individualität sich entfalten und darstellen sollten, ist »in ein *Bestehen* hinausgeworfen, worin die *Bestimmtheit* der ursprünglichen Natur in der Tat gegen andere bestimmte Naturen sich herauskehrt, in sie eingreift wie diese andere in sie und sich als verschwindendes Moment in dieser allgemeinen Bewegung verliert« (ebd.). Schon das Bedürfnis, die eigene Individualität von anderen abzugrenzen, ist der Anfang der Verfälschung, die sich fortsetzt durch die Deutung der anderen, ihre Reaktion, ihre Selbstbehauptung etc.

Wie bereits das verwirklichte »Gesetz des Herzens«, so ist auch der dargestellte Charakter für die anderen eine »fremde Wirklichkeit«. Sie müssen ihre eigene Verwirklichung dagegen setzen (vgl. 301 f.). So kommt es wieder zu einem »Widerspiel« der »Kräfte und Interessen«. Wenn aber das Werk von den Deutungen anderer und von der Behauptung in einem Wettstreit mit ihnen abhängt, dann ist es von Zufällen abhängig und stellt die Individualität statt als »vollbracht« als »verschwindend« dar.

Mit dieser Erfahrung geht die Identität von Zweck und Realität, Innen und Außen, Tun und Sein etc. verloren. Hegel macht deutlich, daß der Gegensatz zwischen Bewußtsein und Sein oder Begriff und Realität, der »in den früheren Gestalten zugleich der Anfang des Tuns war«, sich hier als »Resultat« der Erfahrung ergeben habe (301). Wenn die Tat kein notwendiger und eindeutiger Ausdruck des Charakters ist, wenn zwischen Zweck und Mittel, Absicht und Tun, Werk und Deutung die Relation der Zufälligkeit besteht, dann ist es angemessen, von einer unaufhebbaren Differenz zwischen Bewußtsein und Sein zu reden.

Anders als in den früheren Gestalten, in denen das Wesen der *Gegenstände* gegen die zufälligen Auffassungsweisen »verteidigt« wurde, halt das vernünftige Individuum jetzt an dem Wesen seines *Zweckes* bzw. »Begriffs« gegen die Zufälligkeit der Verwirklichung fest. Hegel nennt dieses Wesen jetzt nicht mehr die Natur oder den Charakter des Individuums, sondern die »Sache selbst«.

Man kann dabei zum einen an ein Phänomen des Handelns denken, nämlich das Engagement der Individuen für Ideen oder Aufgaben, die sie für wichtig halten – seien es politische, wissenschaftliche oder künstlerische. Daß das Engagement für eine Sache mit dem Finden und Ausdrücken eines Charakters eng verbunden ist, kann man etwa den Romanen von Joseph Conrad entnehmen, die ein Jahrhundert später entstanden sind (vgl. z. B. *Nostromo*, *Herz der Finsternis* etc.). Der Begriff der Sache kann aber auch einen allgemeinen Zug an dieser »Gegenstandsauffassung« bezeichnen, nämlich das Bleibende in den zufälligen individuellen Taten und ihrer Umstände und Mittel (vgl. 303 f.).

Eine solche Bedeutung hat die »Sache« bzw. Sache selbst in der Hegelschen *Wissenschaft der Logik* (WL II, 119 ff.). Hier in der *Phänomenologie* ist sie ein »Sachverhalt«, der äußeren, anscheinend zufälligen Bestimmungen zugrunde liegt, etwas, das sie zusammenhält und ihnen Bedeutung verleiht.[64] Eine solche Sache hat quasi »Subjektqualitäten«: sie »äußert« sich, sie »hält zusammen« etc. Das gilt erst recht für eine Sache des Handelns, die in den verschiedenen zufälligen Weisen ihrer Verwirklichung identisch bleibt.

Die »Sache selbst« ist daher in der *Phänomenologie* die »Durchdringung der Wirklichkeit und der Individualität« (PhG, 304) bzw. der »Individualität und der Gegenständlichkeit selbst« (ebd.). Nur in bezug auf eine solche, in vielen Taten verfolgte vernünftige Sache haben die Mittel, Umstände und Ereignisse Bedeutung. Auf dieser Bedeutung durch und für das Handeln des Subjekts beruht nach Hegel »der Unterschied eines *Dings* und einer *Sache*« (ebd.). An diesen vernünftigen Sachen aber wiederhole sich die »Bewegung« der sinnlichen Gewißheit und der Wahrnehmung.

Man kann das an der weiteren Entwicklung des »geistigen Tierreichs« insofern erkennen, als der Versuch, das »Ansichsein«, das bleibende Wesen der Sache von den zufälligen Verwirklichungen im individuellen Tun zu trennen, zum Scheitern verurteilt ist. Die »Sache« wird dabei zu einem Leertitel, mit dem man alles rechtfertigen kann. Das Individuum kann jede »Weltbegebenheit«, die es interessiert oder auch »weiter nichts angeht, [...] zu der seinigen« (306) machen, sich damit »identifizieren«, wie man heute sagt, und sich dieses Partei-Ergreifen als Verdienst anrechnen. Sich für eine Sache einzusetzen, das pure »Engagement«, wird zur Lebenserfüllung und zum Selbstzweck der Individualität, egal welchen Inhalt die Sache hat. Sie ist von den Zufällen des äußeren Tuns der Individuen ja unabhängig. Hegel beschreibt und kritisiert hier

64 Z. B. die eigentlichen historischen Vorgänge hinter äußerlichen Prozessen: Entstehung des modernen Staates, Emanzipation des Individuums etc.

einen Aktivismus und Dezisionismus, der uns aus den intellektuellen Debatten der zweiten Hälfte unseres Jahrhunderts vertraut ist: ein humanistisches Engagement, das sich für alle möglichen Bewegungen und Gruppen einsetzt, unabhängig von deren konkreten Zielen und Taten, unabhängig vom Gelingen oder Scheitern der geplanten »Werke«. Wesentlich ist für diese Geisteshaltung die Aufrichtigkeit, der ehrlich altruistische Einsatz für eine Sache. Aber diese Aufrichtigkeit ist »nicht so ehrlich ... als sie aussieht« (307). Denn dem Individuum geht es nicht bloß um die Sache, sondern auch und vor allem um sein eigenes Tun oder zumindest sein passives Partei-Nehmen.

Es ist ihm »nur ums Tun und Treiben zu tun« (ebd.), die Sache soll »seine« Sache sein. Hegel geht es hier nicht um die – von ihm sonst selber kritisierte – Entlarvung alles Engagements als selbstbezogen, sondern um die Aufhebung der Unterscheidung von »An sich« der Sache und tatsächlich zufälliger Tat. Das Relativieren aller äußeren Erscheinungsformen – etwa der »wahre« Sozialismus unabhängig vom realen – und das Immunisieren der Sache gegen ihre Mittel und Werke ist unehrlich. So wie der Charakter sich in seinen Taten offenbart, so die Sache in den Taten und Werken der für sie eintretenden Individuen. Aber diese Wahrheit ist noch nicht für das »engagierte« Bewußtsein erkennbar. Es hält vielmehr an der Unterscheidung zwischen der Sache selbst und den Intentionen und Taten der sie verwirklichenden Individuen fest. Gerade dadurch jedoch wird aus der Verwirklichung der Individualität in der ehrlichen Parteinahme für die Sache ein »Spiel« der wechselseitigen Täuschungen.

Hegels polemische Darstellung des »geistigen Tierreichs« als der wechselseitigen heuchlerischen Betätigung für Sachen und Werke liest sich stellenweise (vgl. 309 f.) wie eine Kritik des »literarischen Betriebs«, der offenbar damals nicht anders war als heute. Da gibt es Künstler und Kritiker, beide vermeintlich an den Werken orientiert, in Wahrheit aber an eitler Selbstdarstellung. Stellenweise scheint Hegel schon die »Struktur der Öffentlichkeit« im Medienzeitalter vorweggenommen zu haben.

Aber diese Polemik hat einen handlungstheoretischen Hintergrund. Die Vorstellung, etwas um seiner selbst willen zu verwirklichen, umfaßt verschiedene Aspekte des Privaten und Öffentlichen, des Allgemeinen (Sachlichen) und des Persönlichen, die auf der Ebene eines abstrakten Verständnisses von vernünftigem Handeln nicht zu vereinbaren sind. Wer eine Sache ausführen will, hält sein eigenes Tun für unwichtig, andere könnten es genauso oder besser machen. Andererseits kann er zwischen seiner eigenen privaten Ansicht und der Sache selber nicht unterscheiden und muß daher jede Kritik oder jedes Eingreifen des Anderen zugleich als Angriff auf die Sache verstehen. Damit sehen sich die anderen getäuscht, denn offenbar geht es dem Individuum doch nicht bloß um die Sache, sondern um seine eigene Ansicht und Verwirklichung.

Es kann sich aber auch nicht jeder auf seine Sache beschränken, denn eine Sache (kein bloß persönlicher Wunsch) hat einen allgemeinen Charakter. Sie auszuführen ist eine Aufgabe für alle. Also kommt es erneut zu einem Konflikt über die richtige Ansicht und das richtige Mittel für die Sachen. Dabei fühlt sich jeder durch das Selbstinteresse des anderen betrogen.

Was in diesem wechselseitigen Betrug der »sachorientierten« Individuen erfahren wird, ist die Ununterscheidbarkeit von Sache und Tun sowie von individuellem und allgemeinem Handeln: »Das Bewußtsein erfährt beide Seiten als gleich wesentliche Momente und hierin, was die *Natur der Sache selbst* ist, nämlich weder nur Sache, welche dem Tun überhaupt und dem einzelnen Tun entgegengesetzt (ist) [...], sondern ein Wesen, dessen *Sein* das *Tun* des *einzelnen* Individuums und aller Individuen, und dessen Tun unmittelbar für *andere* oder eine *Sache* ist und nur Sache ist als *Tun Aller* und *Jeder.*« (310) Von den privaten Meinungen, Absichten und Taten unabhängige Sachen kann man nicht alleine kennen und isoliert verwirklichen. Sie sind Gegenstand gemeinsamen Handelns. Aber nach welchen Verfahren läßt sich bestimmen, was die Sache erfordert bzw. was vernünftig ist? Dies ist Gegenstand der beiden nächsten Abschnitte.

b. Die gesetzgebende Vernunft

Die praktische Vernunft, die für alle gültige Gesetze enthält, ist eine neue Stufe der Einheit von Selbstbewußtsein und Sein. Das neue »*Wahre ... ist* und *gilt* in dem Sinne, *an* und *für sich selbst* zu *sein* und zu *gelten*; es ist die *absolute Sache*« (PhG, 311). Ein solches Gelten ist weder eine dingliche noch eine bloß »intellektuelle« Wirklichkeit wie mathematische Größen oder Gesetze. Es ist für Hegel auch keine bloß intersubjektive oder kommunikative Beziehung, denn die Gültigkeit eines sittlichen Gesetzes bedeutet gerade Unabhängigkeit von individueller Zustimmung bzw. »Gewißheit«. Sie bedeutet andererseits nicht Herrschaft über das individuelle Selbstbewußtsein, sondern Bindung und Befriedigung zugleich: es »kann und will nicht mehr über diesen Gegenstand hinausgehen, denn es ist darin bei sich selbst: es kann nicht, denn er ist alles Sein und Macht« (312). Dieser »Gegenstand« hat die Struktur des Subjekts als immanente Unterscheidung, denn er ist zugleich die unterschiedslose Einfachheit sittlichen Geltens bzw. des Sittengesetzes und die Unterschiedenheit in besondere Gesetze.

Das Selbstbewußtsein des Individuums ist das Verständnis, die Reflexion, das »Fürsichsein« dieser sittlichen »Sache«. Es hat sie nicht erdacht oder erfunden, sondern weiß sie unmittelbar im sittlichen Bewußtsein bzw. in der »gesunden Vernunft, ... (die) unmittelbar weiß, was recht und gut ist« (313).

Auch bei Kant heißt Autonomie ja nicht Bewußtsein der Wahlfreiheit bezüglich moralischer Gebote, sondern Bewußtsein der unmittelbaren Teilhabe an der überpersönlichen, möglicherweise (wenn es andere Vernunftwesen gibt) auch übermenschlichen Vernunft, die diese Gesetze enthält. Auch für Kant gibt es ein alltägliches (»gemeines«) sittliches Bewußtsein, dem diese Gesetze ohne »Vernünfteln« gegeben sind, und die Moralphilosophie hat nur falsche Begründungen dafür (z. B. durch Eigennutz oder göttlichen Befehl) abzuweisen. Hegel hat in diesem Kapitel gerade diese behauptete Übereinstimmung mit der »gemeinen sittlichen Vernunft« zum Gegenstand. Geprüft wird der Anspruch, es gebe unmittelbar einleuchtende, zugleich konkrete und universale sittliche Gebote. Beispiele sind eine unbedingte bzw. vollkommene Pflicht, nämlich die Wahrheit zu sagen, und eine weite oder unvollkommene Pflicht, die zur Wohltätigkeit. Vollkommene Pflichten sind nach Kant solche, deren Nichterfüllung verboten ist, unvollkommene (oder verdienstliche) solche, bei denen sie erlaubt ist.

Was Hegels streckenweise »sophistisch« erscheinende »Prüfung« dieser Gesetze offenbar zeigen will, ist die Unhaltbarkeit des Verständnisses des Sittlichen als eines Systems einfacher vernünftiger Gesetze. Moralische Gesetze sind nicht universale Sätze über notwendige konkrete Inhalte, wie das sittliche Bewußtsein sie versteht. Der Satz, jeder soll die Wahrheit sprechen, bedeutet im Grunde: »*jeder solle die Wahrheit nach seiner jedesmaligen Kennt-*

nis und Überzeugung davon sprechen. – Damit aber hat sich das *allgemein Notwendige, an sich* Geltende, welches der Satz aussprechen wollte, vielmehr in eine vollkommene *Zufälligkeit* verkehrt. Denn daß die Wahrheit gesprochen wird, ist dem Zufalle, ob ich sie kenne und mich davon überzeugen kann, anheimgestellt; und es ist weiter nichts gesagt, als daß Wahres und Falsches durcheinander, wie es kommt, daß es einer kennt, meint und begreift, gesprochen werden solle.« (313)

Man könnte diese Darstellung leicht zurückweisen, indem man Hegel eine Verwechslung zwischen Wahrhaftigkeit und objektiver Wahrheit unterstellte. Das Wahrhaftigkeitsgebot gilt ja anscheinend uneingeschränkt, zum Aussprechen einer objektiven, aber unbekannten Wahrheit kann dagegen offenbar niemand verpflichtet werden. Es ist allerdings nicht klar, was das Lügenverbot oder Wahrheitsgebot eigentlich meint: zusätzlich zur Wahrhaftigkeit vielleicht doch noch eine Pflicht, sich so weit wie möglich um die Kenntnis der wahren Sachverhalte zu bemühen? Nach Hegel widerspricht diese »Verbesserung« des Satzes aber gänzlich der Unmittelbarkeit, die für Gebote der »gemeinen sittlichen Vernunft« nötig ist: »Die gesunde Vernunft sollte zuerst *unmittelbar* die Fähigkeit haben, die Wahrheit auszusprechen; jetzt aber ist gesagt, daß sie *wissen sollte*, d. h. sie nicht *unmittelbar* auszusprechen wisse.« (314) Aus dem Gebot, unbedingt und unmittelbar einen bestimmten Inhalt auszusprechen, ist das »Widersprechende« geworden, etwas Unbestimmtes (das jeweilige Wahre) zu wissen.

Es ist klar, daß Hegel hier nicht das Kantische Lügenverbot als in sich widersprüchlich widerlegt, sondern ein bestimmtes sittliches Bewußtsein kritisiert: Die einfachen unbedingten Gebote sind in Wahrheit keine unmittelbaren Anweisungen, etwas Bestimmtes zu tun. Sie sind in sich mehrstufig und mannigfach situations- und umständebezogen. Die unbedingte deontische Pflicht kann auch sehr bedingt und »situationsethisch« formuliert werden (wenn du von etwas nach den jeweils besten dir möglichen Anstrengungen überzeugt bist etc.). Sie enthält Graduierungen (beste Anstrengung, hinreichend überzeugt etc.), die Wahrscheinlichkeiten und (relativ) willkürliche Grenzziehungen einschließen.

Am Gebot der Nächstenliebe lassen sich ähnliche subjektive Zufälligkeiten und Graduierungen aufweisen: Man muß einschätzen, was für einen anderen Menschen gut bzw. sein »Wohl« ist und was ihm – jetzt oder auf die Dauer – schadet. Außerdem kommt hier hinzu, daß man seine spontane Wohltätigkeit in Beziehung setzen muß zur Rechts- und Sozialordnung eines Staates. Hegel deutet hier seine in der *Rechtsphilosophie* entwickelte Auffassung an, daß nur die institutionelle Hilfe des Staates die Sorge für das Wohl der Individuen auf ein dauerhaftes stabiles Fundament stellen kann, der gegenüber die private Wohltätigkeit etwas Ephemeres ist: »Das verständige wesentliche Wohltun ist aber in seiner reichsten und wichtigsten Gestalt das verständige allgemeine Tun des Staats – ein Tun, mit welchem verglichen das Tun des Einzelnen als eines Einzelnen etwas überhaupt so Geringfügiges wird, daß es fast nicht der Mühe wert ist, davon zu sprechen.« (314 f.) Dieser Gedanke liegt noch der berüchtigten »Aufhebung« der Moralität in Sittlichkeit in der späteren Rechtsphilosophie zugrunde (vgl. Siep, *Was heißt*).

Auch das Gebot der Nächstenliebe legt also keine unmittelbar gebotenen Handlungen fest. Es hat keinen Inhalt, der »an und für sich ist«, sondern nur bedingte Inhalte und ein unbestimmtes Sollen: »solche Gesetze bleiben nur beim *Sollen* stehen, haben aber keine *Wirklichkeit*; sie sind nicht *Gesetze*, sondern nur *Gebote*.« (315) Darin klingt zwar Hegels Kritik an Kants Verständnis von Sittlichkeit als einem nie ganz erfüllbaren Sollen an; aber entscheidend ist auch hier zunächst ein unmittelbares Verständnis sittlicher Gesetze als unbedingt gültiger, zugleich allgemeiner wie konkreter Handlungsanweisungen. Es scheint ein geradezu naturgesetzlicher Begriff von »Gesetz« impliziert zu sein, wie es in den Begriffen der *lex naturalis* sowohl in der stoisch-mittelalterlichen wie in der frühneuzeitlichen Ethik ja auch weitgehend der Fall war. Will man aber die individuellen und situativen Unterschiede des Wissens, der Glücksvorstellungen und der Gesellschaftsordnungen berücksichtigen und doch an einer strikten Allgemeingültigkeit festhalten, dann kann diese Allgemeinheit nur in der *Form* der Gesetze liegen: Sittliche Gebote müssen als allgemeine Gesetze gedacht und gewollt werden können. Ihre Verallgemeinerung darf nicht zu Widersprüchen führen.

c. *Die gesetzprüfende Vernunft*

Dies ist der Ausgangspunkt der dritten Gestalt der »sich selbst reellen«, sich verwirklichenden Vernunft. Sie scheint schon von ihrem Titel her auf die Kantische Formulierung des Kategorischen Imperativs als Gebot der Prüfung einer jeden Handlungsmaxime hinsichtlich ihrer Tauglichkeit zu einem allgemeinen Gesetz gemünzt. Aber Hegel versteht diese Tauglichkeit hier als eine allgemeine Widerspruchsfreiheit, wie sie auch in der vorkantischen Moralphilosophie schon verstanden wurde. Daß es möglich sein muß, eine Maxime als Prinzip einer allgemeinen Gesetzgebung zu wollen, heißt aber bei Kant offenbar mehr: Man muß sie sich als Satz innerhalb eines Gesetzessystems für Vernunftwesen denken können. Ob ein solches System ohne weitergehende Annahmen über die Natur dieser Wesen und die Inhalte ihres Wollens möglich ist, sei hier dahingestellt.[65]

Nach Hegel fragt das gesetzprüfende Bewußtsein dagegen, ob der Inhalt eines Gebotes (also nicht: jeder Maxime) widerspruchsfrei im Sinne von »sich selbst gleich« oder »tautologisch« ist. »Sich selbst gleich« heißt offenbar auch: für sich betrachtet, »isoliert«, nicht auf andere Gebote oder Zwecke bezogen (PhG, 317).

Sein Beispiel für eine solche Prüfung ist das Eigentum bzw. die »Frage, soll es an und für sich Gesetz sein, daß *Eigentum* sei« (317). Ganz für sich genommen, ohne Beziehung auf andere Zwecke (z. B. der Nützlichkeit), erfüllt der Begriff und das Gebot des Eigentums das Kriterium der Widerspruchsfreiheit. Aber sein Gegenbegriff, die Eigentumslosigkeit, sei es als Herrenlosigkeit oder Gütergemeinschaft, erfüllt das Kriterium ebenso. Beides zusammen kann – in der gleichen Rechtsordnung – nicht erlaubt und nicht geboten sein.

Wenn man diese Gebote bzw. Institutionen nicht »als einfache Bestimmtheit« versteht, sondern die Momente ihrer Bedeutung und Rechtfertigung unterscheidet, dann werden *beide* widersprüchlich. Für die Herrenlosigkeit oder Gütergemeinschaft spricht »der Gedanke, daß ein Ding dem nächsten selbstbewußten Leben nach seinem Bedürfnisse zufälligerweise zuteil werde« (318). Aber dieser Gedanke stimmt »nicht mit sich selbst überein«. Die beiden Momente »Bedürfnis« und »selbstbewußt« sind in

65 Kritisch dazu etwa Ricken, 97 ff.

dieser Rechtfertigung unverträglich. Bedürfnisse treten spontan auf und können vorübergehend sein. Zur »Natur des bewußten Wesens« gehört aber die Vorstellung seiner Bedürfnisse »in der Form der Allgemeinheit«, d. h. so, daß typische Bedürfnisse innerhalb der »ganzen Existenz« immer wieder auftreten. Deren Befriedigung will es durch ein »bleibendes« Gut sichern, d. h. durch ein verfügbares Eigentum.

Auf die gleiche Weise lassen sich aber auch in der Bedeutung und Rechtfertigung des Eigentums Widersprüche nachweisen. Sie gehen, wie bei der Eigentumslosigkeit, auf die Momente der zufälligen Einzelheit und der bleibenden Allgemeinheit zurück. Eigentum soll zugleich gebraucht werden und bestehen bleiben, es soll den anderen entzogen und doch von ihnen anerkannt werden, d. h. zugleich exklusiv individuell und allgemein sein. Auch der Eigentümer soll als ausschließendes Individuum und als allgemeines Rechtssubjekt zugleich gelten.

Daß man diese Momente durch eine gesetzliche Regelung des Eigentums nicht vereinbaren könne, hat Hegel freilich nicht gezeigt. Nimmt man seine eigene Eigentumstheorie in der *Rechtsphilosophie* hinzu, dann kann man sagen, daß der Begriff des Eigentums ohne »Entwicklung« bedeutungslos ist, daß in seiner Entwicklung aber gegensätzliche Momente auftreten – z. B. Ansprüche der Bedürfnisse und des institutionellen Willens, der Gruppe (Familie, Stand) und des einzelnen –, die in einem differenzierten Rechtssystem ausgeglichen werden müssen. Dieses System enthält bei Hegel sowohl Formen des exklusiven Privateigentums wie der Gütergemeinschaft (Familie) und der »sozialen« Eingriffe in das Privateigentum.[66] Zur Begründung und Entwicklung einer solchen konkreten Rechtsordnung trägt aber die Frage nach der Widerspruchsfreiheit bestimmter Gesetze gar nichts bei – so wenig wie Widerspruchsfreiheit über die Wahrheit theoretischer Sätze etwas aussagt (vgl. 319).

Die Erkenntnis, daß das Prüfen nur die Zufälligkeit der Inhalte der geprüften Gebote zutage bringt – sie sind ja ebenso möglich wie ihr Gegenteil –, bedeutet aber für das sittliche Bewußtsein noch mehr. Die im unmittelbaren sittlichen Bewußtsein gegebenen Gesetze lassen sich durch das Prüfverfahren nicht als notwendig und allgemein erweisen. Sie sind genauso gut begründet wie ihr Gegen-

66 Vgl. Siep, *Verfassung*, 298 ff.

teil, also zufällig und willkürlich. Das Resultat ist auch hier ein skeptisches. Damit wird ihr »Geben« ein willkürlicher Akt und ihr Befolgen ein Gehorsam gegen einen willkürlichen Gesetzgeber – wie im politischen Bereich der Tyrann: »Jenes unmittelbare Gesetzgeben ist also der tyrannische Frevel, der die Willkür zum Gesetze macht und die Sittlichkeit zu einem Gehorsam gegen sie.« (320)

Die Erfahrung der gesetzprüfenden Vernunft bringt also die ganze Voraussetzung der in der Individualität präsenten, von ihrer Willkür aber zugleich unabhängigen sittlichen Vernunft zu Fall.

Kants Stabilisierung der »gemeinen sittlichen Vernunft« öffnet sie also nach der Hegelschen Prüfung gerade ihrer skeptischen Verunsicherung. Das Resultat kann aber vom Philosophen selber positiv interpretiert werden – und dann stellt die Erfahrung den Übergang zum »Geist« dar. Wesentlich für diese Interpretation ist, daß die unbedingte, auch vom prüfenden Individuum unabhängige Geltung verbunden wird mit der Differenziertheit und der »Bewegung« der Bedeutungen, der sozialen Kontexte, Situationstypen usw. Dabei liegt der Akzent zunächst auf der »Überindividualität« des Korpus der Gesetze, Sitten und Institutionen.

Der Inhalt der sittlichen Vernunft muß von dem unmittelbaren Bewußtsein der »gebenden« und prüfenden Individuen unabhängig sein. Er ist »ein ewiges Gesetz, welches nicht in dem *Willen dieses Individuums* seinen Grund hat, sondern es ist an und für sich, der absolute *reine Willen Aller*, der die Form des unmittelbaren Seins hat« (321). Zugleich aber ist dieses »geistige Wesen« des Gesetzes keine den Individuen fremde Realität. Die Gesetze dieses Willens bzw. dieser sittlichen Vernunft sind »Gedanken seines eigenen absoluten Bewußtseins, welche es selbst unmittelbar *hat*« (ebd.). Es hat diese Gedanken allerdings nicht als unmittelbar glaubendes oder meinendes Individuum, sondern als eines, das »sich als einzelnes aufgehoben« hat und »unmittelbares Selbstbewußtsein der sittlichen Substanz« geworden ist (ebd.).

Die sittlichen Gesetze gelten nicht deshalb, weil sie von der autonomen Vernunft des Individuums bestätigt werden, sondern das Individuum ist vernünftig nur kraft seiner Übereinstimmung mit diesen Gesetzen. Es hat ein »einfaches klares *Verhältnis* zu ihnen. Sie *sind*, und weiter nichts.« Dies ist aber eine Form der Sittlichkeit, die nicht für das neuzeitliche Individuum kennzeichnend ist, das nur seiner eigenen Vernunft vertraut, sondern für die antike Sittlichkeit: »So gelten sie der *Antigone* des Sophokles als der Götter *ungeschriebenes* und *untrügliches* Recht.« (322) Die einfache Sittlichkeit einer unabhängig von der individuellen Prüfung geltenden Sitten- und Rechtsordnung ist für Hegel hier eine der Wahrheit näher kommende Einstellung als das moderne Autonomiebewußtsein: »Ob diese oder die entgegengesetzte Bestimmung das Rechte sei, ist *an* und *für sich* bestimmt; ich für mich könnte, welche ich wollte, und ebenso gut keine zum Gesetze machen und bin, indem ich zu prüfen anfange, schon auf unsittlichem Wege.« (323)

Gerade durch dieses »klare«, unbefragte Verhältnis ist das Individuum nicht von den sittlichen Gesetzen getrennt, nicht von etwas Fremdem beherrscht, sondern »ihr *Selbst* und *Willen*«. Aber das Wesen des Selbstbewußtseins ist ein Unterscheiden, Differenzieren und Negieren. Auch dieser Charakter muß in seiner Zugehörigkeit zur »sittlichen Substanz« erwiesen werden. Das selbstbewußte Individuum muß sich in den »Unterschieden« bzw. der »Gegliederung« der sittlichen Ordnung wiederfinden können, und diese muß als notwendige Bedingung der »Einheit des Wesens und des Selbstbewußtseins« (321) erkennbar sein. Wie eine solche Ordnung beschaffen ist, ist in der *Phänomenologie* allerdings nur in Ansätzen und erst nach einem Weg zu erkennen, der über viele einseitige Auslegungen und umkehrende Erfahrungen einer philosophisch interpretierten »Weltgeschichte der Sittlichkeit« verläuft.

(BB) Der Geist

VI. Der Geist

Mit dem Übergang zum Geist ist eine Zäsur in der *Phänomenologie* erreicht. Das macht Hegel in der Einleitung dieses Kapitels hinreichend deutlich. Der Geist ist das *»anundfürsichseiende Wesen* [...], welches sich zugleich als Bewußtsein wirklich [ist] und sich sich selbst vorstellt« (325). Diese Selbsterkenntnis ist allerdings am Beginn des Kapitels noch nicht abgeschlossen, sie durchläuft wieder eine Reihe von Entwicklungsstufen, die jetzt aber nicht mehr »Gestalten nur des Bewußtseins«, sondern »Gestalten einer Welt« sind. (326)

Befolgt die *Phänomenologie* ab dem Geistkapitel eine völlig andere Methode? Ist von einer Erfahrungsgeschichte des Bewußtseins nicht mehr die Rede? Diese These wird in der Forschung häufig vertreten. Daß sie zutrifft, ist, wie ich bei der Erläuterung der Vorrede gesagt habe, schon deshalb unwahrscheinlich, weil Hegel in diesem nach Abschluß des gesamten Werkes geschriebenen Text den Begriff »Erfahrung des Bewußtseins« noch für das ganze Werk benutzt. Es kommt auch im Geistkapitel noch zur Entwicklung von Widersprüchen zwischen den Gegenstands- und Wissens- bzw. Handlungskonzeptionen. Als Grundlage der epochalen Gestalten zeigen sich nach wie vor begriffliche Dichotomien, die unhaltbar werden bzw. deren Termini ineinander umschlagen.

Was ändert sich dann mit dem Geistkapitel? Daß wir es jetzt mit »Gestalten einer Welt« zu tun haben, scheint zu bedeuten, daß erst jetzt von historischen Abläufen die Rede sein kann. In der Tat können die Gestalten des Geistes als eine Folge von Epochen vom »tragischen Zeitalter« der frühen Griechen bis zur »moralischen Weltanschauung« des postrevolutionären und nachkantischen Deutschland verstanden werden.

Das Religionskapitel beginnt die Folge dann freilich noch einmal, mit einem wesentlich früheren Anfang in den orientalischen Religionen. Hegels Begriff von Religion umfaßt zudem die gesamte Kultur der Völker, sofern es in ihr eine absolute Wahrheit und einen absoluten Gegenstand gibt. Dagegen sind die in der *Phänomenologie* erörterten Gestalten des Geistes *vor* dem Religionskapitel (abgesehen vom »theoretischen« Streit zwischen Aufklärung und christlichem Glauben) überwiegend Gestalten des »objektiven« Geistes (in Hegels späterer Terminologie) – also Gestalten der sozialen Welt, des sittlichen Handelns und des moralischen Bewußtseins.

Da auch die bisherigen Gestalten schon Erfahrungen historischer Epochen in Anspruch genommen haben – etwa die Entwicklung des mittelalterlichen Christentums oder der neuzeitlichen experimentellen Wissenschaften –, fällt es schwer, diesen Unterschied zwischen »Gestalten des Bewußtseins« und »Gestalten einer Welt« wirklich am Text zu verifizieren. Allenfalls kann man sagen, daß es bei den bisherigen Gestalten in der Tat um einseitige Aspekte einer Kultur ging. Es ist aber nicht leicht zu sehen, daß das Mittelalter einseitiger durch das Christentum charakterisiert wäre als Rom durch sein Rechtssystem.

Immerhin: da die bisherigen einseitigen Aspekte in eine systematische, zum Geist führende Sequenz geordnet waren, konnten sie auch in einer Reihenfolge dargestellt werden, die der historischen Abfolge nicht immer entsprach. Das ist mit dem Beginn des Geistkapitels nicht mehr möglich.

Was bedeutet es, daß die bisherigen Gestalten einem Bewußtsein angehörten, das »von der Substanz in der Tat noch als Einzelnes unterschieden« war (324)? Handelte es sich, wie einige Interpreten meinen, bisher um individuelle Erfahrungen? Wie sollte man aber das Schicksal des vormodernen jüdisch-christlichen Glaubens (»unglückliches Bewußtsein«) oder das der neuzeitlichen experimentellen Wissenschaft (»beobachtende Vernunft«) als individuelle Erfahrung verstehen können? Es kann nur gemeint sein, daß die diesen geistigen Einstellungen zugrundeliegenden Überzeugungen noch von der ontologischen Differenz zwischen der – nur in Individuen instantiierten – Subjektivität und der Wirklichkeit, gerade auch der sozialen, ausgegangen sind. Diese Wirklichkeit galt als ontologisch von grundsätzlich anderer Art als das individuelle Subjekt.

Es ist schon gesagt worden (s. o. 124), daß Hegel ähnlich wie manche heutige Philosophen (z. B. Davidson und McDowell) den ontologischen Dualismus zwischen einem Reich der Begriffe oder der Subjektivität und einem Bereich außerhalb des Begrifflichen (materiell, sinnlich, an sich) überwinden will. Es gibt kein Außerhalb, es gibt nur verschiedene Entfaltungs- und Gegebenheitsweisen des »Netzes« der Begriffe: im Anschauen oder im Denken, im Bewußtsein, in der Natur oder der Kultur. Diese Bereiche sind aber nicht nur vom *logos*, von Gesetzen und Kategorien beherrscht, sondern auch vom Sichdenken (aristotelisch: der *noesis noeseôs*) bzw. der Subjektivität. Die eigentliche Wirklichkeit ist nicht nur begrifflich, sondern vordringlich das Bewußtwerden, die Reflexion der Begriffe.

Hegel hat in seiner Logik darzustellen versucht, daß solche Reflexivität schon der Bedeutungsentwicklung (Differenzierung und »Verflechtung«) der Begriffe angehört. Um die vom Dualismus überzeugten Positionen zu dieser »Wahrheit« zu führen, sind aber diejenigen »Realitäten« viel naheliegender, die zum Bereich des Sozialen, Kulturellen, Institutionellen gehören. Zumindest *vor* der modernen Trennung des »autonomen« Ich von aller, auch der sozialen Wirklichkeit war deren Subjektivität eine Selbstverständlichkeit: Das Individuum verstand sich als Moment eines Volkes, dessen Sitten, Gesetze, Tugendvorstellungen, ja dessen im »Stadtgott« personifiziertes gemeinsames Bewußtsein in ihm lebendig waren, sein Handeln und Denken beherrschten. Daß Geistiges primär oder nur in Individuen existieren kann, ist eine historisch sekundäre Überzeugung. In der europäischen Neuzeit wurde sie dominierend – bis zum »methodischen Individualismus« der modernen Sozialwissenschaften, für die Denken und Handeln nur den Individuen zugeschrieben werden kann.

Für seine grundsätzliche ontologische und epistemologische These von der Begrifflichkeit *und* Subjektivität der außerindividuellen – sozialen und natürlichen – Wirklichkeit sind für Hegel der Begriff und die Gestalten des objektiven Geistes also von besonderer argumentativer Bedeutung. Seine Intention ist dabei nicht die Zurückführung aller Theorie auf soziale Mächte und Interessen (und seien es »Erkenntnisinteressen«), wie manche Interpreten glauben, sondern die Erörterung von »Phänomenen«, in denen sich die grundlegende Struktur der Wirklichkeit, Selbsterkenntnis der Begriffe und Selbstreflexion eines »objektiv Vorhandenen« Geistigen (Volk, Verfassung, »Kultur«) zu sein, besonders deutlich zeigt – die nach Hegel gleichsam erst »kürzlich« aus dem Bewußtsein verschwunden ist.

Die historischen »Spuren« des Dualismus hat Hegel in den früheren Kapiteln der *Phänomenologie* ausgemacht, die insofern zur Genealogie der Moderne gehörten. Die Überzeugung, es gebe außerhalb des individuellen Subjekts nur nicht-subjektive Gegenständlichkeit, Dinglichkeit, materielle Substantialität oder unerkennbares Ansichsein, hat, wenn auch in unterschiedlichen Formen und abnehmenden Graden, auch die bisherigen Gestalten des Bewußtseins, des Selbstbewußtseins und der Vernunft beherrscht – nicht die Erfahrungen einzelner Individuen. Insofern solche theoretischen Überzeugungen in der Tat einseitige Denkweisen sind, die nach Hegel den vollständigen Geist voraussetzen – einen Geist, der Individualität und Sozialität, Kultur und Natur umfaßt –, kann er sagen, daß »alle bisherigen Gestalten ... Abstraktionen« des Geistes sind. Vom umfassenden Geistbegriff aus, der in den einseitigen Gestalten und ihren Selbstprüfungen ebenso tätig war wie in der Tätigkeit des Philosophen, der sie dargestellt hat, gilt in der Tat: »Sie [sc. die bisherigen Gestalten] sind dies, daß er sich analysiert, seine Momente unterscheidet, und bei einzelnen verweilt.« (325) Sie sind nur »Schein« (ebd.), weil der umfassende Begriff des Geistes in ihnen nicht bewußt ist. Erst mit dem Geistkapitel beginnt eine interne Entwicklung der »wahren« Realität – aber auch sie erfolgt noch über einseitige Theorien und »abstrakte« Formen des kulturellen Selbstverständnisses. Doch zunächst ein Überblick über die Gliederung des Kapitels.

Nach den verschiedenen Zählungen des Inhaltsverzeichnisses ist das Kapitel das sechste von acht mit römischen Zahlen gekennzeichneten – oder nach den lateinischen Buchstaben das zweite Kapitel des dritten Teils (C), der Vernunft (AA), Geist (BB), Religion (CC) und absolutes Wissen (DD) umfaßt. Es ist das längste Kapitel des ganzen Buches. Die Einleitung unterscheidet den Geist von der Vernunft und gibt einen Vorblick auf die Entwicklung; die drei Hauptstufen haben es mit dem »wahren«, dem »entfremdeten« und dem »seiner selbst gewissen« Geist zu tun.

In der »Vernunft« als einer Stufe der Wahrheits- und Gegenstandsauffassungen der *Phänomenologie* bleibt die Überzeugung der Einheit von Gegenständlichkeit und Subjektivität noch formal. Das Bewußtsein ist »von der Substanz in der Tat noch als ein Einzelnes unterschieden, gibt entweder willkürliche Gesetze oder meint, die Gesetze, wie sie an und für sich sind, in seinem Wissen als solchem zu haben, und hält sich für die beurteilende Macht derselben« (324). Im Geist dagegen ist, wie schon gesehen, das Wissen und Tun der Individuen nur das Selbstbewußtsein der sittlichen Ordnung selber. Der Geist ist »das *Selbst* des wirklichen Bewußtseins, dem er oder vielmehr das sich als gegenständliche wirkliche *Welt* gegenübertritt, welche aber ebenso für das Selbst alle Bedeutung eines Fremden, so wie das Selbst alle Bedeutung eines von ihr getrennten, abhängigen oder unabhängigen Fürsichseins verloren hat« (325).

Der Geist ist also eine sich durch das Tun und Denken der Individuen erzeugende und verändernde Ordnung, die gleichwohl von den Individuen auch unabhängig ist. Sie ist durch die Absichten und Taten von Individuen nicht direkt, sondern nur über kollektive und »historische« Prozesse zu ändern. Insofern ist sie einerseits von den *einzelnen* Individuen unabhängig, die durch ihr bewußtes Tun und unbewußtes Verhalten gemeinsame Verhaltensmuster erzeugen oder Gesetzen folgen. Zum anderen ist diese Ordnung auch von den *kollektiven* »Handlungen« von Gruppen, Völkern und Epochen unabhängig, insofern diese ebenfalls ihre historische

»Rolle« nicht selbst bestimmen und oft auch nicht erkennen können. Der Philosoph kann aber darin eine Art »Vorsehung« erkennen, nämlich die »Logik« eines Prozesses, der sich auf die Freiheit und Selbsterkenntnis des Geistes hin entwickelt. Die »Stufen« dieses Prozesses lassen sich im nachhinein mit Kategorien einer spekulativen Logik und Semantik verständlich machen.

Von diesem Geist, so sagt Hegel in der Einleitung zu Kapitel VI, sind »alle bisherigen Gestalten Abstraktionen« (325). Als diese Gestalten nennt er dann (nach den Kapiteln A, B, C und der späteren Einteilung der Phänomenologie in der *Enzyklopädie*) Bewußtsein, Selbstbewußtsein und Vernunft. Diese Abstraktionen oder Momente »existieren« nur in ihm. Sie sind Aspekte dieser selbständigen, ihrer selbst bewußten Ordnung. Philosophien, Naturanschauungen, praktische Weltanschauungen etc. sind zum einen unselbständige Momente einer »Kultur«. Zum anderen sind sie Aspekte der umfassenden »Wahrheit« der selbstbewußten, sich als gegenständliche Wirklichkeit wissenden Vernunft. In dieser Hinsicht können sie vom erreichten Standpunkt des Geistes aus als dessen einseitige Selbsterkenntnis betrachtet werden. Hegel bezeichnet sie geradezu als isolierte »Momente der Analyse« des Geistes selbst (326). Die Vernunft ist dabei das Bewußtsein, daß die vom Selbstbewußtsein unabhängige Wirklichkeit selber die Struktur und die Momente von Subjektivität hat, d. h. eine sich immanent unterscheidende gedankliche Ordnung ist. Aber diese Struktur wird noch vom Selbstbewußtsein und seiner unmittelbaren Selbstgewißheit und seinem »privaten« Urteil unterschieden. Die Vernunft der Wirklichkeit ist nicht im Individuum und auch nicht in den Erscheinungen der sozialen Welt präsent und als solche gewußt: »Diese Vernunft, die er [sc. der Geist] *hat*, endlich als eine solche von ihm angeschaut, die Vernunft *ist*, oder die Vernunft, die in ihm *wirklich* und die seine Welt ist, so ist er in seiner Wahrheit; er *ist* der Geist, er ist das *wirkliche sittliche Wesen*.« (Ebd.)

Die »Wahrheit« des Geistes, mit der seine eigene Entwicklung anfängt, ist aber noch nicht die ganze Wahrheit. Es ist bemerkenswert, daß Hegel die Entwicklung des Geistes mit dem »wahren Geist« beginnt. Zwei Deutungen bieten sich dafür an: Zum einen beginnt die Entwicklung hier nicht mit einer subjektiven Gewißheit, einem »für wahr *Halten*« des Individuums, sondern mit einer Übereinstimmung von individueller Überzeugung und öffentlichem Gelten. Die Sitten eines Volkes gelten und sind als solche bewußt, sie werden nicht mehr für wahr gehalten, *weil* sie einen subjektiven Grund der Gültigkeit haben. Die Reflexion, die subjektive Gewißheit, entwickelt sich erst aus dieser unbefragten Übereinstimmung.

Die zweite Deutung geht davon aus, dass in dieser ersten Gestalt das Telos der Entwicklung, die Übereinstimmung der Sitten und Überzeugungen, schon vorgezeichnet ist. Zwischen der öffentlichen Geltung und dem habituellen Leben einerseits sowie der subjektiven Reflexion und Gewißheit andererseits soll eine dauerhafte, »reflexionsfeste«, aber nicht von ständiger Prüfung abhängende Übereinstimmung herrschen. Prüfung der Rechtmäßigkeit von Sitten und Regeln muß selber zum gesicherten öffentlichen Verfahren werden, das freilich von einem religiös-philosophischen, gemeinsamen Gewissensprüfungs- und -bildungsprozeß begleitet wird (vgl. dazu u. 215). Dieses Ziel wird in der *Phänomenologie* gar nicht mehr im Geistkapitel, sondern erst im Religions- und Philosophiekapitel (»absolutes Wissen«) erreicht. Doch hat Hegel diese Kapitel schon 1805 der Geistphilosophie im weiteren Sinne zugeordnet und später als deren letzten Teil, unter dem Titel »absoluter Geist«, konzipiert.

Hier in der *Phänomenologie* umfaßt das Geistkapitel die Gestalten des späteren »objektiven Geistes«: Sittlichkeit, Recht und Moralität. Während aber in der späteren *Rechtsphilosophie* die Sittlichkeit auf das abstrakte Recht und die Moralität folgt, beginnt die Entwicklung hier mit der Sittlichkeit. Historisch gesehen freilich mit ihrer »naiven« Form vor der Emanzipation des Subjekts. Hegel stützt sich auf die ältere griechische Tragödie (Aischylos und Sophokles). Mit dieser historischen Darstellung sind systematische Überlegungen über die Familie und ihr Verhältnis zum Staat sowie zum Wesen der Geschlechter verbunden. Die gleiche Verknüpfung historischer und systematischer Darstellung kennzeichnet die Behandlung des Privatrechts als des bestimmenden »Geistes« der römischen Welt. In dieser geht die Sittlichkeit, wie Hegel formuliert, »in der formalen Allgemeinheit des Rechts unter« (326). Im römischen Recht der Person und ihrer privaten Verfügung über die Sachen ist das individuelle Selbstbewußtsein zum Inhalt der allgemeinen Sitten selber geworden. Aber das öffentliche Leben hat dadurch seine gemeinsamen Ziele und verbindenden Lebensformen verloren. Der Geist ist wieder in einen öffentlichen und privaten, gegenständlichen und subjektiv-reflexiven Geist entzweit.

In der zweiten Form des Geistes entwickelt sich dieser Gegensatz zu einem Gegensatz zweier »Welten« bzw. Reiche: einer diesseitig-gegenständlichen der öffentlichen Kultur und einer jenseitigen, im »Elemente des Gedankens« entfalteten, der »Welt des Glaubens«. Hegel stellt in diesem mittleren Abschnitt die Entwicklung der europäischen Kultur von der mittelalterlich-feudalen Welt bis zur Französischen Revolution dar. In diese Darstellung ist aber wieder ein systematisches Thema der Sittlichkeit verwoben: das Verhältnis der arbeitsteiligen, »Reichtum« produzierenden Gesellschaft (in der Terminologie der *Rechtsphilosophie*: der bürgerlichen Gesellschaft) zum Staat.

Anders als in der *Rechtsphilosophie* sind diese »sittlichen Mächte« hier aber nicht als solche dargestellt, die die moralische Reflexion und das Recht des Einzelnen zur Geltung kommen lassen. Vielmehr vertieft sich der Gegensatz zwischen der subjektiven Freiheit und den sozialen Ordnungen in ihnen bis zur Entfremdung. Das Individuum wird sich – historisch in Reformation und Aufklärung – seiner Fähigkeit und seines Rechts auf Einsicht bewußt. Auf dieser beruht, anders als im Vernunftkapitel, nun seinerseits eine ganze sittlich-moralische Kultur: die Moral, Religion (Deismus) und Sozialordnung der Aufklärung.

Es ist dies aber eine Kultur der zunehmenden Relativierung alles »Bestehenden«, sowohl im ontologischen wie im moralischen Sinne. Diese Relativierung und »Verwirrung« aller Unterscheidungen führt schließlich wieder in eine Subjektivierung des Verständnisses der geistigen Wirklichkeit: »Das in das *Diesseits* und *Jenseits* verteilte und ausgebreitete Reich kehrt in das Selbstbewußtsein zurück, das nun in der *Moralität* sich als die Wesenheit und das Wesen als wirkliches Selbst erfaßt.« (327) Die Moralität erscheint hier also als die höchste Form des Geistes. Aber die in der Moralität erreichte Versöhnung von öffentlicher Sittlichkeit und persönlicher Überzeugung ist für sich wieder inhaltslos und abstrakt. Sie muß ergänzt werden durch eine gedankliche und öffentlich tätige Gestaltung der Momente des Geistes, wie sie die Religion darstellt. Die Kulturgeschichte als Entwicklung und Selbstreflexion des Geistes wird daher im Religionskapitel noch einmal wiederholt. Erst die Abschlüsse beider Entwicklungen zusammen ergeben in philosophischer Einsicht das wahre Wissen des Geistes bzw. das »absolute Wissen.«

A. Der wahre Geist. Die Sittlichkeit

Hegel gibt in den ersten beiden Abschnitten dieses Kapitels eine teils systematische, teils historische, vor allem an der griechischen Tragödie orientierte Deutung des Verhältnisses von Familien- und Staatssittlichkeit. Er bezieht sich vor allem auf die *Antigone* des Sophokles, aber auch auf die *Orestie* und auf Aischylos' *Sieben gegen Theben*. Der historische Prozeß, den Hegel vor dem Hintergrund systematischer Spannungen und »Erfahrungen« deutet, führt zum Untergang der griechischen Polis in der römischen Welt, deren eigene »Sittlichkeit« durch das römische Recht bestimmt ist. Die interne Widersprüchlichkeit eines auf das Privatrecht beschränkten Gemeinwesens ist Gegenstand des dritten Abschnitts unter dem Titel »Rechtszustand«.

a. Die sittliche Welt. Das menschliche und göttliche Gesetz, der Mann und das Weib

In diesem Abschnitt ist von einer Erfahrung noch nicht die Rede. Es heißt an seinem Ende: »Das sittliche Reich ist auf diese Weise in seinem *Bestehen* eine unbefleckte, durch keinen Zwiespalt verunreinigte Welt. Ebenso ist seine Bewegung ein ruhiges Werden der einen Macht desselben zur anderen, so daß jede die andere selbst erhält und hervorbringt. Wir sehen sie zwar in zwei Wesen und deren Wirklichkeit sich teilen; aber ihr Gegensatz ist vielmehr die Bewährung des einen durch das andere.« (341) Die beiden Mächte oder Weisen der Wirklichkeit sind zwei unterschiedliche Weisen der Integration des Einzelnen in die unbedingt geltenden Sitten einer Gruppe.

In der Familie ist der Einzelne Zweck der gegenseitigen Sorge und Solidarität. Hegel sagt hier, die »sittliche Beziehung der Familienmitglieder« sei »nicht die der Empfindung oder das Verhältnis der Liebe« (331). Die Solidarität in der Familie muß dauerhaft und von zufälligen Empfindungen unabhängig, sie muß auch eine Pflicht sein. In der *Rechtsphilosophie* spricht Hegel dann von der »rechtlich-sittlichen Liebe« (GPR, § 161, Zus.). Sie gilt dem Familienmitglied als ganzem oder »allgemeinem«, nicht nur einzelnen Bedürfnissen, sondern dem ganzen Leben und auch, wie Hegel mit Beziehung auf Antigone sagt, dem »*Toten*, der aus der langen Reihe seines zerstreuten Daseins sich in die vollendete *eine* Gestaltung zusammenfaßt und aus der Unruhe des zufälligen Lebens sich in die Ruhe der einfachen Allgemeinheit erhoben hat« (PhG, 332).

Diese unbefragte, nicht durch einklagbare Rechte zu sichernde Pflicht zur lebenslangen und über das Leben hinaus reichenden Solidarität mit dem Familienangehörigen nennt Hegel das göttliche Gesetz. Dabei ist der Begriff »göttlich« sicher auch Ausdruck der Tatsache, daß die Institution der Familie nicht auf rationale Vereinbarungen zurückgeht, sondern auf die Kräfte der Natur und ihre Deutung im Mythos und in der Religion.

Die andere Weise der Sittlichkeit ist das Gemeinwesen oder das »menschliche Gesetz«. Hier ist der Einzelne einerseits in seinen Rechten als Bürger und Privatrechtsperson Zweck der öffentlichen Tätigkeiten: »Das Gemeinwesen mag sich also einerseits in die Systeme der persönlichen Selbständigkeit und des Eigentums, des persönlichen und dinglichen Rechts, organisieren.« (335) Es hat diese Systeme aber auch seinem eigenen Bestehen unterzuordnen und darüber hinaus »von Zeit zu Zeit durch Kriege zu erschüttern«. Den Individuen, die sich durch die Verselbständigung der Institutionen des Privatrechts und des Eigentums »vom Ganzen losreißen«, muß die Polis – später der Staat – auf diese Weise »ihren Herrn, den Tod, zu fühlen [...] geben« (ebd.).

Hegel hat schon in der frühen Jenaer Schrift *Die Verfassung Deutschlands* (vgl. TWA 1, 461-551) den Zusammenbruch des alten Reichs im Ansturm der Revolutionsheere auf den Eigennutz und die privatrechtlichen Beziehungen zwischen Individuen bzw. Ständen und Staat zurückgeführt. Der Krieg als Instrument der Versittlichung der Bürger ist ein alter Gedanke – seit Platon wird die Kardinaltugend der Tapferkeit im wesentlichen in kriegerischem Mut und Aufopferung für das eigene Gemeinwesen gesehen. Noch für Kant hat die ritterliche Form von Kriegen der Vergangenheit, wenngleich nicht mehr die der modernen Armeen, eine versittlichende Funktion.[67]

Hegel entfaltet die beiden »Gesetze« oder Formen des sittlichen Geistes weiter in ihre interne Differenzierung. Zur Struktur der Familie gehören drei »Verhältnisse«, die von Mann und Frau, Eltern und Kindern sowie der Geschwister. Hegel stellt sie als eine »lebendige Bewegung« dar. Die ersten beiden Verhältnisse hatte er schon in den geistphilosophischen Entwürfen der vorausgehenden

67 *Zum ewigen Frieden*, 365.

Jahre – in einer Auseinandersetzung mit der aristotelischen Theorie des Oikos – als einen Prozeß des sich Erkennens im anderen dargestellt.[68] Im Kind wird den Eltern ihre eigene Vereinigung »gegenständlich«. Nach der *Phänomenologie* sind aber in beiden Verhältnissen die natürlichen und die sittlichen – von der Institution der Familie und ihren Pflichten geprägten – Beziehungen noch in einer Spannung. Erst im Verhältnis der Geschwister als Bruder und Schwester ist die wechselseitige Anerkennung »rein und unvermischt mit natürlicher Beziehung« (337).

Hegel verbindet offenbar seine *Antigone*-Interpretation mit einer allgemeinen These über das Verhältnis von natürlichen und sittlichen Beziehungen in der Familie. Seine Ausführungen über die verschiedenen Familienrollen (Mutter, Tochter etc.) sowie über den Charakter der Begierde, der Emotionen und des Bewußtseins bei Mann und Frau sind ebenso differenziert wie konventionell.[69] Von der »alteuropäischen« Rollenverteilung weicht er nicht ab, sondern sucht sie über die Zuordnung der beiden Formen der Sittlichkeit zu den »natürlich unterschiedenen Selbstbewußtsein[en]« von Mann und Frau zu begründen. Die »Frau bleibt der Vorstand des Hauses und die Bewahrerin des göttlichen Gesetzes« (338), d. h. der Ordnung und der Pflichten der Familie. Der Mann dagegen besitzt »als Bürger die selbstbewußte Kraft der Allgemeinheit« (337).

Zwischen beiden Formen der Sittlichkeit und beiden Geschlechtern besteht eine Spannung, die sich im Zuge der Emanzipation des Individuums zum Gegensatz entwickelt. In der sittlichen Welt, historisch der Epoche des archaischen und klassischen Griechenland, war sie aber noch in einer spannungsvollen Harmonie. »Die allgemeinen sittlichen Wesen sind also die Substanz als Allgemeines und sie als einzelnes Bewußtsein; sie haben das Volk und die Familie zu ihrer allgemeinen Wirklichkeit, den Mann aber und das Weib zu ihrem natürlichen Selbst und der betätigenden Individualität.« (339) Das Verhältnis beider zueinander ist auf dieser Stufe ein »ruhiges Gleichgewicht aller Teile«, und das Ganze ist eine »durch keinen Zwiespalt verunreinigte Welt« (340 f.).

Hegel sieht in dieser sittlichen Welt den »Zweck« erreicht, den die Vernunft in ihren Gestalten vergeblich zu verwirklichen suchte.

68 Vgl. Siep, *Der Kampf*, 174-192.

69 Eine kritische Auseinandersetzung mit Hegels Geschlechtermetaphysik in diesem Abschnitt bei Mills.

Er zeigt (339 f.), wie alle Intentionen sowohl der beobachtenden wie der praktischen Vernunft hier erfüllt sind. Und zwar in einer Weise, die nicht mehr zwischen dem Subjekt und dem »Vorgefundenen« trennt und keinen Konflikt mehr zwischen der privaten Intention des Einzelnen (als Lust, Gesetz des Herzens und Tugendgewißheit) und den Regeln und Mächten der sozialen Welt aufkommen läßt. An die Stelle der »substanzlosen Gebote« der gesetzgebenden Vernunft sind die konkreten Bindungen und Pflichten von Familie und Staat getreten, die selber einen »inhaltsvollen, an ihm selbst bestimmten Maßstab« dessen darstellen, »was getan wird« (340).

Diese Erfüllung und Harmonie hängen ab von dem Ausgleich des männlichen und weiblichen Prinzips, das in vernünftiger Form selber ein Schluß ist. In beiden notwendigen »Extremen«, dem göttlichen (mythischen) und dem menschlichen Gesetz bzw. der Familie und dem Staat (Stadtstaat), muß in unterschiedlicher Weise eine »Vereinigung des Mannes und des Weibes« erreicht werden (341), in der Familie unter dem Primat des Weiblichen, im Staat unter dem des Männlichen. Der »Schluß« dieser jeweils umgekehrten Form von Vereinigung ist aber in der antiken Sittlichkeit noch zufällig. Denn weder der Mann noch die Frau sind ihrer allgemeinen menschlichen Subjektivität bzw. Vernunft und der damit zusammenhängenden Rechte bewußt geworden. Sie verstehen daher auch noch nicht vollständig die »Logik« der jeweils anderen sittlichen Ordnung, sondern identifizieren sich gänzlich mit der »eigenen«, der Familie bzw. dem Staat. Dies führt zu der tragischen Entwicklung der »sittlichen Handlung«.

b. Die sittliche Handlung. Das menschliche und göttliche Wissen, die Schuld und das Schicksal

Hegel erörtert hier nicht jede »sittlich gute« oder moralische Handlung, sondern eine »Kulturstufe«, in der das Handeln des einzelnen sich vollständig mit der ihm vorgegebenen, aber auch »einleuchtenden« Ordnung der Gruppe (Familie oder Stadt) identifizierte. Der besondere Charakter des sittlichen Handelns ist die Unbedingtheit und Entschiedenheit: »Das sittliche Bewußtsein aber weiß, was es zu tun hat, und ist entschieden, es sei dem göttlichen oder dem menschlichen Gesetze anzugehören.« (343) Durch diese eindeutige und einseitige Identifizierung wird ihm das andere Gesetz unwesentlich, es will den Primat seines Gesetzes durchsetzen und die »entgegengesetzte Wirklichkeit durch Gewalt unterwerfen« (343 f.). Durch seine unbedingten Befolger geraten die beiden Gesetze »in Streit«. Der sittliche Täter aber wird schuldig, denn »als einfaches sittliches Bewußtsein hat es sich dem einen Gesetze zugewandt, dem anderen aber abgesagt, und verletzt dieses durch seine Tat« (346).

Diese Verletzung und die Untrennbarkeit der beiden Gesetze ist dem Täter nicht bewußt. Er provoziert eine verborgene Rache, wie Hegel unter Einbeziehung der *Orestie* in seine sonst an der *Antigone* orientierte Darstellung zeigt. Die Erfahrung des tragischen Handelnden ist die der Zugehörigkeit zu dem Gesetz, das er verletzt hat. Mit Antigone ist es die Erfahrung des Leidens, die zur Anerkennung der Schuld führt. Hegel hat schon in Frankfurt die Tragödie mit ihrer Erfahrung der Trennung von der Gemeinschaft als Alternative zum Verhältnis von Gesetz und Strafe interpretiert.[70] Während das letztere ein Verhältnis der Herrschaft des Allgemeinen über das Besondere bleibt, ist die Erfahrung der Verletzung der Gemeinschaft und dadurch der Entzweiung von ihr der Anfang einer Umkehr des Täters durch die Anerkennung seiner Schuld.

Hier in der *Phänomenologie* wird die Reintegration in die sittliche Gemeinschaft aber zunächst als Selbstnegation und Selbstverlust erfahren. Zum einen durch die Auflösung der Entschiedenheit, die Gebrochenheit der sittlichen Überzeugung durch die Anerkennung des entgegengesetzten Gesetzes. Zum anderen aber auch durch die Unterwerfung des göttlichen Gesetzes der Familie, für das die Individualität der oberste Zweck ist. Kreons Sieg über Antigone ist der Sieg des rechtlich geordneten Gemeinwesens über die Familie und ihre ungeschriebenen Gesetze der Solidarität.

Aber dieser Sieg, den vielleicht auch Sophokles als Triumph der Polis-Sittlichkeit über die mythischen und dämonischen Kräfte der Vergangenheit verstanden hat, ist für Hegel eine Störung des »wahren« Gleichgewichts zwischen Staat und Familie: »Indem das Gemeinwesen sich nur durch die Störung der Familienglückseligkeit und die Auflösung des Selbstbewußtseins in das allgemeine sein Bestehen gibt, erzeugt es sich an dem, was es unterdrückt und was

70 Vgl. Pöggeler, *Tragödie*.

ihm zugleich wesentlich ist, an der Weiblichkeit überhaupt seinen inneren Feind.« (352) Die »Weiblichkeit überhaupt« ist das Prinzip des Primats der Familie über den Staat. Hegel nennt es in einem kühnen Überblick über die Versuche von Frauen, den Staat den Interessen der Familie unterzuordnen – vor allem in der europäischen Monarchie – die »ewige Ironie des Gemeinwesens« (352), daß ein Staat, der der Familie nicht ihre Freiheit läßt, zum Opfer von Familienegoismen wird.

Der Konflikt zwischen Individualität und Staatssittlichkeit ist in Hegels Augen auch für die historische Auflösung der griechischen Polis in das Römische Reich und seine formale Sittlichkeit, das Recht, ausschlaggebend. Die griechische Polis erträgt weder nach innen noch nach außen eine sie bestreitende Individualität. Wie das Schicksal des Sokrates zeigt, ist die gebrochene, zweifelnde und reflektierende Subjektivität nicht mit der unbefragten Geltung der Gesetze und Bräuche vereinbar. Schon für den jungen (Berner) Hegel stand Sokrates wie Jesus für die Befreiung der autonomen, nach vernünftiger Rechtfertigung suchenden Subjektivität von der bloßen Positivität herrschender, auf Autorität und Gewohnheit beruhender Gesetze.

Die Identität der Stadtstaaten ist aber an partikulare Traditionen und natürliche Bedingungen gebunden. Die Polis verfügt über keine universalen Rechtsordnungen, die andere Traditionen und Völker integrieren könnten. Damit ist ihr Bestehen ganz an die Zufälligkeit großer Individuen und des Kriegsglücks gebunden: »Weil auf Stärke und Glück das Dasein des sittlichen Wesens beruht, so ist *schon entschieden*, daß es zugrunde gegangen.« (354) Es geht zugrunde in einem Gemeinwesen, das keine »sittliche Substanz«, wohl aber eine universale Rechtsordnung enthält, im Römischen Weltreich. Diese Rechtsordnung ist gerade an der Individualität als Rechtsperson orientiert. Die natürlichen Unterschiede zählen dabei ebensowenig wie die Unterschiede der Traditionen und Kulturen. Gerade dadurch ist das Römische Reich zur Integration einer Fülle verschiedener Kulturen und Religionen fähig.

c. Der Rechtszustand

Der dritte Teil des Kapitels »wahrer Geist« zeigt, daß auch im Römischen Reich, dem Paradigma eines auf die Privatrechtsordnung beschränkten Staates, die Integration von partikularen und universalen Ordnungen sowie von individuellen und staatlichen Anforderungen *nicht* gelingt. In der römischen Geschichte sieht Hegel eine Entsprechung zur Entwicklung des Stoizismus und des Skeptizismus auf historisch-politischem Feld. Dem römischen Recht gilt als Prinzip die Person als selbstbewußte, denkende, d. h. als »reine leere Eins«. Diesen Status erreichen aber nur wenige Individuen, die Vollbürger und Familienoberhäupter sind. Durch die »Verrechtlichung« verliert die Familie nach Hegel ihre eigentliche sittliche Funktion. Die Person steht auch zu den Familienmitgliedern im Verhältnis des Eigentümers. Das Element des »Weiblichen«, der emotionalen und traditionalen Solidarität, geht auf diese Weise in der Familie verloren. »Wie der Skeptizismus ist der Formalismus des Rechts also durch seinen Begriff ohne eigentümlichen Inhalt, findet ein mannigfaltiges Bestehen, den Besitz, vor und drückt ihm dieselbe abstrakte Allgemeinheit, wodurch er *Eigentum* heißt, auf wie jener.« (357)

Im Prinzip der Rechtsperson ist das Selbstbewußtsein als einzelnes soziale Wirklichkeit geworden. Aus einem solchen Prinzip lassen sich aber keine »Gliederung« eines Gemeinwesens und keine verbindenden Gewohnheiten und Institutionen entwickeln: »Dies leere Eins der Person ist daher in seiner *Realität* ein zufälliges Dasein und wesenloses Bewegen und Tun, welches zu keinem Bestand kommt.« (356 f.) In einer von diesem Prinzip bestimmten Sozialordnung gibt es keine konkreten Sitten, keine gemeinsamen Ziele und kein gemeinsames Selbstverständnis mehr. Das Wesen dieser geistigen Welt ist der Widerspruch, daß »an sich« das Individuum als Rechtsperson »alles« sein sollte, es aber faktisch ein hilfloses Spiel der Machtkämpfe und der »ideologischen« Kämpfe wird. Hegel hat dies an der römischen Welt, vor allem am Kaiserreich, illustriert, darin zugleich aber ein bleibendes Problem der modernen Gesellschaft gesehen, wenn sie den Staat auf den Schutz des Privatrechts beschränkt.[71]

71 Die moderne Debatte über Kommunitarismus und Liberalismus dreht sich ebenfalls um die Reduktion des Staatszweckes auf den Schutz des Privatrechts. Vgl. Honneth u. Brunkhorst/Brumlik.

Da das Recht nicht in der Lage ist, die sozialen Beziehungen wirksam zu regeln und dem Egoismus der Individuen Grenzen und Ziele zu geben, kommt es nach Hegel zur Konzentration der realen Macht in einem einzigen allmächtigen Individuum, in der römischen Geschichte dem Kaiser. Die gemeinsamen Überzeugungen aber reduzieren sich auf lokale Traditionen und Religionen, auf »geistige Mächte«, die einander bekämpfen. Ob Hegel bei der Rede vom »Chaos der geistigen Mächte«, die »in wilder Ausschweifung sich gegeneinander toll und zerstörend bewegen« (358), an die Konflikte hellenistischer Religionen und Sekten gedacht hat, wie sie später Flaubert in der *Versuchung des heiligen Antonius* geschildert hat, oder an die Aufstände und die Grenzkriege zwischen Rom und den unterworfenen Völkern, ist schwer auszumachen. Jedenfalls fehlen diesem Gemeinwesen gemeinsame Überzeugungen, Sitten und Ziele, die über die (rechtlich gesicherten) zufälligen Zwecke der Individuen und die Interessen und Überzeugungen von Gruppen hinausgehen. So kommt es schließlich zur Tyrannis des mächtigen, als Gott verehrten Individuums und damit zur Umkehrung des Prinzips der rechtlichen Freiheit einer jeden Person. Die Macht des Kaisertums beruht nicht auf der »Einigkeit des Geistes«, sondern auf der »zerstörenden Gewalt, die er [sc. der Herr der Welt] gegen das ihm gegenüberstehende Selbst seiner Untertanen ausübt« (358).

Dies ist gewiß eine einseitige Sicht der römischen Geschichte. Hegel ist in seiner eigenen späteren Religions- und Geschichtsphilosophie der römischen Kultur und Geschichte viel gerechter geworden. In der *Phänomenologie* geht es im wesentlichen um das römische Recht als den eigentlichen Beitrag Roms zur Entwicklung des sittlichen Geistes, der Einheit von individueller Freiheit und den tragenden Gebräuchen und Institutionen eines Staates. Die Entdeckung der Rechte der Person ist aber zugleich die Auflösung der harmonischen Polis-Sittlichkeit, und sie führt, weil sie kein dauerhaftes Prinzip der Gliederung von Verfassung und Sitten enthält, zur Umkehrung ihrer Intention: Aus der Etablierung der rechtlichen Freiheit wird die »entfremdete Realität« (359) der universalen Herrschaft.

B. Der sich entfremdete Geist. Die Bildung

Auf den »wahren« Geist der unmittelbaren Identifikation von Individualität und sittlicher Ordnung bzw. Institution folgt der entfremdete Geist. Seine Darstellung in der Phänomenologie ist eines der längsten und selber noch einmal ein reich gegliedertes Kapitel (vgl. das Inhaltsverzeichnis). Trotz der Berühmtheit, die der Begriff der Entfremdung vor allem durch Marx erlangt hat, ist der Inhalt dieses Kapitels viel weniger bekannt als derjenige der ersten Teile des Buches, vor allem des Selbstbewußtseinskapitels. Es wird sich auch zeigen, daß Marx nur an wenige Aspekte des Hegelschen Begriffs der Entfremdung anknüpfen konnte.

Dieser Begriff hat bei Hegel zudem eine viel positivere Bedeutung als der Entfremdungsbegriff sowohl seines »Nachfolgers« Marx wie seines »Vorläufers« Rousseau. »Entfremdung« ist ein notwendiger Prozeß der Differenzierung der Kultur. Der Begriff des Fremden ist zunächst nur relativ zur einfachen, naiven Form der Wahrheit des Geistes zu verstehen, die die antike Sittlichkeit darstellt. Zur Differenzierung gehört aber das Moment der Trennung und des Umschlags, der Verwandlung in sein Gegenteil. Dazu gehört die Umkehrung von Intentionen und Unterscheidungen. Dieser Prozeß ist ja der phänomenologischen Erfahrung von Anfang an eigen. Er wird hier zum Kennzeichen einer ganzen Kulturstufe.

Hegel gibt in der Einleitung dieses Kapitels (PhG, 359-362) einen Überblick über die kommende Entwicklung, in dem mindestens *vier* verschiedene Begriffe von Entfremdung eine Rolle spielen.

1. Der *erste* wird aus dem Rückgriff auf die Erfahrung des Rechtszustandes als Charakter der (spät-)römischen Welt verständlich. Er besagt, daß die Welt »an sich die Durchdringung des Seins und der Individualität« ist, die Individualität oder das Selbst sich in ihr aber »nicht erkennt« (360). Zwar ist die Welt des Rechts ein System von Regeln, also »Werk des Selbstbewußtseins«, und die Handlungsfreiheit der Rechtsperson ist in ihr der oberste Zweck. Aber zugleich gibt es in dieser Welt nur Machtkämpfe der Individuen, die in Freiheitsverlust und Despotie enden.

Dieser Begriff von Entfremdung als Herrschaft des Werkes über seine Hervorbringer ist derjenige, an den Marx vor allem anknüpft, wenn er die Herrschaft des durch die Arbeit produzierten Kapitals über seine Urheber darstellt. Das Individuum erkennt die von ihm zu Zwecken seiner Selbstverwirklichung (durch Arbeit) geschaffene kulturelle – bei Marx im wesentlichen ökonomische – Welt nicht mehr als ein Produkt und eine »Vergegenständlichung« seiner Kräfte und Tätigkeiten wieder. Es wird von ihr beherrscht, und seine Intentionen kehren sich gegen es selbst. Dadurch werden vor allem auch die zwischenmenschlichen Verhältnisse »verkehrt«, statt der wesensgemäßen Ergänzung der Individuen zu »Gattungswesen« tritt die wechselseitige Ausnutzung und Ausbeutung (vgl. Lange; Meszaros).

2. Der *zweite* Begriff ergibt sich aus der Erfahrung der »Auflösung« dieser Welt des Privatrechts in eine neue substantielle Sittlichkeit, historisch gesehen die germanisch-christliche Welt. Hegel erinnert an das Kapitel »unglückliches Bewußtsein«, in dem das Selbstbewußtsein ja seiner eigenen Unwirklichkeit (Sündigkeit, Sterblichkeit) bewußt war und sich durch Askese und Andacht dem Ideal des Gottmenschen anzunähern suchte. Der göttliche Geist sollte im Menschen wirklich werden nicht durch die Bejahung der Person im Recht, sondern durch die Entäußerung des endlichen Selbst und die »Entfremdung der Persönlichkeit«. Hier bedeutet Entfremdung also Selbstverleugnung und Umwandlung in einen »neuen Menschen« und die geistige Gemeinschaft der Kirche. Dieser Begriff knüpft an Rousseaus Begriff der *aliénation* an. Rousseau versteht den Gesellschaftsvertrag – mit deutlich religiöser Metaphorik – als eine *aliénation totale*, eine Umwandlung des natürlichen Individuums zum Staatsbürger durch Entäußerung seiner natürlichen Rechte und Verwandlung in staatliche Gewährleistungen.[72]

Die beiden bisherigen Bedeutungen von Entfremdung sind entgegengesetzt: auf der eine Seite die Einheit von Selbst und geistiger »Substanz« durch Entäußerung der Person – auf der anderen die Unmöglichkeit, sich in der selbst hervorgebrachten Welt wiederzuerkennen. Wie im unglücklichen Bewußtsein, so ist auch im Geist beides auf zwei »Welten« verteilt. Wir haben es ja auch mit derselben Epoche zu tun, die jetzt wirklich *als* eine Epoche in ihrer kulturellen Gesamtentwicklung betrachtet wird. Die Zwei-Welten- und Zwei-Reiche-Lehre aber ist das Charakteristikum der christlich-europäischen Kultur. Sie setzt darin allerdings die Unter-

72 Vgl. *Gesellschaftsvertrag*, Buch 1, Kap. 6.

scheidung von göttlichem Gesetz und Staat in der griechischen Sittlichkeit fort und vertieft sie.

3. Das Verhältnis der beiden Welten gegeneinander ist nun der *dritte* Begriff von Entfremdung: Der Geist, die Einheit von Selbst und Wirklichkeit, Individuum und Gemeinschaft, ist »nicht nur Eine Welt, sondern eine gedoppelte, getrennte und entgegengesetzte«. Und die beiden Welten verhalten sich noch einmal wechselseitig als Umkehrung der anderen: »Die Gegenwart hat unmittelbar den Gegensatz an ihrem *Jenseits*, das ihr Denken und Gedachtsein, sowie dies am Diesseits, das seine ihm entfremdete Wirklichkeit ist.« (361) Auch diese wechselseitige Umkehrung ist uns aus der »verkehrten Welt« von Kraft und Verstand sowie vom unglücklichen Bewußtsein her schon bekannt.

Wie bei der »verkehrten Welt« geht es um zwei Auffassungen der Welt, die sich spiegelbildlich verhalten, von der aber – gewissermaßen »platonisch« – eine die wahre und die andere ihre unwahre Erscheinung sein soll: eine Unterscheidung, die in der *Phänomenologie* immer wieder scheitert und zu einer Vertauschung der Inhalte und der »Wahrheitswerte« führt. Dieses »in einander Umschlagen« der Gegensätze ist gegenüber ihrer klaren Scheidung und Gegenüberstellung eine »Entfremdung«. Der Topos einer gespaltenen Welt und einer Verklärung des Diesseits im unwirklichen Jenseits ist in die Religionskritik der Hegelschen Linken (L. Feuerbach, B. Bauer, K. Marx etc.) eingegangen (vgl. Löwith (Hg.)).

4. Die beiden Welten erweisen sich aber in der Entwicklung auch in sich selber als entfremdet, und zwar im Sinne der Umkehrung und Auflösung ihrer eigenen Momente. Das ist der *vierte* Begriff von Entfremdung. Historisch entspricht dem die Entstehung der modernen Subjektivität von der Reformation über die Aufklärung bis zur Französischen Revolution. Hegel sieht hier eine Parallele zum Untergang der griechischen Welt durch die Emanzipation des Individuums in den spätantiken Philosophien und im römischen Recht. Die Subjektivität ist die »negative Macht«, die den mittelalterlichen Glauben und die Unterscheidung zwischen Diesseits und Jenseits auflöst. Aber das Resultat ist diesmal nicht mehr »die einzelne Person«, sondern das »allgemeine Selbst, das den Begriff erfassende Bewußtsein« (362). Der Begriff ist die Einheit der drei Momente Allgemeinheit, Besonderheit und Einzelheit. Die erste Form dieses Bewußtseins des Begriffes ist das moralische Bewußt-

sein, das ein universales Gesetz in der Einzelheit des Gewissens »spezifiziert«.

Man kann diesen vierten Begriff der Entfremdung als Auflösung der geistigen Ordnungen des Glaubens und der traditionalen Sitten- und Moralordnung mit Rousseaus Kulturkritik vergleichen. Allerdings thematisiert Hegel weniger den Verlust der Authentizität und Selbstübereinstimmung des Individuums durch die »Konkurrenzgesellschaft« als vielmehr die durch die individuelle Kritik veranlaßte Auflösung der klaren religiösen und sittlichen Unterscheidungen. Innerhalb dieser spielt für ihn Rousseaus Kulturkritik als ein geschichtlicher Faktor selber eine wichtige Rolle. In Rousseaus *Diskurs über die Ungleichheit* ist Entfremdung der Verlust der Identität, der Autonomie und des Glückes des Individuums. Die Entwicklung der Kultur, des sozialen Zusammenlebens, der Arbeitsteilung und der Konkurrenz stört das ursprüngliche Gleichgewicht zwischen Bedürfnis und Bedürfniserfüllung, Selbstverständnis und Handlung. Der moderne Mensch der Stadtkulturen des 18. Jahrhunderts lebt nicht aus sich heraus, in Übereinstimmung mit seiner Natur und seinen authentischen Erfahrungen und Zielsetzungen. Er hängt vielmehr in seinem Selbstbewußtsein vom Vergleich mit anderen, von Moden und Erwartungen, von Vergleichen und künstlichen Unterschieden ab.

Wenn Hegel den ersten der drei Hauptteile dieses Abschnittes »Die Welt des sich entfremdeten Geistes« nennt, dann sind dafür offenbar die ersten drei Bedeutungen von Entfremdung leitend. Die beiden folgenden Teile (Die Aufklärung, Die absolute Freiheit und der Schrecken) haben es dagegen mit der Auflösung des Gegensatzes der beiden Welten und der Emanzipation des Subjekts zu tun. Erstaunlich ist aber, daß Hegel in diesem ersten Abschnitt, der sich historisch mit dem Mittelalter und der frühen Neuzeit befaßt, systematisch nicht etwa das Verhältnis von Staat und Kirche, sondern von Staat und Gesellschaft behandelt – so, wie im ersten Teil (Der wahre Geist) das Verhältnis von Familie und Staat sowie Mann und Frau behandelt wurde.

Erst im zweiten Teil geht es um das Verhältnis von Glauben und Wissen, Religion und Wissenschaft. Dabei ist Hegels Darstellung oft von scharfer Polemik sowohl gegen eine flache Aufklärung wie gegen eine bloße Gefühlsreligion oder eine romantische Kulturkritik. Aber zugleich enthält sie schon Grundzüge einer richtigen Theorie des objektiven und absoluten Geistes.

Im dritten Teil geht es historisch um die Französische Revolution, systematisch um eine höhere Stufe der Verwirklichung der Freiheit des Individuums im Staat bzw. im allgemeinen Willen. Man muß Hegels Texte hier immer auf den Ebenen der Theorie des Geistes (Recht, Sitte, Religion), der Geschichtsphilosophie und der Erkenntnistheorie lesen, denn es geht ihm um die Überwindung des Gegensatzes von Wissen und Gegenstand. Hinzu kommt noch die Vorwegnahme der Kategorien, deren systematische Entwicklung die *Wissenschaft der Logik* ist.

I. Die Welt des sich entfremdeten Geistes

Anders als das antike Bewußtsein fühlt sich das christliche in seiner Welt nicht zu Hause. Die »Welt der Wirklichkeit« ist die unerlöste, die Welt »seiner Entfremdung«. Seine wahre Heimat ist die Einheit mit Gott in der Welt des »reinen Bewußtseins«. Hegel thematisiert hier nicht nur die religiöse Version dieses Gegensatzes, sondern generell das Verhältnis der Ordnung des Gedankens zur Ordnung der wirklichen Welt. Zum »Geist« gehören nicht bloß soziale Verhältnisse und ihre mentalen Korrelate, sondern immer auch ein Wissen von den Grundlagen und Grundgesetzen der geistigen und der natürlichen Welt. Dies kann eine Religion, eine Philosophie oder ein System von Wissenschaften sein. Es kann sich erklärend, kritisch, verwerfend, affirmierend usw. zur »realen« sozialen Welt verhalten. Zwischen verschiedenen Formen dieser kognitiven Systeme können wiederum Gegensätze und kritische Verhältnisse auftreten, wie dies für die Neuzeit im sich vertiefenden Gegensatz zwischen Religion und Wissenschaft der Fall ist. Diese Gegensätze spiegeln sich dann wiederum in den Mentalitäten und im individuellen Bewußtsein. Sie können dieses bis zur »Schizophrenie« entzweien oder in Konflikt bringen – auch das nennt Hegel »Entfremdung«.

Dies ist die »andere Form der Entfremdung, welche eben darin besteht, in zweierlei Welten das Bewußtsein zu haben, und beide umfaßt« (363). Die spezielle Form des Gegensatzes, die darin besteht, in der geistigen Welt als einer noch nicht »gegenwärtigen« seine wahre »Identität« zu haben, also die »Flucht aus der wirklichen Welt«, nennt Hegel »Glauben«. Er unterscheidet den Glauben von der Religion als »Selbstbewußtsein des absoluten Wesens, wie es *an* und *für sich* ist« (ebd.). Dies ist offenbar Hegels eigener, wahrer Begriff von Religion als Selbsterkenntnis der wirklichen, präsenten Ordnung der Welt im Menschen. Daß sich dieser Begriff als immanentes Telos der Religionsgeschichte nachweisen läßt, soll das Religionskapitel zeigen.

a. Die Bildung und ihr Reich der Wirklichkeit

Daß der Begriff der »Bildung« nicht für die antike Welt – man denke an die Bedeutung der *Paideia* in der griechischen Kultur (vgl. Jaeger) –, sondern für die christliche zentral sein soll, ist sicher verwunderlich. Als ein Moment kam die Entäußerung der natürlichen Interessen und die Unterordnung unter den Staat ja bereits in Hegels Charakterisierung der sittlichen Welt der Griechen vor. Aber dieses Moment bleibt der »glücklichen Harmonie« der privaten und öffentlichen Interessen untergeordnet. Auch fehlt der griechischen Welt der Gedanke einer zukünftigen Vollendung und Versöhnung der geistigen Welt mit dem Individuum.

Für Hegel ist »Bildung« ein zweiseitiger Prozeß der »Sozialisierung« des Individuums einerseits und der Verwirklichung geistiger Ordnungen andererseits: »Wodurch das Individuum hier Gelten und Wirklichkeit hat, ist die *Bildung*. Seine wahre *ursprüngliche Natur* und Substanz ist der Geist der *Entfremdung* des *natürlichen* Seins. Diese Entäußerung ist daher ebenso *Zweck* als *Dasein* desselben; sie ist zugleich das *Mittel* oder der *Übergang* sowohl der *gedachten Substanz* in die *Wirklichkeit* als umgekehrt der *bestimmten Individualität* in die *Wesentlichkeit*.« (364) Diese Bildung gehört zur Natur des Menschen, der ebenso ursprünglich Natur- wie Kulturwesen ist.

Schon dies ist eine eindeutige Gegenwendung gegen Rousseau und gegen die kynische Tradition des Natur-Kultur-Gegensatzes.[73] Der Mensch muß sich kultivieren, mit seinem Willen schon seine körperlichen Funktionen koordinieren, um leben und überleben zu können. Und er fügt sich dabei unbewußt in soziale Verhaltensmuster ein.

Hegel unterscheidet nun zwei grundsätzliche Weisen, wie das Individuum sich bildet, kultiviert, und wie die Verhaltensmuster und Institutionen in den Individuen lebendig werden: den Reichtum und die Staatsmacht. Man könnte auch sagen: Ökonomie oder

73 Vgl. Rousseau, *Ungleichheit*; sowie Siep, *Anthropologie*.

Erwerbsgesellschaft und Staat. Damit haben wir nach der Familie nun mit der bürgerlichen Gesellschaft und dem Staat die wesentlichen Bestandteile der Sittlichkeit in Hegels eigener Sozialphilosophie zusammen. Hegel unterteilt die Sittlichkeit in seiner *Rechtsphilosophie* seit 1817 ja in Familie, bürgerliche Gesellschaft und Staat.[74] Aber der »Reichtum« umfaßt in der *Phänomenologie* auch noch die vorbürgerliche Feudalgesellschaft. Die Auflösung des Unterschieds zwischen dem privaten Erwerb und dem »öffentlichen Dienst« des Adligen als königlicher Vasall ist für Hegel einer der Gründe für den Zusammenbruch des Ancien régime in Europa, besonders in Frankreich.

Beides, Reichtum und Staatsmacht, ist in einem doppelten Sinne »Bildung«: »Die Staatsmacht ist, wie die einfache *Substanz*, so das allgemeine *Werk*; – die absolute *Sache selbst*, worin den Individuen ihr *Wesen* ausgesprochen und ihre Einzelheit schlechthin nur Bewußtsein ihrer *Allgemeinheit* ist« (367 f.) – d. h. im Staat verwirklicht sich das Individuum als ein zur Gemeinschaft und zum öffentlichen Gebrauch seiner Vernunft fähiges. Aber es verwirklicht sich gerade dadurch, daß es sich dem allgemeinen Willen unterordnet, den Gesetzen gehorcht und sein Privatwohl wenn nötig zurückstellt. Als Reichtum dagegen ist das Allgemeine »das beständig *werdende Resultat* der *Arbeit* und des *Tuns Aller*, wie es sich wieder in den *Genuß* Aller auflöst. In dem Genusse wird die Individualität zwar *für sich* oder als *einzelne*, aber dieser Genuß selbst ist das Resultat des allgemeinen Tuns, so wie er gegenseitig die allgemeine Arbeit und den Genuß aller hervorbringt.« (368)

Hegel folgt hier dem Verständnis des »wealth of nations«, wie es durch die heute klassisch genannte Nationalökonomie von Adam Smith und anderen Autoren des 18. Jh. geprägt wurde.[75] Er wendet es zugleich auf eine Interpretation der vormodernen Gesellschaft an. Staatsmacht und Reichtum haben nicht nur eine verschiedene Beziehung auf die Individuen, sondern auch eine unterschiedliche kategoriale Struktur: die Staatsmacht ist primär Selbstzweck, unwandelbar, an sich bestehend und gültig. Der Reichtum hat die Struktur des Für-anderes-Sein, er ist nur in der Bewegung der Produktion und des Tausches wirklich, er hat die Bedeutung des

74 Zur Entwicklung der bürgerlichen Gesellschaft in den Jenaer Schriften vgl. Horstmann, *Über die Rolle*.

75 Vgl. Smith, *Der Wohlstand der Nationen*.

Mittels für andere Zwecke der Individuen und des Gemeinwesens.

Aber wie immer in der *Phänomenologie* erweisen sich die Versuche der Trennung zwischen solchen Kategorien als vergeblich, sie offenbaren eine Struktur des In-einander-Umschlagens, und entsprechend lösen sich die Grenzen der jeweiligen sozialen Ordnungen auf. Historisch zeigt sich das an der Auflösung der mittelalterlichen und frühneuzeitlichen Adelsgesellschaft, in der der Bereich der Produktion im wesentlichen auf den *oikos* bzw. das personale Gefolgschaftsverhältnis der leibeigenen Produzenten zu ihrem adligen Beschützer begrenzt war. Das staatliche Verhältnis war dagegen das uneigennützige, in dem der »Vasall« die eigene Identität gerade in der Aufopferung für den König (das Land) fand.

Diese Trennung löste sich in dem Maße auf, in dem die Privatinteressen mit dem Staatsdienst verknüpft wurden – durch die Käuflichkeit von Adelsprivilegien, die damit verbundenen persönlichen Einkünfte, die Entstehung von Staatsdomänen, das Erheben von Steuern für den Privatbesitz der Krone usw. Diese Entwicklungen sind nichts Zufälliges, sondern zeigen die unhaltbare, abstrakte Trennung der beiden sittlichen Ordnungen. Nach Hegels *Rechtsphilosophie* müssen beide »Integrationsformen« jeweils die andere in sich enthalten und deren Aufgaben übernehmen. In der bürgerlichen Gesellschaft muß neben den »invisible hand«-Prozessen auch die bewußte Förderung des Gemeinwohls institutionalisiert sein, durch berufsständische Organisationen und durch administrative Maßnahmen der Wirtschafts- und Sozialpolitik. Im Staat muß umgekehrt sowohl für die materielle Existenz des Individuums wie für seine Rechte und seine sittliche Verwirklichung in öffentlichen Aufgaben Sorge getragen werden.

Das alles fehlt der vorrevolutionären europäischen Gesellschaft, und es kommt auch in der Revolution nicht ausdrücklich in den Blick. Die Entwicklung der vorrevolutionären Gesellschaft ist aber nicht nur eine Auflösung der Institutionen, sondern vor allem auch der sittlichen Maßstäbe des Guten und Schlechten, des Edlen und des Gemeinen. Diese Verwirrung zeigt sich dann in der Tat in den Zuständen der adligen und bürgerlichen Scheinmoral, die Rousseau und Diderot[76] kritisieren.

76 Zu Hegels Auseinandersetzung mit Diderot, vor allem mit dem von Goethe übersetzten Roman *Rameaus Neffe*, vgl. Price.

b. Der Glaube und die reine Einsicht

Der zweite Teil der »Bildung« hat es mit den entsprechenden Prozessen in der »weltanschaulichen« Sphäre zu tun: Die erste Form des individuellen Verhaltens zu den Welterklärungen und Sittenordnungen (beides ist in Mythos und Religion ja untrennbar verbunden) ist die unmittelbare Anerkennung der offenbarten übernatürlichen Ordnung im religiösen *Glauben*. Die zweite dagegen der Anspruch, eine solche Ordnung durch eigene *Einsicht* zu erkennen oder doch zumindest zu verifizieren. Beide Verhaltensweisen können die geistige Ordnung auch noch einmal unterschiedlich auf die wirkliche Welt beziehen: entweder in einem Rückzug aus der Welt in die reine Sphäre des Wahren und des asketischen Dienstes an ihm – wie im mittelalterlichen Mönchtum. Oder im Versuch, die wirkliche Welt der geistigen Ordnung anzupassen – wie im Anspruch auf kirchliche Leitung der weltlichen Angelegenheiten.

Hegel zeigt auch hier wieder die gegenseitigen Ansteckungs- und Verflechtungsprozesse: Der Glaube entwickelt eine eigene Theologie, eine gedankliche Rechtfertigung, die auf Vernunft und Einsicht gerichtet ist. Dadurch gibt er in sich einer Rechtfertigungsforderung Raum, die sich in der Reformation als Abweisung der Autorität und als Anspruch auf authentische Prüfung und Erkenntnis der Wahrheit und des Heils gegen den naiven Glauben, das »ruhige reine *Bewußtsein* des Geistes« (397), kehrt. Die Einsicht ihrerseits erfährt selbst einen Umschlag der zunächst intuitiven, subjektiven Wahrheits- und Heilsgewißheit, die sich von der Welt abkehrt und die weltlichen Ordnungen bestehen läßt (Luthers »zwei Reiche«). Sie wird nämlich zur Forderung, daß jedes Bewußtsein in jedem Inhalt sein Selbstbewußtsein wiederfindet: »Diese reine Einsicht ist also der Geist, der *allem* Bewußtsein zuruft: *seid für euch selbst*, was ihr alle *an euch selbst seid*, – *vernünftig*.« (398)

Damit ist die Welt und der Geist der Aufklärung erreicht, in der sich der Gegensatz zwischen Glauben und Einsicht oder Religion und Wissenschaft erst entwickelt – aber nach Hegel auch wieder aufhebt.

Diese Entwicklung hat zwei Teile, der erste ist der Kampf der Aufklärung mit dem Aberglauben[77] – also dem Glauben gerade aus seiner Gegenperspektive gesehen. In diesem Kampf zeigt sich, daß die Aufklärung sich von ihrem Gegenspieler nicht unterscheiden kann. Das Resultat ist zunächst, daß der Glaube zum bloßen Sehnen oder zu einer Gefühlsreligion wird. Dadurch wird er selber mit der Aufklärung gleich. Denn diese entlarvt alle unmittelbaren Gewißheiten und reduziert im Deismus alle Dinge darauf, Produkte eines unbegreiflichen höchsten Wesens zu sein, das in den Lauf der Welt nicht eingreift.

Nach diesem »Sieg« der Aufklärung zerfällt sie aber in sich in Gegensätze. Im zweiten Abschnitt schildert Hegel die verschiedenen Fraktionen der Aufklärung, vor allem den Gegensatz zwischen Materialismus und Deismus sowie als dessen Synthese das Nützlichkeitsdenken. Damit geht jedoch der Anspruch der Aufklärung, ein auf reine Vernunft (Einsicht) gegründetes System zu sein, verloren: Sie wird eine Art neuer Skeptizismus, der nur in dem Nachweis der Nützlichkeit aller Dinge und Einrichtungen eine jeweils einzelne Gewißheit erzeugt. So stehen individuelle Gewißheit und geistige Substanz wieder unvermittelt gegenüber.

a. Der Kampf der Aufklärung mit dem Aberglauben

Im Kampf der Aufklärung mit dem Aberglauben zeigt sich, daß der »Gegner«, der Glaube, von der Wahrheit der Aufklärung nicht grundsätzlich verschieden ist. Dieser Gegner hat verschiedene Gestalten: er ist zum einen das von der Priesterschaft und den

77 Für die Religionskritik der Aufklärung hat Hegel vermutlich in erster Linie die theoretischen Schriften d'Holbachs im Auge (*Das entschleierte Christentum* und *System der Natur*, vgl. dazu die Anm. der Hg. PhG (1988), 604). Weit verbreitete Versionen der Priesterkritik finden sich in den Romanen Voltaires und Diderots (vgl. Voltaire, z. B. *Amabeds Briefe* und *Candide oder der Optimismus*; vgl. Diderot, z. B. *Die Nonne* und *Rameaus Neffe*). In der deutschen Literatur könnte man an Wieland denken (z. B. an seinen Roman *Die Abderiten*). Zur Rezeption der französischen Aufklärung in diesem Kapitel vgl. Hyppolite, *Genèse*, 413 ff.

darauf gestützten Despoten betrogene Bewußtsein der Massen, zum anderen dieses verführende »Priesterbewußtsein« selber. Das erstere muß ohnehin mit dem Bewußtsein des Aufklärers wesensverwandt sein, weil es sonst nicht durch bloßes Öffnen der Augen zur wahren Einsicht gelangen könnte. Das Bewußtsein der Massen ist »an sich« gesund, es ist zur reinen Einsicht fähig und wird sich dieser auch nicht widersetzen, wenn es von der Herrschaft und Verführung der Priester und Despoten befreit ist.

Dem Bewußtsein des Priesters oder Theologen ist die Aufklärung insofern gleich, als sie selber den Glauben in der verdinglichenden Weise mißversteht, die sie am »Aberglauben« kritisiert. Die Aufklärung erkennt nämlich nicht, daß die Vorstellungen des Glaubens eine unvollkommene Form der Wahrheit sind, daß das Absolute ein sich verendlichendes, sich selbst konkretisierendes Denken ist. Sie versteht nicht, was das religiöse (»unglückliche«) Bewußtsein nach der *Phänomenologie* schon erfahren hat. Sie nimmt Symbole für gegenständliche Dinge und den als Geist verstandenen Gott als ein »vergängliches Ding«: »Gegen den Glauben aber begeht sie schon darin das Unrecht, seinen Gegenstand so aufzufassen, daß er der ihrige ist. Sie sagt hiernach über den Glauben, daß sein absolutes Wesen ein Steinstück, ein Holzblock sei, der Augen habe und nicht sehe, oder auch etwas Brotteig, der, auf dem Acker gewachsen, von Menschen verwandelt darauf zurückgeschickt werde.« (409)

Sie mißversteht den Sinn des Glaubens, alles Endliche *sub specie aeternitatis* zu sehen und sich selbst mit dem Unendlichen zu vereinigen. Sie trennt und verdinglicht selber das Absolute und das endliche Bewußtsein, das Unwandelbare und die wandelbaren Dinge usw. Die eigene »wahre« Theorie der Aufklärung ist zwar selber eine Art von »Idealisierung«, indem sie die Dinge auf Gesetze und die Welt auf einen nicht weiter zu bestimmenden göttlichen Urheber zurückführt. Aber diese »Wahrheit« ist ihr selbst noch nicht bewußt. Sie wird in den verschiedenen Versionen der Aufklärung auch selber noch »verdinglicht« und in feste Gegensätze entzweit.

Das Resultat des Kampfes, in dem die Aufklärung ihren Gegner einerseits mißversteht, andererseits die Differenz zu ihm verliert, wird von Hegel zunächst von der Seite des Glaubens her resümiert (Ende von a). Der Glaube, der sich den Argumenten der Vernunft und den Maßstäben der individuellen Einsicht öffnet, verliert dabei den Inhalt seiner Vorstellungen, die der wissenschaftlichen Kritik nicht standhalten: »Der Glaube hat hierdurch den Inhalt, der sein Element erfüllte, verloren und sinkt in ein dumpfes Weben des Geistes in ihm selbst zusammen. Er ist aus seinem Reiche vertrieben, oder dies Reich ist ausgeplündert, indem alle Unterscheidung und Ausbreitung desselben das wache Bewußtsein an sich riß und seine Teile alle der Erde als ihr Eigentum vindizierte und zurückgab [...] Indem er ohne Inhalt ist und in dieser Leere nicht bleiben kann, oder indem er über das Endliche, das der einzige Inhalt ist, hinausgehend nur das Leere findet, ist er ein *reines Sehnen* ... Der Glaube ist in der Tat hiermit dasselbe geworden, was die Aufklärung, nämlich das Bewußtsein der Beziehung des an sich seienden Endlichen auf das prädikatlose, unerkannte und unerkennbare Absolute; nur *daß sie* die *befriedigte*, *er* aber die *unbefriedigte* Aufklärung ist.« (423 f.) Mit anderen Worten: Die von abergläubischer Theologie »gereinigte« Gefühlsreligion und der abstrakte Deismus der Aufklärung unterscheiden sich nicht mehr. Nur ist die Aufklärung dabei in ihren Intentionen »befriedigt«. Dieser »Sieg« über den Glauben erweist sich aber als bloßer Schein, wie der nächste Abschnitt zeigt.

b. Die Wahrheit der Aufklärung

Hegel diskutiert die deistische und materialistische Version der Aufklärung als eine Art Zerfall der siegreichen Partei in Fraktionen: »Die eine Aufklärung nennt das absolute Wesen jenes prädikatslose Absolute, das jenseits des wirklichen Bewußtseins im Denken ist, von welchem ausgegangen wurde; die andere nennt es *Materie*.« (426)[78] Beide widersprechen sich, sind aber im Grunde auch ununterscheidbar. Denn der von der Welt getrennte deistische Gott ist dem Bewußtsein gegenüber ein »äußeres Seiendes ... und hiermit als dasselbe, was *reine Materie* genannt wird« (427). Der Materialismus aber abstrahiert bei seinem Materiebegriff von allen sinnlichen Eigenschaften und macht dadurch die Materie zum »prädikatslosen Einfachen, Wesen des *reinen Bewußtseins*«. Als solche ist sie vom »*reinen Denken*« nicht zu unterscheiden.

Die Aufklärung ist aber auch wirkliche, unterscheidende und

78 Es liegt nahe, bei der materialistischen »Partei« an Helvétius und d'Holbach zu denken, vielleicht auch an Diderot. Für den Deismus schlagen die Herausgeber in PhG (1988) Robinet vor (*Von der Natur*), man könnte auch an Voltaire denken.

besondere Einsichten erzeugende Tätigkeit. Darin ist reines Denken und Materialität vereint. Das ist die dritte Version der Aufklärung, das Nützlichkeitsdenken, in dem für Hegel die »reine Einsicht ihre Realisierung vollendet« (428)[79]. Das Nützliche ist »ein an sich Bestehendes oder Ding«, aber zugleich nur »reines Moment« bzw. »absolut für ein anderes«. Im Nützlichkeitsprinzip als Gedanken der Welterklärung (subjektive Teleologie) und der Weltgestaltung (Einrichtung der Welt als für das Individuum und die Gesellschaft nützlich) ist für Hegel sogar die Einheit der beiden Welten verwirklicht: der Welt des reinen Gedankens und der Wirklichkeit als dem Individuum gegeben und gewiß: »Das Nützliche ist der Gegenstand, insofern das Selbstbewußtsein ihn durchschaut und die *einzelne Gewißheit* seiner selbst, seinen Genuß (sein *Fürsichsein*) in ihm hat; es *sieht* ihn auf diese Weise *ein*, und die Einsicht enthält das *wahre Wesen* des Gegenstandes (ein Durchschautes oder *für ein Anderes* zu sein) ... das Selbstbewußtsein hat ebenso unmittelbar die allgemeine Gewißheit seiner selbst, sein *reines Bewußtsein* in diesem Verhältnisse, in welchem also ebenso *Wahrheit* wie Gegenwart und *Wirklichkeit* vereinigt sind. Beide Welten sind versöhnt und der Himmel auf die Erde herunter verpflanzt.« (430 f.)

Es wird sich im letzten Teil des entfremdeten Geistes zeigen, daß diese Einheit nur durch den Prozeß der Negation der Individualität bzw. seine Reduktion auf das sozial Nützliche zu realisieren ist. Das ist Gegenstand des Abschnittes »Die absolute Freiheit und der Schrecken«, in dem sich Hegel mit der Französischen Revolution auseinandersetzt.

III. Die absolute Freiheit und der Schrecken

Die Aufklärung hatte in der allgemeinen Theorie der Nützlichkeit die Welt völlig durchsichtig gemacht und auf den Menschen, das vernünftige selbstbewußte Wesen, bezogen. Aber die Nützlichkeit ist immer noch »Prädikat des Gegenstandes, nicht Subjekt selbst oder seine unmittelbare und einzige *Wirklichkeit*« (431). Zu einer solchen Konzeption kommt es erst in der Rechts- und Staatstheorie Rousseaus und der Französischen Revolution, die beide aus der

79 Auch hier dürfte Helvétius im Vordergrund stehen (vgl. PhG (1988), 607 f.). Das Nützlichkeitsdenken war aber auch in der deutschen Populäraufklärung sehr verbreitet (vgl. etwa Campe, *Robinson der Jüngere*).

Aufklärung hervorgegangen sind. Jetzt erst wird die Realität als das Wirken des allgemeinen Willens gefaßt. Der allgemeine Wille ist aber nichts anderes als das unmittelbare Zusammenwirken der einzelnen Willen. Das Individuum ist »seiner reinen Persönlichkeit und darin aller geistigen Realität bewußt, und alle Realität ist nur Geistiges; die Welt ist ihm schlechthin sein Wille, und dieser ist allgemeiner Wille. Und zwar ist er nicht der leere Gedanke des Willens, der in stillschweigende oder repräsentierte Einwilligung gesetzt wird, sondern reell allgemeiner Wille, Willen aller Einzelnen als solcher.« (432)

Hegel geht offenbar auf Rousseaus Theorie der direkten Gesetzgebung durch alle Bürger ein – ohne freilich zu erwähnen, daß Rousseau nur den Vollbürgern (von bis zu fünf Bürgerklassen) diese Rechte einräumt und sie auch nur im Abstimmen über Gesetzesvorlagen der Regierung bestehen. Gegen alle Theorien eines hypothetischen Vertrages (auch bei Kant) geht es nicht um die »Vorstellung des Gehorsams unter selbstgegebenen Gesetzen«, sondern um die »Wirklichkeit, *selbst* das Gesetz zu geben«, denn wo das Selbst nur *»vertreten* ist, ist es nicht« (435). Das Bewußtsein, als Einzelner unmittelbar die Gesetze der sozialen Welt zu geben, ist ein uneingeschränktes Freiheitsbewußtsein. Eine solche absolute Freiheit ist unwiderstehlich, sie »erhebt sich auf den Thron der Welt, ohne daß irgendeine Macht ihr Widerstand zu leisten vermöchte« (433). Hegel spielt nicht nur auf den Siegeszug der Revolution und Napoleons an. Er vertritt vielmehr auch in seiner eigenen Rechts- und Geschichtsphilosophie die Ansicht, daß das Freiheitsbewußtsein der Völker unwiderstehlich ist (vgl. EPW (1830), § 482). Darin erweist sich für ihn, daß die Substanz der Geschichte geistig ist und daß Geistiges sich notwendig verwirklicht, nicht eine bloße Idee (im gewöhnlichen Sinne des Wortes) oder Forderung ist.

Die neuzeitlichen Revolutionen in England (1688), den USA (1776) und in Frankreich (1789) zeigen für Hegel diese Verwirklichung der Rechte des Individuums als eine unwiderstehliche Kraft der Geschichte. Sie verwirklichen die individuellen Abwehr- und zunehmend auch die Mitwirkungsrechte in immer radikalerer Form. Die Französische Revolution als »praktizierte Aufklärung« fordert die unmittelbare Wirksamkeit des individuellen Willens, nicht nur sein Recht auf »Einsicht«. Für diese Realität zerstört sie – wie die Aufklärung die Ordnung der Welt in die reine Nützlichkeit und die Abstraktion des *être suprême* auflöste (PhG, 345) – die Gestaltung der Gesellschaft, die Gewaltenteilung, die Ständeordnung (»Massen des Arbeitens«) und schließlich auch Familie, Gesellschaft und Staat als die *»realen Wesen«* der »realen Welt der Bildung« (435).

Als so ungegliedert und gestaltlos kann sich aber der allgemeine Wille nicht mehr zum »Werk« werden und der einzelne sich nicht darin wiederfinden. Dasselbe gilt für die Handlung: Handeln kann der allgemeine Willen nur durch Taten einzelner, die ihn »exekutieren«. Dadurch aber wird die Handlung wieder exklusiv, »beschränkt« den Anteil der anderen und drückt nicht den allgemeinen Willen aus (vgl. 435).

Die unmittelbare Vereinigung von allgemeinem und individuellem Willen ist unmöglich, wie schon die individuelle Synthese des Gesetzes des Herzens. Der Allgemeinwille muß ja zugleich frei von besonderen Interessen und individuellen Meinungen und doch unmittelbarer Ausdruck des individuellen Willens sein. Wenn diese nicht durch den Habitus, die Denk- und Verhaltensweisen von Gruppen und Institutionen geprägt und mit dem Wohl des Ganzen verbunden sind, dann wird es entweder einen Kampf von Interessen oder eine Herrschaft des allgemeinen Willens über die einzelnen geben. In der Französischen Revolution hat sich die letztere Tendenz durchgesetzt. Der allgemeine Wille trennte sich, vor allem in der jakobinischen Phase, in »abstrakte Extreme«, nämlich in die »einfache unbiegsame kalte Allgemeinheit und in die diskrete absolute harte Sprödigkeit und eigensinnige Punktualität des wirklichen Selbstbewußtseins« (436). Nach der »Vertilgung der realen Organisation« ist das einzelne Selbst der »einzige Gegenstand«, der dem von den wirklichen Willen längst entfernten Allgemeinwillen noch gegenübersteht.

Hegel interpretiert die Entstehung des jakobinischen Totalitarismus und schließlich des Terrors der Hinrichtungen zwar sehr spekulativ, aber doch mit sehr viel Einsicht in die Strukturen der totalen Herrschaft, wie sie sich in den Totalitarismen dieses Jahrhunderts, sei es faschistischer, kommunistischer oder militaristischer Art wiederholt haben. Die Zerschlagung der gesellschaftlichen Organisationen, die Unterdrückung der Parteien, die Verdächtigungen von Abweichlern usw. – das alles wird hellsichtig entwickelt. Ein Beispiel: »*Verdächtigwerden* tritt daher an die Stelle oder hat die Bedeutung und Wirkung des *Schuldigseins*, und die äußerliche Reaktion gegen diese Wirklichkeit, die in dem einfachen Innern der Absicht liegt, besteht in dem trockenen Vertilgen dieses seienden Selbsts, an dem nichts sonst wegzunehmen ist als nur sein Sein selbst.« (437) Hegel stellt diese Vorgänge aber nicht historisch oder politikwissenschaftlich dar, sondern führt sie zugleich auf ihren kategorialen Hintergrund zurück.

Selbst die Napoleonische Wende der Französischen Revolution ist »kategorial« zu verstehen. Die Negation des abstrakten Allgemeinen richtet sich gegen das freie Selbstbewußtsein, das ihr eigenes Prinzip ist. Dies ist Sichselbstgleichheit, reines Denken und Wollen. Die Negation dieses Prinzips richtet sich auch gegen die abstrakte Gleichheit des allgemeinen Willens. Eine auf sich selbst bezogene Negation ist aber bei Hegel immer das Prinzip einer Selbstunterscheidung. Sie führt im allgemeinen Willen zu einer neuen »Organisation der geistigen Massen« (438). Diese Organisation und Disziplinierung ist erneut das Werk der Todesfurcht, aber nun einer kollektiven. Die Individuen »welche die Furcht ihres absoluten Herrn, des Todes, empfunden, lassen sich die Negation und die Unterschiede wieder gefallen, ordnen sich unter die Massen und kehren zu einem geteilten und beschränkten Werke, aber dadurch zu ihrer substantiellen Wirklichkeit zurück« (ebd.). Daß die Individuen nur im »beschränkten« Tun an einer dauerhaften und gerechten Staatsordnung teilnehmen können, ist ein deutlicher Rückgriff auf die Staatstheorie des platonischen Staates (*Politeia*), in der Gerechtigkeit als ein Tun des Seinigen in der Zugehörigkeit zu besonderen Ständen verstanden wird. Hegel selber vertritt allerdings eine andere Ständekonzeption und vor allem eine freie Wahl des Berufsstandes, für den der Einzelne sich qualifizieren kann. Eine solche »neuplatonische« Konkretisierung überwindet und vollendet die abstrakten Willenstheorien der Aufklärung.

Hegel versteht Napoleon als den Wiederhersteller einer solchen gegliederten Gesellschaft, in der die Berufsstände in ein organisches Rechtssystem integriert werden. Napoleon ist sowohl der Vollstrecker der abstrakten Rechtsordnung des *Code Napoléon* wie der Gründer »organischer«, ständischer und gewaltenteiliger Verfassungen, wie 1806 gerade in den oberitalienischen Staaten.[80] Napoleons Schlachten und Siege, die Hegel bei der Vollendung der

80 Vgl. Rosenzweig, *Staat*, Bd. 1, 193 f.

Phänomenologie störten,[81] waren nicht zufällig, sondern ebenfalls notwendige Entwicklungen des freien Geistes. Nach dem Sturz Napoleons fällt allerdings auch dessen Rechts- und Staatsordnung noch unter den Begriff des Abstrakten, weil er die konkreten Kulturen und Religionen der unterworfenen Völker nicht mit der vernünftigen Rechtsverfassung versöhnen konnte, was für Hegel seit dem Krieg in Spanien (1808) sichtbar wird.

Hegel bleibt in der *Phänomenologie* mit seinem Resümee der staatlichen und rechtlichen Entwicklung der Freiheit des Geistes allerdings vorsichtig und kurz. Und seine gleichzeitigen Überlegungen zur vernünftigen Verfassung der konstitutionellen Monarchie in der *Realphilosophie* von 1805/06 (vgl. JSE III) hat er nicht veröffentlicht. Die Entwicklung des Geistes geht in der *Phänomenologie* weiter auf dem Gebiet der Moralität. Hegel sieht die deutsche Entwicklung der Philosophie und Literatur seiner Zeit als Weiterentwicklung der Integration von individueller und allgemeiner Freiheit an.

Wie sieht der Übergang aus? Hegel knüpft zunächst wieder an die Erfahrung des Terrors an: »Für das Bewußtsein verwandelt sich die unmittelbare Einheit seiner mit dem allgemeinen Willen, seine Forderung, sich als diesen bestimmten Punkt im allgemeinen Willen zu wissen, in die schlechthin entgegengesetzte Erfahrung um. Was ihm darin verschwindet, ist das abstrakte *Sein* oder die Unmittelbarkeit des substanzlosen Punkts, und diese verschwundene Unmittelbarkeit ist der allgemeine Wille selbst, als welchen es sich nun weiß, ... insofern es reines Wissen oder reiner Wille ist.« (440) Das Individuum weiß sich selbst, aber nicht unmittelbar, sondern durch Unterordnung seiner privaten Meinungen und Wünsche, als eins mit dem allgemeinen Willen: »der *allgemeine Wille* ist sein *reines Wissen und Wollen*, und *es* ist allgemeiner Wille, als dieses reine Wissen und Wollen.« (Ebd.) Dieses *reine* Wissen und Wollen des Individuums ist das moralische Wollen. Die »absolute Freiheit« geht »aus ihrer sich selbst zerstörenden Wirklichkeit in ein anderes Land des selbstbewußten Geistes über... Es ist die neue Gestalt des *moralischen Geistes* entstanden.« (441) Das neue Land ist eine neue Dimension, aber eine solche, die sich auch in einem anderen geographischen Land entwickelt, der deutschen Philosophie und Kunst.

81 Vgl. den Brief an Schelling, 1. Mai 1807, Briefe 1, 161 f.

C. Der seiner selbst gewisse Geist. Die Moralität

Hegel setzt sich in den ersten beiden Teilen des Moralitätskapitels vor allem mit der Postulatenlehre Kants und ihrer Weiterentwicklung durch Fichte auseinander, im letzten Teil mit der Theorie des Gewissens und der moralischen »Genialität« bei Fichte, Jacobi, Novalis und anderen Romantikern. Es geht dabei um das Verhältnis von Moralität und Wirklichkeit – Wirklichkeit der Natur, der Sinnlichkeit und des einzelnen individuellen Handelns. Im Gewissenskapitel kommt dazu das Verhältnis von Individualität und Allgemeinheit – der Allgemeinheit moralischer Regeln und Gesetze, aber auch des allgemeinen moralischen Bewußtseins in einer Gemeinschaft.

a. Die moralische Weltanschauung

Hegel versteht unter moralischer Weltanschauung historisch die nachkantische deutsche Philosophie und Literatur (vor allem der Romantik), systematisch die Deutung der sozialen und natürlichen Welt von den Prinzipien des autonomen moralischen Bewußtseins her. Die Deutung auch der natürlichen Welt von den Prinzipien der Moralität her ist für Hegel grundlegend in Kants Postulatenlehre geschehen: die Klärung der Gewißheiten des moralischen Bewußtseins macht eine bestimmte Auffassung der Naturordnung und ihres Urhebers nötig. Moralität und Glückseligkeit, das »moralische[n] *Anundfürsichsein*« und das natürliche, müssen im Grunde – wenn auch nicht in unseren »diesseitigen« Erfahrungen – übereinstimmen (vgl. 443).

Der Unterschied zwischen Hegels Auseinandersetzung mit der Kantischen Moralität im Vernunftkapitel und der im Geistkapitel liegt darin, daß die Vernunft von der Möglichkeit der Verwirklichung der vernünftigen moralischen Gesetze ausging, der Geist aber davon, daß die Moralität die eigentliche Wirklichkeit darstellt und daß andere scheinbare »Wirklichkeiten« auf sie zurückzuführen sind.

Dies kommt bei Kant, Fichte und den Romantikern auf unterschiedliche Weise zum Ausdruck. Bei Kant vor allem in der Lehre vom höchsten Gut, nach der ein in sich konsistentes Moralbewußtsein davon ausgehen muß, daß im Grunde zwischen der Ordnung der Natur und der der Moral kein Widerspruch, sondern eine

Übereinstimmung besteht. Die Gerechten können nicht definitiv und endgültig leiden. Da der Mensch diese Übereinstimmung aber weder theoretisch beweisen noch praktisch herstellen kann, muß er ein moralisches und zugleich allmächtiges und allgütiges Wesen annehmen, das die proportionale Entsprechung von Moralität (Tugend) und Glück garantiert. Er muß ferner annehmen, daß die Seele sich in ihrem Streben nach Glückswürdigkeit auf eine über die zeitliche Existenz hinausgehende Weise vervollkommnen kann. Dies ist das moralische Postulat der Unsterblichkeit der Seele.

Diese Lehre von Gott als dem Garanten der Übereinstimmung von Moralität (oder Glückswürdigkeit) und Glückseligkeit – als dem für uns höchsten denkbaren, aber auch moralisch zu fordernden Gut – findet sich in allen drei Kritiken Kants. In der dritten, der *Kritik der Urteilskraft*, hat Kant noch zusätzlich Argumente aus der Betrachtung der Natur als eines zweckmäßigen Zusammenhanges selber zweckmäßig organisierter Wesen hinzugefügt – eine Zweckmäßigkeit, die wir nur aufgrund eines planenden und zugleich schöpferischen Verstandes begreifen können.[82]

Fichte hat in seiner frühen Schrift zur Rezension des Aenesidemus – also seiner Zurückweisung der skeptischen Kritik Gottlob Ernst Schulzes an der Transzendentalphilosophie (vgl. Aenesidemus) – die Kantische Postulatenlehre weiterentwickelt, um eine Begründung sowohl der theoretischen wie der praktischen Philosophie aus dem Gedanken des autonomen Ich liefern zu können. Das menschliche Bewußtsein erklärt sich aus einem Streben nach Angleichung an ein rein vernünftiges und zugleich allmächtiges, in seinem Denken die Welt hervorbringendes Wesen. Diese Angleichung wird auf dem Weg der vernünftigen Selbstbestimmung und zugleich der Reflexion auf die eigene Tätigkeit gesucht. Mit dieser Reflexion ist aber die Unterscheidung in Aktives und Passives, Vernünftiges und Sinnliches verbunden: das Ich »öffnet« sich äußeren Einflüssen, und es »findet« sich zugleich in je besonderen sinnlichen Vorstellungen und Wünschen. Nach Fichte würde ein Erreichen der reinen moralischen Selbstbestimmung – und erst recht der göttlichen Schöpfung des Nicht-Ich – unser Bewußtsein aufheben, das nur durch Unterscheidung des Ich vom Nicht-Ich, vom hemmenden Nicht-Vernünftigen, möglich ist.

82 Vgl. KU.

Fichte verschärft damit ein Dilemma, das schon in der Kantischen Postulatenlehre angelegt ist: Die vollkommene Moralität ist einerseits das Ziel des Strebens und der Erklärungsgrund des theoretischen Bewußtseins, das Gegebenes nur als Hemmung seiner Spontaneität und diese nur als Streben zur Überwindung der Passivität bzw. der Sinnlichkeit erfassen kann. Andererseits ist vollkommene Moralität im rezeptiven und zeitlichen Bewußtsein überhaupt nicht vorstellbar, ihr Erreichen würde das Bewußtsein auflösen. Dies ist nach Hegel der Widerspruch, in den sich die moralische Weltanschauung verstrickt. Ihr erster Satz bzw. ihre grundlegende These lautet, daß es ein moralisches Selbstbewußtsein gibt und daß auf dieses alle Wirklichkeitserfahrung zurückgeht. Die Einsicht in die Undenkbarkeit einer vollkommenen Moralität aber führt zum Gegen-Satz: »*es gibt kein moralisch vollendetes wirkliches Selbstbewußtsein*; und da das Moralische überhaupt nur ist, insofern es vollendet ist, – denn die Pflicht ist das *reine* unvermischte *Ansich*«, so lautet die Gegenthese, »daß es kein moralisch Wirkliches gibt.« (452) Das moralische Bewußtsein kann sich aus diesem Konflikt nur retten, indem es die »Einheit der Pflicht und der Wirklichkeit« als ein »*Jenseits*« annimmt, das aber doch »wirklich sein soll« (ebd.). Dies ist aber im Grunde ein »falsches« Bewußtsein bzw. eine Position der »Verstellung«.

b. Die Verstellung

In diesem Abschnitt setzt Hegel seine Auseinandersetzung mit der Postulatenlehre Kants und ihrer Fortbildung durch Fichte fort. Statt dem Text im einzelnen nachzugehen, mag es klärend sein, die Widersprüche, die Hegel in Kants Lehre von den Postulaten der Unsterblichkeit der Seele und dem höchsten Gut einer Übereinstimmung von Moralität und Glückseligkeit, garantiert durch ein allmächtiges und allgütiges Wesen sieht, einmal thesenhaft zusammenzufassen.

1. Wir sollen nach Moralität streben, nicht nach Glück. Aber das höchste Gut, der letzte Zweck des Strebens überhaupt, ist eine Übereinstimmung von Tugend, Moralität oder Glückswürdigkeit einerseits und Glück, natürlicher Erfüllung andererseits. Kann man nach Glückswürdigkeit streben, ohne nach Glück zu streben?

2. Die Natur belohnt nicht automatisch den Tugendhaften.

Trotzdem soll man sowohl die moralitätswidrige Sinnlichkeit bekämpfen wie auf ein endgültiges Glück hoffen. In Wahrheit oder endgültig soll die Natur mit der Moralität übereinstimmen, also den Moralischen belohnen. Die wahre Natur kann kein zukünftiger Zustand sein, denn Gott ist außerhalb aller Zeit. Ist die Natur aber »jetzt schon« moralitätskonform, dann dürfen wir sie in unserem Handeln nicht verändern, d. h. nicht die Sinnlichkeit in uns und die »unvernünftigen« Wirkungen der Natur außer uns bekämpfen.[83]

3. Wir sollen nach moralischer Vollkommenheit streben. Sie zu erreichen ist uns aber in unserer sinnlich-vernünftigen Doppelverfassung unmöglich. Wir können nach Kant immer wieder von sinnlichen Regungen beeinflußt werden, ja wir können nicht einmal sicher wissen, ob wir jemals »rein« moralisch handeln. Aber wir sollen jederzeit moralisch handeln und sollen uns zugleich unendlich moralisch vervollkommnen. Die endgültige Moralität, die uns glückswürdig macht, ist Freiheit von jeder Sinnlichkeit. Einen solchen Zustand können wir aber nicht wirklich verstehen, nach Fichte überschreitet er sogar grundsätzlich die Möglichkeiten eines endlichen Bewußtseins.[84] Wir sollen also etwas anstreben, was wir gar nicht erreichen können.

4. Wie schon gesagt, die »Wirklichkeit« der reinen Moral soll zugleich in jedem moralischen Akt liegen und in einem unerreichbaren Jenseits. Analog soll die Wirklichkeit der Übereinstimmung von Moral und Natur zugleich ein Jenseits unserer zeitlichen Existenz sein und doch immer schon bestehen.

5. Schließlich ist der Gedanke einer Zunahme an Moralität für Hegel selber inkonsistent. Wenn »der sittliche Zweck die *reine* Pflicht ist« (458), ist der Gedanke der graduellen Moralität bzw. der Quantität (der »oberflächliche« Begriff der »Größe«) von Moral undenkbar (459). Wenn wir uns aber nicht moralisch vervollkommnen können, ist auch das Glück nie einem Verdienst zuzuordnen, sondern bleibt von »Zufall und Willkür« der göttlichen Gnade abhängig. Diese Gnade kann auch durch nichtmoralische Mittel (Kultus, Opfer) errungen werden.

Alle diese Probleme könnte man versuchen mit den Mitteln der Moralphilosophie Kants und Fichtes zu lösen. Ob das gelingt, lasse

83 Fichte spricht in der *Bestimmung des Menschen* von dem »letzten Sträuben« einer noch nicht domestizierten Natur (267).

84 Vgl. 458: »Aufhebung ... des Bewußtseins selbst«.

ich hier offen. Hegel will sie als Widersprüche einer geistigen Wirklichkeitsauffassung entwickeln. Die verschiedenen Stufen der Entwicklung der Theorie sind ihm dabei auch verschiedene Stufen des Bewußtwerdens dieser Widersprüche. Dies ist vor allem Thema des zweiten Abschnitts des Moralitätskapitels, in dem das Bewußtsein sich über die Unmöglichkeit der von ihm geforderten Moralisierung klar wird. Trotz der Unmöglichkeit, den Forderungen einer reinen Moral zu folgen, und trotz der Unmöglichkeit, zwischen moralischen und nach Glück strebenden (also heteronomen) Handlungen zu unterscheiden, hält das Bewußtsein an seinen Ansprüchen fest. Dies führt aber zu Verstellung und Heuchelei.

Dem moralischen Bewußtsein der »Verstellung«, dem die vollkommene Moralität als unerreichbares Jenseits gilt, ist es »mit der moralischen Vollendung nicht Ernst« (458). Es hat sich mit dem »Mittelzustand« der »Nichtmoralität« abgefunden, ohne dies doch zugeben zu können. Folglich kann es auch nicht mehr die Glückseligkeit als »Verdienst«, sondern muß sie als »freie Gnade« verlangen – eine »lutherische« Position, die sich auch bei Kant findet. Später hat Fichte (in den Schriften des »Atheismusstreits«) dann versucht, in jeder moralischen Handlung, die das Gewissen fordert, schon das Wirken der sich selbst verwirklichenden (»göttlichen«) moralischen Weltordnung zu sehen. Die sinnliche Welt ist »Material der Pflicht« und kann – in den Äußerungen eines organischen All-Lebens – als Erscheinung eines sich selbst verwirklichenden Willens betrachtet werden.[85]

Hegel will im Moralitätskapitel die inneren Widersprüche einer solchen Position als einer »Wahrheitsthese« über die geistige und sinnliche Welt darstellen. Wieder faßt er die Entwicklung von Kant bis Novalis und Schlegel als eine intern konsequente »Erfahrungsgeschichte«.

Eine abgekürzte Skizze dieser Entwicklung muß den Akzent auf das Ende des Gewissenskapitels und die dort erreichte »Versöhnung« legen, die zusammen mit dem Ende des Religionskapitels die Basis für das »absolute Wissen«, den Abschluß der *Phänomenologie*, bildet.

85 Vgl. Siep, *Autonomie*.

c. *Das Gewissen. Die schöne Seele, das Böse und seine Verzeihung*

Die höchste in der moralischen Weltdeutung und Wirklichkeitsauffassung erreichbare Form ist die Moral des Gewissens. Der Spruch des Gewissens und die Tat des aus seinem Gewissen Handelnden sollen nämlich zugleich »reine praktische Vernunft« und konkrete Wirklichkeit sein. Das Gewissensurteil soll allen Pflichten und Gesetzen erst Gültigkeit verleihen und zugleich konkrete Handlungsanweisungen geben. Es soll dem Leben und der Welt erst Sinn verleihen. Das freie Gewissenshandeln soll der letzte Zweck der Natur sein. Zugleich soll das Individuum darin aus eigenster innerster Überzeugung handeln, ohne mit den allgemeinen, vernünftigen Geboten in Konflikt zu geraten.

Zu diesem Konflikt kommt es im Abschnitt über das Gewissen gleichwohl. Er kann aber in einer bestimmten Form von moralisch-sittlich-religiöser Ergänzung versöhnt werden. Auf diese »Versöhnung« des individuellen Gewissens mit der allgemeinen Sittlichkeit will ich noch etwas genauer eingehen.

Hegels Kapitel über die Moralität, vor allem sein letzter Abschnitt über »Das Gewissen, die schöne Seele, das Böse und seine Verzeihung« behandelt freilich nicht alle Probleme des Gewissens. So wird der rechtliche Aspekt der Gewissensfreiheit allenfalls am Rande berührt und das Problem der religiösen Inhalte des Gewissens gar nicht erörtert. Man muß für diese Fragen die Überlegungen der *Rechtsphilosophie* und der *Enzyklopädie* mit heranziehen.[86] In der *Phänomenologie* steht die Entwicklung der Moralitätsauffassungen Jacobis, Fichtes und der Romantiker im Vordergrund.

Hegel entfaltet zunächst die inneren Gegensätze des moralischen Standpunktes, der das Gewissen eines jeden als höchste Instanz der Entscheidung über pflichtmäßiges Handeln anerkennt. Die Behauptung der Pflichtmäßigkeit der Handlung impliziert ihren Allgemeinheitscharakter und ihren Anspruch auf Anerkennung durch jedes selbstbewußte Wesen. Aber zugleich soll das einzelne Gewissen im konkreten Fall selbst entscheiden, was hier Pflicht ist.[87] Diese Erkenntnis ist ein intuitiver Akt: Das Ge-

86 Vgl. Siep, *Was heißt*, 225 ff., u. *Philosophie*, 324.
87 Vgl. Fichte, *System der Sittenlehre*, 167.

wissen weiß unmittelbar und ohne ein Prüfen und Abwägen einzelner Pflichten, was zu tun geboten ist. »In der einfachen moralischen Handlung des Gewissens sind die Pflichten so verschüttet, daß allen diesen einzelnen Wesen unmittelbar *Abbruch* getan wird und das prüfende Rütteln an der Pflicht in der unwankenden Gewißheit des Gewissens gar nicht stattfindet.« (467)

Die »Gewissenhaftigkeit« der Situationsanalyse hat aber ihre Grenzen: Der Anspruch, »die vorliegende Wirklichkeit auf uneingeschränkte Weise zu umfassen und also die Umstände des Falles genau zu wissen und in Erwägung zu ziehen« (471), ist nicht einzulösen. Die »absolute Vielheit der Umstände, die sich rückwärts in ihre Bedingungen, seitwärts in ihrem Nebeneinander, vorwärts in ihren Folgen unendlich teilt und ausbreitet« (472), ist nicht zu überschauen. Das gilt auch, so kann man mit Bezug auf die neuere Utilitarismus-Diskussion hinzufügen, für die Auswirkungen einer Handlung auf die Schmerz-Glücks-Balance der Betroffenen. Hegel diskutiert eine Version davon in der allgemeinen Maxime, »die Handlung für das allgemeine Beste der für das individuelle vorzuziehen« (475). Eine solche Maxime widerspricht der Distanz des Gewissens zu den öffentlichen Gesetzen, denn deren »Substanz« und Zweck ist gerade das Gemeinwohl (ebd.).

Unerschütterliche, intuitive Selbstgewißheit und Souveränität über die öffentlichen Regeln sind konstitutiv für den Gewissensbegriff der *Phänomenologie*. Offenbar liegt hier Hegels teleologische Deutung der nachkantischen Moralitätsentwicklung zu einem extremen Subjektivismus zugrunde, in dem er allerdings bereits eine Form des sich selbst individualisierenden Allgemeinen zu erkennen glaubt. Das Gewissen ist hier nicht bloß letzte Instanz der Pflichtenabwägung, sondern Geltungsgrund der Moralität und des Rechts. Eine solche Verabsolutierung des Gewissens oder des moralischen Genies findet sich vor allem in einigen Passagen von Jacobis Roman *Woldemar* und Novalis' *Heinrich von Ofterdingen*.[88] Bei Jacobi ist aber der zentrale Begriff der Genie-Moral die Tugend, nicht das Gewissen. Er unterzieht im *Woldemar* die Überlegenheit des Gewissens über Recht und Gesetz und die Gleichstellung des moralischen mit dem künstlerischen Genie selbst der Kritik (*Woldemar*, 379, 469). Nur Novalis schreibt dem Gewissen

88 Jacobi, *Woldemar*, 87, 217, 379; Novalis, *Heinrich von Ofterdingen*, 167 ff. Vgl. Hirsch, *Die Beisetzung*; Pöggeler, *Hegels Kritik*; Gram.

vorbehaltlos die »göttliche Schöpferkraft« zu, von der Hegel spricht.[89] Die von Hegel hier diskutierte Problematik, daß ein Gewissensanspruch sich auf jede beliebige Entscheidung erstrekken und letztlich intersubjektiv nicht ausweisen kann, besteht im übrigen nicht nur in den Gewissenstheorien seiner Zeitgenossen. In der gegenwärtigen Ethik-Diskussion hat darauf etwa John Mackie hingewiesen.[90]

Hegel erörtert diese Problematik in einem zweiten Schritt an dem Verhältnis des »handelnden«, einzelnen Gewissens-»Täters« zu dem diese Tat beurteilenden, allgemeinen moralischen Bewußtsein.[91] Die soziale Gruppe, in der sich der Handelnde auf sein Gewissen beruft, soll diesen Anspruch anerkennen und damit auch die Freiheit des Handelnden von den öffentlich geltenden Regeln. Da dieser Anspruch auf nichts als eine private Überzeugung gegründet ist, kann er aber für ein allgemeines öffentliches Moralbewußtsein nicht akzeptabel sein: »Sie wissen also nicht, ob dies Gewissen moralisch gut oder ob es böse ist, oder vielmehr sie können es nicht nur nicht wissen, sondern müssen es auch für böse nehmen.« (PhG, 477 f.)

Wer seinen Willen über den allgemeinen setzt, ist ja auch im Sinne der Kantischen Definition böse. Um den Gewissensanspruch zurückzuweisen, werden die Motive des Handelnden umgedeutet. Man unterstellt ihm Eigennutz, Ruhm- oder Ehrsucht – eine Deutung, die ebenso gut und schlecht begründet ist wie der Anspruch des Gewissenstäters.

Die »Auflösung« dieses Gegensatzes ist nur durch einen Schritt von beiden Seiten möglich, der von der philosophischen Einsicht her als immanent notwendig erscheint, von beiden Seiten aber moralische Leistungen verlangt. Für die philosophische Reflexion sind beide gleich einseitig: das handelnde Bewußtsein, weil es gegen die geltenden Sitten die abweichende Gewissensentscheidung setzt – das beurteilende, weil es seine Maßstäbe nicht konkretisieren kann, ihre Allgemeinheit daher durch keinerlei Anwendung kom-

89 *Heinrich von Ofterdingen*, 169. Auch Gram (320 f.) urteilt, daß Hegel hier vornehmlich Novalis im Auge habe.

90 Vgl. Mackie, 155 f.

91 Falke, *Hegel und Jacobi*, versucht zu zeigen, daß dieser Gegensatz weitgehend den Positionen Woldemars und Henriettes in Jacobis *Woldemar* entspricht. Dagegen bezieht sich Hegel nach Gram hier eher auf Schlegels *Lucinde* (326 ff.). Für Terry Pinkard reflektiert der Gegensatz die moralistische und die ironische Pointe des Moralverständnisses der Romantik. (214 ff.)

promittieren will. Dieses Bewußtsein wird durch die »schöne Seele« verkörpert, ein Konzept und eine literarische Figur, bei der Hegel wohl wieder an Jacobi, vielleicht auch an Goethes *Wilhelm Meister* und an Novalis denkt.[92] Ein solches Bewußtsein wird um der Reinheit der moralischen Ideale willen tatenlos und verweigert die Kommunikation, »das Heraustreten seines Innern in das Dasein der Rede« (490).

Beide Seiten vertreten aber einen allgemeinen Anspruch, der von der jeweils anderen anerkannt werden soll. Das kann er nur durch wechselseitigen Verzicht: Das auf sein Gewissen pochende Individuum muß die Einseitigkeit und den möglichen Irrtum seiner Entscheidung bekennen. Und das allgemeine moralische Bewußtsein muß seinerseits die einzelne Entscheidung, auch in ihrer Nonkonformität und Bosheit, als notwendiges Moment des Geistes anerkennen. »Das Wort der Versöhnung ist der *daseiende Geist*, der das reine Wissen seiner selbst als *allgemeinen* Wesens in seinem Gegenteile, in dem reinen Wissen seiner als der absolut in sich seienden *Einzelheit* anschaut, – ein gegenseitiges Anerkennen, welches der *absolute* Geist ist.« (493) Gewissen und allgemeine Gesetzlichkeit sind also zwei Momente eines Geistes, der sich als individuelle Entscheidung konkretisiert, durch sie bereichert und fortbildet und zugleich jede Entscheidung in das System der gemeinsamen Rechts- und Lebensordnung entweder einpaßt oder »zurücknimmt«.

Hegel hat die konkreten Formen dieser Versöhnung in der *Phänomenologie* nicht entwickelt. Der Hinweis im Schlußkapitel auf die Entsprechung zwischen dieser Gestalt der Moralität und der letzten Stufe der offenbaren, christlichen Religion (vgl. 572 f.) läßt aber vermuten, daß er sie vor allem in Formen vernünftiger religiöser Moralität am Werk sieht.

Die religiöse Gemeinde, wenn sie nicht nur die von Hegel auf 481 f. karikierte Versammlung schöner Seelen ist,[93] kann ein Medium der wechselseitigen Korrektur von öffentlicher Moral und

92 Vgl. Jacobi, *Woldemar*, 14, 281, 375, 419. Novalis benutzt den Begriff zwar nicht, wird aber von Hegel selber als »schöne Seele« bezeichnet. Vgl. dazu und zu den übrigen zeitgenössischen Verwendungen des Begriffs Hirsch, *Beisetzung*, u. Gram, 315 ff. Gram, 319, argumentiert sowohl gegen den Bezug auf Schiller, den Hyppolite, *Genèse*, 496, vorschlägt, wie auch gegen Goethes *Wilhelm Meister* (anders PhG (1988), 612).

93 Vgl. 481: »gegenseitige Versicherung von ihrer Gewissenhaftigkeit, guten Absichten« etc.

privatem Gewissen sein. In ihr können Außenseiter anerkannt und – möglicherweise unter Korrektur der bisherigen gemeinsamen Maßstäbe – integriert werden. Allerdings gibt es auch Formen rechtlicher und politischer Integration des »Außenseiters«, die in der *Rechtsphilosophie* erörtert werden: etwa der direkte Appell an den obersten Entscheidungsträger des Staates, der Recht und Verwaltung korrigieren oder Täter begnadigen kann, d. h. ihre Tat »ungeschehen« sein läßt (vgl. Hegel, GPR, §§ 282 und 295). Die »Bosheit« der Gewissensentscheidung hingegen wird auf verschiedene Weise minimiert: durch die Unterwerfung auch des Gewissenstäters unter die öffentlichen Gesetze, durch die Bildung des Gewissens durch Recht und Standesgesinnungen und schließlich – wie die *Enzyklopädie* ausführt – durch die Bewährung der Wahrheit des Rechtsstaates vor dem religiösen Gewissen.[94] Zu dieser Versöhnung des Gewissens mit den öffentlichen Gesetzen können die aufgeklärte Religion und die spekulative Philosophie führen.

In der *Phänomenologie* folgen auf die Versöhnung des Gewissens mit der moralischen Gemeinschaft ebenfalls je ein Kapitel über die Religion und die Philosophie. In ihnen geht es aber nicht um die Rechtfertigung des Staates in Religion und Philosophie, sondern um die Weiterentwicklung und Vertiefung der Auffassung der Identität von individuellem Selbstbewußtsein, allgemeinem Geist und »gegenständlicher Wirklichkeit«, die in der Versöhnung des Gewissens mit dem allgemeinen Bewußtsein erreicht wurde. Um diese Identität endgültig nachzuweisen und vollständig zu erfassen, muß die Geschichte der Religion philosophisch begriffen werden. Hegel verwendet dabei einen weiten Begriff von Religion: Insofern die Kultur eines Volkes einen Begriff des »Höchsten«, der Wahrheit und der »eigentlichen« Wirklichkeit enthält, ist sie Religion.

Der wahre Begriff dieses Höchsten, den die Religionsgeschichte aber erst mit ihrer Vollendung im philosophisch aufgeklärten Christentum erreicht, ist der des absoluten Geistes. Hegel zeigt am Ende des Moralitätskapitels, daß in der Versöhnung von allgemeinem moralischem Bewußtsein und einzelnem Gewissen dieser Begriff »an sich«, d. h. für den philosophischen Betrachter, schon erreicht ist. Es ist der Begriff einer Einheit von reiner, unterschiedsloser Selbstgewißheit (Gewissen) und »vollkommener Entäuße-

94 Vgl. Hegel, GPR, §§ 140 u. 220; EPW (1830), § 552.

rung« in eine Pluralität von Personen und ein durch Begriffe bestimmtes, gegenständliches »Dasein« (vgl. 494). In der *unmittelbarsten* Form der Religion entspricht diesem Begriff die Vorstellung eines Erscheinens des Göttlichen in der Natur, in der *höchsten* Form die einer – gleichsam theologisch gebildeten und philosophisch aufgeklärten – religiösen Gemeinde, die sich selbst als das Göttliche begreift: als »der erscheinende Gott mitten unter ihnen, die sich als das reine Wissen wissen« (494).

(CC) Die Religion

VII. Die Religion

Wenn man Hegels Religionskapitel in der *Phänomenologie* verstehen will, muß man sich zum einen den Unterschied zwischen Geist und Religion klarmachen und zum anderen Hegels Verständnis von Religion.

Religion ist in Hegels Worten der Einleitung dieses Kapitels (495) der »sich als Geist wissende Geist«. Moralität, die letzte Gestalt des vorhergehenden Kapitels, war im Titel dieses Abschnitts als der »seiner selbst gewisse Geist« bezeichnet worden. Die Differenz ist also zunächst nur die von »Gewißheit« versus »Wissen«. Gewißheit ist bei Hegel immer »unmittelbar«, eine gleichsam punktuelle Evidenz, ohne komplexen theoretischen Inhalt, ohne »Entfaltung« eines Stoffes oder eines Prinzips. Das Gewissen als höchste Form des seiner selbst gewissen Geistes weiß, daß die moralische Weltordnung (Fichte), die Gesetzgebung der Vernunftwesen als Selbstzweckwesen (Kant), die eigentliche Realität ist. Und es weiß, daß sich diese Realität in der gegenseitigen Anerkennung der moralisch urteilenden und handelnden Gewissen manifestiert. Aber Gewissensentscheidungen sind nicht ableitbar aus der moralischen Ordnung. Aus der Idee der autonomen Gesetzgebung und des Reichs der Zwecke ist kein konkreter Gewissensbefehl zu erschließen. Das Selbstbewußtsein als Gewissen und die »geistige« Wirklichkeit der Entscheidungen und Handlungen bleiben noch getrennt.

Auch die Einheit von natürlicher und moralischer Ordnung ist in der Moralität nur als Gewißheit oder als »Postulat« gegenwärtig. Der Standpunkt der Moral schließt die Überzeugung ein, daß moralisch richtiges Handeln auch Konsequenzen in der Naturordnung hat und daß es letztlich mit dem natürlichen Glücksstreben zusammenpaßt (Postulatenlehre). Aber wie dieses Zusammenwirken zu begreifen ist, bleibt dem noch dualistischen moralischen Bewußtsein verschlossen. Die Einheit kann nur postuliert, aber nicht »begriffen«, d. h. in Theorien oder Gesetzen entfaltet werden. Der moralische Geist ist sich dieser Einheit *gewiß*, aber er *weiß* sie nicht. Die Verwirklichung einer solchen Einheit in Handlungen, Werken, Institutionen und Lehren ist Aufgabe der Religion. In bestimmter Hinsicht gilt ja auch für Kant, daß die Verwirklichung der Einheit von menschlicher Natur und Moralität eine Aufgabe der Religion bzw. des »ethischen gemeinen Wesens« ist.[95]

Um genauer zu verstehen, in welchem Sinn bei Hegel die Religion das Wissen des Geistes von sich ist, muß man aber vorgreifen auf das wahre, philosophisch adäquate Verständnis von Religion. Dieses *wahre* Verständnis unterscheidet Hegel schon am Beginn des Kapitels vom »Bewußtseinsverständnis« der Religion. Das Bewußtsein unterscheidet ja die eigentliche Realität, hier das Absolute oder Göttliche, vom religiösen Subjekt. Aber diese Trennung von jenseitigem Gott, diesseitiger Welt und glaubendem Bewußtsein ist in allen bisher aufgetretenen Formen des religiösen Bewußtseins schon »widerlegt«, d. h. durch Erfahrungen in Widersprüche und Schein verwandelt worden. In Wahrheit weiß sich Gott im Menschen, der Mensch ist Gottes eigenes Selbstbewußtsein. Auch dieses Selbstbewußtsein kann mehr oder weniger entwickelt sein. Und die Entwicklung im menschlichen Bewußtsein setzt die Entwicklung von Selbstverhältnissen in Natur und Geschichte voraus. Sowohl der Aufbau der Naturordnungen (mechanisch, chemisch, organisch-teleologisch) wie die Zunahme des Wissens davon in den Wissenschaften sind Prozesse der Entfaltung und Reflexion einer gedanklichen Ordnung.

Der Wissensfortschritt ist aber immer nur Teil einer Gesamtkultur und von rechtlichen, moralischen, religiösen Vorstellungen mit bestimmt. Der Übergang vom »unglücklichen Bewußtsein« zur Vernunft hat ja schon gezeigt, daß die Neuzeit und ihre Wissenschaft auf dem Boden des Christentums entstanden sind und von ihm her begriffen werden müssen. Daß die »Wirkung des Christentums [...] die ganze Kultur der späteren Welt allgebietend

95 Vgl. *Die Religion*, 96.

bestimme«, ist im übrigen schon eine These des Jenaer Aufsatzes *Ueber das Verhältniß der Naturphilosophie zur Philosophie überhaupt* (1802), dessen Urheberschaft (Schelling, Hegel oder beide gemeinsam) umstritten ist. Die beherrschende Rolle eines gemeinsamen Selbst- und Weltverständnisses für die »Teilsysteme« der menschlichen Kultur gilt für jede Epoche der Menschheitsgeschichte.

Die Gesamtkultur einer Epoche, insofern darin eine These über die »letzte« Wahrheit, die eigentliche Wirklichkeit zum Ausdruck kommt, nennt Hegel »Religion«. Die Rechtsvorstellungen, die Kunst, die Moral sind zuletzt von der Auffassung der Wahrheit geprägt, auch wenn diese im »wissenschaftlichen Zeitalter« ohne den Gottesbegriff auskommt. Die neueste Zeit ist freilich auch für Hegel durch das Auseinanderfallen verschiedener Denk- und Handlungssysteme gekennzeichnet. Letztlich ist es aber gerade die Aufgabe der (seiner) Philosophie, dieser Tendenz entgegenzuwirken, denn der Mensch als Vernunftwesen wäre in einer solchen Pluralität, in einer völligen »Ausdifferenzierung« selbständiger Teilsysteme, sich selbst »entfremdet«.[96]

Bei Hegel übernimmt die Philosophie die Aufgabe einer Lehre der letzten Wahrheit, weil nur sie zwischen Glauben und Theologie auf der einen Seite, Wissenschaft und vernünftigen Freiheitsordnungen auf der anderen vermitteln kann. Die »Metaphysik« ist das »Allerheiligste« im Tempel der modernen Kultur als einer Vernunftkultur. In der Vorrede zum ersten Band seiner *Wissenschaft der Logik* (1812) nennt Hegel »ein gebildetes Volk ohne Metaphysik« einen »sonst mannigfaltig ausgeschmückten Tempel ohne Allerheiligstes« (WL I, 14). Aber diese Metaphysik ist eine Lehre vom systematischen Zusammenhang der Grundbegriffe alles Wissens und als solche selber Wissenschaft. »Die Wissenschaft ist allein die Theodizee«, schreibt Hegel am 23. Januar 1807 an Zellmann (Briefe 1, 137).

Für das umfassende und »letzte« Verständnis der Selbstreflexion Gottes in Geschichte und Natur ist das Verständnis der Religionsgeschichte ausschlaggebend. Dann muß diese aber selber eine begreifbare, notwendige Ordnung darstellen, nicht eine Abfolge zu-

96 Heute fordern sozialwissenschaftliche Systemtheoretiker wie der Hegel-Preisträger Niklas Luhmann die Anerkennung der Ausdifferenzierung ohne gemeinsames Band außer einer diffusen gesellschaftlichen Kommunikation. (Vgl. Luhmann, *Die Gesellschaft*, Bd. 1, 82 f.)

fälliger Formen und »Mutationen« des religiösen Bewußtseins. Für Hegel ist die Religionsgeschichte nichts anderes als die Entfaltung des Wesens oder Begriffes der Religion selber. In einem teleologischen, zielgerichteten Prozeß wird Religion aus einfachen »naiven« Anfängen das, was ihr Telos, ihr entwickeltes Wesen ausmacht. An diesem Ziel geht dann freilich ihr »kognitiver« Teil – nicht ihr kultischer, praktisch gottesdienstlicher und die Moral befördernder Teil – in Philosophie über. Das wird später noch erläutert. Hegel nennt die Abfolge der für diese teleologische Realisierung notwendigen Formen der Religion »bestimmte Religion«. In seinen Berliner Vorlesungen hat er, wie das Manuskript seiner Vorlesung von 1821 zeigt (vgl. VPR-T. 1), die Religionsphilosophie in drei Teile geteilt:

A. Der Begriff der Religion;
B. Die bestimmte Religion;
C. Die vollendete (offenbare, absolute Religion)[97].

Unter dem Thema »Begriff der Religion« entfaltet Hegel in philosophischen Kategorien und abstrakten Unterscheidungen (Gottesbegriff, religiöses Bewußtsein, Kult) die notwendigen Bestandteile und die allgemeine Entwicklungsrichtung der Religion. Mit diesem Begriff kann man an die Kultur- und Religionsgeschichte (»bestimmte Religion«) herangehen und ihre immanente Entwicklung bis zur Vollendung der Idee der Religion verstehen. In diesem Prozeß sind wieder allgemeine philosophische Kategorien wirksam (vor allem die »begriffslogischen« Strukturen von Allgemeinheit, Besonderung und Einzelheit bzw. in den Besonderungen manifeste Ganzheit). Aber auf ganz unterschiedliche Weise in der Lehre, dem Gottesdienst und der religiösen »Andacht«.

Obwohl alle drei Einteilungen auch in der *Phänomenologie* vorkommen,[98] ist das Religionskapitel von einer anderen Gliederung bestimmt. Die drei Teile

A. Natürliche Religion,
B. Die Kunstreligion,
C. Die offenbare Religion,

97 Der von Hegels Schülern in der ersten Werkausgabe verwendete Begriff der »absoluten« Religion kommt in den Nachschriften offenbar erst seit 1827 vor (vgl. VPR-T. 1, 91). Vorher spricht Hegel von der »wahrhaften«, »vollendeten«, »offenbaren« Religion. (Vgl. VPR-T. 1, 28, 59; Jaeschke, *Vorwort*, XVII.)

98 »Begriff der Religion«, PhG, 501; »bestimmte Religion«, 500; »offenbare Religion«, 502.

entsprechen dem Inhalt dessen, was später den zweiten und dritten Teil, die bestimmte und offenbare Religion, ausmacht.[99] Eine allgemeine Begriffsbestimmung von Religion gibt Hegel nicht, statt dessen resümiert die Einleitung des Kapitels den Gang der *Phänomenologie*. Insofern es sich um »Wahrheitsthesen« und um Momente historischer Kulturen handelte, gehörten alle vorhergehenden Gestalten schon zur »Religion«. Sie gehen den jetzt behandelten Formen der Religion auch nicht zeitlich voraus: die Religionsgeschichte umspannt alle Epochen. Die »Momente« des Bewußtseins, des Selbstbewußtseins, der Vernunft und des Geistes haben nach Hegel ohnehin kein zeitlich »voneinander verschiedenes Dasein« (498). Sie sind Gesichtspunkte, unter denen verschiedene Epochen hinsichtlich ihrer Wahrheitsauffassungen und Ontologien betrachtet werden können. Die innere Entwicklung der »Momente« – z. B. von der sinnlichen Gewißheit bis zum Verstand – folgt dagegen durchaus einem zeitlichen Verlauf, etwa einer geschichtlichen Folge von Philosophien (im Bewußtseins- und Selbstbewußtseinkapitel), Phasen in der Entwicklung der Wissenschaften (wie in Teilen des Vernunftkapitels) oder von Sitten, Institutionen und damit verbundenen Weltanschauungen (im Geistkapitel).

Der Begriff der Religion wird in der *Phänomenologie* eingeführt als Aufhebung des Unterschieds zwischen »wirklichem« (sittlichem, rechtlichem, sozialem) Geist und sich wissendem (moralischem) Geist – in der Terminologie der *Phänomenologie*: von Bewußtsein und Selbstbewußtsein des Geistes (500). In der Religion gilt ein absolutes, von keinem Gegenstand mehr unterschiedenes Selbstbewußtsein als der eigentliche Gehalt der Wirklichkeit, der sozialen wie der natürlichen. Solange dieses absolute Selbst noch außerhalb des religiösen Bewußtseins vorgestellt wird, bleibt allerdings auch der Religion noch ein »Bewußtseinsmoment« (vgl. 500 f.).

Dessen Aufhebung ist ein Prozeß innerhalb der Religion, eine Entwicklung ihres Begriffes und ihrer Geschichte. Der wahre Begriff des Geistes kann ja auch nicht *eine* Gottesvorstellung unter anderen sein – sonst hätte er noch unabhängige Wahrheiten außer sich –, sondern muß die Erfüllung des in allen Religionen und

99 Kroner hat auf Schleiermachers *Reden über die Religion* als Quelle für diese Titel hingewiesen. (404)

Kulturen intendierten Gottesverständnisses sein. Diese müssen in der Weise teleologischer Entwicklungen, in denen sich das Ganze aus seinen Vorstufen, Stadien, Teilen herstellt, als »Werden seiner vollkommenen Wirklichkeit durch die einzelnen Seiten derselben oder seine unvollkommenen Wirklichkeiten« (502) begriffen werden.

Dies ist die Idee einer vollständigen Religionsgeschichte. Vollständig nicht in dem Sinne, daß alle historisch aufgetretenen Religionen behandelt würden. »Die Übersicht über diese Religionen zeigt die wunderbarsten und bizarrsten Ausgeburten von Vorstellungen des göttlichen Wesens und dann von Pflichten, Verhaltungsweisen, auf welche die Nationen verfallen sind«, schreibt Hegel in seinem Vorlesungsmanuskript von 1821 (VPR-T. 1, 107). Es geht nicht um eine Beschreibung oder Rechtfertigung dieser Variationen von Religion, sondern darum, »den Sinn, das *Positive*, Wahre und Zusammenhang mit dem Wahren, kurz, das Vernünftige darin zu erkennen; es sind Menschen, die auf solche Religionen verfallen sind; es muß also Vernunft darin sein, in aller Zufälligkeit eine höhere Notwendigkeit« (ebd.). Eine vollständige Religionsgeschichte im philosophischen Sinne besteht daher darin, in dieser Geschichte sichtbar zu machen, wie »die Vollendung der Religion selbst ihren Begriff hervorbringe« (106).

Es kommt dabei nicht auf die vielen zufälligen Formen an, sondern auf die drei Hauptstufen der »natürlichen«, »künstlichen« und »offenbaren« Religion. Auch diese Unterscheidung ordnet Hegel in der *Phänomenologie* nach den Begriffen ›Bewußtsein‹, ›Selbstbewußtsein‹ und »An und Fürsichsein« (PhG, 502) – und das heißt auch, als ein Sich-Unterscheiden und »Zusammenschließen« der Momente des Geistes. Auf der ersten Stufe wird das Absolute in natürlichen Gestalten vorgestellt, auf der zweiten in menschlichen, selbstbewußten – und auf der dritten als sich zur Natur »entäußernder« und aus ihr zurückkehrender Geist. Historisch entsprechen diesen Stufen die orientalischen Religionen einschließlich des Judentums (A.), die klassische griechisch-römische Religion bzw. Kultur (B.) sowie schließlich das Christentum. Es handelt sich also zweifellos um eine eurozentrische, von der Wahrheit des Christentums ausgehende Religionsgeschichte.

Für Hegel ist bei dieser Auswahl ausschlaggebend die geistige, künstlerische und praktische (rechtlich-moralisch-politische) »Arbeit« am Gottesbild. Sie ist selber ein Prozeß der Bewußtwerdung und der »Erziehung des Menschengeschlechts«[100] durch das eigene Gottesbild und den Dienst an diesem Gott. Notwendig ist zunächst ein Prozeß der Trennung des Menschen von Natur und undifferenzierter Gemeinschaft, um der Bewußtwerdung seines geistigen Wesens willen. Diese Trennung soll auf der Stufe der »Erlösungsreligionen« ihrerseits überwunden werden. Ziel der religiösen Praxis und Lehre solcher Religionen ist ja die Aufhebung der Trennung von Gott und Mensch, Diesseits und Jenseits. Diese Aufhebung setzt aber eine religionsgeschichtliche »Menschwerdung« Gottes in der Geschichte voraus. Sie beginnt in der griechischen Religion, in der Gott unter Menschengestalt vorgestellt und dargestellt wird. Sie vollendet sich in der christlichen Religion, deren zentrales Dogma ja die Menschwerdung Gottes ist. Daß die Religionsgeschichte in ihrem Verlauf der Dogmatik des Christentums entspricht, ist nach Hegel selber ein Argument für dessen Wahrheit.

A. Die natürliche Religion

Hegel hat die natürliche Religion später als die »Einheit des Geistigen und Natürlichen« bezeichnet (VPR I, 254). Nach seinem Berliner Vorlesungsmanuskript von 1821 läßt er sie mit den Religionen des »Orients« beginnen, für die die Vorstellung Gottes als »Licht« eine große Rolle spielt (VPR-T. 2, 12, 17). In den späteren Vorlesungen hat er die Naturreligion weiter differenziert. Er läßt sie mit der »Zauberei« beginnen und kommt damit den religions- und mythologiegeschichtlichen Konzeptionen des 20. Jahrhunderts nahe.[101] Erst auf der letzten Stufe innerhalb der Entwicklung der Naturreligion kommt die »persische« Religion als »Religion des Guten oder des Lichts« zur Sprache. Den Abschluß dieser Stufe und zugleich den Übergang zur zweiten Stufe, den geistigen Gottesvorstellungen, stellt die ägyptische Religion dar. Die erste ganz

100 Lessing in der *Erziehung des Menschengeschlechts* (1780) und ihm folgend Kant im dritten Teil der *Religion innerhalb der Grenzen der reinen Vernunft* (*Die Religion*, 115 ff.) verstehen die Folge der historischen Religionen als eine dem jeweiligen Entwicklungsstand der menschlichen Vernunft angemessene Annäherung an die vernünftige Moral. Hegel ist schon in seiner Berner Zeit von Lessing und von Kants Religionsphilosophie stark beeinflußt. Zum Einfluß Lessings vgl. TWA 1, 131, und Pöggeler, *Werk und Wirkung*, 11. Vgl. auch den Stellenkommentar zu PhG, 410 f.

101 Vgl. Cassirer, *Symbolische Formen*, Bd. 2.

der zweiten Stufe angehörige Religion ist die jüdische »Religion der Erhabenheit«.

Dem Religionskapitel der *Phänomenologie* liegt eine andere Konzeption zugrunde. Die ersten drei Gestalten wiederholen auf dem Niveau des Geistes die Einteilung des Bewußtseinskapitels. Der Geist wird hier unmittelbar verstanden als Manifestation seiner selbst in der sinnlichen Natur. Zugleich kommen ihm anfängliche Formen des Selbstbewußtseins zu (der Kampf, die Herrschaft über den Knecht und über die Natur, die Bearbeitung der Natur). Dieses Wiederaufgreifen der ersten Gestalten des Bewußtseins und Selbstbewußtseins im absoluten Geist scheint der Grund dafür zu sein, daß Hegel mit den orientalischen Religionen beginnt. Freilich ist der Geist hier erst als Substanz begriffen und noch nicht als Subjekt. Durch seine Selbsterzeugung – Spinozas *causa sui* – erschafft er die Welt. Hegel hat den Begriff des Orients mit dem »Aufgehen« des göttlichen Lichtes zusammengebracht (vgl. PhG, 506), das noch nicht »niedergeht« bzw. als Reflexion in sich zurückkehrt.

Im ersten Kapitel (»Lichtwesen«) stehen offenbar Züge der jüdischen und der persischen Religion im Hintergrund, im zweiten (»Pflanze und Tier«) solche der indischen, ägyptischen und syrischen. Im dritten Abschnitt (»Werkmeister«) geht es nochmals um die ägyptische Religion und Kultur in ihrer Gesamtheit.

a. Das Lichtwesen

Hegel beginnt die Darstellung und »Prüfung« der Religionen mit einer Gottesvorstellung, die einesteils ganz »gegenständlich« ist: Das Wahre ist das vom Menschen und seinem Bewußtsein ganz Unabhängige. Andererseits besitzt sie aber – in quasi naiver Weise – die Grundzüge des in der phänomenologischen Entwicklung entstandenen Begriffes des Geistes: das Offenbaren und sich Vergegenständlichen eines »Inneren« bzw. eines »Ich« (PhG, 505). Hegel sieht diesen Gottesbegriff in sinnlicher Form in der zu den orientalischen Religionen, vor allem der persischen,[102] gehörenden Vorstellung eines göttlichen, weltschöpferischen »Lichtes«.

102 Vgl. dazu – und zu Hegels Lektüre des *Zend-Avesta* – Bonsiepen, *Altpersische Lichtreligion*.

In den Berliner Religionsphilosophie-Vorlesungen nennt er »das Licht diese abstrakte Subjektivität im Sinnlichen« (VPR I, 399).

Offenbar sind aber auch Aspekte der jüdischen Religion thematisiert.[103] Nicht nur die Schöpfung der Welt durch die Trennung des Lichtes von der Nacht (PhG, 505 f.), sondern vor allem auch die Stellung des Menschen zu diesem »abstrakten«, inhaltslosen Göttlichen sind Momente der jüdischen Religion, die Hegel hier im Blick hat. Was der Mensch über diesen Gott aussagen kann, sind keine inhaltlichen Bestimmungen (»Attribute«), sondern nur »Namen des vielnamigen Einen« (PhG, 506). In der Religion des Lichtwesens ist alles Gestaltete, Natürliche und Menschliche »zum Schein heruntergesetzt« (VPR I, 255).

Die Natur und die menschliche Welt sind Gott gegenüber nichtig. Rückblickend von der griechischen Religion schreibt Hegel: »Der Kultus der Religion dieses einfachen gestaltlosen Wesens gibt seinen Angehörigen daher nur dies im allgemeinen zurück, daß sie das Volk ihres Gottes sind« – aber das Göttliche offenbart sich nicht in diesem Volk selbst, das sich vielmehr als »verworfen« weiß (PhG, 525). Was hier in der jüdischen Religion vom Verhältnis des Volkes zu seinem Gott gilt, ist politisch das Kennzeichen des orientalischen »Despotismus«: »Die Pracht orientalischer Anschauung ist das eine Subjekt als Substanz, der alles angehört, so daß kein anderes Subjekt sich abscheidet und in seine subjektive Freiheit sich reflektiert.« (VPG, 136)

Hegel hat selber in seinen *Vorlesungen zur Geschichtsphilosophie* eine Verbindung zwischen der persischen und jüdischen Religion hergestellt (VPG, 241). Er faßt das jüdische Volk als »im weiteren Verbande« zum persischen Reich gehörig und sieht die Gottesvorstellung des Lichtes in den Schöpfergott verwandelt: »Das Licht ist aber nunmehr Jehova, das reine Eine« (ebd.). Aber Hegel sieht an dieser Stelle in der jüdischen Religion schon eine erste Reflexion des Göttlichen, eine Trennung und Rückkehr von der Welt. Er konstatiert einen »Bruch zwischen dem Osten und dem Westen; der Geist geht in sich nieder und erfaßt das abstrakte Grundprinzip für das Geistige« – nämlich den geistigen, von der Natur getrennten Schöpfer. Von daher bleibt die Einordnung der jüdischen Religion

103 Vgl. Jaeschke, *Vernunft*, 211 ff.; Falke, *Begriffne Geschichte*, 334 ff. Vieillard-Baron (359 ff.) vermutet einen durch Oetinger vermittelten Bezug auf Böhme und seine Deutung des reinen Lichtes in der Kabbala. Ausführliche Kommentare bei Schmidt u. Schöndorf.

als »natürliche« in der *Phänomenologie* problematisch. Später hat er sie eindeutig der Religion der »freien Subjektivität« zugeordnet (VPR I, 255).

Die Stellung am Anfang des Religionskapitels wird auch der Funktion der jüdischen Religion in den übrigen Kapiteln der *Phänomenologie* nicht gerecht. Im Kapitel über das »unglückliche Bewußtsein« (s. o. 112) spielt sie als unmittelbare Vorstufe der christlichen eine viel »fortgeschrittenere« Rolle. Der entscheidende Aspekt im ersten Abschnitt des Religionskapitels ist dagegen, daß das Göttliche als ein »mit dem Begriffe des Geistes erfülltes Sein« verstanden wird, als ein einfaches Absolutes, gestaltlos, aber alles durchdringend und beherrschend – eben als göttliches Licht, dessen »Einfachheit als eine Unendlichkeit von Formen« (PhG, 507) erscheint.

b. Die Pflanze und das Tier

In der zweiten Gestalt der natürlichen Religion werden diese Formen verselbständigt und individualisiert. Entsprechend dem Übergang von der sinnlichen Gewißheit zur Wahrnehmung wird das unterschiedslose göttliche Sein zur »Mannigfaltigkeit des Fürsichseins« (PhG, 507). Das Göttliche ist nicht mehr das »die Gestaltung verzehrende« (506) Licht oder Feuer, sondern unmittelbar der »Pantheismus« der vergöttlichten Dinge. Es sind allerdings – im Rückgriff auf den Anfang des Selbstbewußtseinskapitels – vor allem die lebendigen Dinge, in denen sich die göttliche Macht manifestiert.

Die Verehrung des Göttlichen in Pflanzen und Tieren ist für Hegel in den Berliner *Vorlesungen zur Religionsphilosophie* kennzeichnend für die indische Religion.[104] In den *Vorlesungen zur Ästhetik* nennt er die indischen Epen (*Ramajana*, *Mahabharata*) den Ausdruck der Empfindsamkeit »geistiger Pflanzennaturen« (VÄ III, 397). Tiergötter sind aber auch für die ägyptische Religion charakteristisch.[105] In einer Vorlesungsnachschrift von 1827 heißt es über die indische und ägyptische Religion: »Wenn Gott als die Macht überhaupt gewußt wird, so ist solche Macht bewußtloses Wirken, etwa das allgemeine Leben: Solche bewußtlose Macht tritt dann

104 VPR I, 369 u. 373; VPR-T. 2, 489.
105 Vgl. VPR-T. 2, 266.

heraus in eine Gestaltung, zunächst in Tiergestalten« (VPR-T. 2, 528). Das Tier repräsentiert für Hegel die »absolute Vereinzelung, Verendlichung« (VPR-T. 2, 14), aber zugleich einen ersten Schritt der Subjektivierung des Göttlichen.

Schwierig zu deuten ist der Übergang von der »Ruhe und Ohnmacht der anschauenden Individualität« in der »unschuldigen« Blumenreligion zur »Negativität«, dem »Ernst« und der »Schuld« der Tierreligion. Entsprechend der negativen, ausschließenden Beziehung zwischen den Dingen im Wahrnehmungskapitel geht es jetzt um eine negative Abgrenzung der Gestaltungen des Göttlichen. Hegel sieht sie im Kampf der Völker, die sich über Tiergötter erst identifizieren (»als ihres Wesens sich bewußt werden«).

Die naheliegende Zuordnung zum Totemismus, die Kojève (*Introduction*, 240) und ihm folgend Derrida (274) annehmen, paßt kaum in den historischen und religionsgeschichtlichen Rahmen. Ein Vergleich mit den Nachschriften der *Religionsphilosophie* von 1827 macht es wahrscheinlicher, daß Hegel in der *Phänomenologie* an die ägyptische Religion denkt. Von dem »Tierdienst«, der »von den Ägyptern mit der größten Härte ausgeführt wurde«, heißt es: »Die verschiedenen Distrikte Ägyptens haben besondere Tiere verehrt, als Katzen, Hunde, Affen usf. und darum sogar Kriege miteinander geführt« (VPR-T. 2, 528). Daß über diesen Kampf der »zerreißenden Tiergeister« der »Arbeitende die Oberhand« behält (PhG, 508), spielt dann wohl auf die Einigung des ägyptischen Reiches an.

Durch den Kampf und den Haß der Tiergötter und der dahinter versammelten Völker kommt der Gegensatz und die ausschließende Negativität in das Göttliche selbst, das nun nicht mehr als das Licht oder das Gute dem Negativen der Finsternis gegenübergestellt wird. Daß »Kampf, Schmerz, Tod« zum Wesen des Göttlichen gehören, ist nach der späten Berliner *Religionsphilosophie* Hegels besonders kennzeichnend für die »syrische Religion« (VPR I, 394). Er verweist auf den syrischen Adonis-, aber auch auf den ägyptischen Osiriskult (vgl. VPR-T. 2, 269) und auf entsprechende indische Vorstellungen (»Indira«, vgl. VPR I, 420).

Daß diese Vorstellungen von Tod und Wiedergeburt des lebensspendenden Gottes mit den Vegetationszyklen zusammenhängen, ist Hegel in den Vorlesungen bewußt (vgl. VÄ I, 452). Wichtiger ist ihm aber die Subjektivierung des Gottesbildes durch Individualisierung und negative Selbstbeziehung. Das ausschließende Fürsichsein, die Individualität, wird – wieder parallel zum Wahrnehmungskapitel – zum »*aufgehobene*[*n*] *Fürsichsein*« (PhG, 508).

Dieses Sich-Erhalten des Göttlichen in der Negation seines individuellen Lebens entspricht zugleich den Erfahrungen des lebendigen Selbstbewußtseins im Kampf, in der Überwindung der Todesfurcht und in der Arbeit (PhG, Kap. IV): »Das *aufgehobene Fürsichsein* ist die *Form des Gegenstandes*« (508). Auf der Stufe der Religion wird aber der Geist, das sich selbst erzeugende und vergegenständlichende Prinzip der Wirklichkeit, als »Arbeit« verstanden. Religionshistorisch entspricht erst diesem Verständnis die zentrale Leistung der ägyptischen Kultur, die allen Dingen des Lebens eine geistige und symbolische Gestalt verlieh.

c. Der Werkmeister

Unter dem Titel des »Werkmeisters«, den er möglicherweise von Novalis entlehnt hat,[106] interpretiert Hegel die ägyptische Religion als eine Apotheose der Arbeit im Sinne der Vergegenständlichung einer geistigen Form. Zugleich kommt es auf dieser Stufe der Religion zu einer Trennung bzw. »Ausdifferenzierung« von Geist und Natur. Hegel hat dabei wiederum die ganze Kulturgeschichte Ägyptens im Auge: die Erfindung der Schrift – als Hieroglyphenschrift eine Mischung von Abbild und Abstraktion –, die Entdeckung der Geometrie, die Geburt der »freien Architektur« aus der Kombination von organischen und geometrischen Formen (510) sowie der Totenkult (die Pyramiden sind der »verständige Kristall, der das Tote behaust«, 515) zeigen das Zu-sich-Kommen des Geistes aus der Natur. Das Göttliche bekommt einen abgetrennten Raum (»Wohnung«), es wird in einem Standbild (zunächst in Tiergestalt) dargestellt, es werden ihm eigene sprachliche Äußerungen (die Rätsel der Sphinx) zugeschrieben.

Hegel interpretiert hier vor allem die Spätphase der ägyptischen Religion schon im Vorblick auf die griechische »Humanisierung« des Gottesbildes. In der ägyptischen Kultur bleibt aber das »Bewußte ringend mit dem Bewußtlosen« (511), das Menschliche mit

106 Der Begriff taucht im Alten Testament wiederholt auf und wird von Novalis in den *Lehrlingen zu Sais* gebraucht. (Vgl. Jaeschke, *Vernunft*, 209)

der Tiergestalt.[107] Dies ist gleichsam die Endphase des Versuches, das Geistige, Göttliche in der Natur selber zu finden.

B. Die Kunstreligion

Mit der griechischen Religion beginnt das Verständnis des Göttlichen in Menschengestalt: es gibt Götter mit menschlichen und übermenschlichen Eigenschaften, man kann von ihnen menschliche Geschichten erzählen, sie in Menschengestalt darstellen usw. Hegel faßt die Religion und Kultur der Griechen und Römer unter dem Titel der »Kunst-Religion«. Dieser Terminus hat verschiedene Bedeutungen: daß das Göttliche ein »unnatürliches« Produkt menschlicher Erfindungsgabe ist; daß die Wahrheit sich nicht in der Wissenschaft oder der Theologie, sondern in der Kunst ausdrückt, dem Epos, der Tragödie, der Plastik usw.; und schließlich, daß diese Kunst ganz und gar religiöse Kunst ist: Ausdruck der Wahrheit und Teil des Kultes, sei es des Tempels oder des religiösen Festes. Dieser Kult ist ungeschieden politischer und religiöser Art, denn die Religion ist Selbstverständigung über die sittlichen und rechtlichen Grundlagen des Gemeinwesens: »Zurückgehen aus seiner Wahrheit« – der sittliche Geist ist ja der »wahre«, im sozialen Leben unreflektiert präsente – »in das reine *Wissen seiner selbst*«. (513) Erst in den Mysterien sieht Hegel den Beginn einer von der Politik unterschiedenen Religion im engeren Sinne. Erst mit dem Ende der Polis vollende sich ihre Religion: Die Religion des »sittlichen Volkes« trete »in ihrer Vollendung erst im *Scheiden* von seinem *Bestehen* auf« (513).

»Kunst« ist also für Hegel auch das sittliche und politische Leben der Griechen, die »freie Sittlichkeit« der gemeinsamen Lebensgestaltung von Bürgern, die von der selbsterhaltenden Arbeit entlastet sind (514). Weil die »freie geistige Tätigkeit« des Künstlers und des Staatsbürgers hier der höchste Ausdruck der Wahrheit und der Selbsterfüllung ist, nennt Hegel dies die Epoche der »absoluten Kunst« (514). In der Formulierung »Später ist der Geist über die Kunst hinaus« klingt schon die Rede vom »Ende der Kunst« an, die aus Hegels Berliner Ästhetik-Vorlesung so berühmt wurde. Freilich kann nach deren Konzeption auch die religiöse Kunst des

107 Z. B. in der Sphinx als »Vermischung der natürlichen und der selbstbewußten Gestalt«, 511.

Christentums noch Ausdruck der höchsten Wahrheit sein. Nur die Funktion der Entdeckung – nicht das Verfertigen von Kunstwerken – ist im Zeitalter der Wissenschaft zu Ende.

Die Entwicklung der griechischen Kunst-Religion ist insgesamt ein Prozeß der Subjektivierung und Individualisierung. Hegel unterteilt den Abschnitt wieder in drei Unterabschnitte:

a. Das abstrakte Kunstwerk;
b. das lebendige Kunstwerk und
c. das geistige Kunstwerk.

a. Das abstrakte Kunstwerk

»Abstraktion« bedeutet bei Hegel stets Trennung, unvermitteltes Gegenübersetzen von Bedeutungen, die in Wahrheit eine komplexe Einheit bilden. Die Übertragung dieses Sinnes von Abstraktion auf die in diesem Abschnitt behandelten Formen der frühgriechischen Kunst ist nicht leicht: Zum einen scheint Hegel zu meinen, daß in dieser Epoche die Elemente des politisch-religiösen »Gesamtkunstwerks« der griechischen Kultur gewissermaßen getrennt entwickelt wurden. Die Götterplastiken, die frühen Hymnen, die Geheimkulte usw. sind noch nicht in der sittlichen Ordnung eines Gemeinwesens und seiner religiösen Selbstreflexion verbunden.

Zum anderen sind die wesentlichen Elemente der Religion noch voneinander getrennt. Diese wesentlichen Elemente sind – bildlich gesprochen – das Herabsteigen des Göttlichen zum Menschen und der Aufstieg des Menschen zu Gott.

Das erste Element ist vor allem in der Plastik verkörpert, in welcher der Gott menschliche Gestalt annimmt. Darüber hinaus in den sprachlichen Fassungen der Mythologie, vor allem den Gedichten des »Werdens der Götter« (*Theogonie* des Hesiod). In diesen Erzählungen entsteht auch die griechische Sittlichkeit: das »unsittliche Reich der Titanen« wird »besiegt«, und an die Stelle der Naturwesen treten »klare sittliche Geister der selbstbewußten Völker« (517). Diese Entdeckung der Sittlichkeit als Gebote sittlicher Geister setzt sich in der älteren Tragödie fort, die der Auseinandersetzung der Familien- und Staatssittlichkeit gewidmet ist.[108]

Daß »die Gestalt des Gottes das Bewußtsein und damit die

108 519f.; vgl. o. Kap. VI, A.

Einzelheit überhaupt angenommen hat« (520), zeigt sich auch in der Entdeckung einer »eigenen Sprache des Gottes«, die sich nicht mehr in den rätselhaften Sprüchen der Sphinx äußert, sondern in dem »Orakel, das die besonderen Angelegenheiten desselben [sc. des sittlichen Volkes] weiß und das Nützliche darüber kundtut« (ebd.).

Damit ist der Anfang einer Entwicklung gemacht, in der durch menschliche Reflexion der Wille der Götter bzw. die richtige Handlungsanweisung gefunden werden soll. Hegel hat bis in seine *Rechtsphilosophie* dem Orakel als letztentscheidender Instanz eine wesentliche Rolle für die griechische Staatsauffassung zugeschrieben. Das Orakel entzieht zum einen die wichtigsten Entscheidungen dem vernünftigen, selbstbewußten Urteil. Es enthält Elemente des Zufalles und des unbegreiflichen Schicksals. Das muß in der Freisetzung des Prinzips vernünftiger Erkenntnis überwunden werden. Religionsgeschichtlich ist aber das Orakel ein wesentlicher Schritt in der »Subjektivierung« des Göttlichen. Es soll ja begreifliche Anweisungen zum Nutzen der Völker geben – und zwar konkrete, nicht allgemeine Sentenzen des »Schönen und Guten« (ebd.). So ist es eine frühe, unentwickelte Vorwegnahme des Gewissens und der individuellen Staatsspitze (Monarch).

In der Sprache der frühen Hymnen kommt aber auch die andere Richtung der Religion, die Erhebung des Menschen zum Göttlichen, ins Bewußtsein. Hegel denkt sich den Gesang der Hymnen als einen kollektiven Prozeß der Begeisterung und der »Andacht«. Unter »Andacht« versteht er in der *Religionsphilosophie* alle Formen der Erhebung zu Gott im Gedanken, der noch kein theoretisches Erkennen darstellt, sondern mit Vorstellungen und Stimmungen durchsetzt ist: »Die Andacht, in allen angezündet, ist der geistige Strom, der, in der Vielfachheit des Selbstbewußtseins, seiner als eines gleichen *Tuns* aller und als *einfaches Sein* bewußt ist« (519). Die hymnische Gottesverehrung ist eine erste Form der Präsenz des Göttlichen in der Gemeinde, eine Einheit von Tun und Sein, Ich und Wir: »Der Geist hat als dieses allgemeine Selbstbewußtsein aller seine reine Innerlichkeit ebensowohl als das Sein für Andere und das Fürsichsein der Einzelnen in *einer* Einheit« (ebd.).

Die beiden Momente der Religion, die Vermenschlichung Gottes und die Erhebung des Individuums zum göttlichen Leben, sind auf eine erste Weise vermittelt im Kult.

Im Kult vollzieht sich die Erhebung des Menschen zum Göttlichen durch »Läuterung« und Reinigung von den »Äußerlichkeiten« des täglichen Lebens. Er nimmt die moralische Bildung des Individuums durch äußerliche Riten, aber auch durch »Arbeiten, Strafen und Belohnungen« vorweg (522). Indem der Kult sich von geheimen Riten und privaten Opfern zum öffentlichen Kult der Tempel und Schatzhäuser entwickelt, nimmt er das Göttliche auch seinerseits für den Menschen in Dienst: »Die Wohnungen und Hallen des Gottes sind für den Gebrauch des Menschen, die Schätze, die in jenen aufbewahrt sind, im Notfalle die seinigen; die Ehre, die jener in seinem Schmucke genießt, ist die Ehre des kunstreichen und großmütigen Volkes.« (524)

b. Das lebendige Kunstwerk

In der Kunst und im Kult der griechischen Religion erkennt das durch seine Sitten geeinte Volk seinen eigenen Geist. Aber es muß in seine Gottesvorstellung auch den Charakter des Geistigen aufnehmen. Dieser Charakter besteht ja in der Selbstreflexion und in der Selbsterkenntnis der Natur im Menschen. Hegel interpretiert daher die Eleusinischen Mysterien und die Olympischen Feste als Vereinigung von Natur und Geist und als Apotheose des menschlichen Körpers.

So versteht er die Eleusinischen Mysterien, das Mahl von Brot und Wein, in der christlichen Tradition als Vorläufer des Abendmahls. In diesem Mahl wird die Natur vergeistigt: »Das stille Wesen der selbstlosen Natur gewinnt in seiner Frucht die Stufe, worin sie, sich selbst zubereitend und verdaut, sich dem selbstischen Leben darbietet; sie erreicht in der Nützlichkeit, gegessen und getrunken werden zu können, ihre höchste Vollkommenheit; denn sie ist darin die Möglichkeit einer höheren Existenz und berührt das geistige Dasein.« (526) Zugleich erfährt das Selbst in der mystischen Einheit mit der göttlichen Natur deren geistigen Charakter: »Denn das Mystische ist nicht Verborgenheit eines Geheimnisses oder Unwissenheit, sondern besteht darin, daß das Selbst sich mit dem Wesen eins weiß und dieses also geoffenbart ist. Nur das Selbst ist sich offenbar« (ebd.).

Diese Einheit ist aber noch nicht als selbstbewußter Charakter des göttlichen Wesens bewußt. Das Göttliche erscheint vielmehr in selbstbewußten Gestalten der Natur wie in den Bacchanten (527) oder – in höherer Form – im lebendigen menschlichen Körper. Auch die griechischen Sportfeste – Hegel spricht vom »schönen Fechter«, der die »Ehre seines besonderen Volkes« vertritt – sind eine Vorstufe der Menschwerdung Gottes: »Dieser Kultus legt den Grund zu dieser Offenbarung und legt ihre Momente einzeln auseinander.« (528) Der sein Volk vertretende Sportler ist ein »beseeltes lebendiges Kunstwerk«, der an die Stelle der Tiergötter und der »Bildsäule« des Stammesgottes tritt (ebd.). In den Festen wird zugleich der Wettstreit der Völker zugunsten einer Idee des gemeinsam Menschlichen überwunden. In der »Entäußerung zur völligen Körperlichkeit« ist die natürliche Besonderheit der Völker nebensächlich. Der Mensch wird sich »der Allgemeinheit seines menschlichen Daseins bewußt.« (Ebd.) Diese Allgemeinheit muß aber ihrerseits noch als geistige erkannt werden. Das geschieht in erster Form in der griechischen Weltkultur, zu der sich die Sprache des Epos, des Dramas und der Philosophie im klassischen und hellenistischen Griechenland entwickelt.

c. Das geistige Kunstwerk

In diesem Abschnitt gibt Hegel noch einmal eine Deutung der griechischen und römischen Geschichte, wie er sie im sittlichen Geist schon angedeutet hatte. Er entwickelt am Leitfaden des sprachlichen Kunstwerks, des Epos, der Tragödie und schließlich der Komödie, die »Vergeistigung« des griechischen Gottesverständnisses und damit zugleich des sittlichen, religiösen und philosophischen Selbstverständnisses.

Die Hauptlinie dieses umfang- und anspielungsreichen Kapitels ist die »Entvölkerung des Himmels, der gedankenlosen Vermischung der Individualität und des Wesens« (540), die im griechischen Polytheismus lag. Hegel stellt dies zunächst (530-533) am homerischen Epos, dann an der Tragödie (533-541) und schließlich an der Komödie und der Philosophie dar.

Im Epos »*stellt* sich überhaupt dem Bewußtsein dar, was im Kultus *an sich* zu Stande kommt, die Beziehung des Göttlichen auf das Menschliche« (531). Aber jetzt so, daß die Götter besondere menschliche Eigenschaften, später auch sittliche Einrichtungen (Familie, Staat) und Prinzipien repräsentieren. Zugleich setzt die Mythologie des Epos eine allgemeine Macht über die Götter, die von ihren besonderen Eigenschaften frei ist und sie ihrer Notwendigkeit unterwirft. Moira und Ananke (die obersten Schicksalsgottheiten) sind ihrerseits nur Vorstufen der geistigen Macht des denkenden Selbstbewußtseins.

In der »höheren Sprache« der Tragödie tritt die »Substanz des Göttlichen« bereits *»nach der Natur des Begriffs* in ihre Gestalten auseinander« (534). Während der Chor im wesentlichen an der prinzipienlosen Vielheit der griechischen Götterwelt festhält, folgen die Handelnden der Tragödie sittlichen Mächten, d.h. notwendigen Formen der Selbsterkenntnis und Anerkennung des Individuums in der Gemeinschaft.

Hegel stellt die verschiedenen Konstellationen von Chor, Handelnden und Zuschauern in den – vor allem Sophokleischen – Tragödien unter den Gesichtspunkt einer fortschreitenden »Aufklärung« des Bewußtseins über die in den Göttern verkörperten sittlichen Prinzipien. »Die Vertreibung solcher wesenlosen Vorstellungen, die von den Philosophen des Altertums gefordert wurde, beginnt also schon in der Tragödie überhaupt dadurch, daß die Einteilung der Substanz von dem Begriffe beherrscht, die Individualität hiermit die wesentliche und die Bestimmungen die absoluten Charaktere sind.« (540) Die »tragische« Bewegung der Trennung der sittlichen Mächte, ihrer Vereinseitigung und des Unterganges der sich mit ihnen identifizierenden Personen zeigt zugleich die »dialektische« Rückführung dieser Einteilung in ein selbstbewußtes, sich besonderndes Allgemeines. Hegel hat diese Bewegung ja schon in den Frankfurter Schriften zum Vorbild einer Versöhnung zwischen Individualität und Gemeingeist gemacht und sie im Moralitätskapitel der *Phänomenologie* zur Erläuterung der moralischen Vereinigung von allgemeinem und einzelnem Bewußtsein herangezogen (s. o. Kap. VI C).

Unter dem Gesichtspunkt der griechischen Kunstreligion geht die tragische Auflösung der einseitigen sittlichen Mächte zunächst in den Triumph des ironischen Selbstbewußtseins der Komödie über: »Die *Komödie* hat also vorerst die Seite, daß das wirkliche Selbstbewußtsein sich als das Schicksal der Götter darstellt.« (541) Die komische Entlarvung des Götterhimmels im »wirklichen Selbstbewußtsein« des Dichters und Zuschauers hat ihre Entsprechung in der Souveränität des einzelnen Selbstbewußtseins in der griechischen Demokratie und in den Philosophien des Stoizismus und Skeptizismus.

Auf allen drei Ebenen tritt die Individualität und die Allgemeinheit des Geistes auseinander: In der Komödie verkörpern die Götter nicht mehr allgemeine sittliche Prinzipien (Staat, Familie, reflektiertes und tradiertes Recht usw.), sondern sie sind bloß noch »allzumenschliche« Individuen, in der »Nacktheit ihres unmittelbaren Daseins« (543). In der Demokratie treten das Gemeinwohl und die zufälligen Interessen der Mehrheit – oder der demagogischen Führer – auseinander, es »verrät sich unmittelbarer der Kontrast des Allgemeinen als einer Theorie und dessen, um was es in der Praxis zu tun ist, die gänzliche Befreiung der Zwecke der unmittelbaren Einzelheit von der allgemeinen Ordnung und der Spott jener über diese« (543).

In den seit dem Hellenismus dominierenden Philosophien des Stoizismus und Skeptizismus, die Hegel schon im Selbstbewußtseinskapitel erörtert hat, zeigen sich aber die positiven Seiten dieser Trennung. Das denkende Selbst befreit sich von allen Traditionen und Meinungen, es erfährt seine Freiheit und seinen unbedingten Wert: »Das *einzelne Selbst* ist die negative Kraft, durch und in welcher die Götter sowie deren Momente, die daseiende Natur und die Gedanken ihrer Bestimmungen, verschwinden [Skeptizismus!]; zugleich ist es nicht die Leerheit des Verschwindens, sondern erhält sich in dieser Nichtigkeit selbst, ist bei sich und die einzige Wirklichkeit. Die Religion der Kunst hat sich in ihm vollendet und ist vollkommen in sich zurückgegangen.« (544) Diese Freiheit ist zugleich eine Furchtlosigkeit, eine Auflösung alles Fremden und Bedrohenden, die »ein Wohlsein und Sichwohlseinlassen des Bewußtseins ist, wie sich außer dieser Komödie keines mehr findet« (ebd.). Nach Hegels *Ästhetik-Vorlesungen* spielt die Komödie auch in der Neuzeit freilich noch einmal diese Rolle des souveränen Selbstgenusses des Subjekts in allen – gleichgültig gewordenen – Inhalten (VÄ III, 572).

C. Die offenbare Religion

Geht man von der Berliner *Religionsphilosophie* Hegels aus, so fehlt der *Phänomenologie* sowohl eine adäquate Beschäftigung mit der jüdischen wie mit der römischen Religion. Das macht die Übergänge sowohl vom Skeptizismus zum unglücklichen Bewußtsein wie von der Kunstreligion zur offenbaren Religion besonders schwierig. Wenn dem Wohlsein und der Heiterkeit der spätantiken Welt ein Bewußtsein des tiefsten Verlustes gegenübersteht, so wüßte man gerne, ob dies eine Erfahrung der griechisch-römischen Kultur selber ist oder ob es durch den Ernst der jüdischen »Religion der Erhabenheit« – so nennt Hegel sie in den Berliner Vorlesungen – und ihre christliche »Erfüllung« geschieht.

Jedenfalls »sehen« wir nach Hegel, »daß dies unglückliche Bewußtsein die Gegenseite und Vervollständigung des in sich vollkommen glücklichen, des komischen Bewußtseins ausmacht« (547). Im gleichnamigen Abschnitt des Selbstbewußtseinskapitels hatte Hegel dieses Unglück vor allem aus dem Bewußtsein der Gottferne und Nichtigkeit des christlichen Gläubigen erklärt. Jetzt gibt er aber eine Beschreibung des Verlusts der glücklichen Kunst-Religion, die an Hölderlin erinnert. Mit seiner Befreiung von der Götterfurcht in der Komödie und von den sittlichen Traditionen im römischen Recht ist zugleich der »Selbstwert« der »Persönlichkeit«, ihre sittliche Bindung und ihre Heimat in einer von Phantasie und Ehrfurcht belebten Welt verschwunden. Das »Wissen dieses ganzen Verlustes« ist aber erst das »unglückliche« Bewußtsein, also offenbar das Christentum (ebd.).

Hegel beschreibt mit seinen poetisch-nostalgischen Wendungen kaum das Bewußtsein des frühen Christentums, sondern eher das seiner Zeit: »Die Bildsäulen sind nun Leichname, denen die belebende Seele, so wie die Hymne Worte, deren Glauben entflohen ist, die Tische der Götter ohne geistige Speise und Trank, und aus seinen Spielen und Festen kommt dem Bewußtsein nicht die freudige Einheit seiner mit dem Wesen zurück.« (Ebd.) Offenkundig schreibt er seiner eigenen Philosophie die Aufgabe zu, auf dem Boden des Christentums, der Erfüllung des Begriffs der Religion, die glückliche griechische Religion durch eine begreifende Erinnerung neu zu beleben. Er setzt diese philosophische Erinnerung scharf gegen eine museale Altertumskunde ab – einem Tun, das von den Früchten der griechischen Kunst »Stäubchen abwischt« und sich statt mit der »begeistenden Wirklichkeit des Sittlichen« der antiken Welt mit dem »Gerüst der toten Elemente ihrer äußerlichen Existenz, der Sprache, des Geschichtlichen usf.« beschäftigt, »nicht um sich in sie hineinzuleben, sondern nur um sie in sich vorzustellen« (548).

Im Kontrast zu dieser in der Goethezeit nicht unüblichen Gelehrtenkritik drückt sich das erinnernde Begreifen bei Hegel im höchsten poetischen Ton aus: »Aber wie das Mädchen, das die gepflückten Früchte darreicht, mehr ist als die in ihre Bedingungen und Elemente, den Baum, Luft, Licht usf. ausgebreitete Natur derselben, welche sie unmittelbar darbot, indem es auf eine höhere Weise dies alles in den Strahl des selbstbewußten Auges und der darreichenden Gebärde zusammenfaßt, so ist der Geist des Schicksals, der uns jene Kunstwerke darbietet, mehr als das sittliche Leben und Wirklichkeit jenes Volkes, denn er ist die *Er-Innerung* des in ihnen noch *veräußerten Geistes*, – er ist der Geist des tragischen Schicksals, das alle jene individuellen Götter und Attribute der Substanz in das eine Pantheon versammelt, in den seiner als Geist selbst bewußten Geist.« (Ebd.) Aus der tieferen Wahrheit des Christentums, für das Gott der eine, seiner selbst bewußte Geist ist, müssen also sowohl die Erkenntnisse der sittlichen Attribute des Göttlichen (Staat, Familie, Tugenden etc.) wie die Anwesenheit des Göttlichen in der Natur wieder erneuert werden.

Dazu bedarf es nicht nur der geistigen (philosophisch-theologischen) Entfaltung des Christentums in Lehre und Kult, sondern auch der wissenschaftlichen Durchdringung der »prosaisch« gewordenen Natur in der Neuzeit. Erst dann kann ein den Menschen und die Natur umspannender Geist in Natur und Gemeinwesen »wiedergefunden« werden.

Man kann das Kapitel über die offenbare Religion grob in vier Abschnitte unterteilen. Der erste (545-550) behandelt den Übergang von der antiken zur christlichen Religion, wobei Hegel wieder dem theologischen Schema des »kairos« bzw. der »Fülle der Zeiten« folgt, in der die wahre Religion erscheinen konnte und mußte. Der zweite (550-555) erläutert das Wesen der absoluten oder offenbaren Religion, die Einheit des allgemeinen, das »Wesen« aller Wirklichkeit ausmachenden Geistes mit dem bestimmten historischen Individuum. Hegel erhebt hier den Anspruch, daß nur das spekulative Wissen diese Einheit verstehen kann – eine Art Apotheose der eigenen Philosophie: »Gott ist allein im reinen spekulativen Wissen erreichbar und ist nur in ihm und ist nur es selbst« (554).

In dieser Apotheose steckt freilich auch eine für den Gläubigen kaum zu akzeptierende »Entmythologisierung«, denn Hegel rekonstruiert die Theologie in ganz allgemeinen Kategorien (Substanz, Subjekt, Allgemeinheit, Besonderheit, Einzelheit etc.). Wenn Gott dieses Wissen »ist«, dann ist er das menschliche Begreifen der Natur, der Geschichte – und der Religion. Umgekehrt erhält Hegels spekulative These, daß Bewußtsein und Gegenstand,

Materie und Begriff, Wissen und Wahrheit, immanente Ontologie und wissenschaftliche Theorie nicht geschieden seien, in seiner Sicht durch die christliche Dogmatik eine zusätzliche und abschließende Bestätigung.

Der Entfaltung und Deutung dieser Dogmatik ist der dritte Abschnitt (555-568) gewidmet. Er beginnt mit einer Deutung des Verhältnisses der christlichen Gemeinde zu ihrem Gründer – einer Art Christologie und Ekklesiologie (555-557). Dann entfaltet Hegel die drei für ihn zentralen Dogmen der christlichen Theologie, Trinität, Schöpfung und Erlösung (557-568). Der letzte Abschnitt (568-573) ist der Aufhebung der strukturellen Beschränkung des religiösen Bewußtseins gewidmet: die »Vorstellung«, die die Momente und Bestimmungen der Dogmatik voneinander trennt und sich an natürlichen, »narrativen« Bildern und Gedanken festhält, muß in philosophisches Begreifen überführt werden. Zugleich wird damit die erst in der Zukunft bzw. im »Jenseits« erwartete Versöhnung des Menschen mit Gott schon im »Diesseits« möglich – in der sittlichen Ordnung des Staates und dem religiös-moralischen Leben der Gemeinde.

Über den ersten dieser vier Abschnitte ist oben schon etwas gesagt worden. Über die drei folgenden sind hier nur einige, notgedrungen selektive Bemerkungen möglich. Diese Abschnitte werden ja in vielen Abhandlungen zur Hegelschen Religionsphilosophie ausführlich erläutert.[109]

Im zweiten Abschnitt geht es um den »einfachen Inhalt der absoluten Religion« (552), die Hegel im Titel des Kapitels die »offenbare« nennt. Der Begriff der Offenbarung hat dabei verschiedene Bedeutungsmomente. Hegel knüpft zunächst an den gewöhnlichen Begriff an: »In dieser Religion ist deswegen das göttliche Wesen *geoffenbart*. Sein Offenbarsein besteht offenbar darin, daß gewußt wird, was es ist. Es wird aber gewußt, eben indem es als Geist gewußt wird, als Wesen, das wesentlich *Selbstbewußtsein* ist.« Die christliche Religion ist nicht nur die in Christus geoffenbarte Religion, sondern die Menschwerdung ist ihr entscheidender Inhalt: »Diese Menschwerdung des göttlichen Wesens, oder daß es wesentlich und unmittelbar die Gestalt des Selbstbewußtseins hat, ist der einfache Inhalt der absoluten Religion« (552).

109 Ausführliche Kommentare bei J. Schmidt u. Schöndorff.

An diesem Inhalt hebt Hegel zunächst zwei Aspekte besonders hervor: Zum einen, daß Selbstbewußtsein Selbstdurchsichtigkeit und Manifestation bedeutet. Wenn Gott Selbstbewußtsein ist, dann ist er nicht unbegreifbarer Wille – wie im voluntaristischen Gottesverständnis – und auch nicht Verborgenheit, die sich auf andere als rationale Weise offenbart. Selbstbewußtsein heißt, sich selbst präsent zu sein und sich anderen mitzuteilen. Die Cartesischen und die rationalistischen Wurzeln dieses Begriffes sind auch in Hegels Religionsphilosophie deutlich: »Dem *Bewußtsein* ist in seinem Gegenstand dann etwas geheim, wenn er ein *Anderes* oder *Fremdes* für es ist und wenn es ihn nicht als *sich selbst* weiß. Dies Geheimsein hört auf, indem das absolute Wesen als Geist Gegenstand des Bewußtseins ist; denn so ist er als *Selbst* in seinem Verhältnisse zu ihm [...]. Er wird gewußt als Selbstbewußtsein und ist diesem unmittelbar offenbar, denn er ist dieses selbst; die göttliche Natur ist dasselbe, was die menschliche ist, und diese Einheit ist es, die angeschaut wird.« (552 f.)

Die Menschwerdung bedeutet in Hegels Verständnis nicht, daß Gott »von seiner ewigen Einfachheit herabgestiegen« ist (553). In der Menschwerdung erst wird Gott »wirkliches Selbstbewußtsein« und hat erst damit »sein höchstes Wesen erreicht« (553). »Menschwerdung« ist dann – das ist der *zweite* Aspekt, den Hegel hervorhebt – als die Erkenntnis zu verstehen, daß das »Wesen«, die gedankliche Ordnung der Wirklichkeit, zugleich »reines Denken und damit die reine Einzelheit des Selbsts« ist. Ein einfaches, einzelnes Selbst ist aber auch »unmittelbar da«, wie das Sein, das Gegenstand der sinnlichen Gewißheit ist. Im Menschen ist die logische, geistige Ordnung des Ganzen in einem unmittelbar, und d. h. auch körperlich, Existierenden »da«. Die *Phänomenologie* kehrt mit diesem »spekulativen« Begreifen der christlichen Religion an ihren Anfang, die sinnliche Gewißheit, zurück. Aber sie muß im sinnlich einzelnen Menschen Christus auch den Inhalt dessen verstehen, was sich in der phänomenologischen Bewegung als »Geist« entwickelt hat.

In den christologischen Ausführungen des dritten Abschnitts (ab 555) wird diese Geschichte zunächst mit der Geschichte Christi und der Gemeinde parallelisiert. Im Leben, Tod und im Übergang von der sinnlich gegenwärtigen zur von der Gemeinde »erinnerten« Existenz zeigt sich die Vergeistigung des Sinnlichen, die auch Resultat der ersten Kapitel der *Phänomenologie* war: »In dem Verschwinden des unmittelbaren Daseins des als absoluten Wesens

Gewußten erhält das Unmittelbare sein negatives Moment; der Geist bleibt unmittelbares Selbst der Wirklichkeit, aber als *das allgemeine Selbstbewußtsein* der Gemeine.« (556) Die sinnliche Präsenz des Gottmenschen geht in die »Wirklichkeit« der Gemeinde über, die von seinen Lehren und der Erinnerung an ihn geprägt ist. Auch dies ist noch ein Prozeß der Vollendung Gottes: »nicht der Einzelne für sich, sondern zusammen mit dem Bewußtsein der Gemeine, und das, was er für diese ist, ist das vollständige Ganze desselben.« (556)

»Was er für diese ist«, kann aber für ein geistiges Bewußtsein nicht einfach die Erinnerung an das Leben eines Menschen und an seine Lehren sein. Es muß vielmehr gedanklich entwickelt werden. Diese Entwicklung in der Geschichte des Christentums und seiner Theologie begreift Hegel als das Leben des sich offenbarenden Geistes in der Gemeinde: »Dies ist also die Bewegung, welche er in seiner Gemeinde vollbringt, oder dies ist das Leben desselben [sc. des absoluten Geistes]«. (557)

Hegel folgt hier in gewisser Weise dem katholischen Prinzip der Tradition gegen das protestantische der Heiligen Schrift als einziger Offenbarungsquelle (»sola scriptura«): »Was dieser sich offenbarende Geist *an und für sich* ist, wird daher nicht dadurch herausgebracht, daß sein reiches Leben in der Gemeine gleichsam aufgedreht und auf seinen ersten Faden zurückgeführt wird, etwa auf die Vorstellungen der ersten unvollkommenen Gemeine oder gar auf das, was der wirkliche Mensch gesprochen hat.« (557) In den *Vorlesungen zur Religionsphilosophie* hat sich Hegel später ausführlich mit dem Verhältnis von Bibelexegese, Theologie und Tradition auseinandergesetzt. Die Vorstellung eines Rückganges auf den ursprünglichen Sinn der biblischen Botschaft kritisiert er dort (gemäß den Nachschriften der Vorlesung) mit den Worten: »Die Erklärung der Bibel zeigt den Inhalt der Bibel in der Form, Denkweise jeder Zeit; das erste Erklären war ein ganz anderes als das jetzige.« (VPR II, 200)

Hier in der *Phänomenologie* geht Hegel noch einen Schritt weiter und dehnt seine Relativierung sogar auf die Person Jesu aus, wenn er von der »geistlosen Erinnerung einer einzelnen gemeinten Gestalt und ihrer Vergangenheit« spricht.[110] Nicht nur auf

110 Vgl. PhG, 557. Auch bei Kant ist die Relativierung des historischen Jesus gegenüber dem Ideal eines moralisch perfekten (»heiligen«) Menschen bzw. dem

die »authentische Lehre«, auch auf die Person Christi scheint es – wenn seine offenbarungsgeschichtliche Rolle gespielt ist – wenig anzukommen. An diesem Verständnis von göttlichem Geist haben sich später die Kontroversen der Hegel-Schüler über die Vereinbarkeit der Hegelschen Religionsphilosophie mit dem Christentum entzündet.

Worauf es ankommt, ist vor allem die gedankliche Entwicklung der Dogmatik, die schließlich in der Hegelschen Philosophie in philosophische Begriffe »übersetzt« wird. Hegel hat in allen religionsphilosophischen Texten eine philosophische Deutung der grundlegenden Dogmen der Trinität, Schöpfung und Erlösung gegeben. Sie kann hier nur angedeutet werden.

Hegel versteht die Trinität philosophisch als »die drei Momente des Wesens, des *Fürsichseins*, welches das Anderssein des Wesens ist [...], und des *Fürsichseins* oder Sichselbstwissens *im Anderen*« (559). Die Trinität ist selbst ein Prozeß der Unterscheidung von eigentlichem Sein (Wesen, Gesetzmäßigkeit, Ordnung der Dinge) und Wissen sowie der Aufhebung des Gegensatzes dieser Seiten, wie ihn die *Phänomenologie* erkenntnistheoretisch und geschichtsphilosophisch nachvollzieht. Die Hegelsche *Logik* wird dann den »reinen« begrifflich-notwendigen Gang dieses Prozesses nachzeichnen. Er wird von der christlichen Gemeinde und ihrer Theologie als eine Geschichte ohne begriffliche Notwendigkeit und in konkreten Vorstellungen geglaubt: »Aber das *Vorstellen* der Gemeine ist nicht dies *begreifende* Denken, sondern hat den Inhalt ohne seine Notwendigkeit und bringt statt der Form des Begriffes die natürlichen Verhältnisse von Vater und Sohn in das Reich des reinen Bewußtseins.« (560)

Ähnlich zu »entmythologisieren« ist auch die Schöpfungstheologie: »Dieses *Erschaffen* ist das Wort der Vorstellung für den *Begriff* selbst nach seiner absoluten Bewegung oder dafür, daß das als absolut ausgesagte Einfache oder reine Denken, weil es das abstrakte ist, vielmehr das Negative und hiermit sich Entgegengesetzte oder *Andere* ist.« (561) In der Vorstellung des weltlosen Gottes liegt die Einfachheit des reinen Denkens, das von allen Inhalten abstrahieren und abstrahiert werden kann. Aber dies ist für sich ein einseitiges Moment des »Logos«, der nicht nur reines

»Urbild der Gott gefälligen Menschheit (der Sohn Gottes)« schon weit gediehen. Vgl. Kant, *Die Religion*, 119 ff., 128 f.

Denken, sondern das Ganze der Bestimmungen des Denkens ist. Diese Einseitigkeit führt notwendig zum Denken und Entwickeln der Bestimmungen, zum Ganzen einer »Welt« von Begriffen, Gesetzen und gesetzlich bestimmten Prozessen. Diese Entwicklung ist in der Religion unter dem Bild der Schöpfung »vorgestellt«. Um einen realen, zeitlichen oder außerzeitlichen Vorgang handelt es sich philosophisch gesehen dagegen nicht.

Schließlich läßt sich auch das Dogma von der Entfremdung der Welt von Gott, vom Abfall der Engel und der Menschen ins Böse und von der Erlösung durch Gottes Heilstat nach Hegel aus dem Element des Vorstellens in das des begrifflichen Denkens übersetzen.[111] Dem Geist gehört nicht nur der Gegensatz des »Einfachen« und des »Andersseins« (Selbstunterscheidung, Entwicklung) an, sondern auch das »Insichgehen« des Andersseins, das Sich-Trennen vom Ganzen. Die Unterschiede entwickeln sich weiter, unterscheiden sich voneinander und vom Ganzen, gewinnen Bestimmtheit in der »Selbstbehauptung«. Dieses begriffliche Moment des »Insichgehens« ist es, was nach Hegel den religiösen Unterscheidungen des Guten und des Bösen und den Vorstellungen der Entfremdung des Geschaffenen von Gott zugrunde liegt. Philosophisch gesehen ist dies die Unterscheidung der Welt einer sinnlich gegenwärtigen Natur von ihren gedanklich-gesetzlichen Grundlagen.

Dieses Insichgehen gehört zur Entwicklung des Geistes, und diese Zugehörigkeit muß selber entwickelt und begriffen werden. Dies ist in der Vorstellungswelt der christlichen Religion die Heilsgeschichte. In dieser »Soteriologie« wird allerdings die Notwendigkeit des Begriffs als freie Tat Gottes angesehen, der seine »Einfachheit« verläßt und sich an die Welt entäußert. Insofern er sich mit dem »gefallenen« Menschen identifiziert (Hegel setzt offenbar *nicht* die Freiheit Christi von der »Erbsünde« voraus), wird auch das Böse, die Selbstbehauptung gegen das Ganze, »Allgemeine« des Geistes als Moment des Geistes anerkannt. »Indem das Böse *dasselbe* ist, was das Gute, ist eben das Böse nicht Böses noch das Gute Gutes, sondern beide sind vielmehr aufgehoben, das Böse überhaupt das insichseiende Fürsichsein und das Gute das selbstlose Einfache.« (567) Offenbar beinhalten beide Begriffe nur zwei verschiedene Aspekte der Selbstreflexion: das Böse die Trennung

111 Vgl. dazu ausführlich Schöndorff.

des Reflektierenden von seinen Gegenständen und Inhalten, das Gute die differenzlose Einfachheit der Selbstbeziehung.

Insofern die Menschwerdung Gottes theologisch als »ewiger Ratschluß« des Vaters verstanden wird, ist sogar der Gedanke impliziert, daß »das göttliche Wesen sich selbst *von Anfang* entäußert, sein Dasein in sich geht und böse wird« (566). Die »Identität« von Gut und Böse, Gott und Welt bzw. Mensch wird heilsgeschichtlich dann als der Prozeß des Todes, der Auferstehung und des Lebens des Geistes Gottes in der Gemeinde vorgestellt. Zum Leben der Gemeinde gehört aber selber der Übergang vom Vorstellen zum Selbstbewußtsein, d. h. zum letztlich philosophischen Begreifen des Heilsgeschehens.

Der philosophische Sinn ist die definitive und nicht als künftige Erlösung vorgestellte Aufhebung der Trennung des göttlichen Geistes vom Erkennen des Menschen und der »Vernunft in der Geschichte«. Die Vorstellung des Todes Christi und seines Fortlebens in der Gemeinde »enthält also zugleich den Tod der Abstraktion des göttlichen Wesens, das nicht als Selbst gesetzt ist« (572). Außer der geschichtlichen Entwicklung des menschlichen Bewußtseins gibt es keine getrennte »Substanz« des göttlichen Geistes mehr. Aber in dieser Entwicklung kommen die »ewigen Wahrheiten« der gedanklichen Ordnung der Welt zum Bewußtsein; und das in ihrer, wie die *Phänomenologie* gezeigt hat, subjektiven, sich selbst differenzierenden Struktur. Das »Gefühl« des gläubigen Bewußtseins, daß »*Gott selbst gestorben ist*«, beinhaltet den »Verlust der *Substanz* und ihres Gegenübertretens gegen das Bewußtsein; aber zugleich ist es die reine *Subjektivität* der Substanz oder die reine Gewißheit seiner selbst« (ebd.).

In der christlichen Religion wird das in der Theologie der Gemeinde bzw. der Kirche »vorgestellt«, aber zu der Entwicklung des Bewußtseins der Gemeinde gehört die Überführung der Vorstellungswelt in philosophisches Begreifen, das die Religion mit der Wahrheit der Wissenschaft und der Vernunft der rechtlich-sittlichen Einrichtungen »harmonisiert«. Ohne das lebt die christliche Kirche sozusagen in einem falschen Bewußtsein: »Sie hat nicht auch das Bewußtsein über das, was sie ist; sie ist das geistige Selbstbewußtsein, das sich nicht als dieses Gegenstand ist.« (573) Das »andächtige«, einfach gläubige Bewußtsein macht diesen letzten Schritt in der Geschichte der Gemeinde aber, wie Hegel hier selber sieht, nicht mit. Es hält an der Vorstellung einer zukünftigen, jenseitigen Versöhnung des »Wesens und des Selbsts« (ebd.) fest: »Der Geist der Gemeinde ist so in seinem unmittelbaren Bewußtsein getrennt von seinem religiösen, das zwar es ausspricht, daß sie *an sich* nicht getrennt seien, aber ein *Ansich*, das nicht realisiert oder noch nicht ebenso absolutes Fürsichsein geworden.« (574)

Um zu dieser Erkenntnis zu kommen, muß sich die religiöse Gemeinde vom Element der Vorstellung trennen und zum spekulativen Wissen übergehen. Hegel stellt dies einerseits innerhalb des Religionskapitels dar, andererseits im »absoluten Wissen«, denn das religiöse Bewußtsein kann sich von seinen Vorstellungen nicht gänzlich trennen. Der entscheidende Schritt dieser Trennung bestünde nämlich in einer Entmythologisierung aller biblischen Vorstellungen bis zu der Erkenntnis, daß der Tod und die Auferstehung Jesu nicht die »natürliche Bedeutung« hat, »der Tod des göttlichen Menschen« (570) zu sein, sondern mit ihm der »Tod der *Abstraktion des göttlichen Wesens*, das nicht als Selbst gesetzt ist« (572). »Als Selbst« heißt nämlich nicht als ein Individuum mit Selbstbewußtsein, sondern als Prozeß der Selbsterkenntnis, d. h. als Bewegung der Gedanken, die der Natur und Geschichte zugrunde liegen und sich durch sie hindurch erkennen.

Dieser Tod eines von Natur und Mensch getrennten Gottes ist aber für das religiöse Bewußtsein das »Gefühl [...], *daß Gott selbst gestorben* ist« (572). Denn der mit der Natur, dem wissenschaftlichen Wissen und sittlichen Wollen identische Gott ist für das religiöse Bewußtsein nicht mehr Gott. Es bestreitet eher die Vernünftigkeit von Natur, Staat und Geschichte und verlegt die Versöhnung in ein Jenseits. In der Tat hat das Christentum in seinen Hauptströmungen die von Hegel entwickelte Logik seiner Theologie nicht akzeptiert und seine Aufhebung der Vorstellung in Begreifen als Verlust des genuin Christlichen abgelehnt.

Hegel hat es dagegen offenbar für möglich gehalten, daß das religiöse Bewußtsein am Gottesdienst und an der wechselseitigen moralischen Vervollkommnung (vgl. Ende des Moralitätskapitels) festhält und zugleich seine Wahrheit in der philosophischen Entmythologisierung sieht. Er sieht in dieser philosophischen Erkenntnis selber eine mystische Erfahrung der Vereinigung des menschlichen Selbst mit der Wahrheit und der Substanz aller Wirklichkeit. Es ist eine Erfahrung, die auf der höchsten theoretischen Ebene die moralisch-praktische Versöhnung des Gewissens und der vernünftigen Gemeinschaftsmoral wiederholt: Wie in dieser

»das absolut *Entgegengesetzte* sich als *dasselbe* erkennt und dies Erkennen als das *Ja* zwischen diesen Extremen hervorbricht« (ebd.), so hebt das religiöse Bewußtsein »die *Unterscheidung* seines *Selbsts* von seinem *Angeschauten* auf, – ist, wie es das Subjekt ist, so auch die Substanz und *ist* also selbst der Geist, eben weil und insofern es diese Bewegung ist.« (572 f.)

Für das ontologische Programm der *Phänomenologie* hat die Deutung der Dogmen und der Heilsgeschichte ergeben, daß zwischen der Einfachheit des Denkens und der Gliederung der Begriffe, der subjektiven Reflexion und der gegenständlichen Existenz der Gedanken, als »Seinsordnung« und als »Sozialordnung«, schließlich auch der unmittelbaren Präsenz des Sinnlichen keine definitiven ontologischen Differenzen bestehen. Es handelt sich vielmehr um verschiedene, sich für das philosophische Begreifen auseinanderentwickelnde Formen desselben, dessen gedanklich-gegenständlich-selbstreflexive Identität Hegel »Geist« nennt. Davon hat die christliche Theologie auf ihr selber unklare Weise immer schon gewußt.

(DD) Das absolute Wissen

VIII. Das absolute Wissen

Jean Hyppolite nennt in seinem Kommentar das Schlußkapitel der *Phänomenologie* das dunkelste des ganzen Buches.[112] Andere Autoren sehen hier den Beweisgang des ganzen Buches für ein spekulatives Wissen endgültig scheitern.[113] Das Kapitel unterscheidet sich von den vorhergehenden schon dadurch, daß in ihm keine Erfahrungsgeschichte mehr stattfindet. In den ersten Abschnitten (PhG, 575-578) geht es um die Überwindung der Grenzen des religiösen Vorstellens, das zwischen dem Geist der Gemeinde und dem göttlichen Geist noch einen Unterschied macht und damit den göttlichen Geist »vergegenständlicht«. Den Nachweis der Unhaltbarkeit dieses Unterschiedes führt Hegel im Rückgriff auf vorhergehende Erfahrungen der *Phänomenologie*, wobei er den Akzent

112 Hyppolite, *Genèse*, 553.

113 Vgl. de Vos, *Hegels Wissenschaft* und *Absolute Knowing*. Besonderes Gewicht auf das Schlußkapitel legen die Kommentare von Kojève, *Hegel*, Labarrière, *Structures*, u. Rousset.

auf diejenigen legt, in denen es vor allem um die Überwindung des Gegensatzes von Bewußtsein und gegenständlich aufgefaßtem Wahren (qua eigentlicher Realität) geht.

»Bewußtsein« ist ja der gemeinsame Charakter der verschiedensten Gestalten, in dem vom Wissen ontologisch Verschiedenen die eigentliche Realität zu sehen. Die Überwindung der Vorstellung des absoluten (göttlichen) Geistes als eines vom menschlichen Bewußtsein getrennten, »gegenständlich« Existierenden ist daher von der Seite dieses Geistes gesehen die »Versöhnung des Geistes mit seinem eigentlichen Bewußtsein« (578). Ein nicht vergegenständlichendes Bewußtsein ist in der *Phänomenologie* – als Resultat der Bewußtseinsentwicklung *vor* der Religion – nur als das Gewissen vorgekommen, das ein Absolutes, eine allgemeingültige Ordnung, in seinem unmittelbar konkreten Selbst- und Situationsbewußtsein zum Ausdruck bringt. Der Begriff einer »allgemeingültigen Ordnung« bleibt aber weit hinter dem Begriff eines selbstbewußten, sich in sich unterscheidenden, verendlichenden und zu seiner »Sichselbstgleichheit« zurückkehrenden Geistes zurück, wie ihn das religiöse Bewußtsein im Christentum entwickelt hat.

In der »Form des Ansichseins« (579) hat dieses religiöse Bewußtsein bereits die »Versöhnung« zwischen dem in Unterschieden und Gegensätzen lebenden und denkenden endlichen Bewußtsein und der Idee einer reinen Selbstübereinstimmung gefaßt. Das Gewissen dagegen hat von dieser Versöhnung keinen Begriff, vollzieht sie aber in seiner Gewißheit, seinem Handeln und in der wechselseitigen Anerkennung seines und des allgemeinen moralischen Bewußtseins: es hat sie in der »Form des Fürsichseins« (ebd.).

Dem Nachweis der Ununterschiedenheit der moralischen und religiösen »Versöhnung« ist der nächste Abschnitt dieses Schlußkapitels gewidmet (578-583). Dadurch soll der Abschluß der »Reihe der Gestaltungen des Geistes« in der *Phänomenologie* erreicht werden (579). Dieser Abschluß ist nach Hegel einerseits eine »letzte Gestalt des Geistes« (582), andererseits befindet er sich schon in einem »Element«, das nicht mehr das des Wissens oder Erkennens eines anderen, sondern der Selbstexplikation der allem Wissen und Gewußten zugrundeliegenden Gedanken ist – in Hegels Terminologie: das Element des »Begriffs«. Die Selbstexplikation des syllogistischen Zusammenhangs dieser Gedanken ist für Hegel die eigentliche Wissenschaft, die er sonst »Wissenschaft der Logik« nennt. Die verbleibenden Seiten des Kapitels sind dem

Verhältnis dieser Wissenschaft zur realen Geschichte, zur *Phänomenologie* als der Rekonstruktion des Entstehens dieser Wissenschaft in der Bildungsgeschichte der Menschheit sowie zu den übrigen Teilen der Philosophie, vor allem der Philosophie der Natur und ihrem raum-zeitlichen, von Zufällen mitbestimmten Gegenstand, gewidmet (583-591).

Da Hegel im ersten Abschnitt des Kapitels (575-578) auf frühere Erfahrungen der *Phänomenologie* hinsichtlich der Überwindung des Gegensatzes Bewußtsein-Gegenstand (bzw. »Ding«) zurückgreift, beschränke ich mich hier auf einige Bemerkungen zu den beiden übrigen Abschnitten.

Was bedeutet die »Vereinigung beider Seiten«, der religiösen und der moralischen »Versöhnung« zwischen einzelnem Bewußtsein und »an sich seiendem«, allgemein und absolut gültigem Geist?

Worauf es Hegel offenbar ankommt, ist die Tatsache, daß in der Erfahrung des moralischen Bewußtseins ein Prozeß gleichsam »individuell vollzogen« wird, der auch den Gegenstand der vollendeten Religion ausmacht: die Vereinzelung und Entäußerung eines »ursprünglich« rein mit sich übereinstimmenden Selbstbewußtseins (das in der Moralität zugleich allgemeines Gesetz und »Gemeinbewußtsein« ist). Was in der Dogmatik der Trinität, der Schöpfung und der Heilsgeschichte gedacht bzw. geglaubt wird, ist derselbe »geistige« Prozeß wie das moralische Handeln des autonomen, seinem Gewissen folgenden Bewußtseins. Auch bei diesem muß das Bewußtsein der »Heiligkeit«, d. h. der völligen Übereinstimmung aller Gedanken und Absichten der »schönen Seele« mit den Forderungen des sittlichen Gesetzes, zu einer Entzweiung fortschreiten, in der die individuelle, für die anderen nie ganz verständliche und akzeptable Tat dem Bewußtsein der moralischen Gemeinschaft gegenübertritt.

Hegel akzeptiert jetzt für die schöne Seele die Attribute des Göttlichen, die sie bei Jacobi hatte (vgl. o. 214), und die Eigenschaft der intellektuellen Selbstanschauung, die Kant einer unendlichen Vernunft vorbehalten hatte: sie ist das Wissen vom »reinen Insichsein des Geistes« bzw. die »Selbstanschauung« des Göttlichen. Von der »Selbstanschauung« des Vernünftigen in der schönen Seele, die alle Bedürfnisse und Interessen der Bereitschaft zum rein vernünftigen Handeln unterworfen hat, muß es zur »Entäußerung und Fortbewegung« (580) kommen – so wie es von der göttlichen Selbstanschauung zur Konkretisierung der göttlichen Gedanken in einer Welt und zum Bewußtsein der Einheit beider im »Menschensohn« kommen muß.

Das moralisch handelnde Individuum führt in seinem Erfahrungsprozeß »das Leben des absoluten Geistes durch« (581). Es muß dies nur verstehen, um zum absoluten Wissen zu werden. Die schöne Seele, die sich zum Handeln und damit zur Entzweiung von der Gemeinschaft »fortbewegt«, ist nichts anderes als »jener einfache Begriff, der aber sein ewiges *Wesen* aufgibt, *da ist* oder handelt« (ebd.). Hegel hat entsprechend in der wenig früher (1805/06) entstandenen Jenaer Geistphilosophie (JSE III) das sittliche Gemeinwesen, den Staat in seiner vernünftigen Ordnung, das »Dasein« des absoluten Geistes genannt. Ein solcher Staat darf aber nicht als ein von den handelnden Individuen Getrenntes aufgefaßt werden, sondern muß als die Manifestation und Fortbildung des sittlichen Bewußtseins in den handelnden Individuen verstanden werden.

Zu dieser Fortbildung gehört der im Moralitätskapitel behandelte Gegensatz zwischen dem »böse Werden« des aus eigener Gewissensüberzeugung handelnden Individuums und dem »gut Bleiben« des allgemeinen sittlichen Bewußtseins (ebd.). Es gehört dazu aber vor allem das gegenseitige »Verzichttun«, das Anerkennen der Einseitigkeit sowohl des handelnden Individuums wie der »abstrakten Allgemeinheit« der Institutionen und des sie tragenden (»normalen«) Bewußtseins. Der allgemeine Wille ist nicht das den Individuen Fremde, sondern verwirklicht sich durch den »schöpferischen« Einzelnen. Über die verschiedenen Weisen des unabsichtlichen Abweichens und des bewußten »Versöhnens« hat Hegel ja schon im Moralitätskapitel und später in der *Rechtsphilosophie* gesprochen (vgl. o. 215).

Bis hierhin ist das »absolute Wissen« offenbar in erster Linie ein praktisches Selbstverständnis. Es ist das »Wissen des Tuns des Selbsts in sich als aller Wesenheit und alles Daseins, das Wissen von *diesem Subjekte* als der *Substanz* und von der Substanz als diesem Wissen seines Tuns« (582). Der Gemeingeist ist eine in den je einzelnen Individuen sich reflektierende, von ihren besonderen Meinungen aber im ganzen auch unabhängige »subjektive Substanz«.

Diese Inhalte der Religion wären aber nur unvollständig in das »daseiende« Bewußtsein übersetzt, wenn diese Struktur der Entzweiung des Gemeingeistes in die einzelnen Subjekte und ihre

Reintegration nur als Handlungsbewußtsein verstanden würden. Schon die Religion faßt ja die Ordnung der Welt insgesamt als Manifestation des göttlichen Geistes. Der Aufweis der Parallelität der Struktur dieses Geistes mit dem Handlungsbewußtsein in einer modernen Rechts- und Moralgemeinschaft hat also nicht nur den Sinn, das Göttliche »auf die Erde« und in das menschliche Handlungsbewußtsein zu holen. Diese Struktur der Entzweiung eines Einfachen und seines »Fürsichwerden[s]« (581) durch die Rückführung der Gegensätze in eine Totalität ist vielmehr die Struktur des »Begriffs«. Das heißt, sie ist auch die gedankliche Bewegung der Prinzipien, die alle Gesetze der Natur und des theoretischen Wissens bestimmt.

Wenn der Inhalt der Religion »die Gestalt des Selbsts erhalten« hat, dann wird er als die Entfaltung der Prinzipien im menschlichen Wissen und Handeln erkannt. Auch als Entwicklung der »logischen« Prinzipien, d.h. der Bedeutungsrelationen, die allen vernünftigen, schlußförmig darstellbaren Zusammenhängen zugrunde liegen, ist er nichts mehr dem menschlichen Bewußtsein Fremdes. Er ist auch kein Reich von Gedanken oder eine dritte Welt, die vom menschlichen Selbstbewußtsein verschieden bzw. getrennt wäre. Seine Struktur ist die Struktur des Selbst, und wenn der Mensch die »Logik« aller Sachverhalte versteht, so versteht er sich selbst. Der »Geist« der logischen, natürlichen und kulturellen Gesetzmäßigkeiten ist sein eigener. Hegel entwickelt damit einen Gedanken weiter, der dem Aufbau der *Großen Enzyklopädie* der französischen Aufklärung (Diderots, d'Alemberts etc.) zugrunde lag.[114]

Aber wie verhält sich dieser Geist und wie verhält sich die Explikation seiner Inhalte zu den realen und zufälligen Prozessen von Zeit, Raum und Materie, Natur und Geschichte? Das ist Thema des letzten Abschnittes des Kapitels (583-591).

Daß die Entfaltung des Begriffs zu einer Wissenschaft in seinem eigenen »Element«, also in einem Denken, das zwischen Bewußtsein und Gegenstand, unendlichem und individuellem Verstand keine Differenz mehr anerkennt, die »Logik oder spekulative Philosophie« ist, sagt Hegel im Schlußkapitel nicht deutlich,

114 Die Inhalte der verschiedenen Wissenschaften und Techniken (arts et métiers) wurden in der *Grande Encyclopédie* als Entwicklung und Ausschöpfung der verschiedenen Fähigkeiten des menschlichen Geistes dargestellt. (Vgl. den Prospekt der Enzyklopädie von 1750, dt. in Diderot, *Enzyklopädie*, 37ff.)

wohl aber in der anschließend geschriebenen Vorrede. Im »Element des Wissens«, in dem der »Gegensatz des Seins und des Wissens« überwunden ist, gibt es nur noch eine »Verschiedenheit des Inhaltes«, nämlich der formallogischen, allgemein ontologischen und für bestimmte Ontologien grundlegenden Begriffe (PhG, 39). In der *Wissenschaft der Logik* entspricht ja, grob gesprochen, der Inhalt der »Lehre vom Sein« (Erstes Buch) der traditionellen *»metaphysica generalis«* oder allgemeinen Ontologie, die Lehre vom Begriff (Drittes Buch) hingegen der *metaphysica specialis* (Kosmologie, Psychologie, Theologie). Die Gesetze der formalen Logik und die Prinzipien der transzendentalen Logik (die zuerst Kant und Fichte entwickelt hatten) finden sich vor allem in der Lehre vom Wesen (Zweites Buch) und dem ersten Teil der Begriffslogik (Lehre von Begriff, Urteil und Schluß).

Sie alle werden aber als »Selbstorganisation« der gedanklichen Struktur der Wirklichkeit, nicht als von den Inhalten der Realität und der Wissenschaften unterschiedene Formen des Denkens behandelt. Die systematische Entfaltung dieser Inhalte als ein »subjektiver« Prozeß der Differenzierung und Anreicherung des Begriffes »Sein« ist Gegenstand der Logik: »Ihre Bewegung [sc. der Begriffe], die sich in diesem Elemente zum Ganzen organisiert, ist die Logik oder *spekulative Philosophie*.« (Vorrede, 39) Von dieser Wissenschaft der »Selbstorganisation« der Begriffe ist auch im Schlußkapitel die Rede: »Indem also der Geist den Begriff gewonnen, entfaltet er das Dasein und Bewegung in diesem Äther seines Lebens und ist *Wissenschaft*. Die Momente seiner Bewegung stellen sich in ihr nicht mehr als bestimmte *Gestalten* des *Bewußtseins* dar, sondern, indem der Unterschied desselben in das Selbst zurückgegangen, als *bestimmte Begriffe* und als die organische, in sich selbst gegründete Bewegung derselben.« (589)

Die Gültigkeit dieser logischen Momente oder Begriffe ist bei Hegel, wie in der Tradition sowohl der formalen Logik wie der ontologischen Prinzipienlehren, zeitlos. Wie weit sich diese Gültigkeit erstreckt, was die Begriffe eigentlich bedeuten und wie sie sich zueinander verhalten, kann erst in der Wissenschaft des Begriffs bzw. der Logik erkannt werden. Hegel nennt ja den *einen*, sich in der Logik selbst differenzierenden und entfaltenden Gedanken ebenso »Begriff« wie die »Momente« dieser Entfaltung, die bestimmten Gedanken (Sein, Fürsichsein, Wesen, Wirklichkeit etc.). Und unter diesen gibt es wieder eine besondere Entwicklungsstufe, die selber noch einmal »Begriff« heißt – die Logik des Begriffs (der dritte Teil der *Wissenschaft der Logik*) im Unterschied zu der des Seins und des Wesens.[115] Durch die systematische Analyse des Begriffs werden die logischen und semantischen Zusammenhänge der Begriffe für das menschliche Denken bzw. das »Bewußtsein« endgültig geklärt und der Zeit enthoben – die Zeit ihrer Entdeckung oder Formulierung verliert ihre Bedeutung. Hegel nennt dies die »Tilgung« der Zeit dadurch, daß der Geist »seinen reinen Begriff erfaßt« (584).

Aber die Entwicklung der Erkenntnis des Geistes und seiner reinen Struktur in der Zeit ist selber nichts Bedeutungsloses, Zufälliges. Hegel versteht die Zeit als Form nicht bloß der Anschauung, wie bei Kant, sondern als Form der Selbstreflexion und des Begriffes selber – allerdings als eine bloß äußerlich angeschaute, nicht begriffene Form. Hegels Gedanke kann hier nicht ausführlich erklärt werden.[116] Die Zeit, die noch einmal auf verschiedene Weise als Zeit der Natur, als geschichtliche Zeit und als Zeitform besonderer »Geschichten« (politische Geschichte, Kunst-, Religionsgeschichte etc.) verstanden werden muß, ist wie das Selbst oder der Begriff für Hegel im wesentlichen »Negativität«.[117] Sie ist das Unterscheiden von Momenten, die nicht in sich selber, sondern nur durch Relationen (zugleich, nacheinander, früher-später) bestimmt sind. »Das Unterscheiden« ist nicht die Tätigkeit eines anderen (des Denkers), sondern es ist die Eigenschaft einer Struktur – so wie das Unterscheiden von Gedanken (Identität-Differenz, etwas-anderes etc.) nicht erst durch »unser« Denken entsteht, sondern den Gedanken bzw. Bedeutungen selber zukommt und von uns nur begriffen wird. Solches »sich von sich her Unterscheiden« ist nach Hegel die Struktur jeder begreifbaren Ordnung.

115 Zum Verständnis der logisch-ontologischen Bedeutung »des« Begriffs vgl. auch Horstmann, *Wahrheit*.

116 Zum Problem der Zeit im Kapitel über das absolute Wissen vgl. Baptist. Zu Hegels Theorie der Zeit insgesamt vgl. Brauer. Eine grundsätzliche Auseinandersetzung mit Hegels Zeitbegriff liefert, von seinem eigenen fundamentalontologischen Zeitverständnis aus, Martin Heidegger. (Zu Hegels Zeitbegriff insgesamt vgl. *Sein und Zeit*, § 82; zum Zeitbegriff des Schlußkapitels der PhG vgl. *Hegels Phänomenologie des Geistes*, 207 ff.)

117 Zu den verschiedenen Zeitformen und »Geschichten« unterschiedlicher Manifestationen des Geistes vgl. Fulda, *Das Problem*, sowie Jaeschke, *Geschichtlichkeit*.

Obwohl die Zeit also dem Begriff nichts Fremdes, sondern seine eigene, aber gegenständlich-äußerlich betrachtete Form ist, bleibt jeder Vorgang des Verstehens, der nicht auf den Nachvollzug reiner gedanklicher Gültigkeiten (logischer, mathematischer, für Hegel auch ontologischer) beschränkt ist, auf die Zeit angewiesen. Selbst die Selbsterkenntnis des Geistes braucht die Zeit und insofern auch die Erfahrung. Hegel anerkennt für jede Stufe des »nicht in sich vollendeten«, also nicht seine reinen gedanklichen Strukturen kontemplativ betrachtenden Geistes die Notwendigkeit der Erfahrung. Allerdings ist die Anerkennung der Bedeutung von Erfahrung im Kapitel über das absolute Wissen (585) weniger auf den klassischen Empirismus als auf Jacobi und diejenigen seiner Zeitgenossen bezogen, für die gerade die wesentlichen Dinge sich dem Menschen unmittelbar offenbaren und ihm nur im Gefühl und Glauben gegenwärtig sind.[118] Auch für Hegel gibt es im moralischen und religiösen Gefühl eine unmittelbare Präsenz des geistigen Grundes aller Wirklichkeit. Und die Geschichte dieser Erfahrungen ist Teil einer Erfahrungsgeschichte des Wahren. Aber sie muß sich »vollenden« in einer begrifflichen, reflektierten, zeitlos gültigen Darstellung des Geistes.

Nicht nur zu Jacobi, sondern auch zur Spinozismus-Debatte seiner Frühzeit kehrt Hegel im Zusammenhang der Erläuterung des Verhältnisses von Geist und Geschichte zurück. Er versucht (PhG, 586 f.), die beiden Attribute des Denkens und der Ausdehnung, die für Spinoza nicht weiter zu begründende Wesenseigenschaften der göttlichen All-Substanz waren, auf eine gemeinsame Struktur der »sich in sich selbst reflektierenden Bewegung« zurückzuführen. Die Eigenschaften dieser autonomen Bewegungsstruktur hat gerade Fichte, der radikale Antispinozist, in seiner Theorie des Ich aufgedeckt (vgl. o. 27).

Um Spinoza und die Subjektivitätsphilosophie zu versöhnen, kommt es nach Hegel darauf an, Zeit, Ausdehnung und Ich als eine zunehmend komplexer und zugleich »stabiler« werdende Struktur zu verstehen (587). Die Ich-Philosophie bleibt aber, wie Hegel noch einmal unter Rückgriff auf seine frühe Fichtekritik sagt, so lange »leer«, wie das sich Unterscheiden eines sich unmittelbar Wissenden nicht als eine logisch-ontologische Struktur der Realität

118 Vgl. Jacobi, *David Hume*; Schleiermacher, *Über die Religion*; Eschenmayer, *Die Philosophie*.

überhaupt begriffen wird. Unter die Kritik des »inhaltsleeren Anschauens« fällt wieder, wie schon in der Vorrede, auch Schelling.

Zeit und Raum, Natur und Geschichte sind für Hegel nichts Außergeistiges. Sie sind selber Strukturen, die dem geistigen Selbsterkennen analog sind und in höheren Formen des Geistes als solche bewußt werden. Und sie sind Bedingungen dieser Erkenntnis als einer zeitlich-geschichtlichen Selbstentdeckung.

Wer ein »absolutes« Wissen behauptet, muß aber darüber hinaus zeigen, warum es neben der reinen begrifflichen Ordnung und ihrer Darstellung in einer »logischen« Wissenschaft überhaupt noch solche »äußerlichen« Formen des Geistes gibt. Hegel hat zur Beantwortung dieser Fragen die mißverständlichen Begriffe der Entäußerung und des freien »Sich-Entlassens« benutzt. Sie haben zu theologischen Deutungen Anlaß gegeben, die aber nach der Überwindung des religiösen Vorstellens fragwürdig sind. Von drei Formen der Entäußerung ist auf den letzten Seiten (589-591) des Textes die Rede:

a) Von der Entäußerung in das »sinnliche Bewußtsein«, dessen Gegenstands- und Wahrheitsauffassung den Anfang der *Phänomenologie* ausmachte;

b) von der Entäußerung in die Natur, in der der Geist »sein Sein als Raum« anschaut (591);

c) von der in die Geschichte, in der er sein »Selbst, als die Zeit außer ihm« anschaut. Diese Entäußerung an die Geschichte hat noch einmal zwei Formen: nämlich die eines zufälligen Prozesses der Abfolge von Kulturen und die einer »begriffenen Organisation« (ebd.) dieser Folge als Bildungsgeschichte zum Wissen des Geistes von sich. Dies ist wiederum die »Wissenschaft des erscheinenden Wissens« (ebd.) in ihrem historischen Aspekt.

Hegel hat das Verhältnis des Geistes zu diesen seinen Entäußerungen sowohl in epistemologischen wie in handlungstheoretischen und moralphilosophischen Begriffen gekennzeichnet. Er versteht Entäußerung als Manifestation der »höchsten Freiheit und Sicherheit seines Wissens von sich« (590). Und zwar deshalb, weil dasjenige, was äußerstes Gegenteil des Geistes zu sein scheint, als eine Form seiner Selbsterkenntnis erwiesen wird. Erst dann ist der Geist als »das *reine* Selbsterkennen im absoluten Anderssein« erwiesen (29).

Die *sinnliche Gewißheit* ist ein solches absolutes Anderssein, weil sie in ihrer reflexionslosen Selbstgewißheit ebenso wie das absolute Wissen »unmittelbare Gleichheit mit sich selbst« (589) ist, obgleich sie ein reines Aufnehmen der uninterpretierten sinnlichen Fülle zu sein meint. Auch die *Natur* ist ein solches Anderssein, weil sie einerseits Ordnung und Selbstunterscheidung darstellt, andererseits als Gegenteil von Selbsthaftigkeit und Notwendigkeit bestimmt ist. Ihr »Element« ist der Raum als ein inhaltsloses Nebeneinander von gleichgültigen Punkten, und ihre interne Differenzierung ist nicht von strenger Notwendigkeit, vielmehr bedingen sich Notwendigkeit und Zufall wechselseitig. Es hat sich ja schon im Vernunftkapitel gezeigt, daß in der Natur neben den gesetzmäßigen, »schlußförmigen« Prozessen und Ordnungen auch zufällige Mannigfaltigkeit anzutreffen ist. Zumal im Bereich des Lebens ist Ordnung nur als Ordnung von nicht-determinierter Mannigfaltigkeit möglich und begreifbar.

Schließlich ist die *Geschichte* ein solches Anderssein. Auf die »begriffsanaloge« Struktur ihres bestimmenden Elementes, der Zeit, ist schon hingewiesen worden. Darüber hinaus ist ihr ganzer »Sinn« nur als die Selbsterkenntnis des Geistes verständlich. Aber auch in der Geschichte gibt es »zufälliges Geschehen«. Und außerdem ist die geschichtliche Bildung des Geistes durch den Wechsel von Vergessen und Erinnerung geprägt – das genaue Gegenteil des organischen Analysierens der bestimmten Begriffe in der *Wissenschaft der Logik*. Es gibt in der Geschichte neue »Niveaus« des Geistes, auf denen viele Entwicklungen der vorherigen Kulturstufen »vergessen« bzw. durch die einseitige Betonung des Neuen – etwa der individuellen Autonomie in der neuzeitlichen Sittlichkeit – »ausgeblendet« werden.

Ein endgültiges Vergessen von Entwicklungen, die für den Gang der Selbsterkenntnis des Geistes wichtig sind, gibt es aber nicht. Statt dessen existiert eine Art kollektives Unbewußtes, in dem diese »Errungenschaften« aufbewahrt sind und unter veränderten Vorzeichen wiederentdeckt werden. Wie beim Individuum (vgl. EPW (1830), § 454) nennt Hegel dieses Unbewußte die »Nacht seines Selbstbewußtseins«. Daß die Entwicklung des Geistes in dieser »Nacht« nicht verlorengeht, zeigt seine »Sicherheit«, auch durch seine scheinbare Selbstverlorenheit nicht gefährdet zu werden.

Daß Kulturen und Völker untergehen und ihre Errungenschaften zunächst verlorengehen, hält nach Hegel die fortschreitende Selbsterkenntnis des Geistes nicht auf. In der *Phänomenologie* wird ein vollständiger Prozeß des Werdens dieser Selbsterkenntnis sichtbar. So wird die Entäußerung des logisch Notwendigen an die Zeit nochmals aufgehoben bzw. »entäußert« (591). Die *Phänomenologie* will ja die zeitliche Entwicklung in eine andere, begriffliche Ordnung bringen. Sie zeigt hinter den Erfahrungen historischer Epochen schon das Wirken begrifflicher Momente.[119] Diese Erkenntnis in ihrer Unabhängigkeit von der geschichtlichen Entwicklung ist »absolutes Wissen« des Geistes.

Ob diesen Entäußerungen der Selbsterkenntnis des Geistes bzw. der »Wissenschaft« selber Teile des Systems der Philosophie entsprechen, wird im Schlußkapitel nicht ganz deutlich. Von »Wissenschaft« ist, wie in der Vorrede, nur in zweifacher Bedeutung die Rede: als reine, sich in der Begriffs- bzw. Geistesgestalt wissende Wissenschaft oder als »begreifendes« Wissen einerseits, als Wissenschaft des erscheinenden Wissens andererseits. Insofern in dieser (der *Phänomenologie*) das Werden der Selbsterkenntnis des Geistes in Natur und Geschichte schon in »wissenschaftlicher Form« behandelt wird, nämlich durch bestimmte Begriffe in eine notwendige Ordnung gebracht, könnte man dieser Wissenschaft die wahre, spekulative Erkenntnis der Natur und der geschichtlichen Gestalten des Geistes (Kunst, Recht, Religion etc.) selber als Teilaspekte zuordnen.

In seiner Selbstanzeige der *Phänomenologie des Geistes*, die im November 1807 im Intelligenzblatt der *Allgemeinen Literatur-Zeitung* (Halle und Leipzig) erschienen ist (PhG, 593) hat Hegel das Werk sowohl als »Vorbereitung« wie als »erste Wissenschaft der Philosophie« bezeichnet. In ihr erscheine der »Reichthum der Erscheinung des Geistes« bereits in der »Nothwendigkeit« einer »wissenschaftlichen Ordnung«. Gleichwohl soll erst der angekündigte »zweite Band« das »System der Logik« und die »zwei übrigen Teile der Philosophie, die Wissenschaften der Natur und des Geistes enthalten« (ebd.).

Gegen Ende seines Lebens, in der dritten Auflage seiner *Enzyklopädie* von 1830 (EPW (1830), § 25, Anm.), kommt Hegel noch einmal auf das Verhältnis der *Phänomenologie* zu den übrigen Systemteilen zurück. Er bestätigt, daß das, was den »konkreten Teilen« – d. h. der Natur- und Geistphilosophie – angehöre, »zum Teil schon mit in jene Einleitung« falle. Denn in dieser Einleitung

119 Noch in seiner Notiz zur geplanten Neuauflage der *Phänomenologie* von 1831 heißt es »Logik, *hinter* dem Bewußtseyn« (vgl. PhG (1988), 552).

gehe es um den notwendigen Gang vom »unmittelbaren Bewußtsein« bis zur »philosophischen Wissenschaft« durch die interne – von der Selbstprüfung ausgelöste – »Dialektik« des Bewußtseins. Das könne aber nicht nur an der »Form« des Bewußtseins, nämlich dem Gegensatz von Wissen und Gegenstand und seiner Überwindung in der Philosophie dargestellt werden. Da der philosophische Standpunkt der »gehaltvollste und konkreteste« sei, setze er auch die »konkreten Gestalten des Bewußtseins wie z.B. der Moral, Sittlichkeit, Kunst, Religion voraus«. Dadurch wird eine Antizipation der Inhalte des Systems nötig, und die »Darstellung wird dadurch verwickelter«.

In der *Phänomenologie* ging Hegel in dieser Parallelisierung von Einleitung und System noch weiter. Nach ihr entspricht »jedem abstrakten Momente der Wissenschaft eine Gestalt des erscheinenden Geistes überhaupt« (589). Unter den »abstrakten Momenten« sind dabei die Begriffe der *Logik* verstanden, die ihrerseits den Inhalten und dem notwendigen Aufbau der Natur- und Geistphilosophie zugrunde liegen.

Was also ist das »absolute Wissen«, zu dem uns die *Phänomenologie* führt? Keine besondere Form eines jenseits des normalen Wissens existierenden »mystischen« oder im gewöhnlichen Sinne »spekulativen« Wissens. Vielmehr eine Prinzipienwissenschaft, die Grundbegriffe der Wissenschaften, des Rechts, der Moral, der Religion und der Geschichte in ein einheitliches System bringt. Ein System, das darauf beruht, daß es keine unüberwindbaren ontologischen Gegensätze zwischen Geist und Natur, Materie und Denken, Individuum und Kultur, Einzelnem und Allgemeinem gibt. Diese Begriffe und Gegenstände lassen sich vielmehr als stufenweise Selbstdifferenzierung und Selbstreflexion einer einzigen geistigen Wirklichkeit erklären. Das Netzwerk der dabei entfalteten Begriffe und notwendigen (»logischen«) Zusammenhänge macht die eigentliche Wirklichkeit von Natur und Geschichte aus – gleichsam unter der Oberfläche des Zufälligen und »Begriffslosen«.

Diese Wirklichkeit ist nichts den Individuen Fremdes, nichts von ihrem Denken und Handeln grundsätzlich Unterschiedenes. Denn in unser Handeln sind kulturelle Muster sowie rechtliche und moralische Prinzipien eingelassen, deren Sinn durch dieses Handeln expliziert wird. Und unser Erkennen macht in allen erkannten Gesetzen und Prinzipien eine Struktur aus, die die unseres eigenen

Geistes ist: Das Sich-Unterscheiden, um sich in den Unterschieden zu begreifen, das Individualisieren oder Konkretisieren von allgemeinen, unbestimmt umfassenden Gedanken. Dieses Transparent-Werden von Wirklichkeit und Selbst – als im Grunde Identischen – ist das »absolute Wissen«.

Hat die *Phänomenologie* den Beweis dafür erbracht, daß dieses Wissen allen möglichen Alternativen überlegen ist und sie alle erklären kann? Dies ist gerade angesichts des merkwürdigen Verfahrens des Schlußkapitels bezweifelt worden, den Inhalt der christlichen Religion keiner weiteren dialektischen Erfahrung zu unterwerfen, sondern nur die Form des Vorstellens zu überwinden;[120] und zwar im wesentlichen durch die Erinnerung an frühere Erfahrungen der *Phänomenologie* (vgl. PhG, 575). Hegel scheint so dem Paradigma einer christlichen Welterklärung verhaftet zu bleiben.

Aber Hegels Aufhebung der Trennung zwischen dem Geist der Gemeinde und einem davon unterschiedenen göttlichen Wesen, seine Aufgabe eines heilsgeschichtlichen »Fernziels« zugunsten der im modernen Verfassungsstaat und seiner wissenschaftlichen Kultur erreichten »Versöhnung« ist so radikal, daß von der Substanz des christlichen Glaubens wenig übrigbleibt. Die Gleichsetzung des moralischen Handelns in einer Gemeinschaft mit der Selbstanschauung und dem Leben des göttlichen Geistes läßt vom christlichen Paradigma nur noch sehr allgemeine Strukturmomente (Insichsein-Entäußerung etc.) übrig. Im Grunde ist die christliche Dogmatik eine noch metaphorische Beschreibung des Lebens der Vernunft in der moralisch und rechtlich verfaßten Gemeinschaft und im »trinitarischen« Schließen der theoretischen Vernunft. Diese Thesen müßten freilich in einer ausführlicheren Beschäftigung mit der Religionsphilosophie begründet werden.

Ein weiterer grundsätzlicher Einwand ist der, daß Hegel in seiner Begründung der Vollständigkeit und Wissenschaftlichkeit der *Phänomenologie* am Ende wieder auf die vollständige Organisation der »bestimmten Begriffe« in der *Wissenschaft der Logik* hinweist. Damit werde die *Logik* in der *Phänomenologie* vorausgesetzt und nicht »bewiesen«.[121] Aber in welchem Sinne hat Hegel die *Logik* bzw. die reine Begriffswissenschaft beweisen wollen? Wohl

120 Vgl. PhG, 575: »Der *Inhalt* des Vorstellens ist der absolute Geist; und es ist allein noch um das Aufheben dieser bloßen Form zu tun.«

121 Vgl. Düsing, *Hegel*, 80; Habermas, *Erkenntnis und Interesse*, 32; Hagner, 61; de

in einem zweifachen: Zum einen wollte er zeigen, daß die Widersprüche, in die sich alle Weisen der Welt- und Wissensinterpretation verfangen, die von den Gegensätzen Bewußtsein-Gegenstand, subjektives Wissen und objektive Wahrheit, »inneres« Selbstbewußtsein und »äußere« Wirklichkeit etc. ausgehen, auf bestimmten Begriffen beruhen, deren internen Bedeutungszusammenhang die jeweilige Position nicht durchschaute. Zum anderen wollte er damit eine Wissenschaft vorbereiten, in der diese Begriffe expliziert werden, ohne sie »ontologisch« mißzuverstehen – nämlich als bloße Form des Denkens oder als vom Denken unabhängige Gegenstandskategorien. Beide Versuche, so scheint mir, sind nicht prinzipiell, nicht an einem bestimmten Argument gescheitert. Es ist allerdings bedauerlich, daß Hegel die Begriffe, die in der *Phänomenologie* »hinter dem Rücken« des erfahrenden Bewußtseins für Verwirrung sorgen und zugleich den Übergang von einer Gestalt zur anderen begründen, nicht für sich dargestellt hat – daß wir also nicht über die Logik der *Phänomenologie* verfügen.[122]

Wichtiger scheint mir, daß einfach eine Fülle von Schritten im phänomenologischen Argumentationsgang nicht zwingend erscheint – wie übrigens auch in der späteren Hegelschen *Wissenschaft der Logik*. Hegel macht, vor allem in den Kapiteln des Vernunft- und Geistkapitels, die sich mit historischen Gestalten der Sittlichkeit, der Kunst, der Religion etc. befassen, sehr vieles verständlich, er bringt vieles in einleuchtende prozessuale Zusammenhänge. Aber daß diese Deutung allen anderen überlegen ist und daß die Alternativen in den Bewußtseinsgestalten der *Phänomenologie* schon vollständig enthalten wären, überzeugt den skeptischen Leser nicht.

Wahrscheinlich auch deshalb nicht, weil so viele neue Alternativen in der Wissenschaft, der Kunst usw. nach Hegel aufgetreten sind. Insofern ist der Versuch, zwischen der Wahrheit der Religion, den Entdeckungen der Wissenschaft und den Errungenschaften von Recht, Moral und Kunst in einer umfassenden systematischen Deutung zu vermitteln, für den heutigen Leser letztlich nicht uberzeugend – aber wenn der Versuch »gescheitert« ist, dann in der ganzen *Phänomenologie*, nicht erst im Schlußkapitel. Die moderne »Ausdifferenzierung« von Religion, Wissenschaft und Kunst, so

Vos, *Absolute Knowing*, 231 ff. Zu diesem Problem sei auf W. Marx, *Hegels Phänomenologie des Geistes*, 106, hingewiesen.

122 Vgl. auch o. 79.

unbefriedigend sie dem nach einer einheitlichen Wahrheit suchenden menschlichen Geist auch sein mag, ist nicht grundsätzlich durch Hegel erschüttert. Das heißt nicht, daß die gänzliche Unverbundenheit aller Systeme, der Verzicht auf jede normative Integration der Gesellschaft und die Reduktion des Menschen auf ein sich selbst beschreibendes Subsystem sozialer Evolution die alternativlose Auskunft nüchternen Denkens wäre.[123]

Es bleibt für die heutige Philosophie bedenkenswert, ob Hegels Zweifel an den festgefahrenen Dualismen, die das philosophische und wissenschaftliche Denken heute wie in den Jahrhunderten zuvor umtreibt und befriedigende Lösungen für alte Fragen verhindert, nicht berechtigt sind. Selbstbewußtsein und Gegenstand, begriffliche Form und sinnlich gegebene Materie, Leib und Seele, Freiheit und Notwendigkeit, individuelles Bewußtsein und kulturelle Systeme sind nach wie vor Gegensätze, von deren Unüberbrückbarkeit die philosophische »Normalwissenschaft« und Teile unserer Kultur ausgehen. Oder die in reduktionistischen Ansätzen auf einen undifferenzierten Monismus – materialistischer oder subjektivistischer Art – zurückgeführt werden. Sie führen immer wieder zu Theorieansätzen, deren Einseitigkeit oder »Phänomenferne« ins Auge springt – oder die nicht das erklären, was wir wissen wollten.[124] Es gibt aber heute auch Versuche, den Dualismus von Begriff und sinnlich Gegebenem, Bewußtsein (mind) und gegenständlicher Welt in einer nicht reduktionistischen Weise zu überwinden.[125] Es fragt sich, ob ihre Durchführung deutlich unter dem konstruktiven »Aufwand« der *Phänomenologie* bleiben kann.

123 Das scheint mir, etwas vereinfacht, die Auskunft der »differenzierungsfreudigsten« Versionen der modernen Systemtheorie, etwa bei Luhmann, zu sein.

124 Vgl. Blumenberg: »Enttäuschung an dem, was sich als gekonntes Wissen herausgestellt hat, erfordert zu fragen, was war es, was wir wissen wollten.« (9)

125 Putnam; McDowell.

7. Wirkung

Über die Wirkungsgeschichte von Hegels *Phänomenologie des Geistes* könnte man ein eigenes Buch schreiben. Nicht nur das ganze Werk, auch einzelne seiner Kapitel haben eine bis heute nicht abreißende Wirkung auf Philosophen und politische Denker – am deutlichsten das Kapitel über Herrschaft und Knechtschaft. Allerdings ist die Wirkung der *Phänomenologie* nicht immer deutlich von der des Gesamtwerks zu unterscheiden. Seit Hegels eigener Schule gibt es – grob unterschieden – eine eher konservative und eine eher reformistisch bis revolutionäre Wirkung des Hegelschen Denkens. Die Unterscheidung der Hegelschen Schule in eine »Rechte« und »Linke«, die sich eingebürgert hat, hatte freilich Wurzeln, die zuerst in der Religionsphilosophie und dann in der praktischen Philosophie liegen: für die »Rechte« war Hegels Philosophie mit dem um die Mitte des 19. Jahrhunderts herrschenden Christentum und der Staats- und Gesellschaftsordnung Preußens und anderer europäischer Monarchien vereinbar, für die »Linke« forderte sie eine grundlegende Veränderung dieser bestehenden Ordnung.[1] Für die Rechtfertigung des »Bestehenden« schien eher die *Rechtsphilosophie* von 1820, für die Veränderung des Bewußtseins durch das Begreifen seiner auch historischen Genese dagegen eher die *Phänomenologie* zu sprechen.

Dies ist freilich eine vereinfachte Zuordnung, da auch die auf Veränderung drängenden Hegel-Schüler sich meist auf das ganze Werk einschließlich der *Rechtsphilosophie* stützen. Das gilt z. B. für Eduard Gans, der eine dem Konstitutionalismus des Vormärz nahekommende Deutung und Weiterentwicklung der *Rechtsphilosophie* vornimmt.[2]

Überblicksweise läßt sich aber für die gesamte Nachwirkung sagen, daß die *Phänomenologie*, vor allem ihr Konzept des dialektischen Umschlags des Bewußtseins und seine Anwendung auf das Herrschafts-Knechtschafts-Verhältnis, ihre stärkste Wirkung bei Denkern der Revolution, vor allem in der Tradition des Marxschen Denkens, hatte. Wenn die neuere Hegel-Forschung und meine hier vorgelegte Deutung recht haben, dann ist diese Wirkung freilich –

1 Vgl. Lübbe (Hg.); Löwith (Hg.); Toews.
2 Vgl. Gans; Waszek.

wie so oft in der Geistesgeschichte – in erheblichem Maße mit Mißverständnissen des Buches verknüpft.

Außer dem Marxismus sind die geistigen Strömungen, auf die Hegels *Phänomenologie* eingewirkt hat, vor allem der französische Existentialismus und der deutsche Neuhegelianismus. Dabei sehe ich von den Wirkungen des Hegelianismus in den anderen Ländern ab, weil sich dort nur schwer die Wirkung der *Phänomenologie* von der des Gesamtwerks trennen läßt.[3] In Deutschland hat die *Phänomenologie* nicht nur auf den Marxismus und den Neuhegelianismus gewirkt. Martin Heidegger etwa hat im Wintersemester 1930/31 eine Vorlesung über die *Phänomenologie des Geistes* gehalten.[4] Doch ist ein deutlicher Einfluß dieses Werks auf Heideggers Denken vor und nach dieser Zeit nur schwer erkennbar. Seine Auseinandersetzung mit Hegel gilt überwiegend dem »Ontotheologen«, also den logischen und ontologischen Prinzipien des Hegelschen Denkens, die vor allem in der *Wissenschaft der Logik* dargelegt sind.[5] Die Spuren der – anthropologisch verkürzten – *Phänomenologie* in der französischen Existenzphilosophie Sartres und Kojèves oder im Marxismus eines Lukács oder Marcuse sind viel deutlicher.

Für die Wirkung der *Phänomenologie* seit den dreißiger Jahren dieses Jahrhunderts muß man festhalten, daß sie im Kontext der Publikation der übrigen Jenaer Manuskripte erfolgt. Die gesamten Jenaer Schriften konnten so bei Marxisten[6] und Existentialisten, aber auch bei konservativen Hegelianern wie Hermann Glockner, als der »junge«, vom »Systemzwang«, dem Logizismus und dem Verklärungsdenken der Berliner Schriften noch unverzerrte Hegel erscheinen.[7] In den letzten Jahrzehnten wird, im Zuge der genauen Erforschung und Edition der Jenaer Manuskripte, der Schnitt zwischen dem reformistischen und dem »quietistischen« Hegel gelegentlich schon *vor* die *Phänomenologie* gelegt.[8] In der Frank-

3 Vgl. auch den Überblick über die internationale Rezeption des Gesamtwerkes bei Pöggeler, *Werk und Wirkung*, 22 ff., sowie Ottmann, *Individuum und Gemeinschaft*. Zu den verschiedenen Interpretationsansätzen der Phänomenologie vgl. Göhler.

4 Vgl. Heidegger, *Hegels Phänomenologie des Geistes*.

5 Vgl. zu Heideggers Auseinandersetzung mit Hegel auch Pöggeler, *Nachwort*, 408 ff. u. 437 ff.

6 Vgl. etwa Marcuse, *Hegels Ontologie*, 291 ff; Marcuse, *Studie*, 109 ff.

7 Glockner, *Hegel*, 539 ff.

8 Vgl. Siep, *Wandlungen*, 114; Habermas, *Nachwort*, 357 u. 359.

furter Schule wird nur den frühen Jenaer Schriften ein an Interaktions- und Sozialisationsformen orientierter Geistbegriff zugeschrieben, der schon seit 1804 zunehmend von einem monologischen und identitätstheoretischen Geistbegriff abgelöst werde.[9] Dagegen erfreut sich die *Phänomenologie*, vor allem ihre Verbindung von Erkenntnistheorie, Wissenschafts- und Sozialgeschichte, des zunehmenden Interesses der – traditionell erkenntnistheoretisch ausgerichteten – angelsächsischen Philosophie.[10]

Statt des vergeblichen Versuches der Vollständigkeit soll im folgenden noch auf die beiden wirkungsvollsten Rezeptionen der *Phänomenologie* hingewiesen werden: die durch den jungen Marx und durch Alexandre Kojève.

Marx' erste, in seinen erst 1932 publizierten frühen Manuskripten (1843) enthaltene Auseinandersetzung mit Hegel hat nicht die *Phänomenologie* zum Gegenstand, sondern die *Rechtsphilosophie*. Man kann aber zeigen, daß er schon damals, vermittelt über Feuerbach, Hegels Philosophie von der *Phänomenologie* her verstanden hat.[11] In seinen Pariser Manuskripten von 1844 setzt er sich mit der *Phänomenologie* als »der wahren Geburtsstätte und dem Geheimnis der Hegelschen Philosophie« auseinander.[12] Die *Phänomenologie* ist für ihn das progressive Werk Hegels, an das die »Kritik«, d. h. die von Marx selber geforderte Philosophie, anknüpfen muß.

Aber zugleich ist in ihr das Verkehrte, das Positivistische und Ideologische des späten Hegel schon enthalten. Marx stellt fest, daß in ihr »trotz ihres durchaus negativen und kritischen Aussehens und trotz der wirklich in ihr enthaltenen, oft weit der späteren Entwicklung vorgreifenden Kritik – schon der unkritische Positivismus und der ebenso unkritische Idealismus der späteren Hegelschen Werke [...] latent liegt« (644). Marx' Auseinandersetzung erfolgt bereits auf der Basis einer eigenen Anthropologie und Geschichtsphilosophie, die von der *Phänomenologie*, aber auch von anderen Autoren – Kant, Fichte, Feuerbach, der klassischen Nationalökonomie etc. – beeinflußt ist. An der erkenntnistheoretischen Rechtfertigung dieser Anthropologie ist Marx ebenso-

9 Vgl. Habermas, *Arbeit und Interaktion*; Honneth, 104.

10 Vgl. Taylor, *Hegel*; Pippin, *Idealism*; Pinkard, Brandom 1994, 91 ff., und 1999, 361 ff.

11 Vgl. zur Phänomenologie-Rezeption von Karl Marx auch Pöggeler, *Die Verwirklichung*, Lange sowie Quante, *Die Funktion*. Zur Hegel-Rezeption von Marx insgesamt Hillman.

12 *Nationalökonomie*, 641.

wenig interessiert wie an der Kritik der Erkenntnistheorien und impliziten Ontologien in der *Phänomenologie*.

Marx' Verständnis des Menschen als eines sinnlichen, »gegenständlichen« Gattungswesens könnte man »fundamental-anthropologisch« nennen. Der Mensch strebt als »leidendes« (bedürftiges) und »leidenschaftliches« (affektiv strebendes) Wesen danach, Gegenstände herzustellen und in ihnen seine eigenen wesentlichen Fähigkeiten zu repräsentieren (651 f.). Er ist – modern gesprochen – emotionale und praktische Intentionalität. Daß er nur in der Umformung der inneren und äußeren Natur seiner – nicht nur persönlichen, sondern vor allem gattungshaften – Fähigkeiten bzw. »Wesenskräfte« bewußt werden kann, hat Marx sicher dem Hegelschen Arbeitsbegriff im Herr-Knecht-Kapitel entnommen. Dieser Arbeitsbegriff ist seinerseits von Aristoteles (Übertragung der geistigen Form in das Produkt) und Fichte (Bewußtsein als Objektivierung rein subjektiver Tätigkeit) beeinflußt.

Marx deutet die gesamte Geschichte der Menschheit – primär nicht als Rechts- und Religionsgeschichte, sondern als ökonomisch-politische Geschichte verstanden – als eine »Entäußerung« der menschlichen Wesenskräfte durch gesellschaftliche Arbeit. Mit Kants Geschichtsphilosophie geht er davon aus, daß nicht im Individuum, sondern nur in der geschichtlichen Entwicklung der Gattung die Fähigkeiten des Menschen vollständig entfaltet werden können. Aber dieser Prozeß ist, mit Rousseau und Hegel, zugleich ein dialektischer Reflexionsprozeß, in dem der Mensch sich von seiner unentwickelt-glücklichen Natur entfremden und durch einen Zustand des völligen Selbstverlustes hindurchgehen muß. Erst durch Wiederaneignung kann er seiner als wirklich menschliches Wesen bewußt werden. Die Selbsterzeugung des Menschen durch seine Arbeit und Reflexion ist der »Akt der Weltgeschichte« (650).

»Dialektisch« ist dieser Prozeß, weil er als eine Folge von Negation, Selbstnegation und Selbstaufhebung der Negation verstanden werden kann. Die notwendige Entwicklung und Vergegenständlichung der menschlichen Fähigkeiten und des menschlichen Wissens in den Produkten von Ökonomie, Technik und Kultur negiert nicht nur die unentfaltete und unbestimmte Natur des Menschen, sondern auch die sinnlich-konkrete Wirklichkeit und die »Authentizität«, den Selbstbesitz des Menschen. Hier ist Marx Rousseau (*Ungleichheit*) verpflichtet.

So kommt es zu den »rationalen«, abstrakten Systemen der arbeitsteiligen, zuletzt kapitalistischen Wirtschaft, des Rechtes, Staates und der Religion, die die selbstverwirklichende Arbeit und Bedürfnisbefriedigung im Dienste partikularer Interessen der Kapitalverwerter verhindern. Dann herrscht nicht nur die abstrakte Rationalität über die wirkliche »Leidenschaft« und Bedürftigkeit des Menschen, sondern jedes Moment des entfremdeten Zustandes ist selber sein Gegenteil, also Selbstnegation: »Die Entfremdung erscheint sowohl darin, daß *mein* Lebensmittel eines *anderen* ist, daß das, was *mein* Wunsch, der unzugängliche Besitz eines *anderen* ist, als daß jede Sache selbst ein *anderes* als sie selbst, als daß meine Tätigkeit ein *anderes*, als endlich – und das gilt auch für den Kapitalisten, – daß überhaupt die *unmenschliche* Macht herrscht.«[13] Diese Selbstnegation muß durch »Kritik« aufgedeckt und durch »Aneignung« der abstrakten Mächte des Reichtums, des Rechtes und des Staates aufgehoben werden.

Die Struktur der Vergegenständlichung, Entfremdung und Wiederaneignung hat Hegel nach Marx in der *Phänomenologie* gesehen und dargestellt. Aber er hat sie »idealistisch« und »positivistisch« verkehrt. Als das Wesen des Menschen versteht die *Phänomenologie* nämlich nicht die sinnliche Tätigkeit, nicht die konkrete Arbeit der Umformung der inneren und äußeren Natur, sondern das reine, philosophische Denken. Marx faßt auch das absolute Wissen anthropologisch als den Wesenszug des Menschen, der nach alter europäischer Tradition sich erst in der mühsalentlasteten »Theorie«, der geistigen Anschauung der ewigen Prinzipien und Gesetze, eigentlich verwirklicht. Platon und Aristoteles (im 10. Buch der *Nikomachischen Ethik*) sind die Vorläufer dieser, für Marx selber entfremdeten, Auffassung des Menschen als eines abstrakt denkenden Wesens.

Von daher muß alles sinnliche Bewußtsein und Tätigsein seinerseits als Entäußerung, als Verlust des eigentlich menschlichen Wesens erscheinen. Wie Hegels System in der *Enzyklopädie* von der Logik über Natur und Geist zum absoluten philosophischen Wissen zurückkehrt, so zeigt die *Phänomenologie* für Marx im Grunde nur die Rückkehr des in den Formen des gegenständlichen Bewußtseins entäußerten menschlichen Wesens in das reine, gegenstandslose und unsinnliche absolute Wissen. Eine Deutung, die

13 *Nationalökonomie*, 619.

allerdings mit Sicherheit noch neuplatonischer bzw. gnostischer ist, als die *Phänomenologie* gemeint war.

Die reale Weltgeschichte durchläuft nach Marx den umgekehrten Zyklus: vom glücklich-naiven Urkommunismus über die Herrschaft der entfremdeten ökonomischen Rationalität bis zum bewußt geplanten Kommunismus, in dem jeder für die eigenen und fremden Bedürfnisse seine Fähigkeiten vergegenständlicht. Die Ergebnisse des Versuches, dies als die wirkliche Logik der Geschichte zu erweisen und durch die Avantgarde des Proletariats zu vollstrecken, läßt freilich am Ende des 20. Jahrhunderts die Marxsche Konzeption womöglich noch »idealistischer« erscheinen als die Hegelsche. Einige der Dilemmata dieser Revolutions- und Geschichtskonzeption hat Hegel in den Vernunft-Kapiteln der *Phänomenologie* schon vorweggenommen (vgl. o. 158).

Die *Phänomenologie*-Deutung von Marx hat nicht direkt die marxistische Bewegung beeinflußt, aber die Grundgedanken der späteren Marxschen Theorie (einschließlich des *Kapitals*) sind offenkundig in der Auseinandersetzung mit der *Phänomenologie* teils entstanden, teils zum Ausdruck gebracht. Insofern handelt es sich bei der Marxschen Rezeption der *Phänomenologie* wohl um die wirkmächtigste überhaupt.

Vergleichbar mit ihr ist allenfalls die Deutung der *Phänomenologie*, die Alexandre Kojève, ein russischer Emigrant in Paris, in seinen Vorlesungen zwischen 1933 und 1939 entwickelt hat. Zumindest die französische Philosophie dieses Jahrhunderts – von Sartre über Merleau-Ponty, E. Weil und J. Hyppolite bis Foucault und Derrida – ist von ihr maßgeblich beeinflußt.[14] Kojève deutet die *Phänomenologie* wie Marx aus einem anthropologischen und geschichtsphilosophischen Ansatz. Aber er findet diesen Ansatz in der *Phänomenologie* selber adäquat ausgedrückt, er braucht ihn nicht gegen Hegel zu wenden. Die Selbsterzeugung des Menschen durch seine naturverändernde Arbeit und durch die historischen Kämpfe der »Knechte« um ihre Befreiung ist Hegels eigene These. Im absoluten Wissen, der philosophischen »Weisheit« Hegels, wird diese Selbsterzeugung nur bewußt. Aber Kojève ist zum einen mehr als Marx an der individuellen Selbsterzeugung, und nicht nur der der Gattung, interessiert. Zum anderen findet er diese im

14 Iring Fetscher schreibt der Wirkung dieser Vorlesungen im Vorwort seiner deutschen Auswahlausgabe von Kojève, *Vergegenwärtigung*, schlicht den »Durchbruch des französischen Denkens zur Dialektik« zu (vgl. Fetscher, *Vorwort*, 8).

wesentlichen in den von Marx weniger beachteten Formen der Hegelschen Konzeption von Anerkennung: der Liebe, dem Kampf und der Todeserfahrung.

Kojève versteht Hegel als einen Philosophen der menschlichen Endlichkeit und des Sterblichkeits-Bewußtseins – in einer Weise, die sicher an Heideggers *Sein und Zeit* erinnert.[15] Das vierte Kapitel der *Phänomenologie* ist für ihn das Zentrum der gesamten Hegelschen Philosophie: »Mit der Entdeckung des Begriffs der Anerkennung verfügt Hegel über den Schlüsselbegriff seiner ganzen Philosophie. Die Analyse dieses Grundbegriffs führt daher zum Verständnis des Zusammenhangs zwischen den verschiedenen Aspekten und Momenten der Hegelschen Dialektik sowie der Wechselbeziehungen zwischen seinen philosophischen Schriften.«[16] Die von Hegel behandelten Phänomene der Anerkennung sind für Kojève zugleich die historischen Anfänge der Menschwerdung und das Programm des zukünftigen Abschlusses der Geschichte. Der Mensch »erschafft« sich als Kulturwesen durch die seine innere und äußere Natur umschaffende »Tat«. Als Umschaffung bzw. Negation der äußeren Natur und als Selbstdisziplinierung ist sie »Arbeit« im Marxschen Sinne. Aber seine Arbeit ist von vornherein »Interaktion«, sie ist verbunden mit »Rede« (discours) und mit dem Streben nach der Bestätigung durch Begierde, Emotion und Intellekt des anderen.

Die Rede ist freilich nicht nur Verständigung, sondern auch Verstand, der die Wirklichkeit »offenbart«, indem er ihre sinnliche »Gegebenheit« zugleich in abstrakten Begriffen negiert. Die verstehende, das Sein der Dinge und seiner selbst offenbarende Existenz des Menschen in der Welt ist für Kojève das, was Hegel »Geist« nennt. Dieser Geist ist absolut, weil der Mensch an nichts in der Welt gebunden ist, nicht einmal an sein eigenes Leben, das er aufs Spiel setzen und sich freiwillig nehmen kann. Absolut auch deshalb, weil der Mensch sich seiner Stellung in der Welt vollständig bewußt werden kann. Dazu aber muß er sich als endlich

15 Vgl. dazu in der deutschen Ausgabe von Kojèves Vorlesungen vor allem das 5. Kapitel (Kojève, *Vergegenwärtigung*).

16 Kojève, *Vergegenwärtigung*, 284. Diese Stelle entstammt der umfangreichen Rezension des Buches von Henri Niel, die Kojève 1946 veröffentlicht hat und die als Anhang in der deutschen Ausgabe veröffentlicht ist (Kojève, *Vergegenwärtigung*). Ihre Gedanken sind aber bereits in den zwischen 1933 und 1939 gehaltenen Vorlesungen zu finden. Zu Kojèves Hegel-Rezeption vgl. Pinkard, 437, u. Roth, 81-146.

und geschichtlich verstehen. Er muß seine Sterblichkeit akzeptieren und den Tod annehmen (*Hegel*, 239 f.).

Als ein Wesen der geschichtlichen Selbsterzeugung durch die Tat kann er gleichwohl auch absolut im Sinne der Vollendung sein. Er selber ist wesentlich »Totalität«, Einheit der Gegensätze von natürlich und frei, einzeln und allgemein. Dieses Wesen muß er in einem historischen Prozeß der Anerkennung realisieren, der eine homogene Weltgesellschaft ohne Klassenherrschaft und mit universaler Rechtsgleichheit zum Ziel hat (vgl. 254, 288).

Hegel habe das Ziel der Menschwerdung (devenir humain) in der Synthese der kriegerischen Existenz des Herrn und des arbeitsamen Lebens (vie laborieuse) des Sklaven gesehen. Dieser Mensch sei für ihn der »Arbeiter-Soldat der revolutionären Armeen Napoleons« gewesen.[17] Mit Napoleon war indes die Vollendung des Menschen noch nicht erreicht. Erst wenn der revolutionäre oder äußere »Anerkennungskrieg« (guerre pour la reconnaisance) zum homogenen Weltstaat (empire universel et homogène) geführt hat, wird der Mensch aufhören zu kämpfen und zum unhistorischen, nichts mehr verändernden Weisen werden (ebd.). Daran, daß dieses Ziel erreichbar ist, scheint Kojève jedenfalls zwischen 1933 und 1939 nicht zu zweifeln.

Kojève führt also mit Marx die Dimension der zukünftigen Versöhnung wieder in das Hegelsche Denken ein. Er versieht seinen als radikalen Atheisten und Philosophen der Endlichkeit interpretierten Hegel mit quasi religiösen Erlösungsvorstellungen. Aber gegen Marx gehören Liebe, Kampf, Todeserfahrung und der Erwerb von Rechten sowohl zur individuellen wie zur sozialen Bildungsgeschichte. Über die internen Strukturen einer klassenlosen, die Bürgerrechte sichernden Gesellschaft, d. h. über die rechtlichen, ökonomischen und emotionalen Anerkennungsverhältnisse, läßt Kojève einen allerdings im unklaren. Und um eine Rechtfertigung seiner Anthropologie gegen Alternativen ist er auch nicht besorgt.

Kojèves Hegel-Deutung ist die erste Version der Synthese von Gedanken Hegels, Marx' und Heideggers, die in der französischen Philosophie dieses Jahrhunderts von Sartre bis heute so wirkungsvoll geworden ist. Schon bei ihm ist der Mensch radikal frei von allen traditionellen und metaphysischen Bindungen, er »entwirft«

17 254; vgl. die französische Ausgabe: *Introduction*, 560.

und erzeugt sich selbst durch seine Tat. Er ist als Tätiger und als Redend-Verstehender eine Negation des natürlich-gegebenen Seins und zugleich die Offenbarung der Struktur der natürlichen und historischen Welt: »Der offenbarende Teil des Seins ist das menschliche, wesentlich endliche Sein, das sich in der Zeit durch die aktive Negation des Seins erschafft.«[18] Darin sind grundlegende Gedanken von Sartres 1943 erschienenem Buch *L'Être et le Néant* (*Das Sein und das Nichts*), dem Hauptwerk des französischen Existentialismus, schon vorgeprägt. Aber an Kojève knüpfen bis heute auch »reform-marxistische« (Habermas, *Arbeit und Interaktion*; Honneth) und neuerdings auch liberale Autoren (Fukuyama) an, die von den anthropologischen und geschichtsphilosophischen Aspekten der Jenaer Schriften Hegels ausgehen.

Sowenig wie Marx hat Kojève dagegen der erkenntnistheoretischen und erkenntniskritischen Funktion der *Phänomenologie* genügend Aufmerksamkeit gewidmet. Das Problem der Rechtfertigung eines Wissens, das zwischen dem begrifflichen Schema und seinen Inhalten sowie zwischen dem Bewußtsein und den Gegenständen »in der Welt« keine prinzipielle Differenz mehr zuläßt,[19] beschäftigt die »linkshegelianischen« Interpreten nicht. Es ist eher Gegenstand der »konventionellen« Auslegungen der *Phänomenologie*, von den Hegel-Schülern (etwa Gabler)[20] bis zu den gegenwärtigen Versuchen, Hegels Idee einer Rechtfertigung »absoluten« oder »spekulativen« Wissens gerecht zu werden.[21]

Die modernen Interpreten haben aber auch der Verankerung von Gegenstandskategorien und Wahrheitskriterien in sozialen Lebensformen und ihrer Entwicklung die gebührende Aufmerksamkeit nicht versagt. Für Hegel sind die Entwicklung des Wissens und die – praktische und soziale – Anerkennung in der Tat notwendig miteinander verknüpft. Daß die Gegenstände nichts anderes als ein Netzwerk sich differenzierender Begriffe sind, kann man nur verstehen – und ist auch erst »wahr« – in Gesellschaftsordnungen, die auf Rechtsprinzipien der Freiheit beruhen. Die Interpretationen scheiden sich freilich an der Frage, ob das absolute Wissen der voraussetzungsfreie permanente Prozeß der »kommunalen Selbst-

18 *Hegel*, 241; *Introduction*, 548.
19 Vgl. dazu auch Siep, *Conceptual Scheme*.
20 Gabler, *Kritik des Bewußtseyns*.
21 Vgl. etwa Fulda, *Das Problem*; Pinkard, *Phenomenology*; Pippin, *Idealism*; Schmitz, *Hegels Logik*.

reflexion« über Rechtsprinzipien, Gegenstandskategorien und Wahrheitskriterien ist[22] oder ob es einen in den Grundlagen unüberholbaren Gehalt der Rechtsordnung und des Kategoriensystems gibt. Hegels Kritik der »schlechten Unendlichkeit« von Prozessen ohne erkennbaren und erreichbaren Abschluß, sein teleologisches Verständnis historischer und begrifflicher Entwicklung (z. B. das moderne Christentum als endgültige Erfüllung des »Begriffs« der Religion),[23] seine Deutung der Übereinstimmung von wahrer Religion, Wissenschaft und modernem europäischen Staat (d. h. konstitutionelle Monarchie) machen eine solche prozessuale Auslegung des absoluten Wissens fragwürdig – als hermeneutisch adäquate Interpretation, nicht als philosophisch fruchtbare Aneignung. Daß die modernen Interpretationen die *Phänomenologie* aber weder um ihre praktisch-soziale noch um die erkenntnistheoretische Dimension verkürzen, berechtigt zu der Hoffnung, daß wir einem adäquaten Verständnis des Werkes in den letzten Jahrzehnten ein bedeutendes Stück näher gekommen sind.

22 Pinkard, *Phenomenology*, 261.

23 Vgl. PhG, 585: »Ehe daher der Geist nicht *an sind*, nicht als Weltgeist sich vollendet, kann er nicht als *selbstbewußter* Geist seine Vollendung erreichen.«

(Der folgende Stellenkommentar beschränkt sich auf Lesehilfen zum laufenden Text. Er wurde erarbeitet von Hans-Christoph Schmidt am Busch, Ludwig Siep und Andreas Vieth. Seitenangaben beziehen sich auf TWA 2 und 3. Für weitere Erläuterungen wird verwiesen auf PhG (1988) sowie auf Dudeck, Falke, *Begriffne Geschichte*, Fulda/Henrich (Hg.), Hansen, *Hegel*, Kojève, *Vergegenwärtigung* und Scheier. Für Kommentare zu den einzelnen Abschnitten sind Kettner, *Gewißheit*, Krahl, Nink, Rousset, Schmidt und Schöndorf heranzuziehen.)

8. Stellenkommentar

8.1. Differenzschrift

10, 5 f. – die Substanz des Spinoza]; vgl. Spinoza, *Die Ethik*, I. Teil, Definition 3 und Lehrsätze 1 bis 15; vgl. auch Anm. 37, 3-20.
10, 24-28 – Die Identität [...] schränkt sich auf zwölf oder vielmehr nur auf neun reine Denktätigkeiten ein [...] Subjekts und Objekts]; Hegel bezieht sich auf Kants transzendentale Deduktion der zwölf Verstandeskategorien in vier Gruppen, von denen die letzte die Kategorien der Modalität enthält (vgl. Kant, KrV, B 106).
11, 10 – Ich = Ich] Das Ich = Ich ist die dem logischen Satz der Identität angeglichene Kurzform des ersten Grundsatzes von Fichtes *Grundlage*: »Ich bin Ich« oder »Das Ich setzt sich selbst« (vgl. 94 ff.).
14, 4 f. – eine größere Ausführung erhalten] Mit größerer Ausführlichkeit behandelt Hegel kurz nach der DS in dem von ihm und Schelling gemeinsam herausgegebenen *Kritischen Journal der Philosophie* (1802/03) z. B. die folgenden Gegenstände: Reflexionsphilosophie (Kant, Fichte), absolutes Wissen, Glauben und Wissen, Skeptizismus, Naturrecht, Sittlichkeit, gemeiner bzw. gesunder Menschenverstand.
15, 20-22 – wie Adam [...] Namen gab] Vgl. 1 Mo 2, 19-20.
18, 7 f. – glückseligen Inseln] Die Inseln der Seligen sind nach altgriechischer Vorstellung die Wohnstätte der Götterlieblinge nach ihrem Erdenleben. Sie sind dem Elysium gleichbedeutend.
18, 15-19 – daß Fichte von Spinoza sagen konnte [...] und von den Alten [...] gedacht haben] Fichte sagt in der *Zweiten Einleitung*: »Überzeugung ist nur das, was von keiner Zeit, und keiner Verän-

derung der Lage abhängt; was nicht ein dem Gemüte nur Zufälliges, sondern selbst das Gemüt ist. Nur von dem unveränderlich und ewig Wahren kann man überzeugt sein: Überzeugung vom Irrtum ist schlechterdings unmöglich. Solcher Überzeugten dürfte es in der Geschichte der Philosophie wohl wenig, es dürfte vielleicht kaum Einen, vielleicht auch nicht einmal diesen Einen geben. Ich rede nicht von den Alten. Ob diese die eigentliche Frage der Philosophie sich auch nur mit Bewußtsein aufwarfen, selbst dies ist zweifelhaft. Nur auf die größten Denker der neuern Zeit will ich Rücksicht nehmen – Spinoza konnte nicht überzeugt sein; er konnte seine Philosophie nur denken, nicht sie glauben; denn sie stand in dem direktesten Widerspruche mit seiner notwendigen Überzeugung im Leben, zufolge welcher er sich für frei und selbständig halten mußte.« (513)

18, 21 – *sthenische*] Der Begriff ›Sthenie‹ (von grch. *sthenos*: Stärke) ist zur Zeit Hegels durch die sogenannte Brownsche Erregungstheorie bekannt. Er bedeutet einen Zustand gesteigerter Lebenstätigkeit, vor allem erhöhter Energie der Atmung und des Blutkreislaufes (vgl. DS (1979), Anm. zu 190, 11-16).

18, 26 f. – Die Liebe und der Glaube an Wahrheit] Vgl. *Beyträge*, H. 1, 67: »Das Philosophieren wäre sonach das von der Liebe zur Wahrheit und Gewißheit ausgehende Bestreben, die Erkenntnis zu ergründen, oder, was dasselbe heißt, die Realität der Erkenntnis, als solche, zu bewähren und zu vergewissern. Liebe zur Wahrheit, als Wahrheit, wird bald und leicht genug als wesentliche Bedingung des Philosophierens anerkannt. Nicht so der Glaube an Wahrheit, als Wahrheit. Aber man versuche es, jene Liebe ohne diesen Glauben, und zwar ohne den lebendigen Glauben an Wahrheit zu denken! zu denken, sage ich, nicht etwa zu ahnen, zu träumen, zu phantasieren: und man wird finden, daß die Liebe zur Wahrheit so wenig ohne den Glauben an sie, als dieser ohne jene, denkbar ist.«

18, 27 – ekle] Original »ekkle« – möglicherweise ein Druckfehler: »edle« statt »ekle«.

23, 3 f. – die bedeutenderen schönen Gestaltungen der Vergangenheit] Hegel versteht die griechische Kultur (»Sittlichkeit«) – im Gegensatz zur Entzweiung im »westlichen Norden« des christlichen und neuzeitlichen Europa – als eine »schöne« Harmonie des Einzelnen mit dem Gemeinwesen und des Denkens mit der Natur. Dies wird später in der PhG im Kapitel »Der wahre Geist. Die Sittlichkeit« ausgeführt (vgl. den Haupttext, 181, u. PhG, 327-359).

23, 17-23 – Die fortschreitende Kultur [...] entzweit [...] vorgeht] Hegel hat die Trennung des Glaubens von der Wissenschaft seit der Aufklärung später ausführlich in der PhG dargestellt (vgl. den Haupttext, 199f., u. PhG, 391-398).
24, 36-25, 3 – das Absolute ist die Nacht [...] eine absolute Differenz] Vgl. Goethe, *Faust I*, 1351f.: »Das stolze Licht, das nun der Mutter Nacht, den alten Rang, den Raum ihr streitig macht.«
25, 14 – unten] Vgl. das »Prinzip einer Philosophie in der Form eines absoluten Grundsatzes« (DS, 35-41).
27, 8f. – selbst liegt ein Nicht-Setzen und ein Unbestimmtes] Hegel greift hier auf das in Spinozas Philosophie zentrale Prinzip »determinatio negatio est« zurück. Genannt wird es etwa in einem Brief an Jarig Jelles vom 2. Juni 1674; vgl. Spinoza, *Briefwechsel*, 210. Sowohl in der WL als auch in den VGP I-III würdigt Hegel diesen Gedanken Spinozas als Erkenntnisfortschritt. Vgl. AA 11, 71, u. Bd. 21, 107, sowie VGP III, 164.
28, 31-29, 3 – Das Wesen [...] Identität] Vgl. Anm. zu DS, 129, 27-34 u. 133, 16-18.
29, 4-6 – Gegensatz desselben a) gegen eine Anwendung des Denkens, b) gegen eine absolute Stoffheit] Vgl. *Beyträge*, H. 1, 108-112.
29, 15f. – sich das Denken [...] als ein bloß subjektives vorzustellen] Vgl. DS, 130, 26-29.
32, 33 – die unmittelbare Gewißheit des Glaubens] Hegel bezieht sich u. a. auf Reinhold (vgl. Anm. zu DS, 18, 26f., sowie die Anmerkungen zu 124f.) und auf Jacobi, für den die Realität der Dinge geglaubt wird. Vgl. Jacobi, *David Hume*, 175. Auch Fichte hat in den Schriften nach dem Atheismusstreit dem Glauben große Bedeutung beigemessen: »und so sagt man ganz richtig: das Element aller Gewißheit ist der Glaube«, heißt es in der Schrift *Über den Grund unseres Glaubens*, 182. Er versteht unter Glauben die »Überzeugung von unserer moralischen Bestimmung« (ebd.), der die sinnliche Welt als »Objekt und Sphäre meiner Pflicht« (*Bestimmung des Menschen*, 261) gilt. Vgl. zu diesem Thema das dritte Buch »Glauben« der *Bestimmung des Menschen* von 1800, 248-319 sowie Hegels Aufsatz über GW.
33, 25f. – ist es nicht mehr dies Beschränkte. Die Materie des Materialisten oder das Ich des Idealisten] Reinhold hatte in seinen *Beyträgen* Fichtes *Wissenschaftslehre* als »reinen Idealismus« und Schellings Naturphilosophie als »reinen Materialismus« bezeich-

net (H. 1, 86). Hegel könnte auch an diejenigen Kritiker denken, die Fichtes Ich-Philosophie eine Verabsolutierung des menschlichen Bewußtseins vorgeworfen haben. Vgl. z. B. Nicolai, bes. 64, 74, 196-222, Jean Paul sowie Jacobi, *Jacobi an Fichte*, bes. 17-32.

36, 6-9 – die Forderung [...] daß das Absolute [...] als oberster absoluter Grundsatz vorhanden sei] Diese Forderung wurde vor allem von Fichte erhoben. Vgl. *Über den Begriff*, 38 ff.

36, 14 f. – dessen Form und Materie gleich sei] Für Fichte müssen Gehalt (»das, wovon man etwas weiß«) und Form (»das, was man davon weiß«) des ersten, absolut gewissen Grundsatzes der Philosophie (»Wissenschaftslehre«) identisch sein. Vgl. *Über den Begriff*, 49 ff. In seiner *Grundlage* geht Fichte von diesem Grundsatz zu zwei weiteren über (vgl. 101 ff.), bei denen entweder der Gehalt oder die Form vom ersten Grundsatz bedingt bzw. impliziert ist. Fichte führt auf diese drei Sätze die logischen Sätze der Identität, des Widerspruches und des Grundes (verstanden als Grund einer Beziehung bzw. Unterscheidung) zurück. Auf diese Grundsätze bezieht sich Hegels Kritik im folgenden Text (vgl. DS, 56 ff.)

37, 3-20 – das Absolute [...] in der Form eines Satzes oder einer Definition [...] Spinozas Substanz [...] Antinomie] Der erste Teil von Spinozas posthum veröffentlichtem Hauptwerk, der *Ethica ordine geometrico demonstrata* (1677; vgl. Spinoza, *Ethik*), beginnt nicht mit einer, sondern mit acht Definitionen. In der ersten wird der Begriff der *causa sui* definiert als das, dessen Wesen das Dasein in sich schließt (»cuius essentia involvit existentiam«), in der dritten die Substanz als das, was in sich ist und durch sich begriffen wird (»quod in se est et per se concipitur«), und in der sechsten Gott als unendliche Substanz. Hegel interpretiert den Begriff der *causa sui* (zugleich Ursache und Wirkung seiner selbst zu sein) gegen Spinozas Intention als bewußt formulierten Widerspruch. Das ist für ihn die höchste Form, in der die »Verstandesphilosophie« das Absolute ausdrücken kann. (Vgl. auch DS, 39, 32 ff.)

37, 23 f. – als das Wissen, im allgemeinen die Synthese] Möglicherweise zu lesen: »als das Wissen im allgemeinen, die Synthese«. Vgl. den Hinweis von Brockard u. Buchner in: JKS I, 154.

38, 30 f. – Der zweite Satz [...] sonst [...] Form des Satzes des Grundes] Fichte hat den (logischen) Satz vom Grund nicht dem zweiten, sondern dem dritten Grundsatz zugeordnet. Mit »sonst« denkt Hegel an die vorkantische Ontologie.

40, 11 – Das Denken] Zur im folgenden gegebenen Bestimmung des Denkens vgl. *Beyträge*, H. 1, 100ff., bes. 106-112.
40, 21 – Anwendung] Vgl. *Beyträge*, H. 1, 100.
40, 33 – weiter unten] Vgl. 129ff.
41, 1 – die Philosophie auf Logik zurückzuführen] Vgl. DS (1979), Anm. 1, 19-21.
41, 11 – Ungereimtheit des Fügens] Vgl. Anm. zu DS, 133, 30-134, 4. (Vgl. auch DS, 130, 6f.)
42, 33 – transzendentale Anschauung] Hegel führt hier einen Grundgedanken Fichtes und Schellings an. Vgl. Fichte, *Zweite Einleitung*, 463, sowie Schelling, *System*, 369.
43, 14 – Radien des unendlichen Fokus] Das von Hegel gewählte Bild stammt aus der Renaissancephilosophie: das Unendliche wird als eine unendliche Kugel oder als ein unendlicher Kreis mit allgegenwärtigem Mittelpunkt aufgefaßt. Vor allem für Nikolaus von Kues hat diese Vorstellung zentrale Bedeutung. Vgl. Mahnke, 48-59, 78-106. Hegel könnte auch von Schelling beeinflußt sein, der in seiner Schrift *Vom Ich* das absolute Ich wiederholt als »unendliche Sphäre« bezeichnet (vgl. *Vom Ich*, 108, 116f. u. 145).
44, 8f. – Eine solche sonst postulierte Idee] Fichte erklärt in der Grundlage die Kantischen Postulate des höchsten Gutes und der Unsterblichkeit der Seele aus dem »Bewußtsein unseres praktischen Strebens« nach Übereinstimmung mit der »Idee unseres absoluten Seins« bzw. nach der »Erweiterung unserer Schranken in das Unendliche fort« (vgl. 278).
47, 3-11 – Emanation [...] Expansion [...] kontrahiert] Die Metaphern der Emanation sowie des Wechsels von Expansion und Kontraktion, die auch von Schelling benutzt werden (z.B. in den *Ideen* von 1797, vgl. 389), stammen aus der neuplatonischen und der mystischen Unendlichkeitsspekulation. Vgl. HWP 2, Sp. 445-448 u. HWP 4, Sp. 1064f.
47, 23 – Dogmatismus] Hegel bezeichnet hier Fichtes System, in dem die »echte« Identitäts-Spekulation sich »nicht vollkommen ausspricht« (vgl. DS, 47, 21f.), weil es das Verhältnis des Absoluten zur Erscheinung als Kausalverhältnis versteht, als »Dogmatismus«. Diesen Begriff hatte Fichte für alle Positionen verwandt, die ein bewußtseinsunabhängiges »Ding an sich« annehmen. Vgl. *Grundlage* und *Erste Einleitung*, 119f., 426ff. Der konsequenteste »Dogmatismus« ist der Spinozismus. Fichte stellt ihm den wahren Idealismus der *Wissenschaftslehre* gegenüber. Für den jungen Schelling

der *Philosophischen Briefe über Dogmatismus und Kriticismus* (1795) ist der Spinozismus ein dem Idealismus theoretisch ebenbürtiger, aber moralisch unterlegener Dogmatismus (vgl. Schelling, *Dogmatismus*). Reinhold bezeichnet in den *Beyträgen* jede Philosophie als »mißlungene Spekulation« und daher Dogmatismus, deren Erstes nicht das »Urwahre« des übersubjektiven Denkens ist – sei sie Realismus oder Idealismus; vgl. *Beyträge*, H. 1, 75 ff. Hegel geht auf diese Debatte in DS, 60 ff., ausführlicher ein.

50, 8-26 – im Fichteschen System [...] die Erscheinung ist nicht vollständig vernichtet] Vgl. Fichte, *Grundlage*, §§ 1-3.

56, 33 – oben] Vgl. 35 ff.

57, 19 – oben] Vgl. 54 ff.

58, 11 f. – Der dritte Grundsatz]; vgl. Fichte, *Grundlage*, § 3.

59, 8-21 – die Entgegengesetzten [...] denken] Hegel referiert hier teilweise wörtlich Fichtes *Grundlage*. Bei Fichte heißt es aber: »Sie sind ein blosser Gedanke ohne alle Realität; noch dazu der Gedanken einer blossen Relation.« (224) Ob Hegel »Relation« bewußt in »Realität« verändert hat, ist unentscheidbar.

61, 6-21 – Fichtes Worte [...] ist] Vgl. vor allem Fichte, *Grundlage*, 215-217.

61, 25 – Dogmatismus] Gemeint ist hier im Sinne Fichtes der »dogmatische Realismus«. (Vgl. DS, 62, 4; vgl. auch Anm. zu 47, 23.)

62, 28-33 – wie denn Reinhold [...] im Fichteschen System [...] einen dogmatischen Idealismus erblickt] Vgl. *Beyträge*, H. 1, 75 ff., 86 f., 124 f.

63, 13 – Ich setzt sich als bestimmt durch Nicht-Ich] Vgl. Fichte, *Grundlage*, 125 ff.

63, 27 – Anstoß] Vgl. Fichte, *Grundlage*, 210 ff., 248 ff.

64, 7 f. – Die produktive Einbildungskraft] Vgl. Fichte, *Grundlage*, 216.

65, 24 – unten] Vgl. 72 ff.

66, 18 – vorigen Darstellung] Vgl. 63 ff.

66, 33 – oben] Vgl. 56 ff.

67, 17 – oben] Vgl. 55 ff., vor allem 63 f.

68, 21 f. – Ich [...] soll absolute Kausalität auf Nicht-Ich haben] Vgl. Fichte, *Grundlage*, 250 f., 254, 260.

68, 26 – Streben] Vgl. Fichte, *Grundlage*, 261 f.

71, 15 – als Idee] Vgl. Fichte, *Grundlage*, 270.

72, 2 – verschiedene Richtungen] Vgl. Fichte, *Grundlage*, 273 f.

72, 4 – nachher] Vgl. PhG, 72, 24 ff.

72, 19 – wie wir gesehen haben] Vgl. PhG, 67.
72, 25 – oben] Vgl. PhG, 52 ff.
73, 17-24 – die Äußerung des Begrenzten [...] unsere Natur] Hegel referiert teilweise wörtlich aus Fichtes *Sittenlehre*, vgl. 109.
74, 5-12 – ob gleich [...] derselbe] Hegel zitiert wörtlich Fichte, *Sittenlehre*, vgl. 108.
74, 2-17 – Mein Trieb [...] Erscheinung] Hegel zitiert Fichte, *Sittenlehre*, vgl. 130.
79, 34 – im System des Naturrechts gegeben ist] Vgl. Fichte, *Naturrecht*, § 2 u. §§ 5 f., 24 ff., 56 ff.
81, 4 f. – nur als Maxime unserer reflektierenden Urteilskraft] Vgl. Kant, KU, »Einleitung«, Abschn. IV sowie § 76 f.
81, 19 f. – beiden Systemen] Hegel geht über zu einer Kritik der im Naturrecht und in der Sittenlehre entwickelten Sozialphilosophie Fichtes. In beiden Werken will Fichte beweisen, daß die wechselseitige Anerkennung vernünftiger Individuen, die eine Selbstbeschränkung ihrer Handlungsmöglichkeiten erfordert, Bedingung ihres Freiheitsbewußtseins ist. Vgl. *Naturrecht*, § 3 f., 30-56, sowie *Sittenlehre*, § 18, 212-253. Für Hegel ergeben sich daraus Systeme der Freiheitsbeschränkungen und der Herrschaft des Verstandes über die (innere und äußere) Natur.
81, 24 f. – modifikable Materie] Modifikable Materie ist der menschliche Leib nach Fichtes Naturrecht primär für den eigenen Willen. Er ist als materielles Organ aber auch der Einwirkung durch den Zwang anderer ausgesetzt. In diesem Fall schreibt die Person eine Bewegung oder Hemmung des Leibes »nicht ihrer eigenen Wirksamkeit, sondern der Wirksamkeit eines Wesens ausser ihr« zu. (Vgl. § 6, 65.)
82, 16 – oben] Vgl. 56 ff.
84, 11 – Verbrechen der gedrückten Kraft] Hegel hat das Problem der Versöhnung bzw. Reintegration des Verbrechers in die sittliche Gemeinschaft schon in seinen Frankfurter Schriften über den *Geist des Christentums* behandelt. Vgl. TWA 1, 336-346. In Jena behandelt er das Thema vor allem in dem üblicherweise *System der Sittlichkeit* genannten Manuskript einer Naturrechtsvorlesung von 1802/03. (Vgl. SdS, 40-42.)
84, 22 f. – Möglichkeit einer Verletzung vorbeugen] Nach Fichtes Naturrecht hat der Staat nicht nur die Verpflichtung zur Bestrafung, sondern muß auch die Verhinderung von Straftaten garantieren. (Vgl. § 14, 140 f., § 15, 146, u. § 21, 292.)

85, 9 – 155, 2. Teil [...] was er treibe] Wörtliches Zitat aus Fichtes *Naturrecht*. (Vgl. ebd., 302.)
85, 15-86, 38 – Jeder [...] veranlaßt] Der kursive Text ist (zum Teil freies) Zitat aus Fichtes *Naturrecht*. (Vgl. § 21, 297 f., 295, 298, 299 f.)
87, 25-27 – Fiat iustitia [...] ausgelegt hat] Vgl. Kant, *Zum ewigen Frieden*, 378.
88, 23 – das Widerstreitende ist eine fremde Macht] Vgl. Anm. zu DS, 81, 24.
89, 3 f. – durch Beziehung auf den Trieb erfüllt werden] Vgl. Fichte, *Sittenlehre*, § 9 Anm., 131, § 12, 148.
90, 6 f. – kasuistische Fragen] Vgl. die Abschnitte »Kasuistische Fragen« von Kants *Metaphysik der Sitten*, Teil 2: »Metaphysische Anfangsgründe der Tugendlehre« (375-493).
90, 30-93, 25 – Zwar spricht auch Fichte [...] ist] Hegel referiert und zitiert (vor allem in den gesperrten Sätzen) Fichte, *Sittenlehre*, § 31 (»Über die Pflichten des ästhetischen Künstlers«, 353 ff.).
91, 14 – Vollendung des Systems] Dies ist ein Vorgriff auf Schellings Konzeption der Kunst als Abschluß des Systems der Philosophie (»Schlußstein ihres ganzen Gewölbes«). Vgl. Schelling, *System*, 349. (Vgl. auch DS, 112 f.)
94, 17 – Schellingschen Systems] Schelling hatte in den *Ideen* und im *System* die Aufgabe der Philosophie als Nachweis der Übereinstimmung bzw. Identität von Subjektivem und Objektivem bezeichnet. Dieser fängt in der Transzendentalphilosophie mit dem Subjektiven, in der Naturphilosophie mit dem Objektiven an. Die Formen der Vernunft sind Stufen der Reflexion und der Selbstobjektivierung, die der Natur Stufen der bewußtlosen Selbstproduktion bis an die Schwelle der Reflexion. Vgl. *Ideen*, 386 f., und *System*, 339-349. Vgl. auch DS, 99 ff. In den *Ideen* verwendet Schelling den Begriff »Subject = Objectivität« (395), von »Subject = Object« spricht er z. B. in *Naturphilosophie*, 19.
95, 24 – Kontraktion] Vgl. Anm. zu DS, 47, 11.
97, 33-98, 37 – Platon [...] Eins] Vgl. Platon, *Timaios*, 31c-32a. Hegel benutzt die Bipontiner Platonausgabe, deren Text stellenweise von den heute gebräuchlichen Platonausgaben abweicht. (Vgl. *Platonis philosophi quae exstant Graece ad editionem Henrici Stephani accurate expressa cum Marsilii Ficini interpretatione. Studiis Societatis Bipontinae*, Biponti [Zweibrücken] ex Typographia Societatis, 1781-1787, Bd. IX, 1786, 307 f.)

98, 9 – reines Produkt der Reflexion] Vgl. 57, 28 u. 60, 1 f.
99, 10 f. – wie denn Fichte auch irgendwo sagt] Fichte sagt in der Grundlage: »Folgendes nur als Beispiel! – Für die Gottheit, d. i. für ein Bewusstseyn, in welchem durch das blosse Gesetztseyn des Ich alles gesetzt wäre (nur ist für uns der Begriff eines solchen Bewusstseyns undenkbar), würde unsere Wissenschaftslehre keinen Gehalt haben, weil in einem solchen Bewusstseyn gar kein anderes Setzen vorkäme, als das des Ich; aber formale Richtigkeit würde sie auch für Gott haben, weil die Form derselben die Form der reinen Vernunft selbst ist.« (253)
101, 13 – beiden Wissenschaften] Vgl. Anm. zu DS, 94, 17.
102, 10 – das Palpable] das Greifbare, Handgreifliche.
102, 11 – Fiberntheorie des Bewußtseins] Hegel bezieht sich wahrscheinlich auf Charles Bonnets Theorem über die intellektuellen Fibern. (Vgl. Anm. in PhG (1988) zu 232, 12.)
103, 13-104, 4 – Kant anerkennt [...] erhoben] Vgl. hierzu Kant, KU, vor allem §§ 64-66 u. § 77 f.
103, 34 – sinnlichen Verstandes] Kant spricht in § 77 der KU von der Idee eines intuitiven Verstandes bzw. einer intellektuellen Anschauung.
104, 4-33 – und deswegen [...] Schemate der Natur] Vgl. hierzu Kants MAN, vor allem die »Vorrede« und das Zweite und Dritte Hauptstück (»Dynamik« und »Mechanik«), 468 ff., 496 f., 536 ff.
105, 16 f. – Leib des Vernunftwesens] Fichte deduziert in seinen Schriften zur praktischen Philosophie den Leib als eine Bedingung des moralisch bzw. rechtlich geforderten Handelns. Vgl. z. B. *Naturrecht*, § 5, 56-61. Hegel vergleicht diese Methode der Deduktion bzw. des »Postulierens« mit der älteren Methode der äußeren Teleologie, nach der die Naturgegenstände aus ihrer Zweckmäßigkeit für den Menschen erklärt werden.
106, 23 – ein älterer Philosoph] Vgl. Spinoza, *Die Ethik*, II. Teil, Lehrsatz 7: »Die Ordnung und Verknüpfung der Ideen ist dieselbe wie die Ordnung und Verknüpfung der Dinge.«
107, 5 f. – daß die Systeme ein organisiertes Nichtwissen seien] Vgl. Jacobi an Fichte: »Unsere Wissenschaften, bloß als solche, sind Spiele, welche der menschliche Geist, zeitvertreibend, sich ersinnt. Diese Spiele ersinnend, organisiert er nur seine Unwissenheit, ohne einer Erkenntnis des Wahren auch nur um ein Haarbreit näher zu kommen.« (29)
108, 33 f. – Indifferenzpunktes der Intelligenz] Schelling benutzt

die Terminologie der Indifferenz des Subjektiven und Objektiven und des »Indifferenzpunktes« in seiner *Darstellung* (24, 52).

109, 13 f. – Potenz des Lichts] Vgl. Schelling, *Darstellung*, § 93-105, 58-74.

109, 30 f. – Kontraktion des Gehirns] Vgl. Schelling, *Darstellung*, § 156, 105-107.

111, 25 f. – der [...] einschlagende Blitz des Ideellen in das Reelle] Vgl. Schelling, *Darstellung*, § 145: »[...] es erhellt aus dem Ganzen, daß der Organismus ebenso ursprünglich ist als die Materie, aber auch, daß es ebenso unmöglich ist, das erste Einschlagen des Lichts in die Schwerkraft auf empirischem Wege darzustellen als das erste Einschlagen des ideellen Princips in das reelle überhaupt.« (101)

113, 3 – des Genies, aber der Menschheit angehörend] Hegel bezieht sich auf Schellings *System des transcendentalen Idealismus*. (Vgl. *System*, 616.) In der Einschränkung »aber der Menschheit angehörend« könnte man Hegels Distanz zum Geniebegriff mithören, die später in der PhG zu einer Kritik an der Geniephilosophie – vor allem dem moralischen Geniebegriff – führt. (Vgl. PhG, 65, u. den Haupttext, 212)

113, 21 f. – Kunst und Spekulation sind in ihrem Wesen der Gottesdienst] Während Schelling im *System des transcendentalen Idealismus* die Philosophie der Kunst als Vollendung des Systems begreift, stellt Hegel Kunst und Spekulation (Philosophie) auf eine Stufe und versteht sie als eine Form der Religion. Damit ist die spätere Trias der Formen des absoluten Geistes, Kunst, Religion und Philosophie, schon antizipiert.

114, 7 f. – unbegreifliche Schranken des Selbstbewußtseins] Vgl. Fichte, *Über den Grund unseres Glaubens*, 184.

114, 12 – salto mortale] Nach Jacobi kann man sich nur durch einen Salto mortale von dem theoretisch unwiderleglichen Determinismus Spinozas in die Überzeugung von der Freiheit des Willens und den Glauben an einen persönlichen Gott retten. (Vgl. *Über die Lehre des Spinoza*, 59.)

114, 32 – intellektuelle Anschauung] Vgl. Anm. zu DS, 42, 33.

115, 31 f. – weder beide, und beide zugleich sind] Hegels Formulierungen der antinomischen Einheit der Gegensätze erinnern hier deutlich an die Lehre der *»coincidentia oppositorum«* etwa bei Nikolaus von Kues. (Vgl. *Unwissenheit*, 11 u. 17-23, sowie *Vom Nichtanderen*, 10.)

116, 10-117, 6 – er erblickt [...] liegt] Hegel referiert hier *Beyträge*, H. 1, 85-87: »Es war Schellingen aufbehalten, die absolute Endlichkeit des Unendlichen in die Philosophie einzuführen. Er hat die Entdeckung gemacht, daß das Absolute, inwieferne dasselbe nicht bloße Subjektivität ist, nichts weiter sei, und sein könne, als die bloße Objektivität, oder die bloße Natur, als solche. Den kürzesten Weg zu diesem Resultate hat er dadurch eingeschlagen, daß er gleich bei der Aufstellung der ersten Aufgabe seines Philosophierens die reale Erkenntnis, oder wie er dieselbe nennt, das Wissen in der Identität des Objektiven und Subjektiven bestehen läßt, und sonach das Unwahre, oder reelle Absolute, in die Alleinigkeit oder Dieselbigkeit des Ichs (der Intelligenz) und der Natur setzt, in die absolute Identität von beiden, die im Wissen nur zum Behuf der Erklärung desselben vor dieser Erklärung aufgehoben, aber in derselben und durch dieselbe eben darum wieder hergestellt werden muß.

Damit ist nun aber auch der Dogmatismus im Philosophieren, der ein Begreifliches, und, als solches, immer nur relatives Erstes für das Absolute annimmt, – und dadurch das Unwahre, und mit demselben alles Wahre, aus der Philosophie verdrängt, völlig vollendet, und das Non plus ultra aller bisherigen, ja aller nur möglichen, Verirrung in der Spekulation erreicht. Die Transzendentalphilosophie, oder die reine Wissenslehre, (die Wissenschaft der absoluten Subjektivität,) und die Naturphilosophie, oder die reine Naturlehre, (die Wissenschaft der absoluten Objektivität,) sind nur zwei verschiedene Ansichten von einer und derselben Sache – von der absoluten Dieselbigkeit, von dem Alleins. Die Wissenslehre, als reiner Idealismus, und die Naturlehre, als reiner Materialismus – durchdringen sich in einem und demselben Subjektobjekt, und sind die Grundwissenschaften Einer und derselben Philosophie. Der durchgeführte Idealismus führt auf Materialismus, und dieser auf jenen zurück. Beide nehmen dann auch den Skeptizismus, inwieferne derselbe dogmatisch ist, d. h. inwieferne er die Realität des Unterschiedes zwischen dem Objektiven und Subjektiven in der Erkenntnis schlechthin leugnet, in sich auf. Sonach findet jedes bisherige verirrte Streben der Spekulation, was dasselbe auch sonst schon, wissentlich und unwissentlich, gesucht hat, in der bloßen lautern – Ichheit.

Wer nicht schon für irgend eine der beschriebenen Philosophien eingenommen, aber durch Glauben an Wahrheit und Liebe für dieselbe beseelt ist, der wird sich sehr leicht davon überzeugen: der gemeinschaftliche Fehler aller der beschriebenen Auflösungen der ersten Aufgabe der Philosophie liege schon in der Art und Weise, wie bei denselben die Aufgabe gefaßt ist; und bestehe eigentlich darin: daß beim Fassen dieser Aufgabe, oder was dasselbe heißt, beim Aufstellen des vorläufigen Begriffes von Erkenntnis, das Denken durch Phantasie gemißbraucht sei.«

117, 11-14 – auf die Einleitung des transzendentalen Idealismus [...] zu verweisen] Vgl. Schelling, *System*, 339 ff.

117, 14 f. – in seinen Beurteilungen desselben] Vgl. *Beyträge*, H. 1, 85 ff.

117, 19 f. – die bestimmtesten Stellen] Vgl. Anm. zu DS, 117, 14 f. – Reinhold gibt keine Zitate aus Schelling. Unter »Stellen« versteht Hegel hier wohl die Hauptpunkte der von Reinhold gemeinten Schellingschen Ausführungen.

117, 32 f. – auf das zweite Stück des ersten Bandes [...] aufmerksam zu machen] Außer auf die Auseinandersetzung mit Eschenmayer, *Spontaneität*, bezieht sich Hegel auf Schelling, *Darstellung*, 1 ff.

118, 1-16 – Die Naturphilosophie [...] verstehen lernen] Verkürztes und freies Zitat aus: Schelling, *Allgemeine Deduktion*, 75-77.

118, 19 – Charakter einer bloß subjektiven Tätigkeit] Vgl. Reinhold, *Beyträge*, H. 1, 96, u. DS, 29, 12 ff.

118, 25 f. – (*Zeitschrift für spekulative Physik*, 2. Bd., 1. Stück)] Vgl. Schelling, *Epikurisch Glaubensbekenntnis*. Vgl. Schelling, *Anhang*.

119, 3 f. – durch Analysis, d. h. durch Trennen zu begründen] Vgl. *Beyträge*, H. 1, 1 ff., 90 ff.

119, 24 – unendliche Lüge] Vgl. auch Hegels spätere Auseinandersetzung mit der Entfremdung und Heuchelei des Zeitgeistes des Ancien régime vor der Französischen Revolution in der PhG. (Vgl. PhG, 359 ff., u. den Haupttext, 196)

120, 5 f. – die Verbindung des Endlichen und Unendlichen] Vgl. Anm. zu DS, 116, 10-117, 6.

120, 23 f. – im *Teutschen Merkur* [...] im nächsten Heft der Beiträge] Vgl. Reinhold, *Geist*, 167-193, bes. 189 ff. Vgl. *Beyträge*, H. 2, 104-140: »Über die Autonomie als Prinzip der praktischen Philosophie der Kantischen – und der gesammten Philosophie der Fichtisch-Schellingschen Schule« (vgl. bes. 124 f., 138 f.). Reinhold sucht zu zeigen, daß der transzendentale Idealismus statt moralischer Autonomie eine »sich selbst verkennende Selbstsucht« lehrt und »immer tiefer in den Abgrund des sich von Gott losreißenden Selbstes« (138 f.) führt.

121, 4-9 – die eigene Philosophie Reinholds [...] in Bardilis Logik eingezogen sei] Vgl. *Beyträge*, H.1, 1 ff., 118 ff.

121, 30-33 – fügt auch die Frage hinzu [...] dürfte?] Vgl. *Beyträge*, H. 1, V f.: »Ob ich mich aber nicht auch das Viertemal täusche? ob nicht gleichwohl auch dieses Wahre und eigentliche Ende, das ich in den gegenwärtigen Beyträgen ankündige und beschreibe, und zu welchem ich dem neuen Jahrhunderte Glück wünsche etwa wieder nur der Anfang einer neuen krummen Wendung sein dürfte?« Reinhold hat sich tatsächlich auch ein viertes Mal getäuscht. (Vgl. DS (1979), Anm. 113, 25-33.)

122, 7 f. – die Verwandlung der Philosophie [...] in Logik] Vgl. DS (1979), Anm. 1, 19-21.

123, 6 f. – der Anwendung des Denkens] Vgl. *Beyträge*, H. 1, 106 ff.

124, 14 – Liebe zur Wahrheit] Vgl. Anm. zu DS, 18, 26 f.

124, 27 – Glaube an Wahrheit] Vgl. Anm. zu DS, 18, 26 f.

125, 1-6 – man solle [...] weiter zu sagen] Paraphrase von *Beyträge*, H. 1, 69.

125, 25 – Weiter-Sagens] Vgl. Anm. zu DS, 125, 1-6.

126, 23-127, 11 – Dasjenige [...] Unnennbare ist] Zusammenfassung von *Beyträge*, H. 1, 70-75.

127, 9-11 – das außer [...] Unnennbare ist] Hegel zitiert hier *Beyträge*, H. 1, 73.

129, 1-3 – problematische und hypothetische [...] assertorische und kategorische] Hegel bezieht sich hier auf die logischen Formen der Urteile. (Vgl. Kants Urteilstafel in der KrV, B 95.)

129, 8 f. – nur eine Erkenntnis durch den Verstand] Vgl. Anm. zu DS, 129, 1-3.

129, 23-25 – durch die Analysis [...] entdecken und aufstellen] Vgl. *Beyträge*, H. 1, 91.

129, 27-34 – Das Denken [...] Unendlichkeit] Vgl. ebd., 100.

130, 1 f. – Ein ganz Anderes [...] Anwendung des Denkens] Vgl. ebd., 110.

130, 2-16 – so gewiß [...] Mannigfaltigkeit] Hegel faßt hier zusammen: *Beyträge*, H. 1, 111 f.

130, 26-29 – das Denken für eine bloß subjektive Tätigkeit [...] Versuch [...] von aller Subjektivität und Objektivität desselben zu abstrahieren] Vgl. *Beyträge*, H. 1, 96.

132, 24-133, 5 – daß er erstens [...] beurteilt] Vgl. *Beyträge*, H. 1, 128 f.
132, 27 – ›Theorie‹] Gemeint ist hier und im folgenden: Reinhold, *Versuch*.
133, 10-15 – Nach der ›Theorie‹ [...] Einheit ist] Vgl. ebd., § XV ff., bes. § XXIII.
133, 16-18 – In der ›Logik‹ [...] Mannigfaltigkeit ist] Vgl. Bardili, *Grundriß*, 3 ff., 67 ff. (Vgl. auch DS, 129, 27 ff.)
133, 24 – in der ›Theorie‹ und in der ›Logik‹] Vgl. für Bardili z. B. *Grundriß*, 68; für Reinhold Anm. zu DS, 133, 10-15.
133, 20 f. – Anwendung des Denkens] Von ihr spricht Reinhold erst im Anschluß an Bardili in den *Beyträgen*. (Vgl. Anm. zu DS, 129, 27-34.)
133, 24-29 – ein Teil derselben [...] Materie] Vgl. Reinhold, *Versuch*, § XVII, u. Bardili, *Grundriß*, 31, 35, 39 f., 67. – Vgl. auch DS, 130, 5 f.
133, 30-134, 4 – der andere Teil [...] sich fügen muß] Vgl. für Reinhold Anm. 133, 10-15. – In Bardilis *Grundriß* heißt es: »Wenn nun aber zugegeben werden muß, daß an jenem Stoffe in seiner bloßen Vorstellung, als einem noch Nichtgedachten ein gewisses Wie des Außereinanderseins, das mein, schon in dieses Außereinandersein aufgenommenes, Nebeneinandersein nun vollends von selbst durch wirklich vorhandene Raumdimensionen vollkommen bestimmte, unabänderlich hafte: so muß auch zugegeben werden, daß dieser Stoff selbst eine unabänderliche Form habe. Eine Form kann, als Form, die andere nicht zernichten; folglich kann auch das Denken, als Form, dasjenige, was dem Stoffe als Form anhängt, nicht zernichten [...].« (80 f.)
134, 12 f. – in das Leben hineinstürzen] Vgl. Bardili, *Grundriß*, 69.
134, 27 – politische Journal] Gemeint ist: *Politisches Journal nebst Anzeige von gelehrten und andern Sachen* (hg. v. einer Gesellschaft von Gelehrten, Hamburg 1781-1838).
135, 1 – zum vierten Mal täusche.] Vgl. *Beyträge*, H. 1, III f.
135, 8 f. – Zwischenstandpunkt] Vgl. DS, 126, 31-37; Reinhold, Beyträge, H. 1, 126.
135, 12-18 – er glaubte, wünschte [...] den Idealismus überhaupt aufzugeben] Vgl. Reinholds Sendschreiben an Fichte. (*Beyträge*, H. 1, 129 f.) – Vgl. auch Reinhold (Hg.), *Briefwechsel*.
135, 21-23 – »welch ein Triumph [...] durchdränge!«] Vgl. Rein-

hold an Bardili, *Beyträge*, H. 1, 163 f. – Vgl. Reinhold (Hg.), *Briefwechsel*, 113, 124 u. 141.
137, 6 – Danaiden] Anspielung auf die antike Sage der Töchter des Danaos, die als Strafe für den Mord an ihren Räubern in der Unterwelt Wasser in ein Gefäß ohne Boden schöpfen mußten. (Vgl. *Der Kleine Pauly*, Bd. 1, Sp. 1379.)
137, 13 f. – daß ins Innre der Natur kein erschaffener Geist dringt] Die damals viel zitierten Verse finden sich in Albrecht von Hallers Gedicht »Die Falschheit der menschlichen Tugenden«. (Vgl. Anm. zu PhG (1988), 102, 13 f.)

8.2. Phänomenologie des Geistes

Vorrede

14, 13 f. – Die wahre Gestalt [...] das wissenschaftliche System] Vgl. Hegels Ausführungen in der DS zur Forderung der Zeit, die Philosophie als System zu vollenden (in diesem Band 37).
15, 11-14 – was bald Anschauung, bald unmittelbares Wissen [...] Religion, das Sein [...] genannt wird] Hegels Absetzung von den Philosophen des unmittelbaren Wissens, des Gefühls und der Anschauung bezieht sich vor allem auf Jacobi und Schleiermacher, evtl. auch auf Eschenmayer und Görres.
16, 16-32 – die angestrengte [...] Bemühung [...] ihren Blick zu den Sternen aufzurichten; [...] Lichtfaden [...] Dumpfheit und Verworrenheit [...] des Diesseitigen] Hegel sieht in der »romantischen« Philosophie der ekstatischen Anschauung des Göttlichen eine Reaktion auf den neuzeitlichen Empirismus. Dieser ist seinerseits eine Umkehrung des christlichen »Platonismus«. Die Metapher des Lichtfadens könnte auf die Lehre der Teilhabe der Dinge an den Ideen (*methexis*) bei Platon anspielen, die Dumpfheit und Verworrenheit des Diesseitigen an Aristoteles' Unterscheidung der translunaren und der (trüben, unregelmäßigen) sublunaren Sphäre. »Trübe« im Gegensatz zum begrifflich Klaren ist für Hegel aber gerade dieser neue Enthusiasmus selber.
17, 24 – Horos] Mit der Übersetzung von grch. *horos* (Begriff, Grenze, Ende, Maß) als Bestimmtheit (lat. *determinatio*) erinnert Hegel an die aristotelische Tradition der Begriffsbestimmung durch Definition.

18, 13 f. – die Seinen zu sein [...] im Schlafe gibt] Vgl. Ps 127, 2.
20, 22 – Knoten] Hiermit meint Hegel offenbar den Gegensatz in der Philosophie und Wissenschaft der Zeit zwischen einem inhaltslosen Enthusiasmus und einem gelehrten Formalismus. Beide Richtungen entwickelten sich unter dem Einfluß der Philosophie Schellings und Jacobis.
20, 27 – die unmittelbare Vernünftigkeit und Göttlichkeit] Vgl. PhG (1988), Anm. 11, 19-22.
23, 1 f. – das Wahre nicht als Substanz, sondern ebensosehr als Subjekt aufzufassen und auszudrücken] Hegel versteht die Aufgabe einer Vereinigung der spinozistischen Philosophie der Substanz und der auf Kant zurückgehenden Philosophie des Subjekts als zentrales Desiderat der Philosophie. Diese Aufgabe ist weder durch die »Gegenthese« gegen den Spinozismus bei Fichte, Reinhold und Bardili (das »Denken als Denken«) noch durch den Versuch der Synthese bei Schelling (Einheit von Denken und Sein in der intellektuellen Anschauung) gelöst. (Vgl. den Haupttext in diesem Band o. Kap. 3, 32)
23, 7 – das Zeitalter empörte] Mit der »Empörung« des Zeitalters spielt Hegel auf die Kritik an Spinozas angeblichem Atheismus an, die in Frankreich von Pierre Bayle, in Deutschland von Wolff und Jacobi am wirkungsvollsten geübt wurde. Der »Pantheismusstreit«, den Jacobi mit seinen Spinoza-Briefen von 1786 ausgelöst hatte, ist für Hegel vor allem in der Frankfurter Zeit von großer Bedeutung gewesen. Vgl. Pierre Bayle, »Spinoza«; Christian Wolff, *Theologia naturalis*, §§ 672-730; Jacobi, *Ueber die Lehre des Spinoza*, 216. Hegel hat während seiner Mitarbeit an der Spinozaausgabe von Heinrich Eberhard Gottlob Paulus auch andere Kritiker des spinozistischen Atheismus kennengelernt. (Vgl. dazu die ausführliche Anmerkung zu dieser Stelle in der PhG (1988), 562-565.)
24, 1 f. – Das Leben Gottes [...] als ein Spielen der Liebe mit sich selbst] Spinozas Begriff findet sich vor allem in *Die Ethik* (vgl. V. Teil, Lehrsatz 33, Lehrsatz 35 u. Lehrsatz 36 mit Anmerkung): Lehrsatz 35 lautet: »Gott liebt sich selbst mit unendlicher geistiger Liebe«; Lehrsatz 36 lautet: »Die geistige Liebe der Seele zu Gott ist Gottes Liebe selbst, womit Gott sich selbst liebt, nicht sofern er unendlich ist, sondern sofern er durch die Wesenheit der menschlichen Seele, insoweit diese unter einer Art der Ewigkeit betrachtet wird, erklärt werden kann; das heißt die geistige Liebe der Seele zu

Gott ist ein Teil der unendlichen Liebe, mit der Gott sich selbst liebt.« Vgl. ferner Schiller, *Über Anmuth und Würde*: »[E]s ist das absolut Große selbst, was in der Anmuth und Schönheit sich nachgeahmt und in der Sittlichkeit sich befriedigt findet, es ist der Gesetzgeber selbst, der Gott in uns, der mit seinem eigenen Bilde in der Sinnenwelt spielt. Daher ist das Gemüth aufgelößt in der Liebe, da es angespannt ist in der Achtung« (303).

24, 11 f. – die Form als dem Wesen gleich] Für Fichte müssen beim ersten Grundsatz der Philosophie Form und Gehalt absolut und identisch sein, für Schelling sind Wesen und Form im Absoluten eins. Zum absoluten Grundsatz Fichtes vgl. dessen *Grundlage*, § 1, 91-101. Zu Schelling vgl. *Fernere Darstellungen*, 263 f.

24, 15 f. – absolute Anschauung] Zu Fichtes Verständnis einer absoluten Anschauung vgl. z. B. *Sonnenklarer Bericht*, 375. Zu Schellings Begriff der intellektuellen bzw. absoluten Anschauung vgl. *Fernere Darstellungen*, 272. (Vgl. auch die Anm. zu DS, 42, 33.)

26, 6 f. – die Form des Zwecks überhaupt in Mißkredit gebracht] Die Kritik an der Erklärung von Naturprozessen anhand der Verwirklichung von Zwecken ist zentral für die neuzeitliche Naturwissenschaft und ihre Philosophie. Descartes, Hobbes, Spinoza, auch noch Kant wären hier zu nennen. In seinen VGP I-III hat Hegel in einem ähnlichen Kontext vor allem Bacon und Kant, aber auch Spinoza als solche Kritiker angeführt (vgl. VÄ III, 291 f., 390). Kritisiert wurde der Zweckbegriff auch in Schellings Identitätsphilosophie. (Vgl. dazu Schelling, *Fernere Darstellungen*, 256, und *Vorlesungen*, 573.)

26, 7-10 – wie auch Aristoteles [...] Subjekt] Zur Zwecktätigkeit der Natur vgl. u. a. Aristoteles, *Physik* II 2, 194a 28 ff. u. II 7-8, 198b 10-199b 33, *Vom Himmel* II, 291b 13-14, *Über die Teile der Tiere* 658a 8-9, sowie *Über die Seele* III, 432b 21-22. Zum Begriff des unbewegten Bewegenden vgl. *Metaphysik* XII 7, 1072b 1-4.

27, 3 – der moralischen Weltordnung] Mit dieser Formulierung bezieht sich Hegel auf den sogenannten »Atheismusstreit« um Fichte und seinen Schüler Forberg, der im Jahre 1799 zur Entlassung Fichtes von der Universität Jena führte (vgl. dazu Röhr (Hg.)). In seinem Aufsatz *Über den Grund unsers Glaubens* schreibt Fichte: »Es liegt kein Grund in der Vernunft, aus jener moralischen Weltordnung herauszugehen, und vermittelst eines Schlusses vom Begründeten auf den Grund noch ein besonderes Wesen, als die

Ursache desselben, anzunehmen [...].« (186) In seiner *Religionsphilosophie* von 1806, in *Die Anweisung zum seligen Leben* oder auch in der *Religionslehre* rezipiert Fichte die Gottesbegriffe des Evangelisten Johannes (vgl. 1 Jh 4, 16) und des Neuplatonismus: »Die Liebe ist selbst Gott, in ihr ist er, und bleibet er ewig, wie er in sich selbst ist.« (Fichte, *Die Anweisung*, 543) In seinen Frankfurter Manuskripten (1797-1800) spielte der neuplatonische Liebesbegriff auch für Hegel eine zentrale Rolle.

30, 15 f. – auch einmal auf dem Kopfe zu gehen] Möglicherweise eine Anspielung auf Nicolais polemische Bemerkung, auch nach gründlichem Studium der Kantischen Philosophie wisse er nicht, ob diese, »in ihrer natürlichen Lage, auf dem Kopfe oder auf den Füßen oder auf den Händen steht« (Nicolai, *Ueber meine gelehrte Bildung*, 189 f.). Diese Metapher ist von Hegels Nachfolgern variiert worden. So wollte Marx die Hegelsche Philosophie ›vom Kopf auf die Füße stellen‹. (Vgl. Marx, *Das Kapital*, 27: »Sie (die Dialektik – L. S.) steht bei ihm (Hegel – L. S.) auf dem Kopf. Man muß sie umstülpen, um den rationellen Kern in der mystischen Hülle zu entdecken«.)

33, 1-4 – Die Bildung [...] des Individuums [...] in Besitz nehme] Vermutlich eine Anspielung auf Goethes Satz »Was du ererbt von deinen Vätern hast, erwirb es, um es zu besitzen«. Vgl. *Faust*, V, 682 f.

35, 17-21 – Subjekt und Objekt u. s. f. [...] machen feste Punkte [...] aus] Hegel greift hier auf seine schon in der DS geäußerte Kritik an den festen Gegensätzen in der Bildung der Zeit zurück, deren Überwindung ein Bedürfnis der Philosophie ist. (Vgl. DS, 20-25 u. 33-35, u. den Haupttext, 33)

35, 25 f. – bekannt ist oder nicht] Mit diesem Abschnitt endet Hegels Überarbeitung des Werkes für eine zweite Auflage. (Vgl. den Haupttext, 23)

38, 14-39, 6 – den ersten Teil der Wissenschaft [...] ist] An dieser Stelle erläutert Hegel die Titel und Untertitel der *Phänomenologie*. In einigen Exemplaren befindet sich noch der von Hegel zuerst beabsichtigte, später aufgegebene Zwischentitel »Erster Teil. Wissenschaft der Erfahrung des Bewußtseins«. (Vgl. dazu PhG (1988), 547 f., u. den Haupttext, 63)

39, 11 f. – weswegen einige Alte das Leere als das Bewegende begriffen] Hegel dachte hier wahrscheinlich an die Vorsokratiker bzw. an Epikur. Vgl. nach dem Bericht des Aristoteles (*Über Ent-*

stehen und Vergehen, 325a 31 f.) Leukipp: »Diese Massen bewegten sich [sehr schnell] im Leeren – denn es gebe das Leere – und wenn sie zusammenträten, bewirkten sie Entstehen; wenn sie sich aber wieder trennten, Vergehen.« (*Die Vorsokratiker*, 573) Ähnlich Demokrit bei Aristoteles (*Physik* IV 6, 213b 5-8): »Denn die Annahme der Bewegung sei unmöglich, wenn es kein Leeres gäbe, denn das Volle sei außerstande, etwas in sich aufzunehmen. Wenn es etwas aufnehmen und mithin zwei [Körper] an einem Ort sein sollten, wäre es möglich, daß auch beliebig viele Körper gleichzeitig [am selben Ort] seien.« (*Die Vorsokratiker*, 609) Epikur schrieb in Anlehnung an die beiden Vorgenannten: »Das Leere vermag weder zu wirken noch zu leiden (insofern ist es unkörperlich – L. S.), sondern es ermöglicht den Körpern nur aus sich [sc. den Körpern] heraus die Bewegung.« (Fg. 187 Us., vgl. Lukrez, *De rerum natura*, 1, 329-394, bes. 342 f.; ferner Diogenes Laertios, Buch 10, § 40.)

41, 25 – Toisen] Früheres franz. Längenmaß. Eine Toise entsprach sechs Pariser Fuß oder 1, 94903 m.

41, 26 – Stadium] Stadion, »das in die Länge Gezogene, Raumstrecke«, war das gängigste griechische Wegemaß. Es bezeichnete ursprünglich wohl den Weg, der in zwei Minuten zurückgelegt werden konnte. Im System der Längenmaße wurde es dann zu sechs Plethra (*plethron*: Furche) und 600 Fuß normiert. Entsprechend den Fußnormen variierte das Stadium. So betrug das attische Stadium 177, 55, das olympische Stadium hingegen 192, 28 m. (Vgl. *Der Kleine Pauly*, Bd. 5, Sp. 336 f.)

41, 26 – eine nette Antwort] Gemäß dem frz. »net« dürfte »nett« hier im Sinne von »klar«, »eindeutig«, »knapp« zu verstehen sein.

42, 10-46, 10 – Was die mathematischen Wahrheiten [...] haben] Zu Hegels Theorie des mathematischen Beweises und der geometrischen Konstruktion vgl. auch die JSE II, 13-25, sowie die WL I, 124-188.

46, 28 f. – Das Wahre ist so der bacchantische Taumel] Der Gott Bacchus wird nach dem griechischen Mythos von trunkenen, tanzenden Halbgöttern (Satyrn, Silene) und Nymphen (Mänaden) begleitet. Zu den Bacchanalien, den nächtlichen Geheimriten zu Ehren des Gottes, sollen Ekstasen und Ausschweifungen gehört haben. (Vgl. *Der Kleine Pauly*, Bd. 1, Sp. 799.)

47, 7-9 – Ihr Begriff [...] diese selbst] Das Schlußkapitel (zugleich die Zusammenfassung) von Hegels WL II hat den Titel »Die absolute Idee« (236-254).

47, 16-21 – daß der wissenschaftliche Staat, den die Mathematik herlieh [...] veraltet ist] Hegel spielt auf das Erkenntnisideal einer Philosophie »more geometrico« an, das vom 16. bis 18. Jahrhundert von großer Bedeutung war. Musterbeispiel ist Spinozas posthum veröffentlichtes Hauptwerk, die *Ethica ordine geometrico demonstrata* (vgl. *Die Ethik*).

48, 18-20 – die Unmethode des Ahnens und der Begeisterung und die Willkür des prophetischen Redens] Zu den Begriffen ›Ahndung‹ und ›Begeisterung‹ bei Eschenmayer vgl. *Naturphilosophie*, 25, 30, bes. 37 f., 81, sowie *Eremit*, 24. – Zu ›Ahndung‹, ›Begeisterung‹ und ›prophetischem Reden‹ bei Görres vgl. *Glauben und Wissen*, 52, 53 f.

53, 10 – Qualität] Zur Kategorie der Qualität bei Hegel vgl. die JSE II, 3-7, sowie die WL I, 43-108 u. WL II, 68-172.

53, 26-29 – die Wissenschaft [...] trat] Hegel denkt hier wohl an Fichte. Vgl. Hegels ähnliche Ausführungen in PhG auf 171, 19-30.

55, 36 – das ultrarevolutionäre Reden und Handeln war] Hegel spielt hier offensichtlich auf die sich radikalisierenden internen und externen Auseinandersetzungen der revolutionären Klubs der Französischen Revolution an.

56, 30-35 – diese Einsicht ist das bloß Negative [...] das nicht selbst [...] zu einem neuen Inhalt geht [...] die Eitelkeit] Hegel dürfte an dieser Stelle vor allem den Ironiebegriff Friedrich Schlegels sowie den Skeptizismus im Blick haben. Von diesem heißt es in der »Einleitung«, daß er »mit der Abstraktion des Nichts oder der Leerheit endigt«. Er »kann von dieser nicht weiter fortgehen, sondern muß es erwarten, ob, und was ihm etwa Neues sich darbietet, um es in denselben leeren Abgrund zu werfen« (62). Schlegels Ironiebegriff wird in den VGP II wie folgt charakterisiert: »Diese Form, die Ironie, hat zum Anführer Friedrich von Schlegel. Das Subjekt weiß sich in sich als das Absolute, alles andere ist ihm eitel; alle Bestimmungen, die es sich selbst zum Rechten, Guten macht, weiß es auch wieder zu zerstören. Alles kann es sich vormachen; es ist aber nur Eitles, Heuchelei und Frechheit.« (In: VGP II, 416)

59, 22-26 – Gott ist das Sein [...] das feste Subjekt] Hegels Kritik und Umdeutung der Gottesdefinitionen wird sich vor allem auf die vorkantische Metaphysik der Leibniz-Wolffschen Schule beziehen Vgl. Wolff, 661-664.

61, 23 – die Dialektik vom Beweise getrennt worden] Die Trennung der Dialektik vom Beweis findet sich sowohl bei Aristoteles wie bei Kant (vgl. KrV, B 85 f.: »[...] Logik des Scheins. Eine sophistische Kunst, seiner Unwissenheit, ja auch seinen vorsetzlichen Blendwerken den Anstrich der Wahrheit zu geben, daß man die Methode der Gründlichkeit, welche die Logik überhaupt vorschreibt, nachahmte [...]«). Ob sich Hegels Kritik auch auf Aristoteles bezieht, ist ungewiß. Nach Aristoteles unterscheidet sich der *dialektikos syllogismos* vom strengen Beweis (*apodeiktikos syllogismos*) dadurch, daß er nicht von ›wahren‹, ›ersten Prämissen‹ ausgeht sondern bloß von ›wahrscheinlichen‹ (*endoxos protasis*), die von den ›Weisen‹ mehrheitlich gebilligt werden. (Vgl. Aristoteles, *Topik* I 1, 100a 25-b 23; dazu auch *Erste Analytik* II 27, 70a 4-6, u. *Rhetorik* I 13, 1357a 35 f.)

63, 2-20 – In Ansehung der Philosophie [...] vermögen] Hegel hat sich mit der Kritik der Philosophie des gesunden Menschenverstandes an der wissenschaftlichen Philosophie, der Spekulation und dem »Theoretisieren« schon in der DS (vgl. 30-35) und in verschiedenen Rezensionen und Aufsätzen des *Kritischen Journals der Philosophie* auseinandergesetzt. Dabei richtet er sich vor allem gegen Krug, Rückert und Weiß. (Vgl. *Wie der gemeine Menschenverstand die Philosophie nehme – dargestellt an den Werken des Herrn Krug's sowie Rückert und Weiß, oder die Philosophie zu der es keines Denkens und keines Wissens bedarf*, in: AA 4, 174-187, 239-255.)

65, 8 – Wenn nach einem königlichen Wege zur Wissenschaft gefragt würde] Vgl. den Bericht von Proklos Diadochos aus Lykien (412-485), der Euklid als ganz und gar ›unbequemen‹ Philosophen darstellt: »Nicht viel jünger als diese [sc. die Mathematiker der Akademie] ist Euklid, der die *Elemente* zusammenstellte, viele Ergebnisse des Eudoxos zusammenfaßte, viele des Theaitetos zum Abschluß, und die weniger stringenten Beweise seiner Vorgänger in eine unwiderlegbare Form brachte. Er lebte zur Zeit des ersten Ptolemaios. Denn Archimedes, der nach dem ersten Ptolemaios lebte, erwähnt Euklid und erzählt auch in der Tat, Ptolemaios habe ihn einmal gefragt, ob es nicht für die Geometrie einen kürzeren Weg gebe als die Lehre der *Elemente*. Er aber antwortete, es führe kein königlicher Weg zur Geometrie.« (Proklos Diadochos, *Euklid-Kommentar*, Vorrede, II. Teil, übers. v. Max Steck, Halle a. d. Saale 1945, 213 f.)

65, 10-18 – sich auf den gesunden Menschenverstand [...] Hausrocke] Zur Kritik an der Philosophie des gesunden Menschenverstandes vgl. Anm. zu PhG, 63, 2-20.

Einleitung

72, 23-36 – als der Weg des Zweifels [...] wähnt] Der Vergleich der Erfahrung des Bewußtseins mit dem »Weg des Zweifels« spielt auf René Descartes' Methode des Zweifels in den *Meditationes de prima philosophia* an, einem der »Gründungswerke« der neuzeitlichen Philosophie. (Vgl. Descartes, *Meditationen.*) Der philosophische Skeptizismus hatte zu Hegels Zeiten eine neue Blüte, vor allem durch die skeptische Kant- und Reinholdkritik von Gottlob Ernst Schulze, die 1792 unter dem Pseudonym des antiken Skeptikers Aenesidemus veröffentlicht wurde. (Vgl. Schulze, Aenesidemus.) Hegel hat sich mit dem antiken und zeitgenössischen Skeptizismus (Schulzes) schon in seinem Aufsatz über das *Verhältnis des Skeptizismus zur Philosophie* beschäftigt. (Vgl. AA 4, 197-238.) Die Methode der Philosophie wird von Hegel als radikalisierter und sich dadurch selbst aufhebender Skeptizismus verstanden. Der antike Skeptizismus stellt ein eigenes Kapitel dar (vgl. den Haupttext, 106, u. PhG, 159-163).
72, 36-73, 4 – Vorsatze [...] nur die eigene Tat für das Wahre zu halten] Auch der Vorsatz, statt den Autoritäten der eigenen geprüften Überzeugung zu folgen, geht auf Descartes zurück. Die »eigene Tat für das Wahre zu halten« ist in allgemeiner Form ein Grundsatz der neuzeitlichen Erkenntnistheorie seit Hobbes, dem zufolge der Mensch nur das vollständig erkennt, was er selber herstellen kann. Spezifischer hat Fichte gefordert, die Begriffe und Einsichten der Philosophie im eigenen Bewußtsein zu produzieren. (Vgl. *Zweite Einleitung*.)
73, 36-74, 4 – und ein Wissen [...] Skeptizismus] Vgl. 159, 15-163, 2.
79, 34 – oben] Vgl. 73, 31-74, 18.

I. Die Sinnliche Gewißheit oder das Dieses und das Meinen

82, 19 – keine Grenze zu finden ist] Möglicherweise eine Anspielung auf die Auffassung verschiedener griechischer Philosophen, daß die Sinnlichkeit, auch die sinnliche Lust, grenzenlos und unbestimmbar sei. (Vgl. Platon, *Philebos*, 26b-c, 27e.)

82, 22-25 – Diese Gewißheit [...] enthält allein das Sein der Sache] Offenbar ist die Wahrheit der sinnlichen Gewißheit für Hegel nichts anderes als das Parmenideische Sein.

84, 23-28 – Jetzt [...] ein Nichtseiendes] Hegel hat in seinen späteren VGP ähnliche Einwände gegen die (bleibende) Wahrheit von Sätzen mit dem zeitlichen Index-Ausdruck »Jetzt« dem antiken Skeptizismus zugeschrieben. (Vgl. VGP II, 361.)

85, 18-20 – nicht möglich, daß wir ein sinnliches Sein [...] je sagen können] Hegel bezieht sich beim Nachweis der Allgemeinheit des Diesen und der Unaussprechbarkeit des sinnlich Einzelnen auch auf die megarische Philosophie. In den (späteren) VGP werden entsprechende Argumente dem Megariker Stilpon (ca. 380 - 300 v. Chr.) zugesprochen. (Vgl. VGP I, 535.)

91, 7 – die alten Eleusinischen Mysterien] Sie sind geheime Kulthandlungen und Inititiationsriten, die im Anschluß an Vegetationsfeste im griechischen Eleusis – in ähnlicher Form auch an anderen Orten – abgehalten wurden. (Vgl. *Der Kleine Pauly*, Bd. 2, Sp. 243-245, u. Bd. 3, Sp. 1535.) Vor allem die Analogie zum christlichen Abendmahl wurde zu einer Quelle dichterischer und philosophisch-theologischer Inspiration im christlichen Europa. Hegel hat bereits in der Frankfurter Zeit ein Gedicht mit dem Titel »Eleusis« an Hölderlin gerichtet. (Vgl. AA 1, 399-402.)

II. Die Wahrnehmung oder das Ding und die Täuschung

95, 6 – Dies Salz] Hegels Beispiel des Salzkristalls erinnert an Descartes' Diskussion der Eigenschaften eines Stückes Wachs in der »Zweiten Meditation«. (Vgl. *Meditationen*, 23-26.)

96, 10 – Materien] Vgl. EPW (1830), § 130: »Die im Dinge gesetzte Negation als Selbständigkeit der Materien kommt in der Physik als die Porosität vor. Jede der vielen Materien (Färbestoff, Riechstoff und andere Materien, nach einigen darunter auch Schallstoff, dann ohnehin Wärmestoff, elektrische Materie usw.) ist auch negiert, und in dieser ihrer Negation, ihren Poren, sind die vielen selbständigen Materien, die ebenso porös sind und in sich die anderen so gegenseitig existieren lassen.« (Vgl. auch PhG (1988), Anm. zu 95, 11-14.)

99, 2-8 – wie es bei der sinnlichen Gewißheit [...] fällt] Vgl. PhG, 86, 5-9.

99, 24-26 – das Ding ist Eins [...] Verschiedenheit [...] in uns fällt] Hegel greift hier auf die Diskussion um die »sekundären« Qualitäten der Dinge zurück. Locke hatte in seinem Essay *Concerning Human Understanding* von den »primären Qualitäten« der Dinge, die mit ihrer Ausdehnung notwendig verbunden sind, die sekundären Qualitäten unterschieden, die durch Einwirkung der Dinge auf unsere Sinne entstehen. Sie kommen dem Ding nicht »an sich« selber zu. (Vgl. *Versuch*, Buch 2, Kap. 8, § 9-10.) Skeptiker der Verläßlichkeit sinnlicher Wahrnehmungen setzten an dieser Unterscheidung an (vgl. Sextus Empiricus, *Grundriß*, Buch 3, Kap. 7: »Ob die Körper erkennbar sind«, bes. § 47-49; K. R. Westphal, *Skeptizismus*; Hagner).
101, 10 f. – Eigenschaft [...] als freie Materie [...] Auch] Vgl. 96 u. Anm. 96, 9.

III. Kraft und Verstand, Erscheinung und übersinnliche Welt

109, 19 – zuerst] Vgl. 94, 21-96, 12.
110, 21-23 – der Verstand [...] welcher die unterschiedenen Momente [...] trägt] Bei dieser Identifizierung der Kraft mit dem Verstand wird Hegel an Leibniz gedacht haben, der die Monaden als geistige Kraft versteht. Vgl. Leibniz, *Neues System*, 202-209. Zur Analyse des Begriffs der Kraft und ihres Verhältnisses zum erklärenden Verstand vgl. auch Hegels JSE II, 44-46.
111, 25 – vorhin] Vgl. 105, 25 ff.
119, 2 f. – das Übersinnliche sei nicht die Erscheinung] Hegel wird Kants Unterscheidung zwischen Phaenomena und Noumena im Auge haben. (Vgl. Kant, KrV, B 294-315.)
120, 29 f. – ein ruhiges Reich von Gesetzen] Das ruhige Reich der Gesetze und seine dialektische Beziehung zur Welt der Erscheinung behandelt Hegel später auch in WL I, 341-352. Obwohl er in diesem Kapitel primär die begrifflichen und ontologischen Probleme einer dynamischen Naturbetrachtung behandelt, hat er bei der Kritik des Verhältnisses von Gesetz und Erscheinung generell den Platonismus der neuzeitlichen Naturwissenschaft seit Galilei im Auge.
120, 36-121, 1 – und füllt die Erscheinung nicht aus] H. G. Gadamer erinnert in seinem Aufsatz *Die verkehrte Welt* daran, »wie etwa das Fallgesetz Galileis zu seiner Zeit von den Aristotelikern bestritten wurde, weil es nicht die volle Erscheinung deckte« (116).

122, 1 – Der Ausdruck der allgemeinen Attraktion] Vgl. Schelling, *Allgemeine Deduktion*: »Und weil dieses wechselseitige Uebertragen von Attractivkraft an einander zwischen allen Materien gemein ist, so entsteht dadurch eine allgemeine Attraction aller Materien unter sich, welche von jeder einzelnen auf jede andre, bei gleicher Entfernung, proportional dem Grad ihrer Raumerfüllung, d.h. ihrer Maße ausgeübt werden muß.« (§ 38 a. E., 672)
125, 19 – diese Bewegung heißt Erklären] Der Übergang vom Begriff der Kraft zur Analyse der Notwendigkeit von Erklärungen findet sich auch in JSE II. Hegel bezieht sich in diesem Zusammenhang auf Humes Kritik der Kausalität und auf Kants Antikritik, die für Hegel ebenso in einer »tautologischen« Form des Kausalgesetzes resultiert. (Vgl. 49 f.)
126, 35 f. – Gesetz der Erscheinung] Dieses behandelt Hegel auch in der WL I, 341-352.
133, 18 – Die Unendlichkeit oder diese absolute Unruhe] Zum Begriff der (»wahrhaften«) Unendlichkeit als der sich selbst aufhebenden Bestimmtheit (Unterschied) bzw. als »absolute Unruhe« vgl. auch JSE II, 33 ff.

IV. Die Wahrheit der Gewißheit seiner selbst

138, 27 – Ich bin Ich] Vgl. Anm. zu DS, 11, 10.
143, 8 – welches für sich selbst Gattung ist] Zur Bestimmung des Selbstbewußtseins als in sich reflektierte Gattung vgl. auch die »Metaphysik der Subjektivität« in Hegels JSE II, 172 f.
149, 2 – Kampf auf Leben und Tod] Hegel hat den Kampf auf Leben und Tod in den Jenaer Manuskripten häufig behandelt, zuletzt – fast parallel zur Enstehung der PhG – in den JSE III (1805/06) (221); ausführlicher: JSE I (309 ff.). Vgl. Siep, *Der Kampf*. Hegel könnte beim Thema Zweikampf zwischen freiem und von der Sinnlichkeit beherrschtem Selbstbewußtsein auch an eine Stelle in Fichtes Schrift *Beitrag zur Berichtigung* gedacht haben (vgl. 87).
150, 27 – jenes ist der Herr, dies der Knecht] Das Verhältnis von Herr und Knecht als Resultat eines Zweikampfes behandelt Hegel im SdS (vgl. SdS, 305 f.). Er könnte dabei an Aristoteles' Rechtfertigung der Unterwerfung eines Gegners im Verteidigungskrieg gedacht haben, die bis in die Neuzeit (z. B. bei Grotius und Locke) übernommen wurde. (Vgl. Aristoteles, *Politik* I 5, 1255a 5 ff.)

151, 20 – bearbeitet] Zur Bedeutung der Arbeit in Hegels Jenaer Geistphilosophie vgl. JSE I, 299 f., u. JSE III, 205 f.
153, 23 – die Furcht des Herrn der Anfang der Weisheit ist] Vgl. Ps 111, 10.
157, 26-29 – sich [...] in die einfache Wesenheit des Gedankens zurückzieht] Hegel weist in seiner späteren Darstellung des Stoizismus in den VGP besonders auf den römischen Kaiser Marcus Aurelius Antonius (Marc Aurel) und auf Seneca hin, der sowohl als Erzieher und Berater Neros wie in seinem durch Nero erzwungenen Selbstmord die innere Freiheit des »von allem abstrahierenden Geistes« bewiesen hat. (Vgl. VGP II, 292 ff.)
157, 33-35 – als allgemeine Form des Weltgeistes [...] Furcht und Knechtschaft] Hegel betrachtet den Stoizismus als den geistigen Hintergrund vor allem des römischen Kaiserreichs, das nach dem Kapitel »Rechtszustand« (vgl. o. den Haupttext, 187 f., und PhG, 355-359) durch eine zunehmende Rechtlosigkeit aller gegenüber dem unbeschränkt herrschenden Kaiser, dem »Herrn der Welt« (vgl. PhG, 358, 19), gekennzeichnet ist.
158, 31 – Kriterium der Wahrheit] Die Lehre der Stoiker, nach der das Kriterium der Wahrheit die *kataleptikê phantasia* ist, d. h. eine ›Vorstellung‹, die den Gegenstand der Erfahrung adäquat erfaßt, ist oft überliefert (vgl. z. B. Cicero, *Academicorum posteriorum libri*, 2, 30-31; Sextus Empiricus, *Adversus mathematicos*, 7, 253-260, 7, 402-410; Diogenes Laertios, 7, 46, 7, 54). Die *kataleptikê phantasia* muß von der *prolêpsis* bzw. der *ennoia* unterschieden werden, die nach stoischer Lehre ›natürliche Allgemeinvorstellungen‹ sind, d. h. durch Häufung von Sinneswahrnehmungen gewonnene Konzepte (vgl. Diogenes Laertios, 7, 54). Kinder erfahren ihre Umwelt und entwickeln in der Auseinandersetzung mit ihr ein proleptisches Konzept des Raumes, doch erst in der Schule bekommen sie Wissen vom Raum, indem sie die vernünftigen Prinzipien der Geometrie erlernen.
160, 35 – Sophisterei] Vgl. PhG, 105, 13.
161, 15 – Ataraxie] Unerschütterlichkeit, Seelenruhe. Sie ist das Ziel sowohl der stoischen wie der skeptischen Lebensführung. Der Skeptizismus erreicht sie durch Indifferenz gegen alternative Behauptungen, Enthaltung (*epochê*) der Zustimmung. Zur skeptischen Ataraxie verweist Hegel in den VGP II auf Pyrrhon und Sextus Empiricus. (Vgl. VGP II, 370.)
162, 1 – tierisches Leben] Das Wort vom tierischen Leben ist

möglicherweise eine Anspielung auf eine Anekdote über Pyrrho, der während eines Seesturms seinen Gefährten ein ruhig fressendes Schwein als Vorbild der Unerschütterlichkeit gezeigt haben soll. (Vgl. VGP II, 370.)
163, 18 – früher] Vgl. PhG, 150, 23-27.
167, 8 – zuerst] Vgl. PhG, 164, 6-30.
168, 31 – Andacht] Vgl. Eschenmayers Unterscheidung von Erkenntnis einerseits und Andacht andererseits. (*Naturphilosophie*, § 38, 30.)
168, 35 f. – die einzige immanente gegenständliche Weise] Der Begriff ist die einzige immanente gegenständliche Weise, weil das Bewußtsein in ihm sich »unmittelbar« (137, 24) bei sich weiß, während für die Vorstellung gilt, daß das Bewußtsein »erst noch besonders sich zu erinnern hat, daß dies seine Vorstellung sei« (137, 33 f.).
181, 21-23 – Die Kategorie [...] Wesenheit [...] des Seienden] Gemäß der Aristotelischen Kategorienlehre ist die ousia als ›Wesenheit des Seienden‹ die grundlegende Kategorie, alle anderen Kategorien sind nur Bestimmungen der ousia. (Vgl. Aristoteles, *Kategorien* 4; *Topik* I 9; *Zweite Analytik*, I 22; *Metaphysik* XIV 2.) Hegel bezieht sich mit der Bezeichnung der Kategorie als »Wesenheit ... des Seienden« auf die aristotelische Tradition des ousia-Begriffs.
198, 8-10 – teleologische Beziehung [...] äußerlich] Vgl. Kant, KU, § 63: »Die Erfahrung leitet unsere Urtheilskraft auf den Begriff einer objectiven und materialen Zweckmäßigkeit, d. i. auf den Begriff eines Zwecks der Natur nur alsdann, wenn ein Verhältniß der Ursache zur Wirkung zu beurtheilen ist, welches wir als gesetzlich einzusehen uns nur dadurch vermögend finden, daß wir die Idee der Wirkung der Causalität ihrer Ursache, als die dieser selbst zum Grunde liegende Bedingung der Möglichkeit der ersteren, unterlegen. Dieses kann aber auf zwiefache Weise geschehen: entweder indem wir die Wirkung unmittelbar als Kunstwesen, also entweder als Zweck, oder als Mittel zum zweckmäßigen Gebrauche anderer Ursachen, ansehen. Die letztere Zweckmäßigkeit heißt die Nutzbarkeit (für Menschen), oder auch Zuträglichkeit (für jedes andere Geschöpf) und ist bloß relativ, indeß die erstere eine innere Zweckmäßigkeit des Naturwesens ist.« (B 279 f.)
198, 18 f. – sondern fällt ihm außer demselben] Vgl. Kant, KU, § 65-67. Das Prinzip der Beurteilung der inneren Zweckmäßigkeit in organisierten Wesen lautet nach Kant: »Ein organisirtes Product

der Natur ist das, in welchem alles Zweck und wechselseitig auch Mittel ist. Nichts in ihm ist umsonst, zwecklos, oder einem blinden Naturmechanism zuzuschreiben. Dieses Princip ist zwar seiner Veranlassung nach von Erfahrung abzuleiten, nämlich derjenigen, welche methodisch angestellt wird und Beobachtung heißt; der Allgemeinheit und Nothwendigkeit wegen aber, die es von einer solchen Zweckmäßigkeit aussagt, kann es nicht bloß auf Erfahrungsgründen beruhen, sondern muß irgend ein Princip a priori, wenn es gleich bloß regulativ wäre, und jene Zwecke allein in der Idee des Beurtheilenden und nirgend in einer wirkenden Ursache lägen, zum Grunde haben. Man kann daher obgenanntes Princip eine Maxime der Beurtheilung der innern Zweckmäßigkeit organisirter Wesen nennen.« (§ 66, B 295 f.)

206, 25 – Faktoren] Vgl. Schelling, *Erster Entwurf*: »Es ist durch den ganzen Verlauf unsrer Wissenschaft bewiesen worden, daß im synthetischen Begriff der Erregbarkeit die beiden Faktoren der Sensibilität und der Irritabilität vereinigt gedacht werden.« (230 f.; vgl. auch ebd., 217)

237, 6-8 – als zum Beispiel Solon [...] erachtete] Im ersten Buch der *Historien* berichtet Herodot von einer Unterredung zwischen dem lydischen König Kroisos und dem athenischen Staatsmann und Dichter Solon. Hegel spielt hier auf den Ausspruch des in der Antike zu den sieben Weisen gezählten Solon an, daß man von niemandem sagen dürfe, er habe ein gutes Leben geführt (*eudaimôn*), bevor er nicht auch glücklich gestorben sei. Bis dahin dürfe man sich lediglich als vom Schicksal begünstigt (*eutychês*) bezeichnen, da der Neid der Götter ebenso wie die Unsicherheit der menschlichen Verhältnisse stets den Reichtum und die Unversehrtheit bedrohten. Der überaus Reiche und glückliche Kroisos sollte dies am eigenen Leib erfahren: Bei einem Jagdunfall verlor er seinen Sohn, auch verlor er sein Reich an den Perserkönig Kyros. (Vgl. Herodot, *Historien*, die Unterredung mit Solon 1, 30-33, der Jagdunfall 1, 34-45 und der Untergang Lydiens 1, 83-95.)

264, 15 – Substanz] vgl. Hegels Definition des Geistes als »diese absolute Substanz, welche in der vollkommenen Freiheit und Selbständigkeit ihres Gegensatzes, nämlich verschiedener für sich seiender Selbstbewußtsein[e], die Einheit derselben ist; Ich, das Wir, und Wir, das Ich ist« (vgl. PhG, 145).

266, 18-20 – die freie Einheit mit den anderen [...] sie als mich, mich als sie] Vgl. Anm. zu PhG, 264, 15.

266, 26-29 – Die weisesten Männer [...] den Sitten seines Volks gemäß] »Der Pythagoreer Xenophilos habe auf die Frage, wie er bei der Erziehung seines Sohnes besonders gut verfahre, geantwortet: Wenn er in einer wohlgeordneten Stadt geboren würde.« (Vgl. Diogenes Laertios, 8, 16, 1-3.) Die Wohlgeordnetheit des Gemeinwesens als Bedingung für die Möglichkeit der Tugend des Individuums ist in der Antike ein vertrautes Bild. Der Sokrates der *Politeia* Platons betont im dritten Buch den Einfluß der Umgebung auf die Entwicklung der Seelenharmonie der Wächter (376e-403e); die Erziehung ist daher Aufgabe der Gemeinschaft (vgl. u.a. 543a 1-6). Der historische Sokrates des *Kriton* zieht daraus die praktische Konsequenz, daß er um den Preis des eigenen Lebens den Gesetzen der Polis Folge leistet, um diese nicht zu schädigen (vgl. *Kriton*, 51d-53a). Für Aristoteles bedingen das êthos der Gemeinschaft und das der Individuen einander. Er erkennt daher dem Staat die Aufgabe zu, die Erziehung zu gestalten bzw. zu gewährleisten (*Politik* VIII 1, 1337a 11-34; vgl. aber auch das ganze achte Buch der aristotelischen *Politik*).
274, 7-9 – Übergang [...] Verkehrung [...] durch nichts vermittelt] Vgl. Fausts und Mephistopheles' Dialog in: *Faust* I, »Trüber Tag« (nach V, 4398).
275, 4 – Gesetz des Herzens] Vgl. den Haupttext, 152 ff.
276, 25 – Zucht] Zur Bedeutung der Zucht für das Bewußtsein der Tugend vgl. PhG, 283, 30-36.
280, 33-281, 1 – Ordnung [...] von fanatischen Priestern [...] Despoten [...] Elende der betrogenen Menschheit] Hegel könnte in diesem Zusammenhang an die von den französischen Jansenisten in der Auseinandersetzung mit den Jesuiten eingenommene Position denken. Spätestens seit ihrer Verbannung durch Ludwig XIV. neigten die Jansenisten zu der Überzeugung, der König sei ein Despot, der unter dem Einfluß einer korrupten, aus Jesuiten bestehenden Priesterschaft stehe. Vgl. van Kley, 234-237. In diesem Sinne läßt sich die jansenistische Position als Vorläufer der Gesellschaftskritik eines Paul Henry Thiry d'Holbach (1723-1789) ansehen. Vgl. PhG (1988), Anm. 357, 31-358, 16.
282, 23 f. – Bekämpfung aller gegeneinander] Anspielung auf Hobbes' Theorie des Naturzustandes. In *Vom Bürger* wird dieser als »Krieg aller gegen alle«, im *Leviathan* als »Krieg eines jeden gegen jeden« bezeichnet. (Vgl. *Vom Menschen. Vom Bürger*, 83 sowie *Leviathan*, Buch 1, Kap. 13, 104.) Zu Hegels Auseinandersetzung

mit Hobbes vgl. insbesondere die *Philosophie des Geistes* von 1805/06 (JSE III, 214-222).

286, 35 f. – Ritter der Tugend] Anspielung auf Don Quixote.

294, 16-18 – Die Negativität [...] als Bestimmtheit] Diesem Gedanken liegt Spinozas Erkenntnis »determinatio negatio est« zugrunde. Vgl. Anm. zu DS, 27, 8 f.

305, 4 f. – wahrhaft realen Substanz] Vgl. PhG, 311, 13-312, 30. Vgl. auch Anm. 310, 24.

310, 3 f. – wie die Fliegen zu frischer Milch, herbeieilen und dabei geschäftig wissen wollen] Vgl. Homer, Ilias 16. Gesang Z. 641-644, sowie Jonathan Swifts (1667-1745) *Tonnenmärchen* in dem »Exkurs, die Kritiker betreffend«: »Zweitens kann man wahre Kritiker daran erkennnen, daß sie instinktiv um die bedeutendsten Literaten herumschwirren und davon angezogen werden wie Ratten vom besten Käse oder Wespen von den schönsten Früchten.« (Swift, Jonathan, *A Tale of the Tub. Written for the Universal Improvement of Mankind*, London 1704; dt. *Ein Tonnenmärchen. Aufgezeichnet zur allgemeinen Veredelung der Menschheit*, übers, v. Ulrich Horstmann, m. Anm. u. Nachwort vers. v. Herrmann J. Real, Stuttgart 1994, S. 95.)

310, 24 – Tun Aller und Jeder] Vgl. Hegels Charakterisierung der Substanz als »Tun Aller und Jeder« (PhG, 325, 14-18).

315, 34, 36 – formale Allgemeinheit [...] sich nicht widerspreche] Den Hintergrund dieser Überlegungen bildet Kants These, ein vernünftiges Wesen könne »sich seine subjectiv-praktische Principien, d. i. Maximen, entweder gar nicht zugleich als allgemeine Gesetze denken, oder es muß annehmen, daß die bloße Form derselben, nach der jene sich zur allgemeinen Gesetzgebung schikken, sie für sich allein zum praktischen Gesetze mache« (KpV, 27). Zum Verhältnis von gesetzlicher Allgemeinheit und Widerspruchsfreiheit vgl. *Grundlegung*, 424.

318, 5-8 – es soll in Besitz kommen [...] Bedürfnisse des Einzelnen [...] aufbewahrt [...] gebraucht] Hegel bezieht sich auf Rousseau, möglicherweise auch auf Locke. Im *Gesellschaftsvertrag* unterscheidet Rousseau zwischen dem »Recht des ersten Besitzers« und dem auf »Anerkennung« basierenden »Eigentumsrecht« (Buch 1, Kap. 9). Das im Naturzustand geltende Recht des ersten Besitzers ist nach Rousseau daran gebunden, daß »die Größe des in Besitz genommenen Grundstücks« die Bedürfnisse der eigenen Existenz nicht überschreitet (ebd.). Rousseau greift dabei auf Locke zurück, denn nach Locke ist die »Erde und alles was auf ihr ist [...]

den Menschen zum Unterhalt und zum Genuß ihres Daseins gegeben« (*Zwei Abhandlungen*, 2., § 26). Dieses Prinzip enthält für Locke eine Begrenzung der Menge derjenigen Güter, die der einzelne im Naturzustand sich rechtmäßig aneignen darf. Sie müssen verbraucht werden, und es muß anderen genügend übrig bleiben.
318, 32 – anerkennen] Für Hegel ist Eigentum allgemein anerkannter Besitz. Vgl. JSE I, 324-326, sowie insbesondere JSE III, 214-227, bes. 227. Vgl. auch Rousseaus Unterscheidung von »possession« und »propriété« (*Gesellschaftsvertrag*, Buch 1, Kap. 8 f.).
319, 11-14 – Satz des Widerspruchs [...] formelles Kriterium [...] gegen Wahrheit und Unwahrheit ganz gleichgültig] Auch nach Kant betrifft der Satz des Widerspruchs »nur die Form der Wahrheit« bzw. ist er ein »bloß negatives Kriterium aller Wahrheit« (KrV, B 84 u. 190).
322, 16 – Depositum] Hegel bezieht sich auf ein Beispiel Kants. (Vgl. KpV, § 4 Anm., 27 f.)

(BB) Der Geist, VI. Der Geist

329, 15 f. – Eintritt in die [...] Vernunft] Vgl. 264, 10-266, 29.
330, 23 – Familie] Vgl. Hegels Betrachtung der Liebe in der *Philosophie des Geistes* von 1805/06: »Dies Erkennen ist Liebe. Es ist die Bewegung des Schlusses, so daß jedes Extrem vom Ich erfüllt; unmittelbar so im Anderen ist, und nur dies Sein im Anderen vom Ich sich abtrennt und ihm Gegenstand wird. – Es ist nur die Ahndung derselben. Jedes nur als bestimmter Willen, Charakter oder natürliches Individuum, sein ungebildetes natürliches Selbst ist anerkannt.« (JSE III, 210)
332, 19 – das reine Sein, der Tod] Vgl. PhG, 149, 22-29.
334, 29 f. – das obere [...] Gesetz] Vgl. auch Anm. zu PhG, 523, 15-17.
335, 16 – Kriege] Die Bedeutung des Krieges für den Erhalt der sittlichen Gemeinschaft stellen vor allem Hegels frühe Jenaer Schriften heraus. Vgl. z. B. die folgenden, dem WBN entnommenen Überlegungen: »Aber vielmehr muß das sittliche Ganze es [das System des Geistes – L. S.] in dem Gefühl seiner inneren Nichtigkeit erhalten und sein Emporschießen in Beziehung auf die Quantität und die Bildung zu immer größerer Differenz und Ungleichheit, als worauf seine Natur geht, hindern, was auch in jedem Staate – mehr bewußtlos und in der Gestalt einer äußeren Naturnotwendigkeit, der er überhoben zu sein sich selbst wünschte,

durch immer größeren, mit dem Wachstum des Systems des Besitzes wachsenden Aufwand des Staats selbst und demgemäß steigende Auflagen und also Verminderung des Besitzes und Erschwerung des Erwerbens, am meisten durch den Krieg, der, was dahin geht, in mannigfaltige Verwirrung bringt, sowie durch Eifersucht anderer Stände und Bedrückung des Handels, teils mit Willen, teils wider ihren Willen durch Unverstand usw. – bis auf solche Grade bewirkt wird, in welchen die positive Sittlichkeit des Staats selbst die Unabhängigkeit von dem rein reellen Systeme und die Behauptung der negativen und einschränkenden Haltung erlaubt.« (WBN, 483)

335, 21 – ihren Herrn, den Tod] Vgl. PhG, 153, 7f.

335, 35 f. – das unmittelbare Sich-Erkennen] Vgl. Anm. zu PhG, 330, 23.

338, 28 – ursprünglich bestimmte Natur] Vgl. PhG, 294.

340, 31 – Erinnye] Die Erinnyen galten den Griechen als unterirdische Rachegöttinnen. (Vgl. Anm. zu PhG, 537, 27-30.)

343, 8 – oben] Vgl. PhG, 315, 25-319, 15.

344, 5-7 – zufällige Gewalttätigkeit [...] Eigensinn [...] Ungehorsam] Anspielung auf Sophokles' *Antigone*. Antigone, für Hegel die Repräsentantin des göttlichen Gesetzes, sieht in Kreons Herrschaft nur willkürliche Gewaltausübung; umgekehrt wertet Kreon Antigones Verhalten als Ausdruck von Eigensinn.

347, 24-26 – dem Sohne nicht den Vater [...] nicht die Mutter [...] Weibe] Hegel denkt an Ödipus, der unwissentlich seinen Vater tötete und seine Mutter heiratete. Vgl. Sophokles, *König Ödipus*, 457-460, 787-833. (Vgl. auch Anm. 537, 27-30.)

348, 13 – wissentlich, wie Antigone] Vgl. Sophokles, *Antigone*, 446-448.

350, 29 f. – die Brüder finden beide ihren wechselseitigen Untergang durch einander] Hegel denkt an die Söhne des Ödipus, Eteokles und Polyneikes, die im Kampf um die Herrschaft über Theben einander töten. (Vgl. Aischylos, *Sieben gegen Theben*, 631-803.)

350, 33-35 – der auf seiner Seite sich fand [...] der schon auf den Mauern seine Verwüstung aussprach] Eteokles, der König Thebens, fand sich auf der Seite des Gemeinwesens; sein Widersacher Polyneikes war es, der die Stadt Theben verfluchte. (Vgl. Aischylos, *Sieben gegen Theben*, 633 f.)

351, 3 f. – der Ehre [...] beraubt werden] Nach dem Willen Kreons, der nach Eteokles' Tod König von Theben wurde, durfte Polyneikes nicht bestattet werden. (Vgl. Sophokles, *Antigone*, 21-38.)

351, 30f. – deren Altäre die Hunde oder Vögel mit der Leiche besudelten] Gemeint ist der Leichnam des Polyneikes. Vgl. Sophokles, *Antigone*, 1016-1018: »Denn Feuerstätten und Altäre sind uns jetzt / besudelt durch der Vögel und der Hunde Fraß / am Leib von Oidipus' gefallnem Unglückssohn.«

353, 35f. – der tapfere Jüngling] Zur sittlichen Bedeutung der Tapferkeit vgl. auch Hegels SdS, 57-60.

354, 7 – vorhin] Vgl. PhG, 352, 18-25.

356, 22f. – die skeptische Verwirrung des Bewußtseins] Vgl. PhG, 162, 8-163, 2.

357, 5-7 – Besitz [...] Eigentum] Hegel denkt an das römische Privatrecht als Ausdruck der Gleichheit der Individuen als Personen. Vgl. seine späteren *Vorlesungen zur Geschichtsphilosophie*: »Das zweite Moment, welches wir hervorzuheben haben, ist die Bestimmung der Individuen als Personen. Die Individuen waren durchaus gleich (die Sklaverei machte nur einen geringen Unterschied) und ohne irgendein politisches Recht. [...] Das Privatrecht entwickelte und vollendete diese Gleichheit. Das Recht des Eigentums war sonst durch vielfache Unterschiede gebunden, welche sich nun aufgelöst haben. Wir sahen die Römer vom Prinzip der abstrakten Innerlichkeit ausgehen, welche sich nun als Persönlichkeit im Privatrecht realisiert. Das Privatrecht ist nämlich dies, daß die Person als solche gilt, in der Realität, welche sie sich gibt – im Eigentum. Der lebendige Staatskörper und die römische Gesinnung, die als Seele in ihm lebte, ist nun auf die Vereinzelung des toten Privatrechts zurückgebracht. Wie, wenn der physische Körper verwest, jeder Punkt ein eigenes Leben für sich gewinnt, welches aber nur das elende Leben der Würmer ist, so hat sich hier der Staatsorganismus in die Atome der Privatpersonen aufgelöst. Solcher Zustand ist jetzt das römische Leben [...].« (VPG, 383f.)

358, 13-18 – Inbegriff aller wirklichen Mächte [...] ungeheure Ausschweifung] Vgl. VPG, 382: »Die politischen Institutionen waren in der Person des Kaisers vereinigt, kein sittlicher Zusammenhalt war mehr vorhanden, der Wille des Kaisers stand über allem, vor ihm war alles gleich. Die Freigelassenen, welche den Kaiser umgaben, waren oft die Mächtigsten des Reichs; denn die Willkür läßt keinen Unterschied gelten. In dem Individuum des

Imperators ist die partikuläre Subjektivität zur völlig maßlosen Wirklichkeit gekommen. [...] An dem Willen anderer hat sie so wenig eine Schranke, daß vielmehr das Verhältnis von Willen zu Willen das der unbeschränkten Herrschaft und Knechtschaft ist. Soweit die Menschen wissen auf der bekannten Erde, ist kein Wille, der außer dem Willen des Imperators läge.«

359, 3 – nur außer sich] Vgl. Anm. zu PhG, 358, 13-18.

362, 3 f. – das den Begriff erfassende Bewußtsein] Vgl. PhG, 431, 11-441, 10.

362, 19 f. – das unerkennbare absolute Wesen] Vgl. PhG, 425, 32-427, 33.

362, 20 – das Nützliche] Vgl. PhG, 428, 19-431, 10.

362, 28 – in ein anderes Land] Diese Formulierung ist wörtlich zu verstehen, wie Hegel in einem Brief vom 29. April 1814 (Briefe 2, 28 f.) gegenüber Niethammer deutlich macht: »Es sind große Dinge um uns geschehen. Es ist ein ungeheures Schauspiel, ein enormes Genie sich selbst zerstören zu sehen. – Das ist das tragikôtaton, das es gibt. [...] Die ganze Umwälzung habe ich übrigens, wie ich mich rühmen will, vorausgesagt. In meinem Werke (in der Nacht vor der Schlacht von Jena vollendet) sage ich p. 547: ›Die absolute Freiheit (sie ist vorher geschildert; es ist [die] rein abstrakte, formelle der französischen Republik, aus der Aufklärung, wie ich zeigte, hervorgegangen) geht aus ihrer sich selbst zerstörenden Wirklichkeit in ein anderes Land (ich hatte dabei ein Land im Sinne) des selbstbewußten Geistes über, worin sie in dieser Unwirklichkeit als das Wahre gilt, an dessen Gedanken er sich labt, insofern er Gedanke ist und bleibt und dieses in das Selbstbewußtsein eingeschlossene Sein als das vollkommene und vollständige Wesen weiß. Es ist die neue Gestalt des moralischen Geistes vorhanden.‹«

369, 11 – Urteil] Zur Kategorie des Urteils vgl. WL II, 53-89. Vgl. ebenfalls Hegels JSE II, 80-93.

373, 17 – Schlusse] Vgl. WL II, 90-126, sowie JSE II, 94-105.

375, 21-27 – jene Entäußerung [...] eine seiende [...] in dieser Entäußerung sich ebensosehr erhält] Vgl. PhG, 149, 22-150, 10.

376, 20 – Ich ist dieses Ich – aber ebenso allgemeines] Vgl. PhG, 86, 33-87, 15, sowie EPW (1830), § 20 Anm.

379, 3 – ein Gemeintes] Vgl. PhG, 85, 9-14.

380, 24-26 – das edelmütige Bewußtsein [...] gleiche Weise] Vgl. PhG, 372, 6.

385, 5 f. – identische Urteil [...] das unendliche] Vgl. EPW (1830), § 173.
388, 32 – Diogenes] Anspielung auf *Rameaus Neffe*. Diogenes von Sinope (413-327 v. Chr.) verkörpert das Ideal der Ich-Figur des Diderotschen Dialogs. (Vgl. Goethe, *Sämtliche Werke*, Bd. 7, 652 f.)
391, 30-33 – Ansich des tugendhaften Bewußtseins [...] unwirkliches Wesen] Vgl. PhG, 285, 32-286, 11.
391, 35-392, 2 – gesetzgebenden Vernunft [...] gesetzprüfenden Bewußtseins [...] Wirklichkeit] Vgl. PhG, 320, 20-26.
392, 3-5 – das reine Denken [...] Maßstab des abstrakten Guten und Schlechten im Urteilen] Vgl. PhG, 369, 8 ff.
395, 6-18 – für den Glauben [...] ein Geschehen] Vgl. PhG, 556, 22-560, 28.
398, 16 – unendlichen Urteile] Vgl. Anm. zu PhG, 385, 5 f.
401, 1 – die negative Bewegung] Zur »negativen Richtung« der Aufklärung vgl. auch Hegels VGP III, 294-298.
404, 2 – Schlange der Weisheit] Vgl. 4 Mo 21, 8 f.
409, 17 f. – Augen habe und nicht sehe] Vgl. Ps 115, 4-7.
410, 36-411, 9 – solche Zeugnisse und Zufälligkeiten [...] Buchstaben, Papier und Abschreiber [...] im Innern des einzelnen Bewußtseins] Hegel dürfte sich mit diesen Ausführungen auf Gotthold Ephraim Lessing (1729-1781) beziehen, nach dessen Überlegungen die Wahrheit der christlichen Religion nicht durch historische Zeugnisse bewiesen werden kann. Die in den alt- und neutestamentarischen Schriften dargestellten Begebenheiten seien grundsätzlich ungeeignet, »notwendige Vernunftwahrheiten« zu fundieren: »Wenn ich folglich historisch nichts darwider einzuwenden habe, daß Christus einen Toten erweckt: muß ich darum für wahr halten, daß Gott einen Sohn habe, der mit ihm gleiches Wesens sei?« (*Beweis des Geistes und der Kraft*, 12) Nach Lessing bedarf wahre Religiosität nicht des Wortlauts der Bibel: »Der Buchstabe ist nicht der Geist, und die Bibel ist nicht die Religion. [...] Folglich sind Einwürfe gegen den Buchstaben und gegen die Bibel, nicht eben auch Einwürfe gegen den Geist und gegen die Religion.« (*Axiomata*, 136) Vielmehr müßten umgekehrt »alle schriftlichen Überlieferungen« aus »ihrer innern Wahrheit [...] erkläret werden« (ebd., 149).
411, 10-13 – aus dem Geschichtlichen [...] jene Weise von Begründung [...] geben will] Diese Art von Begründung versuchte im 18. Jhd. das orthodoxe Luthertum zu geben. U. a. mit einem seiner

prominentesten Vertreter, dem Baumgarten-Schüler Johann Melchior Goeze (1717-1786), geriet Lessing in heftige Auseinandersetzung, nachdem er 1774 unter dem Titel *Fragmente eines Ungenannten* Teile von Hermann Samuel Reimarus' (1694-1768) deistischem Hauptwerk *Apologie oder Schutzschrift für die vernünftigen Verehrer Gottes* veröffentlicht hatte (sog. Fragmentenstreit). Gegen Lessing (zu dessen Position vgl. Anm. zu PhG, 410, 36-411, 9) fragte Goeze: »Woher aber will er die Erkenntnis der innern Wahrheit der christlichen Religion nehmen, als aus den schriftlichen Überlieferungen, oder aus den Schriften der Evangelisten und Apostel, in der gehörigen Verbindung mit den Schriften des alten Testaments?« (Vgl. Goeze, 28)

411, 36-412, 13 – töricht [...] Genuß und Vergnügen [...] Eigentum [...] erhaben] Vgl. z. B. d'Holbachs Kritik der entsprechenden religiösen Praktiken in: *Théologie portative* (1767), in: *Religionskritische Schriften*, 264 f., 276.

415, 25-29 – bewußte Ding [...] bewußte Tier] Nach Julian Offray de La Mettrie (1709-1751) ist »der Mensch nichts anderes als ein Tier bzw. eine Maschinerie von Triebfedern«, eine These, die La Mettrie vor allem in der Abhandlung *Homme-machine* ausgearbeitet hat (*Der Mensch als Maschine*, 77). Zwar grenzt La Mettrie seine materialistische Position scharf gegen die cartesische Substanzenlehre ab (vgl. etwa ebd., 17 f.), doch knüpft er zugleich an Descartes an, indem er dessen Theorie der Maschinenartigkeit der Tiere auf den Menschen überträgt. Hierauf scheint der Ausdruck ›bewußte[s] Tier‹ anzuspielen.

415, 30 – Vergnügen und Ergötzlichkeit] Nach La Mettrie hat die Natur »uns alle einzig dazu erschaffen, um glücklich zu sein« (*Der Mensch als Maschine*, 59). Mit den Termini ›Vergnügen‹ und ›Ergötzlichkeit‹ dürfte sich Hegel insbesondere auf La Mettries Abhandlung *Die Kunst Wollust zu empfinden* beziehen.

415, 32 – für ihn gepflanzten Garten] Vgl. 1 Mo 2, 8.

415, 33 – Baume der Erkenntnis des Guten und des Bösen] Vgl. 1 Mo 2, 9.

416, 3-8 – die Vernunft ein nützliches Mittel [...] das Maß [...] Vergnügen [...] Mannigfaltigkeit und Dauer] Explizit bestimmt La Mettrie die menschliche Vernunft. Nach seiner Theorie ist sie nichts anderes als ein »naturgegebener Überschuß an Sensibilität und Imagination«. Er betrachtet sie als Mittel, »um klar zu sehen und den wahren Weg der Glückseligkeit zu beschreiten« (*Über das*

Glück, 131). In diesem Sinne kritisiert La Mettrie »Descartes, Malebranche, Leibniz, Wolff usw.«, deren Werke nach seiner Auffassung ohne Nutzen sind, und fordert: »Beginnen wir doch endlich, uns [...] um das zu kümmern, [...] was man denken müßte, um ein befriedigtes Leben führen zu können.« (*Der Mensch als Maschine*, 22) Nach d'Holbach ist die Vernunft das Mittel, »mit Maass und Ziel die natürlichsten Vergnügungen zu genießen, [und] als Uebel alle diejenigen zu erachten, deren Genuss, sei er für sie selber, sei er für die Anderen, traurige Folgen haben würde« (*Sociales System*, 55).
416, 34 f. – das absolute Wesen [...] oder das Leere] Vgl. Robinet, *De la nature*.
420, 9 f. – in seinen Wegen unerforschlich] Vgl. Rö 11, 33.
423, 32-36 – Der Glaube [...] dasselbe geworden, was die Aufklärung [...] Absolute] Vgl. PhG, 414, 25-415, 16.
428, 18 – die Nützlichkeit] Vgl. PhG, 415, 17-416, 30.
428, 25 f. – wie wir sahen] Vgl. PhG, 397, 8-398, 28.
450, 3 – aus Gnade] Hegel bezieht sich auf Kants Unterscheidung zwischen Verdienst der Werke und dem »Verdienst, das uns aus Gnaden zugerechnet wird« (vgl. Kant, *Die Religion*, 75).
454, 6 – Voraussetzung [...] wirkliches moralisches Bewußtsein] Vgl. PhG, 443, 21.
469, 18 f. – Gesetz, das um des Selbsts willen, nicht um dessen willen das Selbst ist] Hegel nimmt eine Formulierung Jacobis auf. Vgl. *Jacobi an Fichte*, 37 f.: »Ja, ich bin der Atheist und Gottlose, der, dem Willen der Nichts will zuwider – lügen will [...]. Ja, Aehren ausraufen am Sabbath, auch nur darum, weil mich hungert, und das Gesetz um des Menschen willen gemacht ist, nicht der Mensch um des Gesetzes willen.« Jacobi selbst bezieht sich auf Mk 2, 27.
469, 27 – absolutes Wesen zu sein] Vgl. PhG, 442, 29 f.
470, 23 – in der Überzeugung des Gewissens von ihr] Fichtes Sittenlehre: »Handle stets nach bester Überzeugung von deiner Pflicht; oder: handle nach deinem Gewissen.« (156)
470, 25 – Anerkanntsein] Zum Begriff der Anerkennung vgl. Fichte, *Naturrecht*, § 4, 41-56.
471, 2 f. – das Aussprechen der Individualität das Anundfürsich] Vgl. PhG, 292-293, 3.
471, 5 – das ehrliche Bewußtsein] Vgl. PhG, 305, 25-307, 7.
473, 22 f. – Prüfen der Gesetze] Vgl. PhG, 317, 19-319, 15.
478, 33-479, 6 – Sprache [...] das zum Selbst gewordene Dasein] Vgl. PhG, 376, 1-34.

484, 7 – schöne Seele] Mit diesem Begriff dürfte Hegel in erster Linie auf Jacobis *Woldemar*, 14, 28, 312, 375 u. 419, vielleicht auch auf Goethes *Wilhelm Meisters Lehrjahre*, 6. Buch, Bezug nehmen. (Vgl. auch den Haupttext, 214)

(CC) Die Religion, VII. Die Religion

495, 12-15 – Bewußtsein des Übersinnlichen oder Inneren [...] das [...] Ewige [...] ist selbstlos] Vgl. PhG, 116, 3-118, 24.
495, 20-23 – Schmerz des Geistes [...] ein Jenseits desselben] Vgl. PhG, 176, 15-177, 16.
495, 23 f. – Das unmittelbare Dasein der Vernunft] Vgl. PhG, 178-185, 24.
495, 30 f. – Nacht des Schicksals [...] Eumenide des abgeschiedenen Geistes] Vgl. PhG, 340, 26-34; 347, 10-349, 22 u. 351, 5-352, 2.
496, 3 f. – dieser einzelne Schatten] Vgl. PhG, 352, 17.
496, 17-20 – Dieses Reich des Glaubens [...] Religion der Aufklärung] Vgl. PhG, 391-424.
496, 21 – das übersinnliche Jenseits des Verstandes] Vgl. Anm. zu PhG, 496, 17-20.
496, 22-24 – diesseits befriedigt [...] das leere [...] Jenseits weder als Selbst noch als Macht] Vgl. PhG, 423, 18-424, 1.
497, 3 – Gewissen] Vgl. PhG, 464-495.

A. Die natürliche Religion

503, 17 f. – sein reiner Begriff] Vgl. PhG, 496, 34-498, 13.
505, 13 – Lichtwesen] Hegel sieht den Gedanken, daß Gott Licht sei, insgesamt als zentral für die »orientalischen« Religionen an (vgl. VPR-T. 2, 12, 17). In der *Phänomenologie* scheint er besonders die jüdische und die altpersische Religion im Blick zu haben. (Nach Jaeschke, *Vernunft*, 209 ff., mit vielen Belegen, ist dagegen in der PhG allein die alttestamentarisch-jüdische Religion gemeint). In der altpersischen Religion herrscht Ahuro Mazda (Ormuzd), Gott der von Zoroaster gestifteten Religion der Parsen, in einem Reich, das im Unterschied zur irdischen Welt als sonnenhaft hell verstanden wird. Im Manuskript seiner Vorlesung von 1821 nennt Hegel den Kultus der persischen Religion ein »Leben im Lichtreich, im Guten« (V 4a, 17). Hegels Kenntnis dieser Religion dürfte sich in erster Linie auf das Studium der von Abraham Hyacinthe Anque-

til-Duperron (1731-1805) übersetzen Zend-Awesta, der heiligen Texte der Parsen, stützen (vgl. VPR I, 402). Zu Hegels Berliner Beschäftigung mit den Zend-Avesta vgl. auch Bonsiepen, *Altpersische Lichtreligion*.

506, 4 f. – Form des Herrn] Die Herrschaft ist seit den Frankfurter Schriften eines der wesentlichen Kennzeichen des alttestamentarischen Gottes für Hegel. Aber auch für den Gott Zoroasters ist der Begriff kennzeichnend: »Ahuro Mazda« heißt wörtlich »Herr der Weisheit«. (*Paulys Realenzyklopädie*, Reihe 2, Bd. 10, A (Halbbd. 19), Sp. 774-784.)

506, 15 – Lichtgüsse] In der Vorlesung von 1824 spricht Hegel mit Bezug auf den biblischen Schöpfungsbericht und Ps 104, 2 von der »unendlichen Ausgießung des Lichts« (VPR-T. 2, 333).

506, 17 – Feuerströme] Hegel bezieht sich vielleicht auf die Verehrung des heiligen Feuers bei den Zoroastriern. Vgl. *Vorlesungen über die Ästhetik*: »Die Religion Zoroasters nämlich sieht das Licht in seiner natürlichen Existenz, die Sonne, Gestirne, das Feuer in seinem Leuchten und Flammen als das Absolute an.« (VÄ I, 420) In der Religionsphilosophie differenziert Hegel deutlicher: »Man hat die Parsen auch Feueranbeter genannt; dies ist insofern unrichtig, als die Parsen ihre Verehrung nicht an das Feuer als das verzehrende, materielle wenden, sondern nur an das Feuer als Licht, welches als die Wahrheit des Materiellen zur Erscheinung kommt.« (VPR I, 402) In Hegels eigener Naturphilosophie ist das Licht das »abstrakte Selbst der Materie« (EPW (1830), § 276).

506, 33 – Boten seiner Macht] In seinem Manuskript zur Religionsphilosophie-Vorlesung von 1821 heißt es vom Gott Israels: »Natürliche Dinge sind nur Attribute, Akzidenzien, sein Schmuck, seine Diener und Boten.« (VPR-T. 2, 42)

507, 32 f. – in ihrem Hasse sich auf den Tod bekämpfen] Offenbar Anspielung auf die Kämpfe ägyptischer Stämme bzw. »Distrikte«. (Vgl. o. den Haupttext, 226, sowie VPR-T. 2, 528.) Hegel nennt den ägyptischen Tierkult auch wiederholt »gehässig« (ebd.).

508, 24 – Werkmeister]: Der Begriff taucht im Alten Testament wiederholt auf und wird von Novalis in den *Lehrlingen zu Sais* gebraucht. (Vgl. Jaeschke, *Vernunft*, 209.) In diesem Abschnitt geht es um die ägyptische Religion und Kultur. Nach dem Rückblick auf Seite 513 könnten aber auch noch Elemente der indischen Religion (Kastenwesen) eine Rolle spielen. (Vgl. Anm. zu PhG, 512, 30.)

509, 4 f. – als einen fremden, abgeschiedenen Geist] Gemeint sind die in den Pyramiden beigesetzten Pharaonen. (Vgl. VÄ I, 458-460.)

509, 9 f. – das aufgehende Licht] Hegel denkt an die ägyptischen Obelisken, die als Symbol des Sonnengottes Amun-Re verehrt wurden. Ein sich nach oben verjüngender Pfeiler mit in der Regel vergoldeter Spitze, galt der Obelisk den Ägyptern als Nachbildung eines bis zur Erde reichenden Sonnenstrahls. Sein kultischer Ursprung dürfte in einem Steinhügel (Benben) in Heliopolis, dem Wohnsitz des Sonnengottes, liegen. Vgl. auch Hegels *Vorlesungen über Ästhetik*. (Vgl. VÄ II, 281.)

510, 23 – Tiergestalt] Vgl. o. den Haupttext, 225, sowie die *Vorlesungen zur Religionsphilosophie* (VPR I, 433 f.) und die *Vorlesungen zur Ästhetik* (VÄ I, 460 f.).

510, 28 – Hieroglyphe] Doppelte Anspielung: Das Tierbildnis der Ägypter ist eine Hieroglyphe des Göttlichen, zugleich ist die Erfindung der Hieroglyphenschrift die Möglichkeit, ein Bild als festes Symbol einer gedanklichen Bedeutung zu gebrauchen.

511, 3 f. – der aufgehenden Sonne bedarf, um Ton zu haben] Hegel denkt an die sog. Memnon-Kolosse, zwei von Amenophis III. geschaffene Sitzfiguren im westlichen Theben. Sie sind das berühmteste Zeugnis der in der Ptolemäer-Zeit in Theben und Abydos verbreiteten Verehrung des nach griechischer Sage vor Troja gefallenen äthiopischen Königs Memnon. Seit er bei einem Erdbeben beschädigt worden war, tönte der nördliche der beiden knapp 20 Meter hohen Kolosse bei Sonnenaufgang, ein Phänomen, das vermutlich auf durch Temperaturwechsel verursachtes Abspringen von Gesteinsstückchen zurückzuführen ist. Dieses Tönen wurde als Gesang Memnons zur Begrüßung seiner Mutter Eos gedeutet. Vgl. *Paulys Realencyclopädie*, Reihe 1, Bd. 17, 2 (Halbbd. 34), Sp. 1705-1714. Vgl. auch Hegels auf Herodot Bezug nehmende Ausführungen in den VÄ I, 461 f.

511, 12 f. – der schwarze formlose Stein] Der schwarze Stein, von dem an dieser Stelle die Rede ist, befindet sich im sogenannten »Schwarzen Pfeiler« der Ka'ba, einem würfelförmigen Gebäude im Hof der großen Moschee in Mekka.

511, 25 f. – diese zweideutigen sich selbst rätselhaften Wesen] Sie sind die ägyptischen Sphinxgestalten, für Hegel das Symbol einer ihrerseits symbolischen Kunst. In den späteren *Vorlesungen über Ästhetik* hat Hegel die Sphinx als Schlüssel zum Verständnis der gesamten ägyptischen Kultur aufgefaßt: »Das vollständige Beispiel aber für die Durcharbeitung der symbolischen Kunst, sowohl ihrem eigentümlichen Inhalte als ihrer Form nach, haben wir in Ägypten aufzusuchen. Ägypten ist das Land des Symbols, das sich die geistige Aufgabe der Selbstentzifferung des Geistes stellt, ohne zu der Entzifferung wirklich hinzugelangen. [...] Die Werke der ägyptischen Kunst in ihrer geheimnisvollen Symbolik sind deshalb Rätsel, das objektive Rätsel selbst. Als Symbol für diese eigentliche Bedeutung des ägyptischen Geistes können wir die Sphinx bezeichnen. Sie ist das Symbol gleichsam des Symbolischen selber.« (VÄ I, 456f., 465)

B. Die Kunstreligion

512, 30 – Unterjochung derselben zu Kasten] Hier scheint die indische Kultur gemeint zu sein, die dann für Hegel in der sozialen Organisation Gemeinsamkeiten mit der ägyptischen aufwiese.
513, 15f. – Verteilung in die Massen der Stände und ihres besonderen Tuns] Hegel könnte an die Ständelehre der platonischen *Politeia* denken, deren Gerechtigkeitsidee des »das Seinige tun« auf seine Jenaer Philosophie der Sittlichkeit eine große Wirkung hatte.
513, 29 – Leichtsinn des sittlichen Geistes] Hegel parallelisiert offenbar die Zerstörung der naiven Polis-Sittlichkeit durch den Sokratischen »Individualismus« mit der Komödie bzw. dem Satyrspiel.
514, 18 – Geist über die Kunst hinaus] In Hegels enzyklopädischem System ist die Kunst die erste Gestalt des absoluten Geistes, auf die zunächst die Religion und schließlich die Philosophie als Abschluß des Systems folgen. In seiner Ästhetik sieht Hegel die romantische Kunst als historischen Abschluß der genuinen Aufgabe der Kunst, das Absolute zu versinnlichen: »Doch gerade auf dieser höchsten Stufe steigt nun die Kunst über sich selbst hinaus, insofern sie das Element versöhnter Versinnlichung des Geistes verläßt und aus der Poesie der Vorstellung in die Prosa des Denkens hinübertritt.« (VÄ I, 123)
514, 32 – die Nacht [...] verraten ward] Hegel spielt hier auf den Verrat des Judas an. (Vgl. Mt 26, 22-25.) Im folgenden wiederholt er seine Deutung der Parallele zwischen Sokrates und Jesus: Sokrates ist das Individuum, das gegen die naive griechische Sittlichkeit die

»negative Macht« des Gewissens geltend macht; Jesus das Individuum, in dem der absolute Geist sich mit seiner endlichen Einzelheit versöhnt hat (»Individuum, das er sich zum Gefäß seines Schmerzens erwählt«). (Vgl. o. den Haupttext, 186) Die in Hegels Zeit nicht unübliche Parallelle zwischen Sokrates und Jesus findet sich bereits in seinen Berner Schriften.

515, 19 – im Kultus] Vgl. PhG, 521, 18.

515, 26-29 – Einzelnheit [...] Gestalt des Selbsts [...] Allgemeinheit [...] seine Umgebung und Behausung] Thematisiert wird die griechische Tempelstatue.

516, 5 – die Beseelung des Organischen] Im Unterschied zu den ägyptischen Monumentalbauten zeichnet sich für Hegel der griechische Tempel durch die Harmonie des Ganzen und seiner Teile aus. Hierin besteht seine – dem Organischen vergleichbare – Beseelung, die ihn zu einer Verkörperung des klassischen Ideals macht: »Vor allem aber scheint der Grundzug des Ganzen und seiner einfachen Besonderheiten aufs klarste durch alles und jedes hindurch und bewältigt die Individualität der Gestaltung ganz ebenso, wie in dem klassischen Ideal die allgemeine Substanz das Zufällige und Partikuläre, worin dieselbe ihre Lebendigkeit erhält, zu beherrschen und mit sich in Einklang zu bringen mächtig bleibt.« (VÄ II, 319; zum »klassischen Ideal« vgl. ebd., 13-33.)

516, 31-33 – Das wüste Wesen [...] das unsittliche Reich der Titanen, ist besiegt] Anspielung auf die *Theogonie* des Hesiod. Die Bedeutung der Zurückweisung der alten Götter, des Sturzes der Titanen für die Bildung des klassischen Kunstverständnisses betonen auch die VÄ II. (Vgl. 46-64.)

516, 31-33 – an den Saum der sich klar gewordenen Wirklichkeit [...] verwiesen] Anspielung auf Okeanos.

517, 18 – Substanz] Zur Substantialität der griechischen Skulptur vgl. VÄ II, 362-374. Die folgende Darstellung des Verhältnisses des klassischen Bildhauers zu seinem Kunstwerk und seinem Volk ist zu vergleichen mit dem Abschnitt über das »geistige Tierreich«, in dem die (romantische) Subjektivität nicht zu einer Synthese von allgemeiner Bedeutung, subjektiver Intention und Rezeption kommen kann. (Vgl. PhG, 294, 3.)

520, 24-28 – von den Vögeln [...] Bäumen [...] der gärenden Erde [...] Besonnenheit [...] Würfeln] Hegel dürfte sich in erster Linie auf die in Dodona und Delphi praktizierten Formen der Weissa-

gung beziehen. Dodona, Stätte des nach heutigen Kenntnissen ältesten griechischen Orakels, war dem Zeus geweiht, dessen Wille sich nach damals verbreiteter Auffassung u. a. im Rauschen der Bäume offenbarte. Die sprechende Eiche ist so zum Symbol des Orakels von Dodona geworden. »Von den Vögeln« mag sich auf zwei Tauben beziehen, die im Zusammenhang mit dem Orakel von Dodona bezeugt sind; unklar ist jedoch, ob hiermit tatsächlich geheiligte Tiere oder nicht eher Priesterinnen gemeint waren, die das Rauschen der Blätter deuteten und den Menschen Zeus' Willen kundtaten. In Delphi war es eine auf einem Dreifuß thronende Priesterin, die Pythia, die im Zustand der Verzückung Weissagungen äußerte, welche von Propheten in die Form von Orakelsprüchen gebracht wurden. Der Überlieferung zufolge befand sich der Dreifuß über einer Erdspalte, aus der Dämpfe emporstiegen. Vor jeder Orakelerteilung kaute die Pythia Gerste, trank Wasser aus einer heiligen Quelle und atmete die Dämpfe brennender Lorbeerblätter ein. Der Aspekt des Orgiastischen dieser Zeremonie erklärt sich ohne Zweifel durch den Einfluß des Dionysos, der ursprünglich nur in Thrakien Orakelgott war. Vor der Aufnahme Dionysos' in Griechenland wurde in Delphi nämlich allein die »apollinische« Form der Weissagung, das Losorakel in seinen verschiedenen Formen (»Würfeln«), praktiziert. (Vgl. Delcourt, 70-108.)
520, 36-521, 2 – Orakel oder Los [...] sittliche Gesinnung der Gleichgültigkeit gegen das Zufällige] Hegel erklärt den Stellenwert sowohl der Orakelbefragung als auch des Losverfahrens im privaten und politischen Leben Athens aus der Struktur des sittlichen Geistes. Dieser wisse zwar seinen allgemeinen Inhalt als seine eigenen grundlegenden Überzeugungen, lasse sich jedoch in besonderen Fragen von ihm fremden Orakelweisungen und Losentscheiden leiten; hierin dokumentiert sich nach Hegels Verständnis seine »sittliche Gesinnung der Gleichgültigkeit gegen das Zufällige«. Daß die Orakelbefragung in der Tat aufs Besondere abzielte, mag daran ersehen werden, daß viele der vorgelegten Fragen die Form einer Alternative besaßen, von der die Antwort eine Möglichkeit auszeichnen sollte. Analog gilt vom Losverfahren, daß es im politischen Leben Athens nur im Rahmen allgemeiner Institutionen zum Tragen kam (vgl. Delcourt, 78 f.). Historisch entspricht dem von Hegel festgestellten Zusammenhang von »Orakel« und »Los«, daß gerade im 5. Jh. v. Chr., also zu einer Zeit, als jeder wichtigen politischen Entscheidung die Befragung des Orakels

vorausging, die Bedeutung des Losverfahrens in Athen stark zunahm. (Vgl. Bengtson.)

522, 5-8 – mit weißen Kleidern [...] Arbeiten, Strafen und Belohnungen [...] Bildung] Hegel dürfte an den Bund der Pythagoreer denken, der sich in der ersten Hälfte des 5. Jh. v. Chr. in Unteritalien bildete. Die Mitglieder dieses Bundes führten ein äußerst streng geregeltes Leben; äußerlich waren sie an ihren weißen Leinengewändern zu erkennen. Wer in die Gemeinschaft der Pythagoreer aufgenommen werden wollte, mußte sich einer – auch körperlichen – Prüfung sowie einem insgesamt achtjährigen Noviziat unterziehen, das der Feststellung seiner philosophischen Eignung galt. (Vgl. *Paulys Realencyclopädie*, Reihe 1, Bd. 24, 1 (Halbbd. 47), Sp. 210-225.)

522, 9f. – die Wohnungen und die Gemeinschaft der Seligkeit] Möglicherweise eine Anspielung auf die von den Pythagoreern praktizierte Gütergemeinschaft.

523, 14f. – Ceres und Bacchus] Römische Bezeichnungen der attischen Gottheiten der Fruchtbarkeit und des berauschenden Weines, Demeter und Dionysos.

523, 13-15 – die Früchte [...] sind die lebendige Ceres und Bacchus selbst] Sextus Empiricus berichtet: »Prodikos von Keos (ca. 490-410 v. Chr.) sagt: ›Die Sonne, den Mond, Flüsse, Quellen und überhaupt alles, was in unserem Leben von Nutzen ist, bezeichneten die Alten wegen des von ihnen ausgehenden Nutzens als Götter, ganz so wie die Ägypter den Nil‹, und daß deswegen das Brot Demeter genannt werde, der Wein Dionysos, das Wasser Poseidon, das Feuer Hephaistos und daher alles, was Nutzen bringt.« (*Adversus Mathematicos*, 9.18.; vgl. Diels/Kranz (Hg.), Bd. 2, Prodikos, B 5, 317, mit weiteren Belegstellen.) Vgl. Cicero, *De natura deorum*, 1, 101 und bes. 1, 118f., der ebenfalls diese These des Sophisten und Zeitgenossen Platons (vgl. *Protagoras*, 315c 8-316a 2) erwähnt, und Euripides, *Bacchae*, 274-284. Euripides (485/84-406 v. Chr.) ergänzt die These, daß Gegenstände aufgrund ihrer segensreichen Wirkung als Götter bezeichnet werden, durch eine medizinische Konkretisierung des »Nutzens«, der Götterpersönlichkeiten mit bestimmten Dingen verbindet: »Junger Mann, zwei Dinge zählen für die Menschen zu den ersten: die Göttin Demeter – sie ist zwar die Erde, nenn' sie jedoch, wie du willst. Sie nährt die Sterblichen durch Trockenes. Er aber, der danach kam, der Sproß der Semele entdeckte als Gegengewicht den feuchten Trank des Weins und brachte ihn den Sterblichen. Der Trank befreit geplagte Menschen von ihrem Schmerz, immer wenn sie angefüllt werden mit dem Fluß des Weins, und gewährt den Schlaf als ein Vergessen der alltäglichen Übel; kein anderes Heilmittel gegen die Mühen gibt es.« (Übers. A. V.) Das »Trockene« und das »Feuchte« sind nun einerseits in kosmologischer Hinsicht (neben dem »Warmen« und »Kalten«) Grundqualitäten der Elemente des Kosmos (Feuer, Erde, Luft und Wasser); andererseits ist Gesundheit nach antiken medizinischen Theorien ein individuelles Mischungsverhältnis aus den elementaren Grundqualitäten (trokken, feucht, warm und kalt), das durch richtige Ernährung und Lebensgewohnheiten erreicht wird. (Vgl. Galen, *De consuetudinibus* u. Celsus, *De medicina*.) Die Prinzipien des Kosmos und die Prinzipien der Gesundheit stehen also in einer Beziehung zueinander, die durch die Identifizierung eines Gottes mit bestimmten Dingen zum Ausdruck gebracht wird. – Dieser frühgriechischen Vergöttlichung des Nützlichen steht die Säkularisierung der Welt im Nützlichkeitsdenken der europäischen Aufklärung gegenüber, mit der sich Hegels Aufklärungskritik auseinandersetzt. (Vgl. o. den Haupttext, 200.)

523, 15-17 – die Mächte des oberen Rechts [...] des unteren Rechts] Die »Mächte des oberen Rechts« sind die uranischen Götter, insbesondere Apoll, der Beschützer des Rechts und der sittlichen Ordnung; sie gehen mit der im Kult vollzogenen Auflösung der Institution des Eigentums sowie der Preisgabe jeder Form der persönlichen Haftung zugrunde. (Vgl. PhG, 523, 4-11.) Demgegenüber ist Demeter, Förderin der Fruchtbarkeit der Erde, aus dem Kreis der chthonischen Gottheiten nicht zu lösen, und Dionysos steht als Gott des Rausches und der Ekstase in genauem Gegensatz zu der von Apoll verkörperten Ordnung. Zu den Mächten des oberen und unteren Rechts siehe auch Hegels Interpretation des »menschlichen und göttlichen Rechts«, vgl. PhG, 328-342.

523, 16-18 – welches Blut und wirkliches Leben hat [...] das blutlos die geheime listige Macht besitzt] Vgl. Hegels Ausführungen zur »sittlichen Welt« und zur »sittlichen Handlung« PhG, 327-352. Zum Begriff der List vgl. auch Hegels Jenaer *Philosophie des Geistes* von 1805/06. (JSE III, 206-208.)

524, 1 f. – Zerstörung des Unbrauchbaren] Hegel spielt auf die verbreitete Opferpraxis an, nur die Eingeweide des Opfertieres auf dem Altar zu verbrennen, die eßbaren Teile dagegen zum Gegenstand eines Opfermahls zu machen. Vgl. *Paulys Realencyclopädie*, Reihe 1, Bd. 28, 1 (Halbbd. 35), Sp. 613-619.

524, 18 f. – die Wohnung [...] des Gottes ihm zu Ehren hervorbringt] Der älteste Dionysos-Tempel in Athen datiert aus der Zeit Peisistratos'; gegen Ende des 5. Jahrhunderts v. Chr. wurde ein weiterer Tempel im heiligen Bezirk des Dionysos errichtet. Vgl. *Paulys Realencyclopädie*, Reihe 1, Bd. 5, 1 (Halbbd. 9), Sp. 1022.

524, 28 f. – gegen die erste der Entäußerung und der fremden Ehre] Vgl. PhG, 518, 5-20.

525, 26 – die sich selbst in ihrer Tiefe wissende] Vgl. PhG, 522, 1 ff.

526, 9-11 – das Wesen des Aufgangs [...] seinen Untergang, das Selbstbewußtsein] Die reine Substanz, die als Lichtwesen im Osten aufgeht, geht im Westen im Selbstbewußtsein unter. (Vgl. PhG, 506, 24-28.)

526, 24-26 – zum weiblichen Prinzipe der Ernährung [...] zum männlichen Prinzipe der sich treibenden Kraft] Gemeint sind Demeter und Dionysos. (Vgl. o. Anm. zu 523, 13-15.)

527, 21 f. – ein Haufen schwärmender Weiber] In Athen wurden zu Ehren Demeters und Dionysos' Mysterien gefeiert, die Thesmophorien und Dionysien. Der Dionysos-Kult wurde zunächst vor allem von Frauen begangen. Er bestand in Thrakien, der Heimat des Dionysos, sowie in weiten Teilen Griechenlands aus orgiastischen Bergfeiern. In Athen, wo Dionysos im engeren Sinne als Gott des Weines galt, wurde alljährlich im Rahmen der großen Dionysien ein »kôsmos« aufgeführt, ein bacchischer Festzug und ausschweifendes Weingelage. Nach Euripides, auf den sich Hegel an dieser Stelle beziehen mag, folgte Dionysos ein Schwarm von Bakchen. (Vgl. *Paulys Realencyclopädie*, Reihe 1, Bd. 5, 1 (Halbbd. 9), Sp. 1024.)

527, 29 – der eigentlich oberen Götter] Vgl. Anm. zu PhG, 523, 15-18.

528, 7-9 – Ein solcher Kultus ist das Fest [...] legt] Hegel bezieht sich auf die Olympischen Spiele, deren Anfänge in der mythischen Zeit liegen dürften. Als ihren Begründer weisen einige Quellen Herakles, andere Pelops aus. Waren sie vermutlich zunächst auf eine Disziplin, den Wettlauf, beschränkt, so wurden nach und nach auch Wettkämpfe im Ringen, Fünfkampf, Boxen, Wagenrennen und im Pankration ausgetragen. Doch waren die Olympischen Spiele nicht nur ein sportliches Fest, sondern ein im umfassenden

Sinne kulturelles Ereignis. Bildenden Künstlern und Literaten bot sich in Olympia die Gelegenheit, ihre Werke vorzustellen, und politische Verträge wurden im Rahmen der Festlichkeiten öffentlich bekanntgemacht. Die wichtigsten kultischen Handlungen galten dem olympischen Zeus, in dessen heiligem Bezirk sich das Stadion befand. (Vgl. *Paulys Realencyclopädie*, Reihe 1, Bd. 17, 2 (Halbbd. 34), Sp. 2520-2527, u. Bd. 18, 1 (Halbbd. 35), Sp. 40-45.)

528, 19 – Fackelträger] Möglicherweise spielt Hegel auf den Fackelzug an, mit dem von 420 v. Chr. an alljährlich die Vorbereitung der in Athen gefeierten großen Dionysien abgeschlossen wurde. Der heilige Bezirk des Dionysos Eleuthereus, dem zu Ehren dieses Fest begangen wurde, befand sich am Südhang der Akropolis. Am Vorabend der großen Dionysien wurde das Kultbild Dionysos', das zuvor in einen kleinen Tempel nahe der Akademie gebracht worden war, in einer Fackelscheinprozession durch die Stadt zum Südhang der Akropolis zurückgetragen. Diese Zeremonie sollte den Athenern in Erinnerung rufen, daß Dionysos aus Eleutherai stammte. (Vgl. *Paulys Realencyclopädie*, Reihe 1, Bd. 5, 1 (Halbbd. 9), Sp. 1022 f.)

528, 20 – Einer aus ihnen] Hegel bezieht sich auf die Anfänge der historisch bezeugten Olympischen Spiele (seit 776 v. Chr.), in deren Rahmen nur eine sportliche Veranstaltung, nämlich der Wettlauf, ausgetragen wurde. (Vgl. Anm. zu PhG, 528, 7-9.)

528, 23-27 – der Schmuck [...] als Preis seiner Kraft [...] die Ehre [...] zuteil wird] Die Sieger der olympischen Wettkämpfe (Olympioniken) erhielten einen Zweig eines wilden Ölbaums, und in ihrer Heimat erwarteten sie in aller Regel reiche Geschenke und hohe Auszeichnungen.

529, 19-24 – Entäußerung zur völligen Körperlichkeit [...] Allgemeinheit seines menschlichen Daseins] In der Tat scheinen die Olympischen Spiele zur Ausbildung eines gesamtgriechischen Bewußtseins beigetragen zu haben, wenngleich dieser Einfluß, der politisch weitgehend folgenlos blieb, heute zurückhaltender beurteilt wird als noch im 19. Jh. Daß die Olympischen Spiele ein die Griechen einendes Fest waren, zeigt sich daran, daß an ihnen nicht nur Sportler aus dem Mutterland, sondern auch aus den Kolonien teilnahmen. In kultureller Hinsicht dürften die Spiele der Stärkung einer gemeinsamen Identität gedient haben. (Vgl. Anm. zu PhG, 528, 7-9.)

529, 34-530, 1 – zu einer gemeinschaftlichen Unternehmung verbindet] Hegel bezieht sich im folgenden auf den Trojanischen Krieg, der als gemeinsames »Werk« die griechischen Stämme eint. Die Schilderung dieses Unternehmens im Homerischen Epos, der *Ilias* und *Odyssee* (vgl. 531, 3 ff.), führen zu einer gemeinsamen Sprache und Mythologie (»Gesamthimmel«).

530, 2-18 – Diese Allgemeinheit [...] In der Vereinigung [...] Versammlung der Individualitäten [...] selbstbewußten Anteils an Willen und Tat des Ganzen] Vor Troja ist die griechische Nation nur eine Versammlung von Völkerschaften und ihren heroischen Führern. Nach den späteren *Vorlesungen über Ästhetik* beruht die »individuelle Selbständigkeit« der »Heroenzeit« darauf, daß der sittliche Inhalt, das Allgemeine, nur im Handeln des Einzelnen geltend gemacht werden kann. (Vgl. VÄ II, 236-250.) Die Handlung der sittlichen Individualitäten, der griechischen Volksstämme und ihrer Helden, ist zwar eine »gemeinsame«, aber sie ist nicht der »Herrschaft des abstrakten Gedankens«, d.h. den Gesetzen und der »bleibenden Ordnung« eines Staates, unterworfen. Hegel antizipiert indessen schon die klassische Polis, wenn er diesen Staat durch das »unmittelbare Vertrauen der Einzelnen zu dem Ganzen ihres Volkes« und durch die demokratische Partizipation an den »Entschlüssen und Handlungen der Regierung« charakterisiert.

530, 20 f. – Oberbefehl [...] Oberherrschaft] Ein Befehl kann verweigert werden; er setzt also die Selbständigkeit des Adressaten voraus. Selbständig waren nicht nur die griechischen Volksstämme, die unter dem Oberbefehl Agamemnons gegen die Trojaner kämpften (vgl. Anm. zu PhG, 529, 34-530, 1), sondern auch die griechischen Götter, die demnach eher unter dem »Oberbefehl« als unter der »Oberherrschaft« Zeus', des »Vaters der Götter und Menschen«, standen.

530, 36-531, 1 – Begriff [...] Vorstellung] Vgl. PhG, 156, 12-29. In seinen Berliner *Vorlesungen zur Philosophie der Geschichte* spricht Hegel den »ursprünglichen Geschichtsschreibern Herodot und Thukydides die Funktion zu, »was äußerlich vorhanden war, in das Reich der geistigen Vorstellung« übertragen und dadurch erst ein gemeinsames Bewußtsein und Gedächtnis der Völker erzeugt zu haben (VPG, 11 f.). Hier in der Phänomenologie erfüllt der epische Dichter (»Sänger«) Homer diese Funktion.

531, 3 f. – die erste Sprache, das Epos als solches] Hegel stellt eine Verbindung zwischen der gesprochenen Sprache und der epischen

Dichtung her: »eipein« ist eine der Aoristformen des griechischen Verbs »legein« – »reden«, »sprechen«.

531, 9 – Mnemosyne] (grch.) »Erinnerung«. In der griechischen Mythologie war Mnemosyne die Personifizierung der Erinnerung. Tochter des Uranos und der Gaia, wurde sie durch Zeus zur Mutter der Musen. Mit der Erinnerung an die gemeinsame Vergangenheit »erzeugt« der Sänger Homer erst die »Welt« der historischen Ereignisse und verbindet sie mit der »Götterwelt«. (Vgl. o. Anm. zu PhG, 530, 36-531, 1.)

531, 16-19 – Mitte [...] Helden [...] einzelne Menschen [...] zugleich allgemeine, wie [...] die Götter] Wortspiel: »Held« ist die deutsche Übersetzung des griechischen »*hêrôs*«, das ursprünglich der Bezeichnung von Halbgöttern diente. In diesem Sinne bilden die Helden eine Mitte zwischen den Menschen und den Göttern, dem Einzelnen und dem Allgemeinen: Sie sind einerseits »einzelne Menschen« und andererseits, als Gegenstand der Vorstellung, »zugleich allgemeine, wie [...] die Götter«.

531, 23 – Handlung des seiner selbst bewußten Wesens] Hegel nimmt die Dialektik der sittlichen Handlung wieder auf. (Vgl. PhG, 342 ff.)

531, 28 – abgeschiedenen Geister] Hegel bezieht sich wieder auf die Erinnyen (vgl. PhG, 340), die unterirdischen Rachegeister des griechischen Mythos. Mit dem »Tun des Selbstbewußtseins« ist wohl das Schuldgefühl gemeint.

532, 9 f. – Ein und dasselbe [...] Menschen getan] Hegel spielt auf die Kämpfe der die jeweiligen Helden unterstützenden Götter vor Troja an. Die Verdoppelung von Helden und Göttern ist ein »lächerlicher Überfluß«, der zu einer Krise und Vertiefung der griechischen Religion führt.

533, 4 f. – eine komische Selbstvergessenheit ihrer ewigen Natur] Mit Bezug auf Homers Epen stellt Hegel in seinen *Vorlesungen zur Ästhetik* fest: »Wie sie [die Götter] auch immer auftreten mögen, sie sind stets beseligt und heiter. Als individuelle, besondere Götter geraten sie zwar in Kampf, aber auch mit diesem Streit ist es ihnen letztlich nicht in dem Sinne Ernst, daß sie sich mit der ganzen energischen Konsequenz des Charakters und der Leidenschaft auf einen bestimmten Zweck konzentrierten und in dessen Durchkämpfung ihren Untergang fänden. Sie mischen sich nur hier und dort ein, machen ein bestimmtes Interesse in konkreten Fällen auch zu dem ihrigen, doch sie lassen ebensosehr das Geschäft wieder stehen und wandeln beseligt zum hohen Olymp zurück.« (VÄ I, 290) Hier in der *Phänomenologie* geht diese heiter-naive Gleichgültigkeit aber in die Ohnmacht gegen das Schicksal (vgl. u. Anm. zu PhG, 533, 20-26) und in die Trauer über.

533, 20-26 – reine Kraft des Negativen [...] begrifflose Leere der Notwendigkeit] Anspielung auf Ananke und die Moiren. Anankê, deren Name sich von »*anagkê*« – »Notwendigkeit, Zwang« ableitet, galt den Griechen als Verkörperung der Naturnotwendigkeit. »Moira« hat die Grundbedeutung »Teil, Portion, Anteil« (von grch. »*meiromai*, *meros*, *moros*«). Die Moiren, Töchter Anankês, waren nach griechischer Vorstellung Schicksalsgöttinnen, die sowohl den Anteil eines Gottes an der Herrschaft der Welt als auch die Teilhabe des einzelnen Menschenlebens am Glück festlegten. Zu Ananke und den Moiren vgl. auch den Haupttext, 233.

533, 34-534, 3 – Der Inhalt [...] versammelt um die Individualität eines Helden] Der Inhalt der Homerischen *Ilias* ist um den griechischen Helden Achill »versammelt«; sein von Agamemnon geschürter Zorn, der u. a. den Tod des Patroklos und Hektors zur Folge hat, bildet thematisch den Rahmen dieses Epos.

534, 3 f. – Kraft und Schönheit [...] einem frühen Tod entgegensehend] Achill galt als der schönste, schnellste und tapferste der gegen die Trojaner kämpfenden Griechen. Ihm war ein kurzes, aber ruhmvolles Leben bestimmt. (Vgl. Homer, *Ilias*, 1, 352 f., 1, 501-530.)

534, 5-7 – die [...] wirkliche Einzelheit [...] an die Extremität ausgeschlossen [...] entzweit] Die heroische Handlung ist das Ergebnis sowohl selbstbewußter als auch göttlicher Tätigkeit. Da die Einflußnahme von seiten der Götter weitgehend willkürlich ist, läßt sich die Handlung nicht allein mit Bezug auf sittliche Mächte und Charaktere erklären; vielmehr ist sie das Resultat des Wirkens einander heterogener Kräfte. In diesem Sinne ist die »wirkliche Einzelheit« entzweit in die Extreme des selbstbewußten Tuns und des bloßen Geschehens (»Notwendigkeit«), deren Vereinigung erst die Tragödie im sittlichen Charakter thematisiert.

535, 1 – Personen] Wortspiel: »Person« leitet sich ab vom lateinischen »*persona*«, das Maske bedeutet.

535, 4 f. – ebenso wesentlich ist der Schauspieler seiner Maske] Vgl. PhG, 541, 21-27.

535, 14 – Chore des Alters] In der klassischen griechischen Tragödie kommentiert der Chor der Alten das Geschehen auf dem Hintergrund der verbreiteten sittlichen Maximen (des »gemeinen Volkes«).

536, 10f. – Seine Substanz [...] in ihre zwei extremen Mächte auseinandergerissen] Vgl. Hegels Darstellung des »wahren Geistes«, die sich ihrerseits vor allem an Sophokles' *Antigone* orientiert. (Vgl. auch den Haupttext, 185.)

536, 16 – wie erinnert] Vgl. PhG, 535, 13-18.

537, 19-22 – die Lichtseite, der Gott des Orakels [...] Phöbus und Zeus] Apoll, Sohn des Zeus und der Leto, trug den Beinamen »Phoibos« (der Reine, Leuchtende), der ihn als Gott des Lichtes wie auch als Beschützer der sittlichen Ordnung vorstellte. Dem griechischen Mythos zufolge besiegte Apoll kurz nach seiner Geburt auf Delos den Pythondrachen, der das Orakel in Delphi bewachte. Daraufhin nahm er das Orakel in Besitz und sprach durch die Pythia (vgl. Anm. zu PhG, 520, 24-28) zu den Menschen. »Lichtseite« könnte insbesondere auf die Aufnahme Dionysos' in Griechenland anspielen, in deren Zug der hintere Giebel des delphischen Apollontempels mit dem Bild des ekstatischen Dionysos geschmückt wurde: Apoll blieb fortan nur noch die Vorderseite des Tempels.

537, 27-30 – welcher die rätselhafte Sphinx [...] aufzuschließen vermochte [...] der kindlich Vertrauende [...] ins Verderben geschickt] Es war bekanntlich Ödipus, der das Rätsel der thebanischen Sphinx (»Was ist am Morgen vierfüßig, am Mittag zweifüßig und am Abend dreifüßig?«) mit der Antwort »Der Mensch« löste. Gemäß der Prophezeiung, die sowohl Laios als auch seinem Sohn Ödipus vom delphischen Orakel gemacht worden war, tötete dieser seinen Vater und heiratete seine Mutter. Der »kindlich Vertrauende« ist Orest, der auf Geheiß Apolls Klytämnestra, die Mörderin seines Vaters Agamemnon, sowie den an dieser Tat beteiligten Ägisth tötete. Hätte Orest den Mord an seinem Vater nicht gerächt, so wäre er von Apoll mit schweren Strafen bedacht worden. Nach Aischylos' *Orestie*, auf die Hegel sich an dieser Stelle bezieht, ist die Ermordung Klytämnestras aber eine Tat, die ihrerseits gesühnt werden muß. Es sind die bis dahin verborgenen Erinnyen, die, für den Tod Klytämnestras Rache fordernd, Orest verfolgen, bis dieser schließlich in einem von Pallas Athene geleiteten Gerichtsverfahren freigesprochen wird. (Vgl. Aischylos, *Die Eumeniden*.)

537, 30 – Diese Priesterin] Vgl. Anm. zu PhG, 537, 19-22.
538, 17 f. – in die Erinnye der anderen feindlich erregten Macht] Vgl. Anm. zu PhG, 531, 28 u. 537, 27-30.
538, 19 f. – genießt mit dem [...] wissenden Gotte gleiches Ansehen] Hegel bezieht sich auf des Ende der Orestie. Nachdem Orest von einem von Pallas Athene bestellten Gericht freigesprochen worden war, überzeugt Athene die Erinnyen, gemeinsam mit ihr, der Tochter Zeus', die Geschicke der Stadt zu lenken. Infolge dieser Versöhnung werden die Rachegöttinnen zu wohlgesinnten Mächten, zu Eumeniden.
538, 22-24 – die Substanz, ebensowohl die Macht des Herdes [...] wie die [...] des Staats] Zeus »Polieus« und »Ephestios« verkörperte die Macht des Staates und des Herdes. (Vgl. *Paulys Realencyclopädie*, Reihe 2, Bd. 10, A (Halbbd. 19), Sp. 354 u. 310.) Vgl. zum Gegensatz zwischen der Sittlichkeit des Staates und der Familie die Abschnitte VI. A. a. und b. (PhG, 327 ff.).
539, 20 – Warnung] Ödipus' Vater Laios wurde vom delphischen Orakel gewarnt, einen Sohn zu zeugen, da dieser ihn töten und seine Mutter heiraten würde. Angesichts dieser Prophezeiung wurde Ödipus nach seiner Geburt auf dem Berg Kithairon ausgesetzt, dort jedoch von einem Hirten gerettet.
539, 21 f. – die unmenschliche Gestalt der Hexen] Vgl. Anm. zu PhG, 537, 30-33.
539, 22 f. – Die Stimme des Baumes, des Vogels, der Traum] Das Symbol des Orakels von Dodona war die sprechende Eiche, durch die sich Zeus' Wille kundgetan haben soll. Verbreitet war auch die Überzeugung, daß sich der göttliche Wille in Form von Träumen offenbaren würde; in diesem Glauben legten sich viele der das Orakel aufsuchenden Griechen an dieser geweihten Städte zum Schlafen nieder. (Vgl. Delcoure, 70-85. Zu »Stimme [...] des Vogels« vgl. auch Anm. 520, 24-28).
539, 32-34 – daß beide gleiches Recht [...] haben] In dem von Pallas Athene einberufenen Gericht, das über die Schuld des Orest zu befinden hat, stimmen je die Hälfte der Richter für Apoll und die Erinnyen; erst Athenes Stimme gibt in diesem Prozeß den Ausschlag zugunsten Orests. (Vgl. Aischylos, *Die Eumeniden*, V, 734-755.)
540, 2 – Lethe] Nach griechischer Vorstellung ein Strom der Unterwelt, von dem die Seelen der Verstorbenen Vergessen trinken.
540, 31 f. – Zeus des Eides] Gemeint ist Zeus »Horkios«. Vgl. *Paulys Realencyclopädie*, Reihe 2, Bd. 10, A (Halbbd. 19), Sp. 345.

541, 12-16 – das Selbstbewußtsein [...] die geistige Einheit, worein alles zurückgeht] Vgl. PhG, 355, 2-25.
541, 25 – Hypokrisie] Wortspiel: Dem deutschen Wort »Hypokrisie« – »Heuchelei« liegt etymologisch das griechische »Hypokrites« – »Schauspieler« zugrunde.
542, 8 – an das Selbst verraten] Anspielung auf den Verrat Judas'. Vgl. Mt 26, 20 ff.
542, 25 f. – dem das Geheimnis verraten] Vgl. PhG, 514, 32 f.
543, 22 – vorher] Vgl. PhG, 534, 17-35.
543, 27 – Wolken] Anspielung auf Aristophanes' gleichnamige Komödie, in der Sokrates seinen Schüler Strepsiades lehrt, die Götter seien Wolken. (Vgl. Aristophanes, *Die Wolken*, 253 f.)
543, 29-544, 5 – Gedanken des Schönen und Guten [...] Spiel der Meinung und der Willkür] In den gegen die sophistische Kultur, als deren Vertreter Sokrates karikiert wird, gerichteten *Wolken* will Strepsiades lernen, »das Recht zu verdrehen und den Gläubigern glatt zu entschlüpfen« (433 f.). Seinem Sohn Pheidippides soll Sokrates zeigen, wie »Unrecht Recht zu Fall bringt« (884). Zu diesem Zweck findet ein rhetorischer Zweikampf zwischen dem »Recht« und dem »Unrecht« statt, in dem dieses obsiegt (889-1104).
544, 6 f. – das vorher bewußtlose Schicksal [...] leeren Ruhe und Vergessenheit] Vgl. Hegels Analyse des Epos in PhG, 532, 31-533, 30.
544, 24-26 – Der Zuschauer [...] sich selbst spielen sieht] In der *Apologie des Sokrates* führt Platon aus, daß des Sokrates »Ankläger zahlreich und schon seit langer Zeit am Werk sind. [...] Und das Verrückteste an alledem ist, daß man nicht einmal ihre Namen in Erfahrung bringen und nennen kann – es sei denn, jemand ist zufällig Komödienschreiber.« (18c-d) Diese Feststellung legt nahe, daß Aristophanes, der von Sokrates gemeinte Komödienschreiber, mit seiner Persiflage allgemein bestehende Vorurteile aufgegriffen hat, so daß in der Tat »der Zuschauer in dem, was ihm vorgestellt wird, vollkommen zu Hause [gewesen sein] und sich selbst spielen« gesehen haben mag. (Vgl. zu diesem Thema auch Otto Seels »Nachwort« zu Aristophanes, *Die Wolken*, Stuttgart 1990, 128.)
545, 5 – furchtbaren Substanz [...] Vertrauen] Vgl. PhG, 539, 13-540,15.
545, 7 – Bildsäule] Vgl. PhG, 518, 5-20.
545, 9 – Kultus] Vgl. PhG, 521, 18-522, 29.
546, 15 – früher] Vgl. PhG, 355, 26-29.

546, 23-25 – Pantheon der Vorstellung [...] das Pantheon der abstrakten Allgemeinheit] Das »Pantheon der Vorstellung« ist das Homerische Epos, in dem sowohl die einzelnen Götter als auch die verschiedenen Volksstämme als selbständige sittliche Entitäten auftreten. Das »Pantheon der abstrakten Allgemeinheit« bezeichnet demgegenüber den römischen »Rechtszustand«, in dem der einzelne nur als allen sittlichen Bindungen enthobene Rechtsperson Geltung hat. (Vgl. PhG, 355, 2-359, 21, sowie Anm. 548, 29 f.)
548, 29 f. – das eine Pantheon] Das »Eine Pantheon« ist das römische, das unter Hadrian zwischen 118 und 125 n. Chr. auf dem Marsfeld errichtet wurde. Für Hegel verkörpert es den »seiner als Geist selbst bewußte[n] Geist«. Während die griechischen Volksstämme »sittliche Geister« waren, ohne sich als solche zu wissen, geht der Verlust aller sittlichen Bindungen im römischen Rechtszustand einher mit der Erinnerung an ihr Gelten in der griechischen Welt. In diesem Bewußtsein, dessen Ausdruck für Hegel das Pantheon in Rom ist, besteht die Überlegenheit des römischen gegenüber dem griechischen Geist.
549, 23 f. – die beiden umgekehrten Sätze] Vgl. PhG, 545, 22-546, 13.
551, 2 f. – Dieser Begriff [...] als unmittelbarer [...] Gestalt der Unmittelbarkeit] Vgl. PhG, 501, 22-502, 18.
551, 21 – oben] Vgl. PhG, 548, 32-550, 11.
551, 27 f. – sieht [...] fühlt [...] hört] Vgl. 1 Jh 1, 1.
552, 2 – diese einfache selbstbewußte Negativität] Vgl. PhG, 547, 4-19.
552, 6 f. – in der natürlichen [...] in der Kunstreligion] Vgl. 505, 4-29; 508, 3-23; 517, 7-518, 20; 519, 5 ff.; 530, 33-531, 19.
554, 28 – Hoffnungen und Erwartungen] Vgl. PhG, 549, 15-22.
555, 26-556, 1 – Dieser einzelne Mensch [...] die Bewegung des sinnlichen Seins [...] im Geiste aufgestanden] Die Bewegung des sinnlichen Seins (vgl. die Dialektik der »sinnlichen Gewißheit«) vollzieht dieser einzelne Mensch (Jesus) im Tod. Dessen Bedeutung besteht für Hegel darin, das religiöse Bewußtsein von den Schranken der raumzeitlich gebundenen Anschauung zu befreien. Die zunächst unmittelbar gegenwärtige Person Jesu ist ihm nämlich fortan nur noch in der Erinnerung bzw. Vorstellung lebendig. Diesen Übergang von der Anschauung zur Vorstellung versteht Hegel als ersten Schritt der Vergeistigung des christlichen Bewußtseins: Als Gegenstand religiöser Verehrung ist Jesus somit »im

Geiste aufgestanden«. Zu Hegels Deutung des Todes Jesu vgl. auch die VPR II, 286-299. Zur Bedeutung des historischen Jesus bei Hegel vgl. auch den Haupttext o. 238.

556, 24 – zu seinem Begriffe als Begriffe] Vgl. PhG, 582, 28-583, 8.

558, 15 f. – unglücklichen und glaubenden Bewußtseins] Vgl. PhG, 168, 27-170, 6 sowie 392, 25-32.

559, 23 – das Wort] Vgl. 1 Jh 1, 1-4.

561, 24 – erschafft [...] eine Welt] Vgl. 1 Mo 1, 1.

562, 26 f. – Pflücken vom Baume des Erkenntnisses des Guten und Bösen] Vgl. 1 Mo 3.

566, 15 – in das dritte, das Selbstbewußtsein] Vgl. PhG, 557, 34 f.

566, 36-567, 1 – das Fleisch wird] Vgl. Jh 1, 14.

569, 32 f. – das daseiende Böse] Vgl. PhG, 562, 18-34.

570, 4 – Absterben der Sünde] Vgl. Rö 6, 11.

572, 4 f. – Dieser harte Ausdruck] Vgl. Anm. zu PhG, 547, 18 f.

572, 22 f. – die drei Elemente seiner Natur] Vgl. PhG, 557, 28-35.

(DD) Das absolute Wissen, VIII. Das absolute Wissen

577, 7 f. – unendlichen Urteile [...] Sein des Ich ein Ding] Vgl. PhG, 260, 8-263. Zum »unendlichen Urteil« vgl. JSE II, 88 f., sowie WL II, 69 f.

577, 24 f. – Nützlichkeit] Vgl. PhG, 415, 17-24 u. 428, 19-431, 10.

578, 5-8 – sein Wissen als die absolute Wesenheit [...] das Sein schlechthin als den reinen Willen oder Wissen] Vgl. PhG, 442, 29-32.

578, 14-17 – sein Dasein [...] diese reine Gewißheit seiner selbst [...] das gegenständliche Element [...] das reine Wissen des Selbsts von sich] Vgl. PhG, 466, 5-467, 35.

578, 26-28 – Überzeugung von der Pflicht [...] Gelten seines Handelns] Vgl. PhG, 479, 21-31.

578, 35 – Verzeihung] Vgl. PhG, 492, 22-494, 27.

579, 31 f. – Rückkehr der Vorstellung in das Selbstbewußtsein] Vgl. PhG, 568, 29.

579, 33 f. – religiöse Seite [...] Ansich [...] Bewegung des Selbstbewußtseins gegenübersteht] Vgl. PhG, 573, 3-574, 28.

580, 20-31 – positive Entäußerung [...] das fürsichseiende Selbst] Vgl. PhG, 491, 18-494, 27.

581, 11-13 – Dies Dasein [...] in sich Reflektiert- oder Bösesein] Vgl. PhG, 485, 9-27.

9. Literaturverzeichnis

9. 1 Hegels Werke

AA – *Gesammelte Werke*, in Verbindung mit der Deutschen Forschungsgemeinschaft hg. v. der Rheinisch-Westfälischen Akademie der Wissenschaften, Hamburg 1968 ff.

Briefe – *Briefe von und an Hegel*, hg. v. Johannes Hoffmeister, 4 Bde., Hamburg 1953 (Bd. 1: 1785-1812, Bd. 2: 1813-1822; Bd. 3: 1823-1831; Bd. 4, 1: *Dokumente und Materialien zur Biographie*; Bd. 4, 2: *Nachträge zum Briefwechsel*).

DS – *Differenz des Fichteschen und Schellingschen Systems der Philosophie* (1801), in: TWA 2, 7-138.

DS (1979) – *Differenz des Fichteschen und Schellingschen Systems der Philosophie* (1801), in: JKS I, 1-116.

EPW – *Enzyklopädie der philosophischen Wissenschaften im Grundrisse* (Berlin 1830), in: TWA 8-10.

EPW (1827) – *Encyclopaedie der philosophischen Wissenschaften im Grundrisse, Zum Gebrauch seiner Vorlesung*, Heidelberg 1827, in: AA 19.

EPW (1830) – *Encyclopaedie der philosophischen Wissenschaften im Grundrisse, Zum Gebrauch seiner Vorlesung*, Heidelberg 1830, in: TWA 8-10.

GPR – *Grundlinien der Philosophie des Rechts oder Naturrecht und Staatswissenschaft im Grundrisse* (1820), in: TW 7.

GPR-Wa – *Naturrecht und Staatswissenschaft. Vorgetragen von G.W.F. Hegel zu Heidelberg im Winterhalbjahr 1817/18. Mitschrift P. Wannemann*, in: *Die Philosophie des Rechts. Die Mitschriften Wannemann (Heidelberg 1817/18) und Homeyer (Berlin 1818/19)*, hg. v. Karl-Heinz Ilting, Stuttgart 1983.

GW – *Glauben und Wissen oder Reflexionsphilosophie der Subjektivität in der Vollständigkeit ihrer Formen als Kantische, Jakobische und Fichtesche Philosophie* (1802), in: TWA 2, 287-433.

HE – *Enzyklopädie der philosophischen Wissenschaften* (Heidelberg 1817), in: JA 6.

JA – *Sämtliche Werke*. Jubiläumsausgabe in zwanzig Bänden, hg. v. Hermann Glockner, 4. Aufl., Stuttgart-Bad Cannstatt 1957-68.

JKS I-III – *Jenaer Kritische Schriften* (I), (II) u. (III), neu hg. v. Hans Brockard u. Hartmut Buchner, Hamburg 1979, 1983, 1986.

JSE I – *Jenaer Systementwürfe I: Das System der speculativen Philosophie. Fragmente aus Vorlesungsmanuskripten zur Philosophie der Natur und des Geistes* (1803/04), hg. v. Klaus Düsing u. Heinz Kimmerle, in: AA 6.

JSE II – *Jenaer Systementwürfe II: Logik, Metaphysik, Naturphilosophie. Fragmente einer Reinschrift* (1804/05), hg. v. Rolf-Peter Horstmann u. Johann Heinrich Trede, in: AA 7.

JSE III – *Jenaer Systementwürfe III: Naturphilosophie und Philosophie des Geistes. Vorlesungsmanuskript zur Realphilosophie* (1805/06), hg. v. Rolf-Peter Horstmann, in: AA 8.

PhG – *Phänomenologie des Geistes* (1807), in: TWA 3 (alle Zitate aus und Verweise auf Hegels *Phänomenologie des Geistes* beziehen sich auf diese Ausgabe).

PhG (1988) – *Phänomenologie des Geistes* (1807), neu hg. v. Hans-Friedrich Wessels u. Heinrich Clairmont, mit einer Einl. v. Wolfgang Bonsiepen, Hamburg 1988.

SdS – *System der Sittlichkeit* (1802/03), in: AA 5.

TJ – *Hegels theologische Jugendschriften*, hg. v. Herman Nohl, Tübingen 1907, Nachdr. Frankfurt am Main 1966.

TWA – *Werke* in 20 Bänden (*Theorie Werkausgabe*), auf der Grundlage der Werke von 1832-1845 neu ediert v. Eva Moldenhauer u. Karl Markus Michel, Frankfurt am Main 1976.

VÄ I-III – *Vorlesungen über die Ästhetik* I-III, in: TWA 13-15.

Vfr – *Vorlesungsfragmente von 1801/02*, in: AA 5.

VGP I-III – *Vorlesungen über die Geschichte der Philosophie* I-III, in: TWA 18-20.

VPR-T. 1 – *Vorlesungen über die Philosophie der Religion* (1821, 1824, 1827), T. 1: Einleitung. Der Begriff der Religion, hg. v. Walter Jaeschke, Hamburg 1983. (*Vorlesungen. Ausgewählte Nachschriften und Manuskripte*, Bd. 3).

VPR-T. 2 – *Vorlesungen über die Philosophie der Religion* (1821, 1824, 1827), T. 2: Die bestimmte Religion, hg. v. Walter Jaeschke, Hamburg 1985. (*Vorlesungen. Ausgewählte Nachschriften und Manuskripte*, Bd. 4, a).

VPR-T. 3 – *Vorlesungen über die Philosophie der Religion* (1821, 1824, 1827), T. 3: Die vollendete Religion, hg. v. Walter Jaeschke, Hamburg 1984 (*Vorlesungen. Ausgewählte Nachschriften und Manuskripte*, Bd. 5).

VPR I u. II – *Vorlesungen über die Philosophie der Religion* I u. II, in: TWA 16-17.

VPG – *Vorlesungen über die Philosophie der Geschichte*, in: TWA 12.

WBN – *Über die wissenschaftlichen Behandlungsarten des Naturrechts, seine Stelle in der praktischenPhilosophie, und sein Verhältnis zu den positiven Rechtswissenschaften* (1802/03), in: TWA 2, 434-530.

WL I u. II – *Wissenschaft der Logik* I u. II, in: TWA 5 u. 6.

9. 2 Im Haupttext zitierte Literatur

9. 2.1 Textausgaben

Aischylos, *Orestie* (*Agamemnon, Die Weihgußträgerinnen, Die Eumeniden*), in: ders., *Tragödien und Fragmente*, hg. u. übers. v. Oskar Werner, 4. Aufl., Darmstadt 1988.

–, *Sieben gegen Theben*, in: ders., *Tragödien und Fragmente*, hg. u. übers. v. Oskar Werner, a. a. O.

Aristoteles, *Nikomachische Ethik*, übers. u. komment. v. Franz Dirlmeier, in: ders., *Werke in deutscher Übersetzung*, hg. v. Ernst Grumach, Bd. 6, 5. Aufl., Berlin 1969.

–, *Physikvorlesung*, übers. v. Hans Wagner, in: ders., *Werke in deutscher Übersetzung*, hg. v. Ernst Grumach, Bd. 11, Berlin 1967.

–, *Politik*, Buch I und II-III, übers. u. erl. v. Eckart Schütrumpf, in: ders., *Werke in deutscher Übersetzung*, hg. v. Hellmut Flashar, Bd. 9, 1 u. 2, Berlin 1991. – Buch IV-VI, übers. v. Eckart Schütrumpf, erl. v. Eckart Schütrumpf u. Hans-Joachim Gehrke, in: ders., *Werke in deutscher Übersetzung*, hg. v. Hellmut Flashar, Bd. 9, 3, Berlin 1996.

Bardili, Christoph Gottfried, [Grundriß] *Grundriß der ersten Logik, gereiniget von den Irrthümmern bisheriger Logiken überhaupt, der Kantischen insbesondere [...]*, Stuttgart 1800, Nachdr. Brüssel 1970.

Bonnet, Karl (Charles Bonnet), *Analytischer Versuch über die Seelenkräfte*, aus dem Frz. übers. mit einigen Zusätzen verm. v. Christian Gottfried Schütz, 2 Bde., Bremen/Leipzig 1770.

Brown, John, *Elementa medicinae*, Edinburgh 1780.

–, [Arzneylehre] *Grundsätze der Arzneylehre*, übers. v. M. A. Weikard, Frankfurt am Main 1795.

Campe, Joachim Heinrich, *Robinson der Jüngere, Zur angenehmen und nützlichen Unterhaltung für Kinder*, München 1780, Nachdr. Stuttgart 1981.

Cicero, Marcus Tullius, *De officiis. Vom pflichtgemäßen Handeln*, lat.-dt., übers., komment. u. hg. v. Heinz Gunermann, Stuttgart 1978.

Conrad, Joseph, *Herz der Finsternis*, übers. v. Reinhold Batberger, Frankfurt am Main 1992.

–, [Nostromo] *Nostromo. Eine Geschichte von der Meeresküste*, übers. v. Fritz Lorch, Frankfurt am Main 1983.

Descartes, René, *Meditationen über die Grundlagen der Philosophie mit den sämtlichen Einwänden und Erwiderungen*, übers. u. hg. v. Artur Buchenau, Hamburg 1915, Nachdr. 1972.

Diderot, Denis, [Enzyklopädie] *Enzyklopädie: philosophische und politische Texte aus der »Encyclopédie« sowie Prospekt und Ankündigung der letzten Bände*, übers. v. Theodor Lücke, m. e. Vorw. v. Ralph-Rainer Wuthenow, München 1969.

–, [Die Nonne] *La religieuse*, Paris 1796, dt. *Die Nonne*, übers. v. Hans Hinterhäuser u. a., Berlin 1966.

–, *Rameaus Neffe*, übers. v. Goethe, in dessen: *Sämtliche Werke*, Bd. 7, hg. v. Karl Richter in Zusammenarbeit mit Herbert G. Göpfert et al., 567-691.

Diels, Hermann u. Kranz, Walther (Hg.), *Fragmente der Vorsokratiker*, grch.-dt., 3 Bde., 6. Aufl., Zürich/Hildesheim 1952.

Diez, Immanuel Carl, *Briefwechsel und Kantische Schriften, Wissensbegründung in der Glaubenskrise Tübingen-Jena (1790-1792)*, hg. v. Dieter Henrich, Stuttgart 1997.

Diogenes Laertios, *Leben und Meinungen berühmter Philosophen*, übers. v. Otto Apelt, hg. v. Klaus Reich u. Günter Zekl, 3. Aufl., Hamburg 1990.

Eschenmayer, Carl August, [Naturphilosophie] *Die Philosophie in ihrem Uebergange zur Nichtphilosophie*, Erlangen 1803.

–, [Spontaneität] »Spontaneität = Weltseele oder über das höchste Princip der Naturphilosophie«, in: *Zeitschrift für speculative Physik*, hg. v. Friedrich Wilhelm Joseph von Schelling, Bd. 2, Jena/Leipzig 1801, 70-88.

–, [Eremit] *Der Eremit und der Fremdling: Gespräche über das Heilige und die Geschichte*, Erlangen 1805.

Feuerbach, Ludwig, *Grundsätze der Philosophie der Zukunft* (zuerst 1843), in: ders., *Werke in sechs Bänden*, hg. v. Erich Thies, Bd. 3: Kritiken und Abhandlungen II (1839-1843), Frankfurt am Main 1975, 247-322.

Fichte, Johann Gottlieb, [Beitrag zur Berichtigung] *Beitrag zur Berichtigung der Urtheile des Publicums über die französische Revolution* (1793), in: *Fichtes Werke*, hg. v. Immanuel Hermann Fichte, Bd. 4, Berlin 1971, 37-288, Nachdr. der Ausg. Berlin 1845/46.

–, [Bestimmung] *Die Bestimmung des Menschen* (1800), in: *Fichtes Werke*, hg. v. Immanuel Hermann Fichte, Bd. 2, Berlin 1971, 165-319, Nachdr. der Ausg. Berlin 1845/46.

–, *Briefwechsel*, hg. v. Reinhard Lauth u. a., in: *J. G. Fichte-Gesamtausgabe der Bayrischen Akademie der Wissenschaften*, hg. v. Reinhard Lauth u. a., Bd. 3, 1-[5, 6], Stuttgart 1968-[1997].

–, [Die Anweisung] *Die Anweisung zum seeligen Leben* (1806), in: *Fichtes Werke*, hg. v. Immanuel Hermann Fichte, Bd. 5, Berlin 1971, 399-580, Nachdr. der Ausg. Berlin 1845/46.

–, [Grundlage] *Grundlage der gesamten Wissenschaftslehre* (1794), in: *Fichtes Werke*, hg. v. Immanuel Hermann Fichte, Bd. 1, Berlin 1971, Nachdr. der Ausg. Berlin 1845/46.

–, *Der geschlossene Handelsstaat. Ein philosophischer Entwurf als Anhang zur Rechtslehre und Probe einer künftig zu liefernden Politik* (1800), in: *Fichtes Werke*, hg. v. Immanuel Hermann Fichte, Bd. 3, Berlin 1971, Nachdr. der Ausg. Berlin 1845/46.

–, [Naturrecht] *Grundlage des Naturrechts nach Prinzipien der Wissenschaftslehre* (1796), in: *Fichtes Werke*, hg. v. Immanuel Hermann Fichte, Bd. 3, Berlin 1971, Nachdr. der Ausg. Berlin 1845/46.

–, [Recension] *Recension von Bardili's Grundriss der ersten Logik* (1800), in: *Fichtes Werke*, hg. v. Immanuel Hermann Fichte, Bd. 2, Berlin 1971, 490-503, Nachdr. der Ausg. Berlin 1845/46.

–, [Sittenlehre] *System der Sittenlehre nach den Principien der Wissenschaftslehre* (1798), in: *Fichtes Werke*, hg. v. Immanuel Hermann Fichte, Bd. 4, Berlin 1971, Nachdr. der Ausg. Berlin 1845/46.

–, [Sonnenklarer Bericht] *Sonnenklarer Bericht an das grössere Publicum* (1801), in: *Fichtes Werke*, hg. v. Immanuel Hermann Fichte, Bd. 2, Berlin 1971, 323-420, Nachdr. der Ausg. Berlin 1845/46.

–, [Über den Begriff] *Über den Begriff der Wissenschaftslehre oder der sogenannten Philosophie* (1794), in: *Fichtes Werke*, hg. v. Immanuel Hermann Fichte, Bd. 1, Berlin 1971, 27-81, Nachdr. der Ausg. Berlin 1845/46.

–, [Über den Grund unseres Glaubens] *Über den Grund unseres Glaubens an eine göttliche Weltregierung* (1798), in: *Fichtes Werke*, hg. v. Immanuel Hermann Fichte, Bd. 5, Berlin 1971, 175-189, Nachdr. der Ausg. Berlin 1845/46.

–, [Wissenschaftslehre] *Die Wissenschaftslehre* (1804), in: *Fichtes Werke*, hg. v. Immanuel Hermann Fichte, Bd. 10, Berlin 1971, Nachdr. der Ausg. Berlin 1845/46.

–, [Zweite Einleitung] *Zweite Einleitung in die Wissenschaftslehre, für Leser, die schon ein philosophisches System haben* (1797), in: *Fichtes Werke*, hg. v. Immanuel Hermann Fichte, Bd. 1, Berlin 1971, 451-518, Nachdr. der Ausg. Berlin 1845/46.

Flaubert, Gustave, *Die Versuchung des heiligen Antonius*, übers. v. Barbara u. Robert Picht, Frankfurt am Main 1966.

Gabler, Georg Andreas, [Kritik des Bewußtseins] *G. A. Gablers Kritik des Bewußtseins: eine Vorschule zu Hegel's Wissenschaft der Logik* (1827), hg. v. Gerhard Johannes Peter Joseph Bolland, Leiden 1901.

–, [Die Hegelsche Philosophie] *Die Hegelsche Philosophie. Beiträge zu ihrer richtigen Beurtheilung und Würdigung*, Berlin 1843.

Gall, Franz Joseph, [Prodromus] »Des Herrn Dr. F. J. Gall Schreiben über seinen bereits geendigten Prodromus über die Verrichtungen des Gehirns der Menschen und der Thiere, an Herrn Jos. Fr. von Retzer«, in: *Der Neue Teutsche Merkur vom Jahre 1798*, hg. v. Christoph Martin Wieland, Bd. 3, Weimar 1798, Stück 12, 311-332.

Gans, Eduard, *Naturrecht und Universalrechtsgeschichte*, hg. u. eingel. v. Manfred Riedel, Stuttgart 1981.

Görres, Joseph, *Aphorismen über die Organonomie* (1803), in: ders., *Gesammelte Schriften*, hg. im Auftrage der Görres-Gesellschaft v. Wilhelm Schellberg, Bd. 2, 1, Köln 1932, 165-333.

–, *Glauben und Wissen*, in: ders., *Gesammelte Schriften*, hg. von Wilhelm Schellberg in Verb. mit Max Braubach, Bd. 3: *Geistesgeschichtliche und literarische Schriften I* (1803-1808), Köln 1926, 1-70.

Goethe, Johann Wolfgang von, [Faust] *Faust. Der Tragödie Erster Teil*, hg. v.

Albrecht Schöne, in: ders., *Sämtliche Werke. Briefe, Tagebücher und Gespräche*, hg. v. Friedmar Apel u. a., 1. Abt., Bd. 7, 1, Frankfurt am Main 1994.

–, *Wilhelm Meisters Lehrjahre*, hg. v. Wilhelm Voßkamp u. Herbert Jaumann, unter Mitw. v. Almuth Voßkamp, in: ders., *Sämtliche Werke. Briefe, Tagebücher und Gespräche*, hg. v. Friedmar Apel u. a., 1. Abt., Bd. 9, Frankfurt am Main 1992.

Goeze, Johann Melchior, *Etwas Vorläufiges gegen des Herrn Hofrats Lessings mittelbare und unmittelbare feindselige Angriffe auf unsere allerheiligste Religion, und auf den einigen Lehrgrund derselben, die heilige Schrift*, in: Lessing, *Werke*, Bd. 8., hg. v. Herbert G. Göpfert, Darmstadt 1970, 102-116.

Haller, Albrecht von, *Versuch Schweizerischer Gedichte*, 6., rechtm., veränderte u. verm. Aufl., Göttingen 1751.

Die Hauptschriften zum Pantheismusstreit zwischen Jacobi und Mendelssohn, hg. v. Heinrich Scholz, Berlin 1916.

Helvétius, Claude-Adrien, [Discurs] *Discurs über den Geist des Menschen*, aus d. Franz. des Herrn Helvetius. Mit e. Vorrede Herrn Johann Christoph Gottscheds, Leipzig 1760, Nachdr. in: ders., *Philosophische Schriften*, hg. v. Werner Krauss, Bd. 1, Berlin 1973.

–, [Vom Menschen] *Vom Menschen, seinen geistigen Fähigkeiten und seiner Erziehung (De L'Homme, De Ses Facultés Intellectuelles, Et De Son Éducation*, 2 Bde., London 1773), hg. u. übers. v. Günther Mensching, Frankfurt am Main 1972.

Hölderlin, Friedrich, [Hyperion] *Hyperion oder Der Eremit in Griechenland*, in: ders., *Sämtliche Werke*, hg. v. Friedrich Beissner, Bd. 3, Stuttgart 1957, Nachdr. Stuttgart 1990.

D' Holbach, Paul Thiry (Paul Heinrich Dietrich Baron von Holbach), [Das entschleierte Christentum] *Le Christianisme devoilé* (1767, dt. *Das entschleierte Christentum*), in: ders., *Premieres Œuvres*, Paris 1971 (dt. in: Paul Thiry d'Holbach, *Religionskritische Schriften*, hg. v. Manfred Naumann, übers. v. Rosemarie Heise u. Fritz-Georg Voigt, Schwerte a. d. Ruhr 1970).

–, [Sociales System] *Systeme Social, Ou Principes naturels de la Morale et de la Politique*, London 1773; dt. *Sociales System oder Natürliche Principien der Moral und der Politik, Mit einer Untersuchung über den Einfluß der Regierung auf die Sitten*, übers. v. Johann Ummriger, Leipzig 1898.

–, [System der Natur] *System der Natur oder von den Gesetzen der physischen und moralischen Welt*, übers. v. Fritz-Georg Voigt, Frankfurt am Main 1978.

Jacobi, Friedrich Heinrich, [Über die Lehre des Spinoza] *Beylagen zu den Briefen über die Lehre des Spinoza*, in: ders., *Werke*, hg. v. Friedrich Roth u. Friedrich Köppen, Bd. 4, Abt. 2, Leipzig 1819, Nachdr. Darmstadt 1968.

–, [David Hume] *David Hume über den Glauben oder Idealismus und Realismus*, in: ders., *Werke*, hg. v. Friedrich Roth u. Friedrich Köppen, Bd. 2, Leipzig 1815, Nachdr. Darmstadt 1968.

–, *Jacobi an Fichte*, in: ders., *Werke*, hg. v. Friedrich Roth u. Friedrich Köppen, Bd. 3, 1. Abt., Leipzig 1816, 1-57, Nachdr. Darmstadt 1968.

–, [Woldemar] *Woldemar. Erster und Zweiter Teil*, in: ders., *Werke*, hg. v. Friedrich Roth u. Friedrich Köppen, Bd. 5, Leipzig 1820, Nachdr. Darmstadt 1968.

Kant, Immanuel, *Die Metaphysik der Sitten*, in: ders., *Gesammelte Schriften*, Akademieausgabe, Bd. 6, Berlin 1914, 203-493.

–, [Die Religion] *Die Religion innerhalb der Grenzen der bloßen Vernunft*, in: ders., *Gesammelte Schriften*, Akademieausgabe, Bd. 6, Berlin 1914, 1-202.

–, *Grundlegung zur Metaphysik der Sitten*, in: ders., *Gesammelte Schriften*, Akademieausgabe, Bd. 4, Berlin 1911, 385-463.

–, [KpV] *Kritik der praktischen Vernunft* , in: ders.,*Gesammelte Schriften*, Akademieausgabe, Bd. 5, Berlin 1913, 1-163.

–, [KrV] *Kritik der reinen Vernunft* (1787), 2. Aufl., in: ders., *Gesammelte Schriften*, Akademieausgabe, Bd. 3-4, Berlin 1911, 1-599 u. 1-655.

–, [KU] *Kritik der Urtheilskraft*, in: ders., *Gesammelte Schriften*, Akademieausgabe, Bd. 5, Berlin 1913, 165-485.

–, [MAN] *Metaphysische Anfangsgründe der Naturwissenschaft*, in: ders., *Gesammelte Schriften*, Akademieausgabe, Bd. 4, Berlin 1911, 465-565.

–, *Zum ewigen Frieden*, in: ders., *Gesammelte Schriften*, Akademieausgabe, Bd. 8, Berlin 1923, 340-386.

Kielmeyer, Carl Friedrich, *Ueber die Verhältniße der organischen Kräfte unter einander in der Reihe der verschiedenen Organisationen, die Gesetze und Folgen dieser Verhältniße: Rede*, Stuttgart 1793 (Faksimile der Ausg. 1793 mit einer Einleitung von Kai Torsten Kanz, Marburg an der Lahn 1993).

Kilian, Conrad Joseph, *Entwurf eines Systems der Gesammten Medizin, Zum Behuf seiner Vorlesungen und zum Gebrauch für praktizirende Aerzte von C. I. Kilian*, Jena 1802.

Kritisches Journal der Philosophie, hg. v. Friedrich Wilhelm Joseph Schelling u. Georg Wilhelm Friedrich Hegel, Tübingen 1802/3, Nachdr. Hildesheim u. a. 1981.

Krug, Wilhelm Traugott, *Briefe über den neuesten Idealism, Eine Fortsetzung der Briefe über die Wissenschaftslehre*, Leipzig 1801, Nachdr. Brüssel 1968.

Nikolaus von Kues, [Unwissenheit] *Die belehrte Unwissenheit (De docta ignorantia)*, übers. u. mit einem Vorw. u. Anm. hg. v. Paul Wilpert, 2. Aufl., Hamburg 1970.

–, *Vom Nichtanderen* (De non aliud), übers. u. mit Einf. u. Anm. hg. v. Paul Wilpert, 3. Aufl., Hamburg 1987.

Lambert, Johann Heinrich, *Neues Organon, Oder Gedanken über die Erforschung und Bezeichnung des Wahren und dessen Unterscheidung vom Irrtum und Schein*, 2 Bde., Leipzig 1764, Nachdr. unter Mitarb. v. Peter Heyl, hg., bearb. u. mit einem Anhang versehen v. Günter Schenk, Berlin 1990.

Lavater, Johann Caspar, [Physiognomische Fragmente] *Physiognomische Fragmente zur Beförderung der Menschenkenntniß und der Menschenliebe, 1.-4. Versuch*, Leipzig 1775-1778, Nachdr. 1997.

–, [Physiognomik] *Von der Physiognomik und hundert physiognomischen Regeln* (1792), hg. v. Karl Riha u. Carsten Zelle, Frankfurt am Main/ Leipzig 1991.

Leibniz, Gottfried Wilhelm, [Neues System] *Neues System der Natur und des Verkehrs der Substanzen sowie der Verbindung, die es zwischen Seele und Körper gibt. Système nouveau de la nature et de la communication des substances, aussi bien que l'union qu'il y a entre l'âme et le corps*, in: ders., *Kleine Schriften zur Metaphysik*, dt.-frz., übers. u. hg. v. Hans Heinz Holz (*Philosophische Schriften*, Bd. 1),

Lessing, Gotthold Ephraim, [Axiomata] *Axiomata, wenn es deren in dergleichen Dingen giebt, Wider den Herrn Pastor Goeze*, Hamburg/Braunschweig 1778, Nachdr. in: ders.,*Werke*, Bd. 8, hg. v. Herbert G. Göpfert, Darmstadt 1970, 128-159.

–, *Beweis des Geistes und der Kraft*, in: ders.,*Werke*, Bd. 8, hg. v. Herbert G. Göpfert et al., Darmstadt 1970, 9-10.

–, (Hg.), *Fragmente des Wolfenbüttelschen Ungenannten [Hermann Samuel Reimarus]. Ein Anhang zu dem Fragment vom Zweck Jesu und seiner Jünger*, Berlin 1784, Nachdr. in: ders., *Werke*, hg. v. Herbert G. Göpfert et al., Bd. 7, Darmstadt 1970, 492-604.

Locke, John, [Versuch] *Versuch über den menschlichen Verstand*, übers. v. Carl Winckler, erw. um eine Bibliographie v. Reinhard Brandt, 2 Bde., 4. Aufl., Hamburg 1981.

–, [Zwei Abhandlungen] *Zwei Abhandlungen über die Regierung*, übers. v. Hans Jörn Hoffmann, hg. v. Walter Euchner, 6. Aufl., Frankfurt am Main 1995.

Mandeville, Bernhard, *Die Bienenfabel oder Private Laster als gesellschaftliche Vorteile*, übers. v. Helmut Findeisen, mit einem Nachwortessay u. Anm. hg. v. Günter Walch, München 1988.

Marx, Karl, [Kapital] *Das Kapital. Kritik der politischen Ökonomie*, Bd. 1, in: Karl Marx, Friedrich Engels, *Werke*, hg. v. Institut f. Marxismus-Leninismus beim ZK der SED, Bd. 23, Berlin 1975.

–, [Nationalökonomie] *Zur Kritik der Nationalökonomie, Ökonomisch-Philosophische Manuskripte*, in: Karl Marx, *Frühe Schriften*, Bd. 1, hg. v. Hans-Joachim Lieber u. Peter Furth, Darmstadt 1962, 506-665.

La Mettrie, Julian Offray de, *Der Mensch als Maschine*, übers. u. mit einem Essay v. Bernd A. Laska, 2. Aufl., Nürnberg 1988 (frz.: *L'homme machine*, Leiden 1748).

–, [Wollust] *Die Kunst Wollust zu empfinden*, übers. v. Bernd A. Laska u. Mitwirkung v. Gertraud Busse, hg. u. eingel. v. Bernd A. Laska, Nürnberg 1987.
–, [Über das Glück] *Über das Glück oder das höchste Gut (»Anti-Seneca«)*, übers. v. Bernd A. Laska u. Mitwirkung v. Gertraud Busse, hg. u. eingel. v. Bernd A. Laska, Nürnberg 1985.
Nicolai, Friedrich, *Über meine gelehrte Bildung, über meine Kenntnis der kritischen Philosophie und meine Schriften dieselbe betreffend, und über die Herren Kant, I. B. Erhard und Fichte: e. Beylage zu d. 9 Gesprächen zwischen Christian Wolf u. e. Kantianer*, Bruxelles: Culture et Civilisation, 1968, Nachdr. d. Ausg. Berlin 1799.
Novalis, *Heinrich von Ofterdingen*, hg. v. Jochen Hörisch, Frankfurt am Main 1981.
Platon, *Philebos*, übers. u. komm. v. Dorothea Frede, in: ders., *Werke, Übersetzung und Kommentar*, Bd. 3, 2, Göttingen 1997.
Platon, *Politeia. Der Staat*, übers. v. Friedrich Schleiermacher, in: ders., *Werke*, grch.-dt., hg. v. Gunther Eigler, Bd. 4, Darmstadt 1972.
Jean Paul, *Clavis Fichtiana seu Leibgeberiana*, in: *Werke*, Bd. 3, hg. v. Uwe Schweikert, Darmstadt 1974.
Reinhold, Karl Leonhard, [Beyträge] *Beyträge zur leichtern Uebersicht des Zustandes der Philosophie beym Anfange des 19. Jahrhunderts*, 6 Hefte, Hamburg 1801-1803.
–, (Hg.), [Briefwechsel] *C. G. Bardilis und C. L. Reinholds Briefwechsel ueber das Wesen der Philosophie und das Unwesen der Spekulation*, München 1804.
–, [Geist] »Der Geist des Zeitalters als Geist der Philosophie«, in: *Neuer Teutscher Merkur*, hg. v. Christoph Martin Wieland, Weimar, Jg. 1801, Stück 3, 167-193.
–, [Versuch] *Versuch einer neuen Theorie des menschlichen Vorstellungsvermögens*, Prag/Jena 1789, Nachdr. Darmstadt 1963.
Robinet, Jean-Baptiste René, *Von der Natur*, Frankfurt am Main u. a. 1764 (frz. *De la nature*, Amsterdam 1761).
Röschlaub, Johann Andreas, *Untersuchungen über Pathogenie, Oder Einleitung in die medizinische Theorie*, 3 Bde., Frankfurt am Main 1798.
Rousseau, Jean-Jacques, *Diskurs über die Ungleichheit* (Discours sur l'inégalité), übers. u. hg. v. Heinrich Meier, 2. Aufl., Paderborn u. a. 1990.
–, [Emil] *Emil oder Über die Erziehung*, übers. v. Ludwig Schmidts, 12. Aufl., Paderborn 1995.
–, [Gesellschaftsvertrag] *Vom Gesellschaftsvertrag oder Grundsätze des Staatsrechts* (1762), in Zusammenarbeit mit Eva Pietzcker neu übers. u. hg. v. Hans Brockard, 2. Aufl., Stuttgart 1986.
–, *Julie oder Die neue Héloise*, übers. v. Johann Gottfried Gellius, Anm. u. Nachw. v. Reinhold Wolff, 2. Aufl., München 1988.
Sartre, Jean-Paul, *Das Sein und das Nichts. Versuch einer phänomenologi-*

schen Ontologie, übers. v. Hans Schöneberg u. Traugott König, hg. v. Traugott König (*Gesammelte Werke in Einzelausgaben. Philosophische Schriften*, Bd. 3), Reinbek 1991.

Schelling, Friedrich Wilhelm Joseph, [Abhandlungen] *Abhandlungen zur Erläuterung des Idealismus in der Wissenschaftslehre* (1796/97), in: *Friedrich Wilhelm Joseph Schellings sämmtliche Werke*, hg. v. Karl Friedrich August Schelling, Abt. 1, Bd. 1, 343 ff., Nachdr. in: ders., *Ausgewählte Werke*, Bd. 1, Darmstadt 1968, 223-332.

–, [Allgemeine Deduktion] *Allgemeine Deduktion des dynamischen Processes oder der Kategorien der Physik* (1800), in: *Schellings Werke, nach der Originalausgabe in neuer Anordnung*, hg. v. Manfred Schröter, Bd. 2, München 1927, 635-712.

–, [Anhang] »Anhang zu dem Aufsatz des Herrn Eschenmayer betreffend den wahren Begriff der Naturphilosophie, und die richtige Art ihre Probleme aufzulösen«, in: *Zeitschrift für speculative Physik*, Bd. 2, H. 1, hg. v. Friedrich Wilhelm Joseph Schelling, Jena/Leipzig 1801, 109-146.

–, [Bruno] *Bruno oder über das göttliche und natürliche Princip der Dinge. Ein Gespräch* (1802), in: *Friedrich Wilhelm Joseph Schellings sämmtliche Werke*, hg. v. Karl Friedrich August Schelling, Abt. 1, Bd. 4, 213 ff., Nachdr. in: ders., *Ausgewählte Werke*, Bd. 3, Darmstadt 1968, 109-228.

–, [Darstellung] *Darstellung meines Systems der Philosophie* (1801), in: *Friedrich Wilhelm Joseph Schellings sämmtliche Werke*, hg. v. Karl Friedrich August Schelling, Abt. 1, Bd. 4, 105 ff., Nachdr. in: ders., *Ausgewählte Werke*, Bd. 3, Darmstadt 1968, 1-108.

–, [Dogmatismus] *Philosophische Briefe über Dogmatismus und Kriticismus* (1795), Nachdr. in: *Historisch-kritische Ausgabe*, hg. v. Hans Michael Baumgartner, Reihe 1, Bd. 3, Stuttgart 1982, 1-112.

–, [Erster Entwurf] *Erster Entwurf eines Systems der Naturphilosophie. Für Vorlesungen* (1799), in: *Friedrich Wilhelm Joseph Schellings sämmtliche Werke*, hg. v. Karl Friedrich August Schelling, Abt. 1, Bd. 3, 1 ff., Nachdr. in: ders., *Ausgewählte Werke*, Bd. 2, Darmstadt 1968, 1-268.

–, [Fernere Darstellungen] *Fernere Darstellungen aus dem System der Philosophie* (1802), in: *Friedrich Wilhelm Joseph Schellings sämmtliche Werke*, hg. v. Karl Friedrich August Schelling, Abt. 1, Bd. 4, 333-510, Nachdr. in: ders., *Ausgewählte Werke*, Bd. 3, Darmstadt 1967, 229-406.

–, [Ideen] *Ideen zu einer Philosophie der Natur als Einleitung in das Studium dieser Wissenschaft* (1797, 1803), in: *Friedrich Wilhelm Joseph Schellings sämmtliche Werke*, hg. v. Karl Friedrich August Schelling, Abt. 1, Bd. 2, 11 ff., Nachdr. in: ders., *Ausgewählte Werke*, Bd. 1, Darmstadt 1968, 333-397.

–, [Naturphilosophie] *Ueber den wahren Begriff der Naturphilosophie und die richtige Art, ihre Pobleme aufzulösen*, in: *Friedrich Wilhelm Joseph Schellings sämmtliche Werke*, hg. v. Karl Friedrich August Schelling,

Abt. 1, Bd. 4, 79 ff., Nachdr. in: ders., *Ausgewählte Werke*, Bd. 2, Darmstadt 1968, 635-659.

–, [System] *System des transcendentalen Idealismus*, in: *Friedrich Wilhelm Joseph Schellings sämmtliche Werke*, hg. v. Karl Friedrich August Schelling, Abt. 1, Bd. 3, 327 ff., Nachdr. in: ders., *Ausgewählte Werke*, Bd. 2, Darmstadt 1968, 327-634.

–, [Ueber das Verhältniß] *Ueber das Verhältniß der Naturphilosophie zur Philosophie überhaupt* (1802), in: *Friedrich Wilhelm Joseph Schellings sämmtliche Werke*, hg. v. Karl Friedrich August Schelling, Abt. 1, Bd. 5, 106 ff., Nachdr. in: ders., *Ausgewählte Werke*, Bd. 3, Darmstadt 1968, 422-440.

–, [Vom Ich] *Vom Ich als Princip der Philosophie* (1795), in: *Friedrich Wilhelm Joseph Schellings Werke*, hg. v. Hartmut Buchner u. Jörg Jantzen, Reihe 1, Bd. 2, Stuttgart 1980, 67-175.

–, [Von der Weltseele] *Von der Weltseele, eine Hypothese der höheren Physik zur Erklärung des allgemeinen Organismus*, in: *Friedrich Wilhelm Joseph Schellings sämmtliche Werke*, hg. v. Karl Friedrich August Schelling, Abt. 1, Bd. 2, 345 ff., Nachdr. in: ders., *Ausgewählte Werke*, Bd. 2, Darmstadt 1968.

– (Hg.), *Zeitschrift für speculative Physik* (1800-01), Jena/Leipzig, Nachdr. in einem Band, Hildesheim u. a. 1969.

Schiller, Friedrich, *Die Räuber* (1782), 2. Aufl., hg. v. Herbert Stubenrauch, in: *Schillers Werke. Nationalausgabe*, hg. v. Julius Petersen u. Hermann Schneider, Bd. 3, Weimar 1953.

–, *Über Anmuth und Würde* (1793), in: *Schillers Werke, Nationalausgabe*, hg. v. Julius Petersen u. Hermann Schneider, Bd. 20, Weimar 1962.

Schlegel, Friedrich, *Lucinde: ein Roman* (1799), hg. v. Karl Konrad Polheim, Stuttgart 1994.

Schleiermacher, Friedrich, *Über die Religion. Reden an die Gebildeten unter ihren Verächtern* (1799), hg. v. Hans-Joachim Rothert, Hamburg 1958, Nachdr. 1970.

Schulze, Gottlob Ernst, [Aenesidemus] *Aenesidemus oder über die Fundamente der von dem Herrn Professor Reinhold in Jena gelieferten Elementar-Philosophie. Nebst einer Verteidigung des Skeptizismus gegen die Anmaßungen der Vernunftkritik*, hg. v. Manfred Frank, Hamburg 1996.

–, [Kritik] *Kritik der theoretischen Philosophie*, 2 Bde., Hamburg 1801, Nachdr. Brüssel 1973.

Smith, Adam, *Der Wohlstand der Nationen. Eine Untersuchung seiner Natur und seiner Ursachen*, übers. v. Horst Claus Recktenwald, München 1974.

Sextus Empiricus, *Grundriß der pyrrhonischen Skepsis*, übers. u. eingel. v. Malte Hosssenfelder, Frankfurt am Main 1985.

Sophokles, *Antigone*, in: ders., *Dramen*, grch.-dt., übers. u. hg. v. Wilhelm

Willige, überarb. v. Karl Bayer, mit Anm. u. einem Nachw. v. Bernhard Zimmermann, 2. Aufl., Darmstadt 1985.
–, *König Ödipus*, in: ders., *Dramen*, grch.-dt., übers. u. hg. v. Wilhelm Willige, überarb. v. Karl Bayer, mit Anm. u. einem Nachw. v. Bernhard Zimmermann, a. a. O.
Spinoza, Benedictus de, *Briefwechsel*, übers. u. mit Anm. versehen v. Carl Gebhardt, eingel. v. Manfred Walther, 2. Aufl., Hamburg 1977.
–, [Die Ethik] *Die Ethik, Nach geometrischer Methode dargestellt*, übers. u. m. Anm. vers. v. Otto Baensch, eingel. v. Rudolf Schottlaender, 4. Aufl., Hamburg 1989.
–, [Opera] *Benedicti de Spinoza Opera quae supersunt omnia*, hg. v. Heinrich Eberhard Gottlob Paulus, Jena 1802/03.
Steffens, Heinrich, *Beyträge zur innern Naturgeschichte der Erde*, Freiberg 1801.
Treviranus, Gottfried Reinhold, *Biologie, oder Philosophie der lebenden Natur für Naturforscher und Aerzte*, Göttingen 1803.
Voltaire (François Marie Arouet), [Amabeds Briefe] *Les lettres d'Amabed*, in: *L'évangile du jour*, Bd. 6, London [Amsterdam] 1769, dt. *Amabeds Briefe*, in: ders., *Sämtliche Romane und Erzählungen*, übers. v. Ilse Lehmann, m. e. Einl. v. Victor Klemperer, Bremen 1962, 582-638.
–, [Candide] *Candide, Ou l'optimisme*, Genf 1759, dt. *Candide oder der Optimismus*, in: *Sämtliche Romane und Erzählungen*, übers. v. Ilse Lehmann, m. e. Einl. v. Victor Klemperer, Bremen 1962, 148-268.
Wieland, Christoph Martin, *Die Abderiten, Eine sehr wahrscheinliche Geschichte*, Weimar 1774, Nachdr. in: ders., *Sämmtliche Werke*, Bd. 6, Hamburg 1984.
Wolff, Christian, *Der vernünfftigen Gedancken von Gott, der Welt und der Seele des Menschen, auch allen Dingen überhaupt*, anderer Theil, bestehend in ausführlichen Anmerckungen, mit einer Einleitung u. e. kritischen Apparat v. Charles A. Corr, in: ders., *Gesammelte Werke*, hg. v. J. Ecole, Abt. 1, Bd. 3, Hildesheim u. a. 1983.
Jakob Zwillings Nachlaß, eine Rekonstruktion, mit Beiträgen zur Geschichte des spekulativen Denkens, hg. u. erl. v. Dieter Henrich u. a., Bonn 1986 (HST, Beih. 28).

9.2.2 Interpretationen zu Hegels »Phänomenologie des Geistes« sowie Texte zum geschichtlichen Umfeld der Schrift

Althaus, Horst, *Hegel und die heroischen Jahre der Philosophie. Eine Biographie*, München/Wien 1992.
Andolfi, Ferrucio, »Die Gestalten des Individualismus in der ›Phänomenologie des Geistes‹«, in: *XVIII. Internationaler Hegel-Kongreß Wroclaw 1990. Hegel im Kontext der Wirkungsgeschichte*, T. 1, hg. v. Heinz

Kimmerle u. Wolfgang Lefèvre (*Hegel-Jahrbuch* 1991), Fernwald (Annerod) 1991, 211-225.
Aschenberg, Reinhold, »Der Wahrheitsbegriff in Hegels ›Phänomenologie des Geistes‹«, in: *Die ontologische Option. Studien zu Hegels Propädeutik, Schellings Hegel-Kritik und Hegels ›Phänomenologie des Geistes‹*, hg. v. Klaus Hartmann, Berlin / New York 1976, 211-308.
Baptist, Gabriella, »Das absolute Wissen, Zeit, Geschichte, Wissenschaft«, in: *G. W. F. Hegel, Phänomenologie des Geistes*, hg. v. Dietmar Köhler u. Otto Pöggeler, (*Klassiker auslegen*, 16) a. a. O., 243-259.
Bataille, George, »Hegel, la mort et le sacrifice«, in: *Deucalion* 5 (1955), 21-43.
Baum, Manfred, [Die Entstehung] *Die Entstehung der Hegelschen Dialektik*, 2. Aufl., Bonn 1989.
–, [Zur Methode] »Zur Methode der Logik und Metaphysik beim Jenaer Hegel«, in: *Hegel in Jena. Die Entwicklung des Systems und die Zusammenarbeit mit Schelling. Hegel-Tage Zwettl 1977*, hg. v. Dieter Henrich u. Klaus Düsing, (HST, Beih. 20) Bonn 1980, 119-138.
– u. Meist, Kent Rainer, »Durch Philosophie leben. Hegels Konzeption der Philosophie nach den neu aufgefundenen Jenaer Manuskripten«, in: HST 12 (1977).
Beaufort, Jan, *Die drei Schlüsse. Untersuchungen zur Stellung der ›Phänomenologie‹ in Hegels System der Wissenschaft*, Würzburg 1983.
Becker, Werner, [Hegels Begriff] *Hegels Begriff der Dialektik und das Prinzip des Idealismus. Zur systematischen Kritik der logischen und der phänomenologischen Dialektik*, Stuttgart u. a. 1969.
–, [Hegels Dialektik] »Hegels Dialektik von ›Herr‹ und ›Knecht‹«, in: *Stuttgarter Hegel-Tage 1970. Kolloquien des Internationalen Hegel-Jubiläumskongresses Hegel 1770-1970. Gesellschaft, Wissenschaft, Philosophie*, hg. v. Hans-Georg Gadamer, Bonn 1974, 429-439.
–, [Hegels Phänomenologie] *Hegels ›Phänomenologie des Geistes‹. Eine Interpretation*, Stuttgart u. a. 1971.
–, [Dialektik] *Idealistische und materialistische Dialektik. Das Verhältnis von »Herrschaft und Knechtschaft« bei Hegel und Marx*, Stuttgart u. a. 1970.
Behler, Ernst, »Die Geschichte des Bewußtseins zur Vorgeschichte eines Hegelschen Themas«, in: HST 7 (1972), 169-216.
Bengtson, Hermann, *Griechen und Perser*, Frankfurt am Main 1965.
Bieri, Peter (Hg.), *Analytische Philosophie der Erkenntnis*, Frankfurt am Main 1987.
Bitsch, Brigitte, *Sollensbegriff und Moralitätskritik bei Hegel. Interpretationen zur ›Wissenschaft der Logik‹, ›Phänomenologie‹ und ›Rechtsphilosophie‹*, Bonn 1977.
Bloch, Ernst, [Faustmotiv] »Das Faustmotiv der ›Phänomenologie des Geistes‹«, in: HST 1 (1961), 155-171.

–, »Phänomenologie des Geistes«, in: ders., *Subjekt – Objekt. Erläuterungen zu Hegel*. Erweiterte Ausgabe (*Werkausgabe*, Bd. 8), Frankfurt am Main 1985, 59-108.

Blumenberg, Hans, *Die Lesbarkeit der Welt*, Frankfurt am Main 1981.

Bodamer, Theodor, *Hegels Deutung der Sprache. Interpretationen zu Hegels Äußerungen über die Sprache*, Hamburg 1969.

Boeder, Heribert, »Das natürliche Bewußtsein«, in: HST 12 (1977), 157-178.

Boey, Conrad, [L'aliénation] *L'aliénation dans ›La Phénoménologie de l'Esprit‹ de G.W. F. Hegel*, Paris/Brügge 1970.

–, [L'esprit] *L'esprit devenu étranger à soi-même: Une monographie consacrée à la figure du même nom dans ›La Phénoménologie de l'esprit‹ de G.W. F. Hegel*, Paris 1968.

Bonsiepen, Wolfgang, [Altpersische Lichtreligion] »Altpersische Lichtreligion und neupersische Poesie«, in: *Hegel in Berlin*, Ausstellungskatalog, hg. v. Otto Pöggeler, Berlin 1981, 196-204.

–, [Auseinandersetzung] »Zu Hegels Auseinandersetzung mit Schellings Naturphilosophie in der ›Phänomenologie des Geistes‹«, in: *Schelling. Seine Bedeutung für eine Philosophie der Natur und der Geschichte*, hg. v. Ludwig Hasler, Stuttgart-Bad Cannstatt 1981, 167-172.

–, [Bedeutung] »Bedeutung und Grenzen der hermeneutischen Hegel-Interpretation. Bemerkungen zu Kaehler/Marx, Die Vernunft in Hegels Phänomenologie des Geistes«, in: HST 28 (1993), 143-163.

–, [Der Begriff] *Der Begriff der Negativität in den Jenaer Schriften Hegels*, Bonn 1977.

–, »Phänomenologie des Geistes«, in: *Hegel. Einführung in seine Philosophie*, hg. v. Otto Pöggeler, Freiburg/München 1977, 59-74.

–, [Zeitgenössische Rezensionen] »Erste zeitgenössische Rezensionen der Phänomenologie des Geistes«, in: HST 14 (1979), 9-38.

Brandom, Robert B., *Making it explicit: reasoning, representing and discoursive commitment*, Cambridge, Mass., 1994 (dt.: *Expressive Vernunft. Begründung, Repräsentation und diskursive Festlegung*, Frankfurt am Main 2000, übers. von Eva Gilmer und Hermann Vetter).

–, »Pragmatische Themen in Hegels Idealismus«, in: *Deutsche Zeitschrift für Philosophie* 47 (1999), 355-381.

Brauer, Oscar Daniel, *Dialektik der Zeit. Untersuchungen zu Hegels Metaphysik der Weltgeschichte*, Stuttgart-Bad Cannstatt 1982.

Bréhier, Émile, *Histoire de la Philosophie*, Bd. 2, 3, 3 Aufl., Paris 1948.

Brockmeier, Jens, »Am philosophischen Rand der Sprache. Die Natur der sinnlichen Gewißheit in Hegels ›Phänomenologie des Geistes‹«, in: *Hegel-Jahrbuch* 1990, 157-170.

Brumlik, Micha u. Brunkhorst, Hauke (Hg.), *Gemeinschaft und Gerechtigkeit*, Frankfurt am Main 1993.

Bubner, Rüdiger, »Problemgeschichte und systematischer Sinn einer Phänomenologie« (zuerst 1969), in: ders., *Dialektik und Wissenschaft*, Frankfurt am Main 1973, 9-43.

–, *Innovationen des Idealismus*, Göttingen 1995.

Burbridge, John W., »›Unhappy Consciousness‹ in Hegel, An Analysis of Medieval Catholicism?«, in: *The Phenomenology of Spirit Reader. Critical and Interpretive Essays*, hg. v. Jon Bartley Stewart, Albany 1998, 192-209.

Busse, Martin, *Hegels ›Phänomenologie des Geistes‹ und der Staat. Ein Beitrag zur Auslegung der Phänomenologie und der Rechtsphilosophie und zur Geschichte des Hegelschen Systems*, (Diss.) Berlin 1931.

Cartwright, Nancy, *How the Laws of Physics lie*, Oxford 1983.

Cassirer, Ernst, *Philosophie der symbolischen Formen*, 4 Bde., 2. Aufl., Darmstadt 1953, Nachdr. Darmstadt 1994.

Castañeda, Hector-Neri, »Indikatoren und Quasi-Indikatoren«, in: *Sprache und Erfahrung*, hg., eingel. u. übers. v. Helmut Pape, Frankfurt am Main, 160-210.

Chartier, Roger, »The World Turned Upside Down«, in: ders., *Cultural History*, übers. v. Lydia G. Cochrane, Ithaca 1988.

Chiereghin, Franco, *L'influenza dello spinozismo nella formazione della filosofia hegeliana*, Florenz 1961.

Claesges, Ulrich, *Darstellung des erscheinenden Wissens. Systematische Einleitung in Hegels ›Phänomenologie des Geistes‹*, Bonn 1981.

Clark, Malcom, *Logic and System. A Study of the Transition from »Vorstellung« to Thought in the Philosophy of Hegel*, The Hague 1971.

Coreth, Emerich, »Das absolute Wissen bei Hegel«, in: *Zeitschrift für Katholische Theologie* 105 (1983), 389-405.

Cramer, Konrad, »Bemerkungen zu Hegels Begriff vom Bewußtsein in der Einleitung zur ›Phänomenologie des Geistes‹« (zuerst 1976), in: *Seminar: Dialektik in der Philosophie Hegels*, hg. v. Rolf-Peter Horstmann, Frankfurt am Main 1978, 360-393.

Dahlstrom, Daniel O., »Die schöne Seele bei Schiller und Hegel«, in: *Hegel-Jahrbuch* 1991, 147-156.

Daniel, Claus, *Hegel verstehen. Eine Einführung in sein Denken*, Frankfurt am Main / New York 1983.

Dantec, Michel Le, »La Conscience Malheureuse dans la société civile«, in: *Hegels Philosophie des Rechts. Die Theorie der Rechtsformen und ihrer Logik*, hg. v. Dieter Henrich u. Rolf-Peter Horstmann, Stuttgart 1982, 139-150.

Davidson, Donald, »Geistige Ereignisse« (zuerst 1970), in: ders., *Handlung und Ereignis*, übers. v. Joachim Schulte, Frankfurt am Main 1985, 291-317.

–, »On the very Idea of a Conceptual Scheme«, in: *Proceedings and Adresses of the American Philosophical Association* 47 (1974), 5-20 (dt. »Was ist eigentlich ein Begriffsschema?«, in: *Wahrheit und Interpretation*, Frankfurt am Main 1986, 261-282).

Dennett, Daniel Clement, »Intentionale Systeme«, in: *Analytische Philosophie des Geistes*, hg. v. Peter Bieri, 2. Aufl., Bodenheim 1993, 162-183.
De Nys, Martin J., [Mediation and Negativity] »Mediation and Negativity in Hegel's Phenomenology of Christian Conscience«, in: *Journal of Religion* 66 (1986), 46-67.
–, [Sense Certainty] »Sense Certainty and Universality. Hegel's Entrance into the ›Phenomenology‹«, in: *International Philosophical Quarterly* 18 (1978), 445-465.
Delcourt, Marie, *L'oracle de Delphes*, Paris 1981.
Der Kleine Pauly. Lexikon der Antike, 5 Bde. hg. v. Konrad Ziegler u. Walther Sontheimer, München 1979.
Derrida, Jacques, *Glas*, Paris 1974.
Deutsches Wörterbuch, bearb. v. Jacob u. Wilhelm Grimm (u. a.), Bd. 1-16, Leipzig 1854-1954.
Dickey, Laurence, *Hegel. Religion, Economics and Politics of the Spirit, 1770-1807*, Cambridge 1987.
Domenico, Nicola de, »Die ›Verkehrte Welt‹. Ein erneuter Versuch, eine reflexive Paradoxie der ›Phänomenologie des Geistes‹ Hegels zu interpretieren«, in: *Philosophie als Verteidigung des Ganzen der Vernunft*, hg. v. Domenico Losurdo u. Hans Jörg Sandkühler, Köln 1988.
Dooren, Willem van, [Der Begriff] »Der Begriff der Bildung in der ›Phänomenologie des Geistes‹«, in: *Referate des IX. Internationalen Hegel-Kongresses Antwerpen 1972* (T. 2), hg. v. Wilhelm Raimund Beyer (*Hegel-Jahrbuch* 1973), Köln 1974, 162-169.
–, [Die Aufgabe] »Die Aufgabe der Hegelforschung in bezug auf die ›Phänomenologie des Geistes‹«, in: HST 4 (1967), 235-243.
–, [Die Bedeutung] »Die Bedeutung der Religion in der ›Phänomenologie des Geistes‹«, in: *Hegel-Tage Urbino 1965. Vorträge*, hg. v. Hans-Georg Gadamer, Bonn 1969, 93-101.
Dove, Kenley R., [Die Epoché] »Die Epoché der ›Phänomenologie des Geistes‹«, in: HST 11 (1974), 605-621.
–, »[Method] Hegel's Phenomenological Method«, in: *The Review of Metaphysics* 23 (1970), 615-641.
Dudeck, Caroline V., *Hegel's ›Phenomenology of Mind‹. Analysis and Commentary*, Washington 1981.
Düsing, Klaus, [Ästhetischer Platonismus] »Ästhetischer Platonismus bei Hölderlin und Hegel«, in: *Homburg vor der Höhe in der deutschen Geistesgeschichte*, hg. v. Christoph Jamme u. Otto Pöggeler, Stuttgart 1981, 101-117.
–, [Der Begriff] »Der Begriff der Vernunft in Hegels ›Phänomenologie‹«, in: *Vernunftbegriffe in der Moderne*, hg. v. Hans Friedrich Fulda u. Rolf-Peter Horstmann, Stuttgart 1994, 245-260.
–, [Die Bedeutung] »Die Bedeutung des antiken Skeptizismus für Hegels Kritik der sinnlichen Gewißheit«, in: HST 8 (1973), 119-130.

–, [Die Entstehung] »Die Entstehung des spekulativen Idealismus«, in: *Transzendentalphilosophie und Spekulation*, hg. v. Walter Jaeschke, Hamburg 1994, 144-163.
–, [Hegel] »G.W.F. Hegel«, in: *Philosophen des 19. Jahrhunderts*, hg. v. Margot Fleischer u. Jochem Hennigfeld, Darmstadt 1998, 70-88.
–, [Hegels Phänomenologie] »Hegels ›Phänomenologie‹ und die idealistische Geschichte des Selbstbewußtseins«, in: HST 28 (1993), 103-126.
–, [Das Problem] *Das Problem der Subjektivität in Hegels Logik. Systematische und entwicklungsgeschichtliche Untersuchungen zum Problem des Idealismus und zur Dialektik*, Bonn 1976.
–, [Hegel und die Geschichte] *Hegel und die Geschichte der Philosophie. Ontologie und Dialektik in Antike und Neuzeit*, Darmstadt 1983.
–, [Spekulation] »Spekulation und Reflexion. Zur Zusammenarbeit Schellings und Hegels in Jena«, in: HST 5 (1969), 95-128.
–, [Über das Verhältnis] »Über das Verhältnis Hegels zu Fichte«, in: *Philosophische Rundschau* 20 (1973), 50-63.
– (Hg.), *Schellings und Hegels erste absolute Metaphysik (1801-1802). Zusammenfassende Vorlesungsnachschriften v. Ignaz Paul Vitalis Troxler*, Köln 1988.
–, u. Henrich, Dieter (Hg.), *Hegel in Jena. Die Entwicklung des Systems und die Zusammenarbeit mit Schelling. Hegel-Tage Zwettl 1977*, Bonn 1980.
Duquette, David, »The Political Significance of Hegel's Concept of Recognition in the ›Phenomenology‹«, in: *Bulletin of the Hegel Society of Great Britain* 29 (Spring/Summer 1994), 38-54.
Enskat, Rainer, *Die Hegelsche Theorie des praktischen Bewußtseins*, Frankfurt am Main 1986.
Falke, Gustav-Hans H., [Begriffne Geschichte] *Begriffne Geschichte. Das historische Substrat und die systematische Anordnung der Bewußtseinsgestalten in Hegels ›Phänomenologie des Geistes‹. Interpretation und Kommentar*, Berlin 1996.
–, [Hegel und Jacobi] »Hegel und Jacobi, Ein methodisches Beispiel zur Interpretation der Phänomenologie des Geistes«, in: HST 22 (1987), 129-142.
Fehér, István M., »Einleitung in die Philosophie als philosophisches Problem. Hermeneutische Interpretation eines Absatzes aus der ›Vorrede‹ von Hegels ›Phänomenologie des Geistes‹«, in: *Idealismus mit Folgen. Die Epochenschwelle um 1800 in Kunst und Geisteswissenschaften. Festschrift zum 65. Geburtstag von Otto Pöggeler*, hg. v. Hans-Jürgen Gawoll u. Christoph Jamme, München 1994, 197-210.
Fessard, Gaston, »Deux interprètes de la ›Phénoménologie‹ de Hegel: Jean Hyppolite et Alexandre Kojève«, in: *Études* 255 (1947), 368-373.
Fetscher, Iring, [Hegels Lehre] *Hegels Lehre vom Menschen. Kommentar zu den §§ 387-482 der ›Enzyklopädie der philosophischen Wissenschaften‹*, Stuttgart-Bad Cannstatt 1970, 95-127.

–, [Randglossen] »Randglossen zu »Herrschaft und Knechtschaft« in Hegels ›Phänomenologie des Geistes‹«, in: *Wirklichkeit und Reflexion. Walter Schulz zum 60. Geburtstag*, hg. v. Helmut Fahrenbach, Pfullingen 1973, 137-144.

–, »Vorwort«, in: *Alexandre Kojève, Hegel. Eine Vergegenwärtigung seines Denkens. Kommentar zur ›Phänomenologie des Geistes‹*, übers. v. Iring Fetscher u. Gerhard Lehmbruch, hg. v. Iring Fetscher, Frankfurt am Main 1975.

Findlay, John Niemeyer, [Analysis] »Analysis of the text«, in: *Hegel's Phenomenology of Spirit*, Oxford 1977, 479-592.

–, [Hegel] *Hegel. A Re-examination*, London 1958.

Fink, Eugen, »Die verkehrte Welt«, in: *Weltaspekte der Philosophie. Rudolph Berlinger zum 26. Oktober 1972*, hg. v. Werner Beierwaltes u. Wiebke Schrader, Amsterdam 1972, 41-52.

–, [Hegel] *Hegel. Phänomenologische Interpretation der ›Phänomenologie des Geistes‹*, hg. v. Jan Holl, Frankfurt am Main 1977.

Fink-Eitel, Hinrich, »Hegels phänomenologische Erkenntnistheorie als Begründung dialektischer Logik«, in: *Philosophisches Jahrbuch* 85 (1978), 242-258.

Fischer, Kuno, *Hegels Leben, Werke und Lehre. Erster Teil*, Heidelberg 1911, Nachdr. Nendeln/Liechtenstein 1973.

Flay, Joseph C., [Inverted World] »Hegel's Inverted World«, in: *G. W. F. Hegel, Phänomenologie des Geistes*, hg. v. Dietmar Köhler u. Otto Pöggeler, (*Klassiker auslegen*, 16) a. a. O., 89-105 (zuerst in: *Review of Metaphysics* 24 (1970), 662-678).

–, [Quest for Certainty] *Hegel's Quest for Certainty*, Albany 1984.

–, [History] »The History of Philosophy and the ›Phenomenology of Spirit‹«, in: *Hegel and the History of Philosophy. Proceedings of the 1972 Hegel Society of America Conference*, The Hague 1974, 47-61.

–, [Time] »Time in Hegel's ›Phenomenology of Spirit‹«, in: *International Philosophical Quarterly* 31 (1991), 259-273.

Fodor, Jerry A., *The Modularity of Mind. An Essay on Faculty Psychology*, Cambridge, Mass., 1983.

Folkers, Horst, *Hegels erste philosophische Positionsbestimmung. Die Stellung der Differenzschrift in der Ausbildung der Identitätsphilosophie*, (Diss.), Heidelberg 1986.

Forster, Michael N., *Hegel's Idea of a Phenomenology of Spirit*, Chicago/London 1993.

–, *Hegel and Skepticism*, Cambridge, Mass., 1989.

Frank, Manfred, *›Unendliche Annäherung‹, Die Anfänge der philosophischen Frühromantik*, 2. Aufl., Frankfurt 1998.

Frege, Gottlob, *Logische Untersuchungen*, in: *Kleine Schriften*, hg. u. m. Nachbemerkungen versehen v. Ignacio Angelelli, 2. Aufl., Hildesheim u. a. 1990, 342-394.

Fujita, Masakatsu, *Philosophie und Religion beim jungen Hegel unter besonderer Berücksichtigung seiner Auseinandersetzung mit Schelling*, Bonn 1985 (HST, Beih. 26).
Fukuyama, Francis, *Das Ende der Geschichte. Wo stehen wir?*, übers. v. Helmut Dierlamm, München 1992.
Fulda, Hans Friedrich, [Das Problem] *Das Problem einer Einleitung in Hegels ›Wissenschaft der Logik‹*, 2. Aufl., Frankfurt am Main 1975.
–, [Hegel] »G.W.F. Hegel«, in: Otfried Höffe (Hg.), *Klassiker der Philosophie II. Von Immanuel Kant bis Jean-Paul Sartre*, 3. Aufl., München 1995, 62-92.
–, [Zur Logik] »Zur Logik der ›Phänomenologie‹ von 1807« (zuerst 1966), in: *Materialien zu Hegels ›Phänomenologie des Geistes‹*, hg. v. Hans Friedrich Fulda u. Dieter Henrich, 4. Aufl., Frankfurt am Main 1979, 391-425.
–, u. Henrich, Dieter (Hg.), *Materialien zu Hegels ›Phänomenologie des Geistes‹*, a. a. O.
–, u. Horstmann, Rolf-Peter (Hg.), *Skeptizismus und spekulatives Denken in der Philosophie Hegels*, Stuttgart 1996.
Gadamer, Hans Georg, »Die verkehrte Welt«, in: *Materialien zu Hegels ›Phänomenologie des Geistes‹*, hg. v. Hans Friedrich Fulda u. Dieter Henrich, a. a. O., 106-130.
–, [Hegels Dialektik] »Hegels Dialektik des Selbstbewußtseins«, in: *Materialien zu Hegels ›Phänomenologie des Geistes‹*, hg. v. Hans Friedrich Fulda u. Dieter Henrich, a. a. O., 217-242.
Garaudy, Roger, *Gott ist tot. Eine Studie über Hegel*, übers. v. Theodor Lücke, Berlin 1965.
Gauvin, Joseph, [Entfremdung] »›Entfremdung‹ et ›Entäußerung‹ dans la ›Phénoménologie de l'Esprit‹ de Hegel«, in: *Archives de Philosophie* 25 (1962), 555-571.
–, [Für uns] »Le ›Für uns‹ dans la ›Phénoménologie de l'Esprit‹«, in: *Archives de Philosophie* 33 (1970), 829-854.
–, »Plaisir et nécessité« I, II, in: *Archives de Philosophie* 28 (1965), 483-509; 29 (1966), 237-267.
–, [Wortindex] *Wortindex zu Hegels ›Phänomenologie des Geistes‹*, Bonn 1977.
Geraets, Theodore F. (Hg.), *Hegel: The Absolute Spirit*, Ottawa 1984.
Gibbon, Edward, *Gibbon's Geschichte des allmäligen Sinkens und endlichen Unterganges des römischen Weltreiches* (1737-1794), übers. v. Johann Sporschill, 12 Bde., 4. Aufl., Leipzig 1862.
Girndt, Helmut, *Die Differenz des Fichteschen und Hegelschen Systems in der Hegelschen ›Differenzschrift‹*, Bonn 1965.
Glockner, Hermann, *Hegel*, 2 Bde., in: JA 21-22.
–, *Hegel-Lexikon*, 2 Bde., in: JA 23-26.
Gloy, Karen, »Bemerkungen zum Kapitel Herrschaft und Knechtschaft in

Hegels ›Phänomenologie des Geistes‹«, in: *Zeitschrift für philosophische Forschung* 39 (1985), 187-213.
Göhler, Gerhard, »Die wichtigsten Ansätze zur Interpretation der ›Phänomenologie‹«, in: *Georg Wilhelm Friedrich Hegel, Phänomenologie des Geistes. Mit einem Nachwort von Georg Lukács*, hg. v. Gerhard Göhler, 2. Aufl., Frankfurt am Main / Berlin / Wien 1973, 591-623.
Görlandt, Ingtraud, *Die Kantkritik des jungen Hegel*, Frankfurt am Main 1966.
Gossens, Wilfried, »Ethical Life and Family in the ›Phenomenology of Spirit‹«, in: *Hegel on Ethical Life, Religion and Philosophy: 1793-1807*, hg. v. André Wylleman, Louvain/Dordrecht 1989, 163-194.
Graeser, Andreas, [Hegels Erörterungen] »Zu Hegels Erörterungen eines Einwandes gegen die Theorie von der Selbstprüfung des Bewußtseins«, in: HST 21 (1986), 182-186.
–, [Hegels Kritik] »Hegels Kritik der sinnlichen Gewißheit und Platons Kritik der Wahrnehmung im ›Theaitet‹«, in: *Revue de Philosophie Ancienne* 3 (1985), 39-57.
–, [Hegels Porträt] »Hegels Porträt der sinnlichen Gewißheit«, in: *G.W.F. Hegel, Phänomenologie des Geistes*, hg. v. Dietmar Köhler u. Otto Pöggeler, (*Klassiker auslegen*, 16) a. a. O., 33-51.
–, »Kommentar«, in: *G. W. F. Hegel, Einleitung zur ›Phänomenologie des Geistes‹*, Stuttgart 1988.
Gram, Moltke S., »Moral and Literary Ideals in Hegel's Critique of the Moral World View«, in: *The Phenomenology of Spirit Reader. Critical and Interpretive Essays*, hg. v. Jon Bartley Stewart, a. a. O., 307-333 (zuerst in: *Clio* 7 (1978), 375-402).
Greene, Murray, [Hegel's Notion] »Hegel's Notion of Inversion«, in: *International Journal of the Philosophy of Religion* 1 (1970), 161-175.
–, [Unhappy Consciousness] »Hegel's ›Unhappy Consciousness‹ and Nietzsche's ›Slave Morality‹«, in: *Hegel and the Philosophy of Religion. The Wofford Symposium*, hg. v. Darrel E. Christensen, The Hague 1970, 125-155.
Gretic, Goran, *Das Problem des absoluten Wissens in Hegels ›Phänomenologie des Geistes‹*, (Diss.) Köln 1975.
Grimmlinger, Friedrich, »Zum Begriff des absoluten Wissens in Hegels ›Phänomenologie‹«, in: *Geschichte und System. Festschrift für Erich Heintel zum 60. Geburtstag*, hg. v. Hans-Dieter Klein u. Erhard Oeser, München/Wien 1972, 279-300.
Guibal, Francis, *Dieu selon Hegel. Essai sur la problématique de la ›Phénoménologie de l'Esprit‹*, Paris 1975.
Gulyga, Arsenij, *Georg Wilhelm Friedrich Hegel*, übers. v. Waldemar Seidel, Frankfurt am Main 1974.
Habermas, Jürgen, [Arbeit und Interaktion] »Arbeit und Interaktion. Bemerkungen zu Hegels Jenenser ›Philosophie des Geistes‹« (zuerst 1967),

in: ders., *Technik und Wissenschaft als ›Ideologie‹*, Frankfurt am Main 1968, 9-47.
–, [Erkenntnis und Interesse] *Erkenntnis und Interesse. Mit einem neuen Nachwort*, 8. Aufl., Frankfurt am Main 1985.
–, [Komplexe Gesellschaften] »Können komplexe Gesellschaften eine vernünftige Identität ausbilden? Rede aus Anlaß der Verleihung des Hegel-Preises (der Stadt Stuttgart)«, in: Jürgen Habermas u. Dieter Henrich, *Zwei Reden*, Frankfurt am Main 1974, 23-84.
–, »Nachwort«, in: *Georg Wilhelm Friedrich Hegel, Politische Schriften*, Frankfurt am Main 1968, 343-370.
Haering, Theodor Lorenz, *Hegel. Sein Wollen und sein Werk. Eine chronologische Entwicklungsgeschichte der Gedanken und Sprache Hegels*, 2 Bde., Berlin/Leipzig 1929-1938, Nachdr. Aalen 1963.
Hagner, Joachim, »Die Wahrnehmung; oder das Ding, und die Täuschung«, in: *G. W. F. Hegel. Phänomenologie des Geistes*, hg. v. Dietmar Köhler u. Otto Pöggeler, (*Klassiker auslegen*, 16) a. a. O., 53-88.
Halbig, Christoph, [Objektives Denken] *Objektives Denken. Erkenntnistheorie und Philosophy of Mind in Hegels System*, Stuttgart-Bad Cannstatt 2002.
–, [Hegels Wahrheitsbegriff] »Ist Hegels Wahrheitsbegriff geschichtlich?«, Vortrag auf dem 7. Internationalen Hegelkongreß, Stuttgart 1999.
Hansen, Frank-Peter, [Hegel] *G. W. F. Hegel, Phänomenologie des Geistes. Ein einführender Kommentar*, Paderborn u. a. 1994.
–, [Hegels Phänomenologie] *Hegels ›Phänomenologie des Geistes‹. ›Erster Teil‹ des ›Systems der Wissenschaft‹. Dargestellt an Hand der ›System-Vorrede‹ von 1807*, Würzburg 1994.
–, [Entwicklung] »Zu Hegels Entwicklung im Hinblick auf die Vorrede der ›Phänomenologie des Geistes‹. Dargestellt anhand von Jürgen Rollwages Habilitationsschrift ›Kommentar zur Vorrede von Hegels Phänomenologie des Geistes‹«, in: *Philosophisches Jahrbuch* 97 (1990), 125-146.
Harris, Henry Silton, [Farewell to Hegel] »Hail and Farewell to Hegel. The Phenomenology and the Logic«, in: *The Owl of Minerva* 25 (1993/94), 163-171.
–, *Hegel's Ladder*, Vol. 1: *The Pilgrimage of Reason*, Vol. 2: *The Odyssey of Spirit*, Indianapolis 1997.
–, [Influences] »Les influences platoniciennes sur la théorie de la vie et du désir dans la ›Phénoménologie de l'esprit‹ de Hegel«, in: *Revue de Philosophie Ancienne* 3 (1985), 59-94.
–, [Intellectual Development] »Hegel's Intellectual Development to 1807«, in: *The Cambridge Companion to Hegel*, hg. v. Frederick C. Beiser, Cambridge / New York 1993, 25-51.
–, [Sunlight] *Hegel's Development*, Bd. 1: *Toward the sunlight (1770-1801)*, Oxford 1972.

–, [Night Thoughts] *Hegel's Development*, Bd. 2: *Night Thoughts (Jena 1801-1806)*, Oxford 1983.
Hartkopf, Werner, *Kontinuität und Diskontinuität in Hegels Jenaer Anfängen*, Königstein/Taunus 1979.
Hartmann, Klaus, *Die ontologische Option. Studien zu Hegels Propädeutik, Schellings Hegel-Kritik und Hegels ›Phänomenologie des Geistes‹*, Berlin 1976.
Haym, Rudolf, *Hegel und seine Zeit. Vorlesungen über Entstehung und Entwickelung, Wesen und Werth der Hegel'schen Philosophie*, Berlin 1857, Nachdr. Hildesheim 1962.
Hegel, Hannelore, *Isaak von Sinclair zwischen Fichte, Hölderlin und Hegel, Ein Beitrag zur Entstehungsgeschichte der idealistischen Philosophie*, Frankfurt am Main 1971.
Heidegger, Martin, [Hegels Begriff] *Hegels Begriff der Erfahrung* (zuerst 1942/43), in: ders., *Holzwege*, hg. v. Friedrich-Wilhelm von Herrmann, (*Gesamtausgabe*, Bd. 5) Frankfurt am Main 1977, 115-208.
–, [Hegels Phänomenologie des Geistes] *Hegels ›Phänomenologie des Geistes‹. Freiburger Vorlesung Wintersemester 1930/31*, hg. v. Ingtraud Görland, (*Gesamtausgabe*, Bd. 32) Frankfurt am Main 1980.
–, *Sein und Zeit*, in: ders., *Gesamtausgabe*, Bd. 2, Frankfurt am Main 1977.
–, [Seminar] *Seminar in Le Thor 1968*, in: *Seminare*, hg. v. Curd Ochwadt (*Gesamtausgabe*, Bd. 15), Frankfurt am Main 1986, 286-325.
Heidegren, Carl-Göran, »›Die Wunden des Geistes heilen, ohne daß Narben bleiben.‹ Drei Komponenten in Hegels Begriff der Sittlichkeit«, in: *XIX. Internationaler Hegel-Kongreß Nürnberg 1992. Recht und Staat* (*Hegel-Jahrbuch* 1993/94), hg. v. Andreas Arndt, Karol Bal u. Henning Ottmann, Berlin 1995, 363-368.
Heinrichs, Johannes, *Die Logik der ›Phänomenologie des Geistes‹*, 2. Aufl., Bonn 1983.
Helferich, Christoph, *G.W.F. Hegel*, Stuttgart 1979.
Henrich, Dieter, [Andersheit] »Andersheit und Absolutheit des Geistes. Sieben Schritte auf dem Wege von Schelling zu Hegel«, in: ders., *Selbstverhältnisse*, Stuttgart 1982, 142-172.
–, [Der Grund] *Der Grund im Bewußtsein. Untersuchungen zu Hölderlins Denken (1794-1795)*, Stuttgart 1992.
–, *Hegel im Kontext*, 2. Aufl., Frankfurt 1975.
–, »Hegel und Hölderlin«, in: ders., *Hegel im Kontext*, a. a. O., 9-40.
–, [Konstellationen] *Konstellationen. Probleme und Debatten am Ursprung der idealistischen Philosophie (1785-1795)*, Stuttgart 1992.
–, [Zufall] »Hegels Theorie über den Zufall« (zuerst 1958/59), in: ders., *Hegel im Kontext*, a. a. O., 157-186.
–, »Historische Voraussetzungen«, in: ders., *Hegel im Kontext*, a. a. O., 41-72.

–, [Selbstverhältnisse] *Selbstverhältnisse: Gedanken und Auslegung zu den Grundlagen der klassischen deutschen Philosophie*, 2. Aufl., Stuttgart 1993.

Hillmann, Guenter, *Marx und Hegel. Von der Spekulation zur Dialektik. Interpretationen der ersten Schriften von Karl Marx im Hinblick auf sein Verhältnis zu Hegel*, Frankfurt am Main 1966.

Hirsch, Emanuel, »Die Beisetzung der Romantiker in Hegels ›Phänomenologie‹. Ein Kommentar zu dem Abschnitte über die Moralität« (zuerst 1924), in: *Materialien zu Hegels ›Phänomenologie des Geistes‹*, hg. v. Hans Friedrich Fulda u. Dieter Henrich, a. a. O., 245-275.

[HWP] *Historisches Wörterbuch der Philosophie*, hg. v. Joachim Ritter u. Karlfried Gründer, Bd. 1 ff., Basel/Stuttgart 1971 ff.

Hösle, Vittorio, *Hegels System. Der Idealismus der Subjektivität und das Problem der Intersubjektivität*, Bd. 1: *Philosophie der Natur und des Geistes*, Hamburg 1987, 365-388.

Hoffheimer, Michael H., »The Idea of Law (Recht) in Hegel's ›Phenomenology of Spirit‹«, in: *Clio* 21 (1992), 345-367.

Holz, Hans Heinz, *Herr und Knecht bei Leibniz und Hegel. Zur Interpretation der Klassengesellschaft*, Neuwied/Berlin 1968.

Honneth, Axel, *Kampf um Anerkennung. Zur moralischen Grammatik sozialer Konflikte*, Frankfurt am Main 1992.

– (Hg.), *Kommunitarismus: eine Debatte über die moralischen Grundlagen moderner Gesellschaften*, (*Theorie und Gesellschaft*, 26) Frankfurt am Main 1995.

Horstmann, Rolf-Peter, [Entwürfe] *Hegels vorphänomenologische Entwürfe zu einer Philosophie der Subjektivität in Beziehung auf die Kritik an den Prinzipien der Reflexionsphilosophie*, (Diss.) Heidelberg 1968.

–, [Über die Rolle] »Über die Rolle der bürgerlichen Gesellschaft in Hegels politischer Philosophie« (zuerst 1974), in: *Materialien zu Hegels Rechtsphilosophie*, hg. v. Manfred Riedel, Bd. 1, Frankfurt am Main 1975, 276-311.

–, [Wahrheit] *Wahrheit aus dem Begriff. Eine Einführung in Hegel*, Frankfurt am Main 1990.

Houlgate, Stephen, *Freedom, Truth and History. An Introduction to Hegel's Philosophy*, New York 1991.

Hoy, David, »Hegel's Critique of Kantian Morality«, in: *History of Philosophy Quarterly* 6 (1989), 207-232.

HST – *Hegel-Studien*, hg. v. Friedhelm Nicolin u. Otto Pöggeler, Bonn 1961 ff.

Husserl, Edmund, *Logische Untersuchungen*, 2 Bde., in: *Gesammelte Schriften*, hg. v. Elisabeth Ströker, Bd. 2-4, Hamburg 1992.

Hyppolite, Jean Gaston, [Genèse] *Genèse et structure de la ›Phénoménologie de l'Esprit de Hegel‹*, 2 Bde., Paris 1946.

Inwood, Michael, [Dictionary] *A Hegel Dictionary*, Oxford / Cambridge, Mass., 1992.

–, *Hegel*, London 1983.

Jaeger, Werner, *Paideia*, 3 Bde., Berlin 1944.

Jaeschke, Walter, [Geschichtlichkeit] »Die Geschichtlichkeit der Geschichte«, in: *Hegel-Jahrbuch* 1995, 363-373.

–, [Vernunft] *Vernunft in der Religion. Studien zur Grundlegung der Religionsphilosophie Hegels*, Stuttgart-Bad Cannstatt 1986, 198-218.

–, [Vorwort] »Vorwort des Herausgebers«, in: Georg Wilhelm Friedrich Hegel, *Vorlesungen über die Philosophie der Religion (1821, 1824, 1827)*, T. 1: Einleitung. Der Begriff der Religion, hg. v. Walter Jaeschke, Hamburg 1983 (*Vorlesungen. Ausgewählte Nachschriften und Manuskripte*, Bd. 3), IX-LXXXVI.

– (Hg.), *Der Streit um die Gestalt einer ersten Philosophie (1799-1807)*, Hamburg 1999.

Jamme, Christoph, [Ein ungelehrtes Buch] *»Ein ungelehrtes Buch«. Die philosophische Gemeinschaft zwischen Hölderlin und Hegel in Frankfurt 1797-1800*, 2. Aufl., Bonn 1988.

–, [Platon] »Platon, Hegel und der Mythos. Zu den Hintergründen eines Diktums aus der Vorrede zur ›Phänomenologie des Geistes‹«, in: HST 15 (1980), 151-169.

–, u. Schneider, Helmut (Hg.), »Einleitung«, in: *Mythologie der Vernunft. Hegels ältestes Systemprogramm des deutschen Idealismus*, Frankfurt am Main 1984, 19-76.

–, u. Schneider, Helmut (Hg.), [Weg] *Der Weg zum System. Materialien zum jungen Hegel*, Frankfurt am Main 1990.

Jamros, Daniel P., *The Human Shape of God: Religion in Hegel's Phenomenology of Spirit*, New York 1994.

Janke, Wolfgang, »Herrschaft und Knechtschaft und der absolute Herr«, in: *Philosophische Perspektiven* 4 (1972), 211-231.

Jarczyk, Gwendoline, *Les premiers combats de la reconnaissance. Maîtrise et servitude dans la ›Phénoménologie de l'Esprit‹ de Hegel. Text et commentaire*, Paris 1987.

Jauss, Hans Robert, »Le Neveu de Rameau: Dialogue et Dialectique«, in: *Revue de Métaphysique et de Morale* 89 (1984), 145-181.

Jung, Erich, *Entzweiung und Versöhnung in Hegels ›Phänomenologie des Geistes‹*, hg. v. Hermann Röckel, Leipzig 1940.

Jurist, Eliot, »Hegel's Concept of Recognition«, in: *The Owl of Minerva* 19 (1987), 5-22.

Kaan, André, »Le mal et son pardon«, in: *Hegel-Tage Royaumont 1964, Beiträge zur Deutung der Phänomenologie des Geistes*, hg. v. Hans-Georg Gadamer, Bonn 1966 (HST, Beih. 3), 187-194.

Kaehler, Klaus Erich u. Marx, Werner, *Die Vernunft in Hegels ›Phänomenologie des Geistes‹*, Frankfurt am Main 1992.

Kainz, Howard P., *Hegel's ›Phenomenology‹*. Part 1: *Analysis and Commentary*, Alabama 1976; Part 2: *The Evolution of Ethical and Religious Consciousness to the Absolute Standpoint*, Alabama 1983.

Kakuschka, R. *Geschichtlichkeit und Christentum in Hegels ›Phänomenologie‹*, (Diss.) Bonn 1955.

Kashima, Toru, *Die konkrete Gegenwart. Das Problem der Zeit in der Philosophie Hegels mit besonderer Berücksichtigung der ›Phänomenologie des Geistes‹*, (Diss.), Tübingen 1992.

Kaufmann, Walter, [Hegel] *Hegel. Reinterpretation, Texts, and Commentary*, Garden City, N. Y. 1965.

–, [Hegel's Conception] »Hegel's Conception of Phenomenology«, in: *Phenomenology and Philosophical Understanding*, hg. v. Edo Pivcevic, Cambridge / New York 1975, 211-230.

Kelly, George Armstrong, »Bemerkungen zu Hegels ›Herrschaft und Knechtschaft‹« (zuerst 1965), übers. v. Rüdiger Bittner, in: *Materialien zu Hegels ›Phänomenologie des Geistes‹*, hg. v. Hans Friedrich Fulda u. Dieter Henrich, a. a. O., 189-216.

Kersting, Wolfgang, *Die Ethik in Hegels ›Phänomenologie des Geistes‹*, (Diss.), Hannover 1974.

Kettner, Matthias, [Gewißheit] *Hegels ›sinnliche Gewißheit‹. Diskursanalytischer Kommentar*, Frankfurt am Main / New York 1990.

–, [Revolutionslogik] »Revolutionslogik. Zur Begriffsform von Hegels Deutungen der Französischen Revolution«, in: *Die Ideen von 1789 in der deutschen Rezeption*, hg. v. Forum für Philosophie Bad Homburg, Frankfurt am Main 1989, 186-204.

Kimmerle, Heinz [Das Problem] *Das Problem der Abgeschlossenheit des Denkens. Hegels »System der Philosophie« in den Jahren 1800-1804*, Bonn 1970.

–, [Sein und Selbst] *Sein und Selbst. Untersuchungen zur kategorialen Einheit von Vernunft und Geist in Hegels ›Phänomenologie des Geistes‹*, Bonn 1978.

–, [Zur Entwicklung] »Zur Entwicklung des Hegelschen Denkens in Jena«, in: *Hegel-Tage Urbino 1965. Vorträge*, hg. v. Hans-Georg Gadamer, Bonn 1969, 33-47.

– (Hg.), »Dokumente zu Hegels Jenaer Dozententätigkeit (1801-1807)«, in: HST 4 (1967), 21-99.

Kley, Dale van, *The Jansenists and the Expulsion of the Jesuits from France*, New Haven 1975.

Kline, George Louis, »The Dialectic of Action and Passion in Hegel's ›Phenomenology of Spirit‹«, in: *The Review of Metaphysics* 23 (1969/70), 679-689.

Koch, Anton Friedrich, »Die Selbstbeziehung der Negation in Hegels Logik«, in: *Zeitschrift für Philosophische Forschung* 53 (1999), 1-29.

Köhler, Dietmar, [Geschichtsbegriff] »Der Geschichtsbegriff in Hegels

Phänomenologie des Geistes«, in: *G. W. F. Hegels Vorlesungen über die Philosophie der Weltgeschichte*, hg. v. Dietmar Köhler u. Elisabeth Weisser-Lohmann, Bonn 1998 (HST, Beih. 38), 35-47.

–, »Hegels Gewissensdialektik«, in: HST 28 (1993), 127-141.

–, u. Pöggeler, Otto (Hg.), *G. W. F. Hegel, Phänomenologie des Geistes* (*Klassiker auslegen*, 16), Berlin 1998.

Kondylis, Panajotis, *Die Entstehung der Dialektik. Eine Analyse der geistigen Entwicklung von Hölderlin, Schelling und Hegel bis 1802*, Stuttgart 1979.

Kojève, Alexandre, [Vergegenwärtigung] *Hegel, Eine Vergegenwärtigung seines Denkens, Kommentar zur Phänomenologie des Geistes, Mit einem Anhang: Hegel, Marx und das Christentum*, hg. v. Iring Fetscher, übers. v. Iring Fetscher u. Gerhard Lehmbruch, Frankfurt 1984.

–, [Introduction] *Introduction à la lecture de Hegel. Leçons sur la ›Phénoménologie de l'Esprit‹ professées de 1933 à 1939 à l'École des Hautes-Etudes*, hg. v. Raymond Queneau, 3. Aufl., Paris 1947.

Krahl, Hans-Jürgen, *Erfahrung des Bewußtseins. Kommentare zu Hegels Einleitung der ›Phänomenologie des Geistes‹ und Exkurse zur materialistischen Erkenntnistheorie*, Frankfurt am Main 1979.

Kreß, Angelika, *Reflexion als Erfahrung. Hegels Phänomenologie der Subjektivität*, Würzburg 1996.

Kroner, Richard, *Von Kant bis Hegel*, 2. Aufl., Tübingen 1961.

Krüger, Gerhard, »Die dialektische Erfahrung des natürlichen Bewußtseins bei Hegel«, in: *Hermeneutik und Dialektik. Hans-Georg Gadamer zum 70. Geburtstag*, hg. v. Rüdiger Bubner, Konrad Cramer u. Reiner Wiehl, Bd. 1: *Aufsätze I. Methode und Wissenschaft. Lebenswelt und Geschichte*, Tübingen 1970, 285-303.

Krumpel, Heinz, »Über den Sinn des Lebens und des Todes (Zu Alexandre Kojèves Hegelinterpretation)«, in: ders., *Zur Moralphilosophie Hegels*, Berlin/Ost 1972, 96-103.

Kuhn, Thomas Samuel, *Die Struktur wissenschaftlicher Revolutionen. Zweite revidierte und um das Postskriptum von 1969 ergänzte Auflage*, übers. v. Kurt Simon, 14. Aufl., Frankfurt am Main 1997.

Kumamoto, Yasuhiro, »Die methodologische Funktion des Verhältnisses von ›Herr und Knecht‹ in der Philosophie Hegels«, in: *Fichte-Studien* 3 (1991), 51-67.

Labarrière, Pierre-Jean, »La ›Phénoménologie de l'Esprit‹ comme discours systématique. Histoire, religion et science«, in: HST 9 (1974), 131-153.

–, [Phénoménologie] *La ›Phénoménologie de l'Esprit‹ de Hegel. Introduction à une lecture*, Paris 1979.

–, [Structures] *Structures et mouvement dialectique dans la ›Phénoménologie de l'Esprit‹ de Hegel*, Paris 1958.

–, u. Jarczyk, Gwendoline, *Le malheur de la conscience ou l'accès à la raison.*

Liberté de l'autoconscience: stoicisme, scepticisme et la conscience malheureuse. Texte et commentaire, Paris 1989.
Lamb, David, [Hegel and Wittgenstein] »Hegel and Wittgenstein on Sense Certainty«, in: *Clio* 7 (1978), 285-301.
–, [Foundation] *Hegel: From Foundation to System*, The Hague 1980.
–, [Language and Perception] *Language and Perception in Hegel and Wittgenstein*, Avebury 1979.
Lange, Ernst Michael, *Das Prinzip Arbeit. Drei metakritische Kapitel über Grundbegriffe, Struktur und Darstellung der ›Kritik der politischen Ökonomie‹ von Karl Marx*, Frankfurt am Main / Berlin / Wien 1980.
Lauer, Quentin, [Reading] *A Reading of Hegel's ›Phenomenology of Spirit‹*, 2. Aufl., New York 1976.
–, [Phenomenology] *›Phenomenology‹. Its Genesis and Prospect*, New York 1965.
Lauth, Reinhard, *Die transzendentale Naturlehre Fichtes nach den Prinzipien der Wissenschaftslehre*, Hamburg 1984.
Liebrucks, Bruno, *Die zweite Revolution der Denkungsart. Hegel: Phänomenologie des Geistes* (*Sprache und Bewußtsein*, Bd. 5), Frankfurt am Main 1970.
Lim, Sok-Zin, *Der Begriff der Arbeit bei Hegel. Versuch einer Interpretation der ›Phänomenologie des Geistes‹*, 2. Aufl., Bonn 1966.
Loewenberg, Jacob, [Phenomenology] *Hegel's ›Phenomenology‹. Dialogues on the Life of Mind*, La Salle, Ill., 1965.
–, [Comedy] »The Comedy of Immediacy in Hegel's ›Phenomenology‹«, in: Mind 44 (1935), 21-38.
Löwith, Karl (Hg.), *Die Hegelsche Linke*, Stuttgart-Bad Cannstatt 1962.
Luckner, Andreas, *Genealogie der Zeit. Zu Herkunft und Umfang eines Rätsels. Dargestellt an Hegels ›Phänomenologie des Geistes‹*, Berlin 1994.
Lübbe, Hermann (Hg.), *Die Hegelsche Rechte*, Stuttgart-Bad Cannstatt 1962.
Luhmann, Niklas, [Die Gesellschaft] *Die Gesellschaft der Gesellschaft*, 2 Bde., Frankfurt am Main 1997.
–, [Paradigm lost] *Paradigm lost. Über die ethische Reflexion der Moral. Rede anläßlich der Verleihung des Hegel-Preises 1989*, 2. Aufl., Frankfurt am Main 1991.
Lukács, Georg, *Der junge Hegel. Über die Beziehungen von Dialektik und Ökonomie* (zuerst 1948), hg. v. Frank Benseler (*Gesamtausgabe*, Bd. 8), 3. Aufl., Neuwied/Berlin 1967.
MacIntyre, Alasdair, [Hegel] *Hegel, A collection of critical Essays*, Garden City 1972.
–, [On Faces and Skulls] »Hegel on Faces and Skulls«, *in: The Phenomenology of Spirit Reader. Critical and Interpretive Essays*, hg. v. Jon Bartley Stewart, a. a. O., 219-236.

Mackie, John, *Ethik. Auf der Suche nach dem Richtigen und Falschen*, übers. v. Rudolf Ginters, 2. Aufl., Stuttgart 1983.
Mahnke, Dietrich, *Unendliche Sphäre und Allmittelpunkt*, Halle a. d. Saale 1937.
Marcuse, Herbert, *Hegels Ontologie und die Theorie der Geschichtlichkeit* (zuerst 1932), in: ders., *Schriften*, Bd. 2, Frankfurt am Main 1989.
–, »Studie über Autorität und Familie« (zuerst 1936), in: ders., *Aufsätze aus der Zeitschrift für Sozialforschung 1934-1941*, in: *Schriften*, Bd. 3, Frankfurt am Main 1979, 85-185.
–, *Vernunft und Revolution. Hegel und die Entstehung der Gesellschaftstheorie* (zuerst 1941), übers. v. Alfred Schmidt, in: *Schriften*, Bd. 4, Frankfurt am Main 1989.
Marquard, Odo, »Hegel und das Sollen«, in: *Philosophisches Jahrbuch* 72 (1964/65), 103-119.
Marx, Werner, [Aufgabe und Methode] »Aufgabe und Methode der Philosophie in Schellings System des transzendentalen Idealismus und in Hegels ›Phänomenologie des Geistes‹«, in: ders., *Schelling. Geschichte, System, Freiheit*, Freiburg/München 1977, 63-99.
–, [Selbstbewußtsein] *Das Selbstbewußtsein in Hegels ›Phänomenologie des Geistes‹*, Frankfurt am Main 1986.
–, [Die Bestimmung] »Die Bestimmung der Philosophie im Deutschen Idealismus«, in: ders., *Vernunft und Welt. Zwischen Tradition und anderem Anfang*, Den Haag 1970, 1-20.
–, [Hegels Phänomenologie des Geistes] *Hegels ›Phänomenologie des Geistes‹. Die Bestimmung ihrer Idee in ›Vorrede‹ und ›Einleitung‹*, 2. Aufl., Frankfurt am Main 1981.
Maurer, Ernstpeter, *Der Mensch im Geist. Untersuchungen zur Anthropologie bei Hegel und Luther*, Gütersloh 1996.
Maurer, Reinhart K., *Hegel und das Ende der Geschichte. Interpretationen zur ›Phänomenologie des Geistes‹*, 2. Aufl., Freiburg/München 1980.
Maza, Luis Mariano de la, *Knoten und Bund. Zum Verhältnis von Logik, Geschichte und Religion in Hegels Phänomenologie des Geistes*, Bonn 1998.
McDowell, John Henry, *Mind and World, With a New Introduction*, 3. Aufl., Cambridge 1996.
Meist, Kurt Rainer, »Sich selbst vollbringender Skeptizismus. G. E. Schulzes Replik auf Hegel und Schelling.«, in: *Der Streit um die Gestalt einer Philosophie*, hg. von Walter Jaeschke (Hg.), a.a.O., 192-230.
Merleau-Ponty, Maurice »L'existentialisme chez Hegel«, in: ders., *Sens et Non-sens*, 5. Aufl., Paris 1966, 109-121.
Meszaros, István, *Der Entfremdungsbegriff bei Marx*, München 1975.
Metzke, Erwin *Hegels Vorreden. Mit Kommentar zur Einführung in seine Philosophie*, Heidelberg 1949, 137-208.
Meyer, Rudolf W., »Die Dialektik der sinnlichen Gewißheit und der An-

fang der Seinslogik«, in: *Hegel und die antike Dialektik*, hg. v. , Manfred Riedel, Frankfurt am Main 1990, 244-267.
Mills, Patricia Jagentowicz, »Hegel's ›Antigone‹«, in: *The Phenomenology of Spirit Reader. Critical and Interpretive Essays*, hg. v. Jon Bartley Stewart, a.a.O, 243-271.
Murray, Michael, »Time in Hegel's ›Phenomenology of Spirit‹«, in: *Review of Metaphysics* 34 (1981/82), 682-705.
Navickas, Joseph L., *Consciousness and Reality: Hegel's Philosophy of Subjectivity*, The Hague 1976.
Negele, Manfred, *Grade der Freiheit. Versuch einer Interpretation von G.W.F. Hegels ›Phänomenologie des Geistes‹*, Würzburg 1991.
Neuhouser, Frederick, »Deducing Desire and Recognition in the Phenomenology of Spirit«, in: *Journal of the history of Philosophy* 24 (1986), 243-262.
Nicolin, Friedhelm, »Zum Titelproblem der ›Phänomenologie des Geistes‹«, in: HST 4 (1967), 113-123.
Nicolin, Günther (Hg.), *Hegel in Berichten seiner Zeitgenossen*, Hamburg 1970.
Niel, Henri, *De la méditation dans la philosophie de Hegel*, Paris 1945 (Nachdr. New York 1984).
Nink, Caspar, *Kommentar zu den grundlegenden Abschnitten von Hegels ›Phänomenologie des Geistes‹*, Regensburg 1931.
–, *Kommentar zu Hegels Phänomenologie des Geistes*, Regensburg 1948.
Norman, Richard J., *Hegel's ›Phenomenology‹. A Philosophical Introduction*, Brighton 1976, Nachdr. Aldershot, Hampshire, 1991.
Nusser, Karlheinz, »Die Französische Revolution und Hegels ›Phänomenologie des Geistes‹«, in: *Philosophisches Jahrbuch* 77 (1970), 276-296.
O'Donohue, John, *Person als Vermittlung. Die Dialektik von Individualität und Allgemeinheit in Hegels ›Phänomenologie des Geistes‹*, Mainz 1993.
Ohly, Friedrich, [Typologie] »Typologie als Denkform der Geschichtsbetrachtung« (zuerst 1983), in: ders., *Ausgewählte und neue Schriften zur Literaturgeschichte und zur Bedeutungsforschung*, hg. v. Uwe Ruberg u. Dietmar Peil, Stuttgart/Leipzig 1995, 445-472.
–, [Vom geistigen Sinn] »Vom geistigen Sinn des Wortes im Mittelalter« (zuerst 1958/1959), in: ders., *Schriften zur mittelalterlichen Bedeutungsforschung*, 2. Aufl., Darmstadt 1983, 1-31.
Ottmann, Horst Henning, [Das Scheitern] *Das Scheitern einer Einleitung in Hegels Philosophie. Eine Analyse der ›Phänomenologie des Geistes‹*, München/Salzburg 1973.
–, [Herr und Knecht] »Herr und Knecht bei Hegel. Bemerkungen zu einer mißverstandenen Dialektik«, in: *Zeitschrift für philosophische Forschung* 35 (1981), 365-384.
–, [Individuum und Gemeinschaft] *Individuum und Gemeinschaft bei Hegel*, Berlin 1977.

Parry, David Maclean, *Hegel's Phenomenology of the ›We‹*, New York 1988.
Paulys Realencyklopädie der classischen Altertumswissenschaft, Neue Bearbeitung, begr. v. Georg Wissowa, fortgef. v. Wilhelm Kroll u. Karl Mittelhaus, hg. v. Konrat Ziegler, 1. Reihe: Bd. 1-24, 2. Reihe: Bd. 1-10, Supplementbd. 1-15, Stuttgart 1894-1978.
Philonenko, Alexis, *Lecture de la ›Phénoménologie‹ de Hegel. Préface – Introduction*, Paris 1993.
Pinkard, Terry, *Hegel's ›Phenomenology‹. The Sociality of Reason*, Cambridge / New York 1994.
Pippin, Robert B., [Idealism] *Hegel's Idealism. The Satisfaction of Self-Consciousness*, Cambridge / New York 1989.
–, [Hegel, Modernity] »Hegel, Modernity, and Habermas« in: *Idealism as Modernism, Hegelian Variations*, Cambridge / New York 1997, 157-184.
–, [Criticism] »Hegel's Phenomenological Criticism«, in: *Man and World* 8 (1975), 296-314.
–, [You Can't Get There] »›You Can't Get There from Here‹. Transition problems in Hegel's ›Phenomenology of Spirit‹«, in: *The Cambridge Companion to Hegel*, hg. v. Frederick C. Beiser, Oxford / Cambridge, Mass., 1993, 52-85.
Pöggeler, Otto, [Selbstbewußtsein] Selbstbewußtsein als Leitfaden der Phänomenologie des Geistes, in: *G.W.F. Hegel, Phänomenologie des Geistes*, hg. v. Dietmar Köhler u. Otto Pöggeler, (*Klassiker auslegen*, 16) a. a. O., 129-142.
–, [Die Komposition] »Die Komposition der ›Phänomenologie des Geistes‹« (zuerst 1966), in: *Materialien zu Hegels ›Phänomenologie des Geistes‹*, hg. v. Hans Friedrich Fulda u. Dieter Henrich, a. a. O., 329-390.
–, [Die Verwirklichung] »Die Verwirklichung der Philosophie. Hegel und Marx« (zuerst 1970), in: ders., *Hegels Idee einer Phänomenologie des Geistes*, 2. Aufl., Freiburg i. Br. u. München 1993, 369-403.
–, [Hegels Idee] *Hegels Idee einer Phänomenologie des Geistes*, 2. Aufl., Freiburg/München 1993.
–, [Hegels Kritik] *Hegels Kritik der Romantik*, (Diss.), Bonn 1965.
–, [Gewißheit] »Hegels Kritik der sinnlichen Gewißheit«, in: *Sinnlichkeit und Verstand*, hg. v. Hans Wagner, Bonn 1976, 167-185.
–, [Tragödie] »Hegel und die griechische Tragödie« (zuerst 1962), in: ders., *Hegels Idee einer Phänomenologie des Geistes*, a. a. O., 79- 109.
–, [Werk und Wirkung] »Werk und Wirkung«, in: *Hegel. Einführung in seine Philosophie*, hg. v. Otto Pöggeler, Freiburg/München 1977, 7-27.
–, [Hegels Phänomenologie] »Hegels Phänomenologie des Selbstbewußtseins«, in: ders., *Hegels Idee einer Phänomenologie des Geistes*, a. a. O., 231-298.
–, [Nachwort] »Nachwort zur zweiten Auflage«, in: ders., *Hegels Idee einer Phänomenologie des Geistes*, a. a. O., 403-441.
–, [Philosophie] »Philosophie und Revolution beim jungen Hegel« (z. T.

zuerst 1971), in: ders., *Hegels Idee einer Phänomenologie des Geistes*, a. a. O., 13-78.

–, [Zur Deutung] »Zur Deutung der Phänomenologie des Geistes« (zuerst 1961), in: ders., *Hegels Idee einer Phänomenologie des Geistes*, a. a. O., 170-230.

Price, David W., »Hegel's Intertextual Dialectic, Diderot's ›Le Neveu de Rameau‹ in the ›Phenomenology of Spirit‹«, in: *The Phenomenology of Spirit Reader. Critical and Interpretive Essays*, hg. v. Jon Bartley Stewart, a.a.O, 282-306.

Puntel, L. Bruno, »Hegel heute. Zur ›Phänomenologie des Geistes‹«, in: *Philosophisches Jahrbuch* 80 (1973), 133-160.

Purpus, Wilhelm, [Dialektik des Bewußtseins] *Zur Dialektik des Bewußtseins nach Hegel. Ein Beitrag zur Würdigung der ›Phänomenologie des Geistes‹*, Berlin 1908.

–, [Die Dialektik] *Die Dialektik der sinnlichen Gewißheit bei Hegel dargestellt in ihrem Zusammenhang mit der Logik und der antiken Dialektik*, Nürnberg 1905.

Putnam, Hilary, *Vernunft, Wahrheit und Geschichte*, übers. v. Joachim Schulte, Frankfurt am Main 1990.

Quante, Michael, [Absolute Idealism] »Absolute Idealism meets Common Sense Realism. Or: Giving McDowell the Hegel he probably doesn't want to have«, in: *Philosophical Explorations* (im Druck).

–, [Die Funktion] *Die Funktion der Marxschen Hegelkritik für die Philosophie von Karl Marx (Staatsarbeit)*, Münster 1989 (unveröffentlicht).

–, [Begriff der Handlung] *Hegels Begriff der Handlung*, Stuttgart-Bad Cannstatt 1993.

Rameil, Udo, [Die Entstehung] »Die Entstehung der ›enzyklopädischen‹ Geistlehre in Nürnberg«, in: *G. W. F. Hegel, Phänomenologie des Geistes*, hg. v. Dietmar Köhler u. Otto Pöggeler, (*Klassiker auslegen*, 16) a. a. O., 261-287.

–, [Nürnberger Propädeutik] »Die Phänomenologie des Geistes in Hegels Nürnberger Propädeutik«, in: *Hegels Theorie des subjektiven Geistes in der ›Enzyklopädie der philosophischen Wissenschaften im Grundrisse‹*, hg. v. Lothar Eley, Stuttgart-Bad Cannstatt 1990, 84-130.

Rauch, Leo u. Sherman, David, *Hegel's Phenomenology of Self-consciousness: Text and Commentary*, New York 1999.

Ricken, Friedo, *Allgemeine Ethik*, 2. Aufl., Stuttgart/Berlin/Köln 1989.

Riedel, Manfred, [Hegels Kritik] »Hegels Kritik des Naturrechts«, in: ders., *Studien zu Hegels Rechtsphilosophie*, Frankfurt am Main 1969, 42-74.

–, [Antike Dialektik] *Hegel und die antike Dialektik*, Frankfurt am Main 1990.

Ritter, Joachim, *Hegel und die französische Revolution* (zuerst 1956), in: ders., *Metaphysik und Politik. Studien zu Aristoteles und Hegel*, Frankfurt am Main 1977, 183-255.

Robinson, John, *Duty and Hypocrisy in Hegel's ›Phenomenology of Mind‹*, Toronto 1977.

Röhr, Werner (Hg.), *Appellation an das Publikum ...: Dokumente zum Atheismusstreit um Fichte, Forberg, Niethammer. Jena 1798/99*, 2. Aufl., Leipzig 1991.

Römpp, Georg, »Ein Selbstbewußtsein für ein Selbstbewußtsein. Bemerkungen zum Kapitel ›Die Wahrheit der Gewißheit seiner selbst‹ in Hegels Phänomenologie des Geistes«, in: HST 23 (1988), 71-94.

Roettges, Heinz, *Dialektik und Skeptizismus. Die Rolle des Skeptizismus für Genese, Selbstverständis und Kritik der Dialektik*, Frankfurt am Main 1987.

Rohrmoser, Günther, »Die ›Phänomenologie des Geistes‹ und Hegels Begriff der Versöhnung«, in: ders., *Subjektivität und Verdinglichung. Theologie und Gesellschaft im Denken des jungen Hegel*, Gütersloh 1961, 101-114.

Rosen, Stanley, »Self-Consciousness and Self-Knowledge in Plato and Hegel«, in: HST 9 (1974), 109-129.

Rosenkranz, Karl, [Hegels Leben] *Georg Wilhelm Friedrich Hegel's Leben*, Berlin 1844, Nachdr. Darmstadt 1969/1972 .

Rosenzweig, Franz, [Staat] *Hegel und der Staat*, 2 Bde., München u. Berlin 1920, Nachdr. Aalen 1962.

–, [Kritische Erläuterungen] *Kritische Erläuterungen des Hegel'schen Systems*, Königsberg 1940, Nachdr. Hildesheim 1963.

Roth, Michael S., *Knowing and History, Appropriations of Hegel in 20th-century France*, Ithaca 1988.

Rousset, Bernhard, *G. W. F. Hegel, Le savoir absolu*, hg., übers. u. komment. v. Bernard Rousset, Paris 1977.

Sartre, Jean-Paul, »Husserl, Hegel, Heidegger«, in: ders., *Das Sein und das Nichts. Versuch einer phänomenologischen Ontologie*, übers. v. Hans Schöneberg u. Traugott König, hg. v. Traugott König (*Gesammelte Werke in Einzelausgaben. Philosophische Schriften*, Bd. 3), Reinbek 1991, 424-456.

Schacht, Richard, »A Commentary on the Preface to Hegel's ›Phenomenology of Spirit‹«, in: *Philosophical Studies* 23 (1972), 1-31.

Scheier, Claus-Artur, [Kommentar] *Analytischer Kommentar zu Hegels ›Phänomenologie des Geistes‹. Die Architektonik des erscheinenden Wissens*, 2. Aufl., Freiburg/München 1986.

–, [Die Sprache] »Die Sprache und das Wort in Hegels ›Phänomenologie des Geistes‹«, in: *Neue Zeitschrift für Systematische Theologie und Religionsphilosophie* 24 (1982), 94-103.

Schmidt, Hans, *Verheißung und Schrecken der Freiheit*, Stuttgart/Berlin 1964.

Schmidt, Josef, *›Geist‹, ›Religion‹ und ›absolutes Wissen‹. Ein Kommentar* *zu den gleichnamigen Kapiteln aus Hegels ›Phänomenologie des Geistes‹*, Stuttgart/Berlin/Köln 1997.

Schmitz, Hermann, [Der Gestaltbegriff] »Der Gestaltbegriff in Hegels ›Phänomenologie des Geistes‹ und seine geistesgeschichtliche Bedeutung«, in: *Gestaltprobleme der Dichtung. Festschrift für Günter Müller zu seinem 65. Geburtstag*, hg. v. Richard Alewyn, Hans Egon Hass u. Clemens Heselhaus, Bonn 1957, 315-334.

–, [Die Problematik] »Die Problematik des Selbstbewußtseins«, in: ders., *System der Philosophie*, Bd. 1, Bonn 1964, 245-264.

–, [Die Vorbereitung] »Die Vorbereitung von Hegels ›Phänomenologie des Geistes‹ in seiner ›Jenenser Logik‹«, in: *Zeitschrift für philosophische Forschung* 14 (1960), 16-39.

–, [Hegel als Denker] *Hegel als Denker der Individualität*, Meisenheim/Glan 1957.

–, *Hegels Logik*, Bonn 1992.

Schöndorff, Harald, »Anderswerden und Versöhnung Gottes in Hegels ›Phänomenologie des Geistes‹. Ein Kommentar zum zweiten Teil von VII. C. ›Die offenbare Religion‹«, in: *Theologie und Philosophie* 57 (1982), 550-567.

Schwäbisches Wörterbuch. Auf Grund der von Adalbert v. Keller begonnenen Sammlungen mit Unterstützung des Württembergischen Staates bearb. v. Hermann Fischer, Bd. 2, Tübingen 1908.

Seba, Jean-Renaud, »Histoire et fin de l'histoire dans la Phénoménologie de l'Esprit de Hegel«, in: *Revue de Métaphysique et de Morale* 85 (1980), 27-47.

Sedgwick, Sally S., »Hegel's Critique of the Subjective Idealism of Kant's Ethics«, in: *Journal of the History of Philosophy* 26 (1988), 89-105.

Seeberger, Wilhelm, *Hegel oder die Entwicklung des Geistes zur Freiheit*, Stuttgart 1961.

Sell, Annette, »Das Problem der sinnlichen Gewißheit. Neuere Arbeiten zum Anfang der Phänomenologie des Geistes«, in: HST 30 (1995), 197-206.

Seel, Otto, »Nachwort«, in: Aristophanes, *Die Wolken. Komödie*, übers. v. Otto Seel, Stuttgart 1963/1996, 123-139.

Shapiro, Gary »An ancient quarrel in Hegel's ›Phenomenology‹«, in: *The Owl of Minerva* 17 (1986), N. 2, 165-180.

–, »Notes on the Animal Kingdom of the Spirit«, in: *The Phenomenology of Spirit Reader. Critical and Interpretive Essays*, hg. v. Jon Bartley Stewart, a.a.O, 225-239.

Shklar, Judith N., [Freedom and Independence] *Freedom and Independence. A Study of the Political Ideas in Hegel's ›Phenomenology of Mind‹*, Cambridge / New York 1976.

–, *Hegel's Phenomenology*, Cambridge / New York 1971.

Siep, Ludwig, [Autonomie] »Autonomie und Vereinigung, Hegel und

Fichtes Religionsphilosophie bis 1800«, in: *Der Weg zum System, Materialien zum jungen Hegel*, hg. v. Christoph Jamme u. Helmut Schneider, Frankfurt am Main, 289-302.
–, [Die Bewegung] »Die Bewegung des Anerkennens in der Phänomenologie des Geistes«, in: *G.W.F. Hegel, Phänomenologie des Geistes*, hg. v. Dietmar Köhler u. Otto Pöggeler, a. a. O., S. 107-127.
–, [Der Kampf] *Der Kampf um Anerkennung. Zu Hegels Auseinandersetzung mit Hobbes in den Jenaer Schriften*, in: HST 9 (1974), 155-207.
–, [Conceptual Scheme] »Hegels Idea of a Conceptual Scheme, Review Discussion of Robert Pippin, Hegel's Idealism«, in: *Inquiry* 34 (1991), 63-76.
–, [Fichtekritik] *Hegels Fichtekritik und die Wissenschaftslehre von 1804*, Freiburg/München 1970.
–, [Anthropologie] »Hegels politische Anthropologie«, in: *Der Mensch – ein politisches Tier?*, hg. v. Otfried Höffe, Stuttgart 1992, 110-133.
–, [Philosophie] »Hegels politische Philosophie« (zuerst 1990), in: ders., *Praktische Philosophie im Deutschen Idealismus*, Frankfurt am Main 1992, 307-328.
–, [Leiblichkeit] »Leiblichkeit, Selbstgefühl und Personalität in Hegels Philosophie des Geistes« (zuerst 1990), in: ders., *Praktische Philosophie im Deutschen Idealismus*, a. a. O., 195-216.
–, [Naturrecht] »Naturrecht und Wissenschaftslehre« (zuerst 1992), in: ders., *Praktische Philosophie im Deutschen Idealismus*, a. a. O., 19-40.
–, [Verfassung] »Verfassung, Grundrechte und soziales Wohl in Hegels Philosophie des Rechts« (zuerst 1991), in: ders., *Praktische Philosophie im Deutschen Idealismus*, a. a. O., 285-306.
–, [Wandlungen] »Wandlungen der Hegel-Rezeption«, in: *Zeitschrift für philosophische Forschung* 38 (1984), 111-122.
–, [Was heißt] »Was heißt ›Aufhebung der Moralität in Sittlichkeit‹ in Hegels Rechtsphilosophie?« (zuerst 1982), in: ders., *Praktische Philosophie im Deutschen Idealismus*, a. a. O., 217-239.
Simon, Josef, *Das Problem der Sprache bei Hegel*, Stuttgart u. a. 1966.
Smith, Henry B., *The Transition from Bewußtsein to Selbstbewußtsein*, Philadelphia 1947.
Smith, John H., »The Language of Mastery and the Mastery of Language. The Recognition of Rhetoric in Hegel«, in: *Clio* 23 (1994), 377-394.
Sobotka, Milan, [Die Auffassung] »Die Auffassung des Gegenstandes in Hegels ›Phänomenologie des Geistes‹«, in: *Wiener Jahrbuch für Philosophie* 8 (1975), 133-153.
–, [Schelling] *Schelling a Hegel: studie k svetonázorovému a metodologickému v'yvoji v nemecké klasické filozofii*, Prag 1987.
Solomon, Robert, [Hegel's Concept] »Hegel's Concept of ›Geist‹«, in: *Hegel. A Collection of Critical Essays*, hg. v. Alasdair MacIntyre, Garden City, N. Y., 1972, 125-149.

–, [Hegel's Epistemology] »Hegel's Epistemology«, in: *American Philosophical Quarterly* 11 (1974), 277-289.

–, [Spirit] *In the Spirit of Hegel. A Study of G.W.F. Hegel's ›Phenomenology of Spirit‹*, Oxford 1983.

Steinherr, Thomas, *Der Begriff ›Absoluter Geist‹ in der Philosophie G.W.F. Hegels*, St. Ottilien 1992.

Stewart, Jon Bartley, [Architectonic] »The Architectonic of Hegel's ›Phenomenology of Spirit‹«, in: *The Phenomenology of Spirit Reader. Critical and Interpretive Essays*, hg. v. Jon Bartley Stewart, a.a.O, 444-477.

–, [Doctrine] »Hegel's Doctrine of Determinate Negation: An Example from ›Sense-Certainty‹ and ›Perception‹«, in: *Idealistic Studies* 26 (1996), 57-78.

– (Hg.), *The Phenomenology of Spirit Reader. Critical and Interpretive Essays*, Albany 1998.

Strawson, Peter Frederick, *Einzelding und logisches Subjekt (Individuals). Ein Beitrag zur deskriptiven Metaphysik*, übers. v. Freimut Scholz, Stuttgart 1972.

Taylor, Charles, *Hegel*, übers. v. Gerhard Fehn, 3. Aufl., Frankfurt am Main 1997.

–, *Quellen des Selbst*, übers. v. Joachim Schulte, Frankfurt 1996.

–, [Opening Arguments] »The Opening Arguments of the ›Phenomenology‹«, in: *Hegel. A Collection of Critical Essays*, hg. v. Alasdair MacIntyre, a. a. O., 151-188.

Toews, John Edward, *Hegelianism. The Path Toward Dialectical Humanism, 1805-1841*, Cambridge / New York u. a. 1980.

Trede, Johann Heinrich, »Phänomenologie und Logik. Zu den Grundlagen einer Diskussion«, in: HST 10 (1975), 173-209.

Tsoyopoulos, Nelly, *Andreas Röschlaub und die Romantische Medizin. Die philosophischen Grundlagen der modernen Medizin*, Stuttgart-Bad Cannstatt 1982.

Ver Eecke, Wilfred, »Hegel's Dialectic Analysis of the French Revolution«, in: *Hegel-Jahrbuch* 10 (1974/75), 561-567.

Verene, Donald Philipp, [Recollection] *Hegel's Recollection. A Study of Images in the ›Phenomenology of Spirit‹*, Albany 1985.

–, [Zoo] »Hegel's Spiritual Zoo and the Modern Condition«, in: *The Owl of Minerva* 25 (1993/94), 235-240.

Verneaux, Roger, »De la dialectique du sensible selon Hegel«, in: *Sapienza* 21 (1968), 421-438.

Vieweg, Klaus, *Philosophie des Remis. Der junge Hegel und das ›Gespenst des Skeptizismus*, München 1999 (Jena-Sophia: Abt. 2, Studien, 4).

Vieillard-Baron, Jean-Louis, »Natural Religion: An Investigation of Hegel's Phenomenology of Spirit«, in: *The Phenomenology of Spirit Reader. Critical and Interpretive Essays*, hg. v. Jon Bartley Stewart, a. a. O., 351-374.

Vos, Ludovicus de, [Absolute Knowing] »Absolute Knowing in the Phenomenology«, in: *Hegel on Ethical Life, Religion and Philosophy: 1793-1807*, hg. v. André Wylleman, a. a. O., 231-268.
–, [Gott] »Gott oder die absolute Idee. Zum Thema der Hegelschen Religionsphilosophie«, in: HST 29 (1994), 103-116.
–, [Hegels Wissenschaft] *Hegels Wissenschaft der Logik. Die absolute Idee. Einleitung und Kommentar*, Bonn 1983.
Vries, Willem A. de, *Hegel's Theory of Mental Activity*, Ithaca 1988.
Waelhens, Alphonse de, »Phénoménologie husserlienne et phénoménologie hegelienne«, in: *Revue philosophique de Louvain* 52 (1954), 234-249.
Wahl, Jean, [À propos] »À propos de l'introduction à la ›Phénoménologie‹ de Hegel par Alexandre Kojève«, in: *Deucalion* 5 (1955), 77-99.
–, [Commentaire] »Commentaire d'un passage de la ›Phénoménologie de l'Esprit‹ de Hegel«, in: Jean Wahl, *Le malheur de la conscience dans la philosophie de Hegel*, Paris 1929, 158-193.
Wartenberg, Thomas E., »Hegel's Use of Socratic Method in the ›Phenomenoloy‹«, in: *XVIII. Internationaler Hegel-Kongreß Wroclaw 1990. Hegel im Kontext der Wirkungsgeschichte*, Erster Teil (*Hegel-Jahrbuch* 1991), hg. v. Heinz Kimmerle u. Wolfgang Lefèvre, a. a. O., 179-191.
Waszek, Norbert, *Eduard Gans (1797-1839). Hegelianer – Jude – Europäer. Texte und Dokumente*, Frankfurt am Main u. a. 1991.
Weimer, Scott E., »Hegel's Phenomenology of Spirit. ›The Science of the Umkehrung of Consciousness‹«, in: *Clio* 21 (1992), 381-399.
Welker, Michael, *Das Verfahren von Hegels ›Phänomenologie des Geistes‹ und die Funktion des Abschnitts: ›Die offenbare Religion‹*, (Diss.) Heidelberg 1978.
Well, Karlheinz, *Die schöne Seele und ihre sittliche Wirklichkeit*, Frankfurt am Main / Bern 1986.
Werkmeister, William Henry, »Hegel's ›Phenomenology of Mind‹ as a Development of Kant's Basic Ontology«, in: *Hegel and the Philosophy of Religion. The Wofford Symposium*, hg. v. Darrel E. Christensen, a. a. O., 93-124.
Westphal, Kenneth R., [Epistemological Realism] *Hegel's Epistemological Realism. A Study of the Aim and Method of Hegel's ›Phenomenology of Spirit‹*, Dordrecht 1989.
–, [Hume] *Hume und die Identität wahrnehmbarer Dinge* (Manuskript).
–, [Skeptizismus] »Vom Skeptizismus in bezug auf die Sinne oder Das Ding und die Täuschung«, in: *Skeptizismus und spekulatives Denken in der Philosophie Hegels*, hg. v. Hans Friedrich Fulda u. Dieter Henrich, a. a. O., 153-176.
Westphal, Merold E., »Hegels Phänomenologie der Wahrnehmung«, übers. v. Rüdiger Bittner, in: *Materialien zu Hegels ›Phänomenologie des Geistes‹*, hg. v. Hans Friedrich Fulda u. Dieter Henrich, a. a. O., 83-105.

– (Hg.), [History] *History and Truth in Hegel's Phenomenology*, 2. Aufl., Atlantic Highlands 1982.
– (Hg.), [Method] *Method and Speculation in Hegel's ›Phenomenology‹*, 2. Aufl., Atlantic Highlands / Brighton, 1982.
Wiehl, Reiner, [Phänomenologie] »Phänomenologie und Dialektik«, in: *Stuttgarter Hegel-Tage 1970. Kolloquien des Internationalen Hegel-Jubiläumskongresses Hegel 1770-1970. Gesellschaft, Wissenschaft, Philosophie*, hg. v. Hans-Georg Gadamer, Bonn 1974, 623-634.
–, [Seele] »Seele und Bewußtsein. Zum Zusammenhang von Hegels ›Anthropologie‹ und ›Phänomenologie des Geistes‹«, in: *Der Idealismus und seine Gegenwart. Festschrift für Werner Marx zum 65. Geburtstag*, hg. v. Ute Guzzoni, Bernhard Rang u. Ludwig Siep, Hamburg 1976, 424-451.
–, [Sinn] »Über den Sinn der sinnlichen Gewißheit in Hegels ›Phänomenologie des Geistes‹« (zuerst 1964), in: *Hegel in der Sicht der neueren Forschung*, hg. v. Iring Fetscher, Darmstadt 1973, 35-72.
Wieland, Wolfgang, »Hegels Dialektik der sinnlichen Gewißheit« (zuerst 1966), in: *Materialien zu Hegels ›Phänomenologie des Geistes‹*, hg. v. Hans Friedrich Fulda u. Dieter Henrich, a. a. O., 67-82.
Wiesing, Urban, *Kunst oder Wissenschaft? Konzeptionen der Medizin in der deutschen Romantik*, Stuttgart-Bad Cannstatt 1995.
Wildt, Andreas, [Autonomie] *Autonomie und Anerkennung. Hegels Moralitätskritik im Lichte seiner Fichte-Rezeption*, Stuttgart 1982.
–, [Hegels Kritik] »Hegels Kritik des Jakobinismus«, in: *Stuttgarter Hegel-Tage 1970*, hg. v. Hans-Georg Gadamer, Bonn 1974 (HST, Beih. 11), 417-427.
Williams, Robert R., *Hegels Ethics of Recognition*, Berkeley / Los Angeles 1997.
Wohlfahrt, Günther, *Der spekulative Satz. Bemerkungen zum Begriff der Spekulation bei Hegel*, Berlin / New York 1981.
Wolff, Michael, *Der Begriff des Widerspruchs. Eine Studie zur Dialektik Kants und Hegels*, Königstein i. T. 1981.
Ziemke, Axel, *Was ist Wahrnehmung? Versuch einer Operationalisierung von Denkformen der Hegelschen ›Phänomenologie‹ für kognitionswissenschaftliche Forschung*, Berlin 1994.
Ziesche, Eva, »Unbekannte Manuskripte aus der Jenaer und Nürnberger Zeit im Berliner Hegel-Nachlaß«, in: *Zeitschrift für philosophische Forschung* 29 (1975), 430-444.
Zimmerli, Walther Christoph, [Die Frage] *Die Frage nach der Philosophie. Interpretationen zu Hegels ›Differenzschrift‹*, Bonn 1974.
–, [Kritik] »Inwiefern wirkt Kritik systemkonstituierend?«, in: *Hegel in Jena. Die Entwicklung des Systems und die Zusammenarbeit mit Schelling: Hegel-Tage Zwettl 1977*, hg. v. Dieter Henrich u. Klaus Düsing, (HST, Beih. 20), a. a. O., 81-102.

10. Biographische Angaben zu Hegel

1770	27. August: Georg Wilhelm Friedrich Hegel wird in Stuttgart geboren. Sein Vater – Georg Ludwig Hegel – ist zunächst Rentkammersekretär und später Expeditionsrat; seine Mutter ist Maria Magdalena Hegel, geb. Fromme.
seit 1773	Besuch der Deutschen und später der Lateinischen Schule in Stuttgart.
seit 1776	Er besucht das »Gymnasium Illustre«, das später in »Eberhard-Ludwigs-Gymnasium« umbenannt wird.
1783	Tod der Mutter.
1785 bis 1788	Hegel führt ein Tagebuch in deutscher und lateinischer Sprache.
1788	Abitur. Immatrikulation am Tübinger Stift für Theologie und Philosophie. Wohnt dort zusammen mit Hölderlin und Schelling (seit 1790) auf einem Zimmer.
1790	Hegel wird zum Magister der Philosophie promoviert.
1792	Er beginnt mit der Abfassung der Schrift *Volksreligion und Christentum* (posthum veröffentlicht).
Juni 1793	Verteidigung der Dissertationsthesen im Fach Theologie.
September	Beendigung des Studiums.
Seit Oktober	Hauslehrer der Familie Steiger von Tschugg in Bern.
1794	Weitere Arbeiten an *Volksreligion und Christentum* (unvollendet).
1795	Reise nach Genf.
Mai bis Juli	Manuskript *Das Leben Jesu* (posthum veröffentlicht).
2. November	Beginnt mit der Abfassung von *Die Positivität der christlichen Religion* (posthum veröffentlicht).
25. Juli 1796	Wanderung durch die Berner Oberalpen (bis Anfang August). Danach verläßt Hegel Bern und fährt zu seinen Eltern nach Stuttgart.
1797	Auf Vermittlung Hölderlins wird er im Hause des Frankfurter Kaufmanns Gogel als Hauslehrer angestellt. Februar 1797 schreibt Hegel (als Verfasser oder Mitverfasser gelten auch Schelling und Hölderlin) das sog. *Älteste Systemprogramm des Deut-*

	schen Idealismus (Fragment, posthum veröffentlicht).
1798	Hegel veröffentlicht anonym eine kommentierte Übersetzung der Schrift des Genfer Advokaten Cart: *Vertrauliche Briefe über das vormalige Staatsrechtliche Verhältnis des Waadtlandes (Pays de Vaud) zur Stadt Bern.*
Seit Herbst	Arbeit an *Der Geist des Christentums und sein Schicksal* (posthum veröffentlicht).
14. Januar 1799	Tod des Vaters. Hegel erbt ein kleines Vermögen, so daß er sich auf seine akademische Laufbahn vorbereiten kann.
Februar bis März	Abfassung des Kommentars zu J. Steuarts *Untersuchung über die Grundsätze der politischen Ökonomie* (verloren). Danach setzt er seine Arbeit an *Der Geist des Christentums* fort.
14. September 1800	Fertigstellung des sog. *Systemfragments* (*Über Religion und Philosophie*; posthum veröffentlicht).
29. September	Er schließt die neue Einführung zu *Die Positivität der christlichen Religion* ab.
1801	Hegel geht nach Jena. Bis Dezember teilt er eine Wohnung mit Schelling.
Seit dem Frühjahr	Arbeit an *Die Verfassung Deutschlands* (posthum veröffentlicht).
Juli	Veröffentlichung von *Die Differenz des Fichteschen und Schellingschen Systems der Philosophie*.
27. August	Habilitation an der Universität Jena. Titel der Dissertation *Über die Planetenbahnen*. Rezension »Anfangsgründe der spekulativen Philosophie« (F. Bouterweks) in der *Erlanger Literaturzeitung*. Von 1801 bis 1807 lehrt Hegel an der Universität Jena und verfaßt eine Fülle von Manuskripten, darunter mehrere Systementwürfe (Texte zur Logik, Metaphysik, Natur- und Geistphilosophie), die erst in den dreißiger Jahren des 20. Jahrhunderts veröffentlicht werden.
21. Oktober	Treffen mit Goethe.
1802 bis 1803	Hegel gibt zusammen mit Schelling das *Kritische Journal der Philosophie* heraus. Er veröffentlicht darin: »Über das Wesen der philosophischen Kritik überhaupt«; »Wie der gemeine Menschenverstand die Philosophie nehme«; »Verhältnis des Skeptizismus zur Philosophie«; »Glauben und Wissen«; »Über die wissenschaftlichen Behandlungsarten

	des Naturrechts«. Er setzt die Arbeit an *Die Verfassung Deutschlands* und am *System der Sittlichkeit* fort (beide erscheinen posthum).
1803	Zweites Treffen mit Goethe.
1804	Hegel wird als Assessor von der Jenaer Mineralogischen Gesellschaft aufgenommen und wird zudem Mitglied der Naturforschenden Gesellschaft Westfalens.
1805	Hegel wird zum außerordentlichen Professor der Philosophie (mit Unterstützung Goethes) ernannt.
Mai	In einem Brief an Voss erwähnt er zum ersten Mal die Arbeit an der *Phänomenologie des Geistes.*
Februar 1806	Beginn des Drucks der *Phänomenologie des Geistes.*
14. Oktober	Napoleon schlägt die preußische Armee in der Schlacht bei Jena und Auerstedt. In der Nacht zuvor beendet Hegel die *Phänomenologie des Geistes.*
1. Januar 1807	Ehrenmitgliedschaft der Physikalischen Gesellschaft in Heidelberg.
Januar	Arbeit an der Vorrede der *Phänomenologie des Geistes.*
5. Februar	Geburt seines unehelichen Sohnes Ludwig.
Frühjahr	Übersiedlung nach Bamberg. Redaktion der *Bamberger Zeitung*. Die *Phänomenologie des Geistes erscheint*. Aufsatz »Wer denkt abstrakt?« (posthum veröffentlicht).
1808	Auf Betreiben seines Freundes Niethammer wird Hegel Professor der philosophischen Vorbereitungswissenschaften und Rektor des Ägidiengymnasiums zu Nürnberg.
15. September 1811	Hochzeit mit Marie von Tucher.
1812/13	Veröffentlichung des ersten Bandes der *Wissenschaft der Logik*.
1813	Geburt seines Sohnes Karl. Referentenstelle des Stadtkommissariats für Schulangelegenheiten von Nürnberg.
1814	Geburt seines Sohnes Immanuel.
1816	Veröffentlichung des zweiten Bandes der *Wissenschaft der Logik*. Ruf an die Universität Heidelberg als Professor der Philosophie.
1817	Rezension des dritten Bandes der Werke Jacobis in den *Heidelberger Jahrbüchern der Literatur.* Veröffentlichung der *Enzyklopädie der philosophischen Wissenschaften im Grundrisse.*

18. Juli	Hegel und Creuzer verleihen Jean Paul das Doktordiplom. Veröffentlichung von »Die Beurteilung der im Druck erschienenen Verhandlungen in der Versammlung der Landstände des Königsreiches Württemberg im Jahre 1815 und 1816« in den *Heidelberger Jahrbüchern*.
Zum Jahresende	Anfrage des preußischen Kultusministers von Altenstein wegen einer Philosophieprofessur an der Friedrich-Wilhelms-Universität zu Berlin.
1818	Im Oktober wird Hegel Professor der Philosophie in Berlin (als Nachfolger des 1814 verstorbenen Fichte).
22. Oktober	Antrittsvorlesung in Berlin.
23. September 1819	Treffen mit Goethe in Weimar.
1820	Mitgliedschaft in der Königlich-Wissenschaftlichen Prüfungskommission der Provinz Brandenburg (bis Dezember 1822). Die *Grundlinien der Philosophie des Rechts* erscheinen im Herbst (mit der Jahreszahl 1821 auf dem Titelblatt).
1822	Mitglied des Senats der Universität. Im Herbst Reisen nach Brüssel und in die Niederlande.
1823	Reise nach Leipzig. Ihm wird das Diplom eines Mitgliedes der Holländischen Gelehrten Gesellschaft »Concordia« verliehen.
1824	Reise über Prag nach Wien.
1827	Herausgabe der *Jahrbücher für wissenschaftliche Kritik*. Rezension zu *Über die unter dem Namen Bhagavad-Gita bekannte Episode des Mahabharata* von Wilhelm von Humboldt. Zweite Auflage der *Enzyklopädie*. Reise nach Paris. Auf dem Rückweg trifft er sich in Weimar erneut mit Goethe.
1828	Veröffentlichung seines Aufsatzes »Solgers nachgelassene Schriften und Briefwechsel« in den *Jahrbüchern*, ferner »Hamanns Schriften«. Ludwig Feuerbach läßt Hegel seine Dissertation zukommen.
1829	Die Rezensionen »Über die Hegelsche Lehre oder absolutes Wissen und moderner Pantheismus, Über Philosophie überhaupt und Hegels Enzyklopädie der philosophischen Wissenschaften insbesondere, Aphorismen über Nichtwissen und absolutes Wissen im Verhältnisse zur christlichen Glaubenserkenntnis, von Karl Friedrich Göschel« erscheinen in den *Jahrbüchern*. Begegnung mit Schelling in Karlsbad.
11. September	Letzte Begegnung mit Goethe. Im Oktober wird Hegel für ein Jahr Rektor der Universität Berlin.

1830 Rede anläßlich der 300. Wiederkehr der Übergabe der Augsburger Konfession. Die dritte Auflage der *Enzyklopädie* wird gedruckt. Hegel arbeitet an neuen Auflagen der *Phänomenologie des Geistes* und der *Wissenschaft der Logik*.

1831 Hegel wird mit dem Orden des Roten Adlers 3. Klasse ausgezeichnet. *In der Preußischen Staatszeitung* erscheint sein Aufsatz »Über die englische Reformbill«, in den *Jahrbüchern* die Rezensionen »Idealrealismus. Erster Teil, von A. L. J. Ohlert« und »Über Grundlage, Gliederung und Zeitenfolge der Weltgeschichte, von J. Görres«.

14. November Hegel stirbt in Berlin an der Cholera.

1832-1845 Veröffentlichung seiner »*Werke*. Vollständige Ausgabe durch einen Verein von Freunden des Verewigten«.

11. Sachwortverzeichnis

12. Personenverzeichnis